Richard Knötel

Handbuch der Uniformkunde

EHV
HISTORY

Richard Knötel

Handbuch der Uniformkunde

ISBN/EAN: 9783955641702

Auflage: 1

Erscheinungsjahr: 2013

Erscheinungsort: Bremen, Deutschland

EHV
HISTORY

Handbuch

der

Uniformkunde.

Von

Richard Knötel.

———

**Mit über 1000 Einzelabbildungen auf 100 Tafeln,
gezeichnet vom Verfasser.**

———

Leipzig

Verlagsbuchhandlung von J. J. Weber

1896

Vorwort.

In Trachtenwerken kann die Geschichte der Uniformierung nur gestreift werden, weil das Gebiet so umfangreich ist, daß es eine eigene Behandlung für sich verlangt. Nicht nur in der deutschen, sondern überhaupt in der gesamten Weltlitteratur giebt es kein Werk, das die Geschichte der Uniformen aller europäischen Heere verfolgt, so ausgezeichnete Spezialschriften über einzelne Armeen und Perioden auch vorhanden sind. Hauptsächlich dieser Umstand veranlaßte den Verfasser, der durch langjährige, eingehende Studien mit dem Gegenstande vertraut ist, zur Herausgabe des anspruchslosen Buches. Bei der Abfassung erschwerte einerseits die Fülle des vorhandenen Materials, anderseits die Lückenhaftigkeit desselben die erstrebte einheitliche Behandlung. Bei dem knappbemessenen Raume konnten nur die hauptsächlichsten charakteristischen Erscheinungsformen ins Auge gefaßt werden. Die Grenze war hier schwer zu ziehen. Wieweit es dem Verfasser gelungen ist seinem Stoffe gerecht zu werden, darüber steht ihm natürlich ein Urteil nicht zu. Doch bittet er berücksichtigen zu wollen, daß er auf dem Gebiete einer Gesamtuniform=geschichte keinen Vorgänger hatte und er sich somit durch Herbeischaffung und Sichtung des riesigen Materials die Grundlagen erst selbst schaffen mußte. Der Umstand, daß die Abfassung des Textes wie die Anfertigung der Illustrationen in derselben Hand lag, machte es möglich, daß Wort und Bild sich thunlichst gegenseitig ergänzen. Die Bilder ersparten meist eingehende Beschreibungen des Schnittes, der Form der Kopfbedeckungen u. s. w., während der Text wieder die nötigen Farbenangaben enthält. Die farbige Wiedergabe der Bilder würde den Preis des Buches unverhältnismäßig gesteigert haben. Von Angabe der Quellen in Fußnoten glaubte der Verfasser absehen zu dürfen, da die Quellenschriften und Bilderwerke für sich aufgeführt wurden. Dieser Quellen=nachweis soll hauptsächlich dem praktischen Bedürfnisse entgegenkommen. Um Mißverständnissen vorzubeugen mag bemerkt werden, daß die Jahreszahlen über den Bildern durchaus nicht immer andeuten, daß die Uniform in dem betreffenden Jahre eingeführt wurde, sondern oft nur, daß damals diese Bekleidung vorschriftsmäßig war. Berichtigungen werden jederzeit willkommen sein.

Richard Knötel.

Handbuch der Uniformkunde.

Einleitung.

Die Ausrüstung zur Zeit des Dreißigjährigen Krieges.

Allgemeine Erkennungsabzeichen damals und später.

Schon im Mittelalter lassen sich vielfach Versuche einer gewissen Uniformierung nachweisen. So erscheinen häufig die Gefolgschaften der Fürsten oder einzelner Ritter in deren Wappenfarben gekleidet, ebenso oftmals die Stadtknechte in den Farben der Stadt. Von diesen vereinzelten Bestrebungen müssen wir hier absehen, da die Uniformierung im heutigen Sinne erst nach der Errichtung der stehenden Heere auftritt. Im allgemeinen kann man annehmen, daß erst vom Zeitalter Ludwigs XIV. an von einer allgemeinen Uniformierung gesprochen werden darf.

Während des Dreißigjährigen Krieges trug jeder Mann die Kleidung, die er eben mitbrachte. Bei der Reiterei war hauptsächlich aus praktischen Gründen das Lederwams beliebt. Doch herrschte hinsichtlich der Bewaffnung eine gewisse Uniformität. Der Pickenier (Tafel 1, b S. 5) trug eiserne Schutzrüstung und zwar Sturmhaube, Brust- und Rückenpanzer, Halsberge und Vorderschurz. Die Bewaffnung bestand aus der langen Lanze (Picke) und dem Stoßdegen. Der Rondarschier führte dieselbe Schutzrüstung, dazu Rundschild (rondache) und Schwert. Diese Truppengattung

1*

kam schon im Anfange des Krieges außer Gebrauch. Der
Musketier (Taf. 1, a) hatte als Kopfbedeckung meist den
breitkrempigen Hut, hin und wider auch eine Sturmhaube.
Die Ausrüstung bestand aus dem Luntengewehr, welches
später durch die Radschloßbüchse verdrängt wurde. Dazu
gehörte die Gabel zum Auflegen des Gewehrs und das
Bandelier mit den in leberüberzogenen Holzkapseln befind=
lichen Ladungen, sowie Pulverflasche und Lederbeutel. Als
blanke Waffe ein Degen. Der Kürassier führte anfänglich
den vollständigen Plattenharnisch mit Visierhelm; die
Unterschenkel waren statt der Rüstung durch die Schäfte
der Stiefel gedeckt (Taf. 1, d). Später fiel auch nach und
nach das Unterarmzeug weg; häufig war nur die linke
Hand mit dem gefingerten Eisenhandschuh bedeckt, während
die rechte mit einem ledernen Stulphandschuh bekleidet war.
Die rechte Hand war ja durch den Degenkorb hinlänglich
geschützt und beim Gebrauch der Pistole waren die Eisenglieder
nur hinderlich, wenn es galt, den Finger aus dem Abzugs=
bügel herauszubringen. Der Visierhelm wich später oft
anderen Helmformen. Sehr verbreitet war der irrtümlich
so genannte Pappenheimerhelm. Derselbe bestand aus einer
Glocke mit abstehendem Schirm, Ohrenklappen, großem,
geschientem Nackenschirm und verstellbarem Nasenschutz
(Taf. 1, c). An dem deutschen Sattel trug der Kürassier
rechts und links in den Holftern je eine Pistole. Der lange
Degen war mit einem reich geschlungenen Korbe versehen.
　　Der Lanzierer — eine Truppe, die schon im Anfange
des Krieges verschwand — war wie der Kürassier aus=
gerüstet. Dazu noch eine meist wimpellose lange Lanze
(Taf. 1, e). Der Karabinier, Arkebusier oder
Bandelierreuter trug meist eine leichte Schutzrüstung
ohne Armzeug, als Kopfbedeckung eine Eisenhaube. An
einem Bandelier über die linke Schulter hing das Feuer=
gewehr mit Zubehör (Pulverflasche ꝛc.), Taf. 1, f. Die
übrige Ausrüstung bestand aus einem Degen und einem
rechts in der Holfter getragenen Pistol. Die Dragoner=

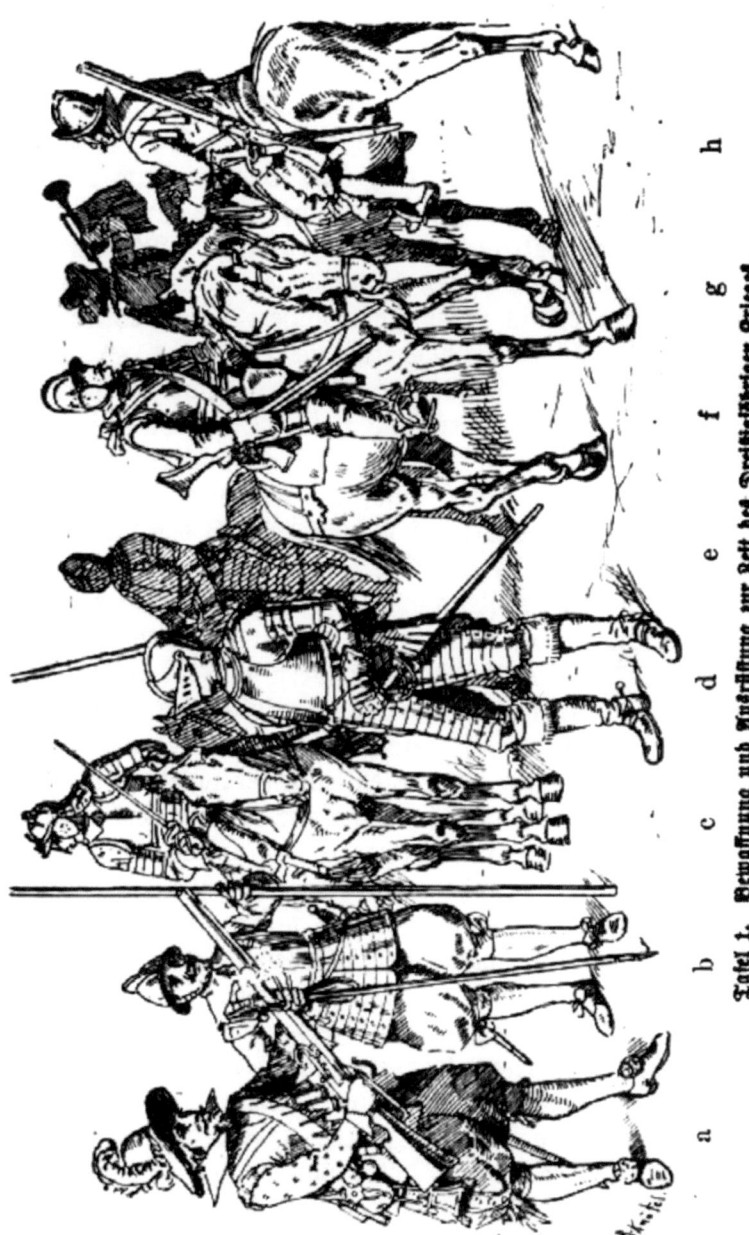

a   b   c   d   e   f   g   h

Tafel 1. Bewaffnung und Ausrüstung zur Zeit des Dreißigjährigen Krieges.

a Musketier — b Pickenier — c, d Küraſſiere — e Lanzierer — f Karabinier — g Trompeter — h Dragoner.

waffe, damals ihrer ursprünglichen Bestimmung gemäß berittene Infanterie, schied sich in Dragoner=Musketiere und =Pickeniere; die Ausrüstung glich der entsprechenden der Infanterie=Truppenteile. — Charakteristisch ist der Um= stand, daß der Dragoner weder Pistolen noch Sporen hatte. Der Dragoner = Musketier trug das Gewehr beim Reiten über die Schulter gehängt (Taf. 1, h). Die Trompeter der Reiterei hatten keine Schutzrüstung. Die damals gebräuchlichen, nach hinten herabhängenden offenen Über= ärmel blieben bis in unser Jahrhundert herein unter der Bezeichnung Flügel Trompeterabzeichen (Taf. 1, g). Im Verlaufe des Dreißigjährigen Krieges fanden manche Änderungen in der Ausrüstung statt. Den schwedischen Musketieren z. B. gab Gustav Adolf ein leichteres Gewehr und konnte aus diesem Grunde die unbehilfliche Gewehr= gabel abschaffen. Statt des Bandeliers mit den Ladungen führte er eine Art Patrontasche ein.

Wenn in diesem Zeitabschnitt von einem blauen oder gelben Regiment die Rede ist, so bezieht sich diese Bezeich= nung nicht auf die Kleidung, sondern auf die Farbe der Fahnen. In den Freischaren der kaiserlichen Heere erblicken wir die Urbilder der späteren kaiserlichen Nationalgrenz= truppen und der in der Folge allenthalben errichteten Husaren. Auch Kosaken betreten in dieser Periode den Kriegsschauplatz.

Chargenabzeichen im heutigen Sinne gab es nicht. Die Offiziere waren durch ihre vornehmere Tracht ausgezeichnet. Beim Fußvolk und den Dragonern führten sie Partisanen, die Vorläufer des später gebräuchlichen Spontons. Es scheint auch, daß die als Erkennungsabzeichen zwischen Freund und Feind getragenen Feldbinden wohl nur von den Offizieren angelegt wurden. Diese Binden waren bei den Wallensteinern rot, bei den Schweden grün. Solche Erkennungszeichen, die in Zeiten, in welchen noch keine Uniform getragen wurde, nötig waren, erwiesen sich auch später bei der großen Buntscheckigkeit der Uniformen als notwendig. In der Schlacht bei Warschau 1656 trugen

die Brandenburger Eichenzweige, die Schweden Stroh=
wische an den Hüten. In der Schlacht bei Wien 1683
wanden die Polen, deren Ausrüstung der türkischen sehr
ähnelte, Strohseile um den Leib. — Die Preußen (wenigstens
vom zweiten und dritten Bataillon des Königsregiments ist
dies bezeugt) trugen 1715 vor Stralsund zwei rote Herzen
an der Kopfbedeckung, wahrscheinlich um das Bündnis mit
Sachsen anzudeuten. Die württembergischen Grenadiere,
die fast gleiche Uniform wie die preußischen unter Friedrich
dem Großen hatten, bedeckten ihre blanken Grenadiermützen
im Siebenjährigen Kriege mit einem weißen Überzuge.
Friedrich der Große gab 1762 der gesamten preußischen
Reiterei weiße Federbüsche, damit sie leichter von der ähnlich
uniformierten feindlichen Kavallerie unterschieden werden
konnte. Bei der großen Mannigfaltigkeit der Uniformen
im Heere der Verbündeten 1813 galt eine weiße Binde um
den linken Oberarm als gemeinsames Abzeichen. In der
Schweiz waren die Uniformen je nach den Kantonen sehr
verschieden. Daher wurde bei Truppenzusammenziehungen
die rote Binde mit dem weißen Eidgenossenkreuz angelegt.
1864 legten die Preußen und Österreicher wieder eine weiße
Binde an, ebenso 1866 die preußische Mainarmee und die
ihr zugeteilten Kontingente. Die süddeutschen Truppen,
deren Uniformen teilweis den preußischen sehr ähnlich waren,
führten am linken Oberarm eine schwarz=rot=gelbe Binde.
Zu den allgemeinen Erkennungsabzeichen müssen wir in
erster Linie auch die Kokarde rechnen. Als internationales
Neutralitätszeichen gilt die weiße Binde mit dem roten
Kreuze, von der Genfer Konferenz im Jahre 1863 vor=
geschlagen und jetzt allgemein eingeführt.

Das Deutsche Reich.

Kur-Brandenburg — Preußen.

(Kokarde bis zur Reorganisation von 1808 schwarz, seitdem schwarz mit weißem Ringe.)

¶ Die Uniformgeschichte des preußischen Heeres läßt sich in folgende Perioden einteilen:

1. Von den Anfängen bis zum Regierungsantritt Friedrich Wilhelms I. Im allgemeinen folgt die Uniformierung dem Schnitt der bürgerlichen Tracht.

2. Von Friedrich Wilhelm I. bis zur Reorganisation von 1808. Unter Friedrich Wilhelm I. erhält die militärische Kleidung einen knapperen Schnitt und geht ihre von der Civiltracht unabhängigen Wege. Charakteristisch ist der Rock mit umgeschlagenen Schößen, Zopf und Hut.

3. Von 1808—1843. Der Rock wird durch einen kurzschößigen Frack ersetzt. Als hauptsächlichste Kopfbedeckung dient der Czako.

4. Von 1843 bis zur Gegenwart. Die Periode ist durch den Waffenrock und die Pickelhaube charakterisiert.

I. Infanterie.

Die erste Nachricht von einer Uniformierung stammt von der Regierungszeit des Kurfürsten Georg Wilhelm und zwar aus dem Jahre 1632. Als die Leibgarde (1000 Mann Fußvolk und 150 Reiter) aus Preußen, wohin sie den Kur= fürsten zur polnischen Königswahl begleitet hatte, nach der Mark zurückkam, war die Truppe durchgängig dunkelblau eingekleidet. Daß wir uns von der Uniformität keinen allzu

hohen Begriff machen dürfen, beweist ein Musterungsbericht
vom Jahre 1683 (also über fünfzig Jahre später!), in welchem
von der Montur der Leibgarde des Großen Kurfürsten gesagt
wird: „Sie ist erst vor fünf Vierteljahren ausgeteilt, durch=
gehends aber gar schlecht und ungleich, maßen Einige blau=
tuchene, Andere lederne Hosen, ein Teil breite zinnerne, ein
Teil runde, Andere messingene Knöpfe, ein Teil licht=, ein
Teil dunkelblaue Röcke haben". Im allgemeinen wird man
annehmen können, da es sich im Jahre 1632 um eine Leib=
garde handelt, daß erst 1670 der Gebrauch der Uniform
im größern Maßstabe auftrat. Als Grundfarbe der Röcke
waltete bei der Infanterie dunkelblau vor; daneben erscheinen
aber auch rot und grau gekleidete Regimenter. Der Infan=
terist trug einen Filzhut nach damaliger Mode, Halstuch,
weiten Rock, langes Kamisol, Strümpfe bis über das Knie=
gelenk reichend, Kniegürtel und Schnallenschuhe. .An dem
breiten Bandelier war die Patrontasche und das Pulver=
horn befestigt. Als Waffen dienten Gewehr und Degen.
Das erste Glied führte Schweinsfedern (kurze Spieße),
Taf. 2, b S. 11. Offiziere und Unteroffiziere trugen häufig
die Uniform in abweichenden Farben. Gelegentlich wurde
den Offizieren befohlen, Brustpanzer zu tragen; im all=
gemeinen war letzterer aber bereits außer Gebrauch. Wenn
unzählige Offizierporträts, sogar aus viel späterer Zeit,
einen Harnisch zeigen, so ist derselbe als ritterliches Symbol
zu betrachten, nicht aber als Ausrüstungsstück. Charakteristisch
sind die Wandlungen des Taillensitzes (Degenkoppel, Schärpe).
1672 saß die Taille ziemlich hoch, 1675 normal (wie heute),
1680 bis etwa 1686 ist sie tief herabgegangen, 1688 bis
1695 wieder normal, dann aber tief unter dem Nabel.
Und so bleibt der Taillensitz bis ziemlich zu Ende des
18. Jahrhunderts. Die Offizierschärpe war schwarzweiß
oder schwarzsilber, also nicht die kurbrandenburgischen
Farben, rot und silber.

Hier einige Einzelheiten der Uniformierung: Unter dem Großen
Kurfürsten war die Leibgarde zu Fuß in blaue Röcke mit weißen

Aufschlägen gekleidet. Die Offiziere hatten wahrscheinlich rote Röcke. Das Regiment Kurfürstin Dorothee trug nach einem ausführlichen Musterungsbericht von 1681 rote Leibröcke, weiß gefüttert, die Aufschläge kompagnieweise verschieden staffiert, rote, weißgefütterte Mäntel, rote Strümpfe, lederne Kniegürtel, weiße Halstücher mit rotem Bande gebunden, schwarze Hüte mit rotweißer Bandeinfassung, weiße Patrontaschen mit rotem Adler und Chiffre D C Z B (Kurfürstin zu Brandenburg), rotgestrichene Schweinsfedern mit roten und weißen Fransen, die Unteroffiziere elenslederne Koller mit blauen treffenbesetzten Aufschlägen, Lederhosen, blaue Strümpfe und Mäntel, weiße oder graue Hüte mit Silberborten. Die Subalternoffiziere waren karmesinrot, die Hauptleute violett gekleidet, Spielleute blau mit rotweißem Schnurbesatz und roten Hosen. 1686 hatte das Regiment rote Montur mit grünen Abzeichen. Das Regiment Anhalt 1688: Gemeine blaue Röcke mit rotem Futter und Aufschlägen, Unteroffiziere rote Röcke mit Silber und Elenskoller, das Regiment Kurland blaue Röcke und Mäntel mit blauem Futter.

Unter Kurfürst Friedrich III. (König Friedrich I.) blieb der allgemeine Typus zunächst wie in der vorhergehenden Periode. Die elensledernen Kamisöler kamen ab und wurden durch solche von Tuch ersetzt. Die Ringkragen der Offiziere, die auch schon in dem früheren Zeitraume getragen wurden, waren mit dem Wappen des Regimentschefs geschmückt. Dieses Wappen war auch häufig auf den Trommeln aufgemalt. Während der gemeine Mann das lange Haar frei herabwallend trug, war den Offizieren die vornehmere, modernere Haartracht gestattet, die sich namentlich bei den höheren Befehlshabern als enorme Wolkenperücke auftürmte. Die Piken waren noch vor Ausgang des 17. Jahrhunderts ganz abgeschafft. Die Grenadiere erhielten eine spitze Mütze. An dem Granattaschenbandelier war ein messingener Luntenberger angebracht. Bajonett zum Einstecken in den Lauf, für gewöhnlich neben dem Degen am Koppel getragen. 1698 scheint eine große Uniformenänderung vor sich gegangen zu sein. Seit dieser Zeit erscheint die gesamte Infanterie (das heißt zunächst die Mannschaften) in Blau.

Einzelheiten der Uniformierung:

Leibgarde zu Fuß 1705. Gemeine: blauer Rock mit weißem Futter und Umschlägen, Lederhosen, weiße Strümpfe und Knöpfe;

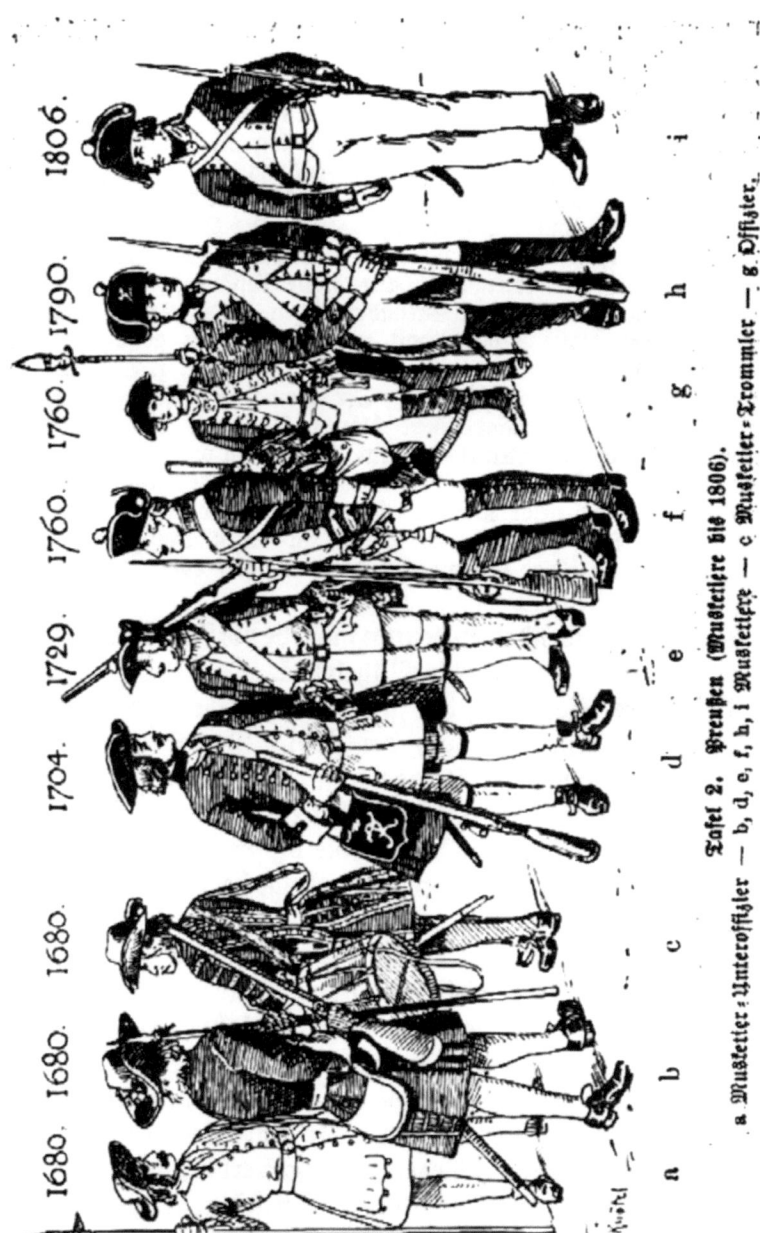

1680. 1680. 1680. 1704. 1729. 1760. 1760. 1790. 1806.

a b c d e f g h i

Tafel 2. Preußen (Musketiere bis 1806).

a Musketier=Unteroffizier — b, d, e, f, h, i Musketiere — c Musketier=Trommler — g Offizier.

Unteroffiziere: roter Überrock mit blauem Futter und Umschlägen, Goldbesatz, weiße Strümpfe. Offiziere: roter Rock und Kamisol, Goldbesätze, rote Hosen, schwarze Strümpfe, Hut mit Goldborten und weißer Plumage. Silberner Ringkragen mit Adlerschild. In diesem Jahre erhielt die Truppe die Bezeichnung „Füsiliergarde" (auch weiße Garde genannt). Die Abbildung (Tafel 3, b) der Grenadiere zeigt eine eigenartig ausgezackte Grenadiermütze in blau mit weißen, gelb eingefaßten Verzierungen. Die Spielleute trugen die Montur reich mit weiß und roten Schnüren besetzt; die 1698 abgezweigte rote Grenadiergarde hatte blaue Uniformen mit roten Umschlägen und karmesinroten Grenadiermützen. Die meisten Regimenter scheinen blaue Montur mit roten Umschlägen getragen zu haben; daneben kommen aber auch andere Abzeichen vor, z. B. orange beim Regiment Markgraf Philipp. Der Grenadier vom Regiment Anhalt (Taf. 3, a) trägt einen blauen Rock mit eben solchen Ärmelaufschlägen und roten Umschlägen, Weste blau mit roten Knopflöchern, rote Strümpfe, weiße, buntverzierte Grenadiermütze mit blauem Beutel und gelbe Knöpfe. Granattasche schwarz mit weißen Beschlägen. Das Halstuch ist rot. Im ersten Jahrzehnt des 18. Jahrhunderts fängt der ganze Schnitt an sich etwas moderner zu gestalten (Tafel 2, d).

Von einschneidender Bedeutung wurde die Regierungszeit Friedrich Wilhelms I.

Besonders charakteristisch wurde nunmehr der knappe Schnitt der Uniformen und der Zopf. Das Haar wurde zur Parade gepudert. Die gesamte Infanterie trug rote Halsbinden mit weißem Vorstoß, Offiziere weiße; die Grundfarbe des Rockes blieb die blaue, die bis heute noch charakteristisch ist und die wir daher in der Folge bei der Infanterie nicht besonders zu erwähnen brauchen. Der Rock war vielfach, aber durchaus nicht bei allen Regimentern, vorn mit Rabatten geschmückt, die bei kaltem Wetter übergeknöpft werden konnten. Als ferneres Regimentsabzeichen dienten ausgenähte oder mit Litzen besetzte Knopflöcher; die Schöße waren durchgängig rot und wurden umgeschlagen getragen. Die Unterkleider (Weste und Hosen) waren entweder rot, gelb oder weiß in verschiedenen Schattierungen. Ferner wurden weiße Gamaschen (sogen. Stiefeletten) getragen, unter dem Knie durch Kniegürtel gehalten. Der Hut, dreiseitig aufgeklappt, war die charakteristische Kopfbedeckung der

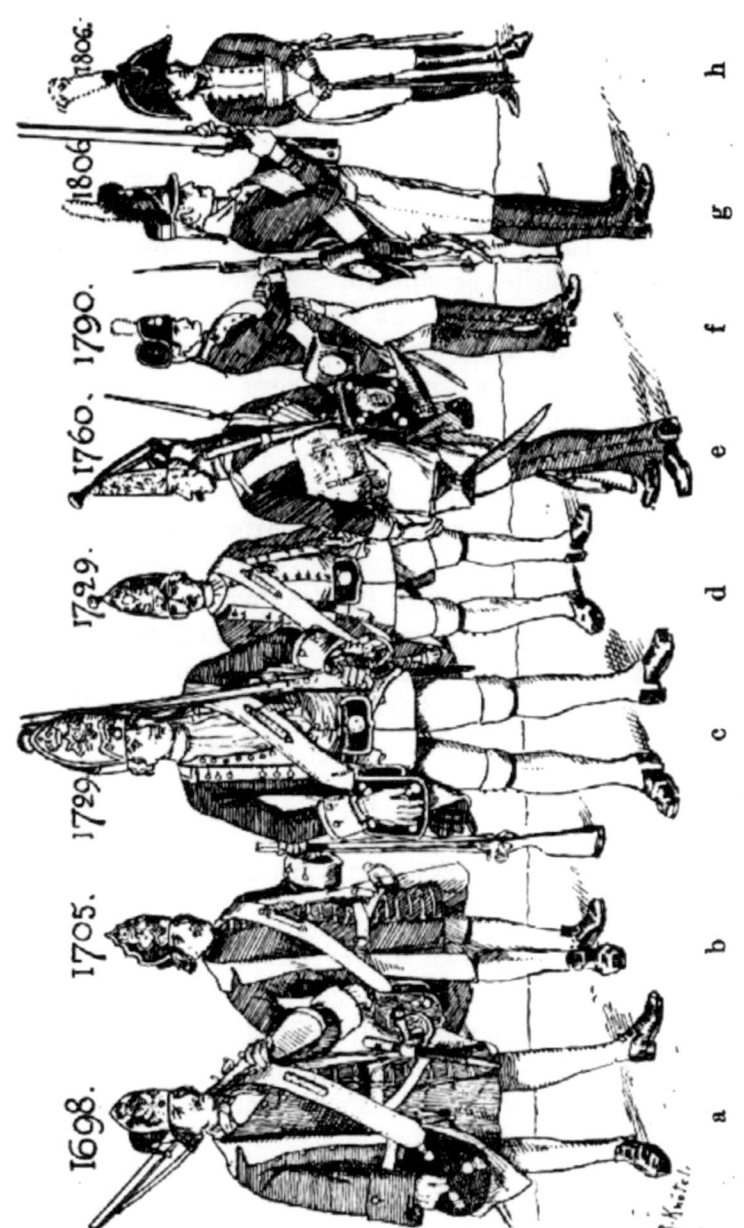

Tafel 3. Preußen (Grenadiere bis 1805).
a, b, c, d, e, f, g Grenadiere — h Grenadier = Offizier.

Musketiere sowie sämtlicher Offiziere (auch derjenigen der Grenadiere). Bei den Offizieren war der Hut mit Gold= treffen eingefaßt, bei den Mannschaften mit weißer Borte. An beiden Seiten Quaften. Vorn über dem linken Auge war eine Puschel angebracht (Taf. 2, e). Die Grenadiere waren durch eine tuchbezogene spitze Grenadiermütze aus= gezeichnet, deren Vorderseite einen durchbrochenen Metall= beschlag zeigte (Taf. 3, d). Die Farben der Grenadiermütze waren regimenterweise verschieden. Ferner trugen die Grenadiere zum Unterschied von den Musketieren in den Ecken der großen Patrontaschen (hier Granattaschen genannt) vier messingene Granaten, vorn am Bandelier den Luntenberger und am Koppel um den Leib eine kleine Kartusche (Taf. 3, d). Die Degen waren bei den Mann= schaften durch Säbel ersetzt. Der Offizier trug als Dienst= zeichen Portepee, Ringkragen und Schärpe, als Waffen Degen und Sponton. Die Unteroffiziere hatten die Seiten= gewehre der Mannschaften und führten sogenannte Kurz= gewehre, d. h. einen Spieß, welcher bedeutend länger war als das Sponton. Der Name „Kurzgewehr" stammt aus der Zeit, als die langen Picken getragen wurden. Die Unteroffiziere trugen zu dieser Zeit eine etwas kürzere Schaftwaffe.

Eigenartig war das erste Bataillon des Königsregiments ge= kleidet (Taf. 3, c). In dieses Bataillon wurden die größten Leute eingestellt, deren der König habhaft werden konnte, daher die volks= tümliche Bezeichnung „Riesengarde". Vorderseite der Mützen, Kragen, Rabatten, Aufschläge, Weste und Hut waren rot, die Knöpfe gelb, das Lederzeug, wie in der ganzen Armee, von Fahlleder.

Die Regimenter von Nummer 29*) ab erhielten nicht Hüte, sondern wachstuchene Füsiliermützen mit gelben Be= schlägen. Diese Mützen unterschieden sich von denjenigen der Grenadiere dadurch, daß das Kopfteil hinten etwas von

---

*) Eigentlich wurden die Regimenter damals nicht durch Nummern unter= schieden, sondern führten den Namen der Chefs. Da sich nun diese Bezeich= nungen häufig änderten, ist es üblich geworden, die Regimenter kurz mit der Stammnummer anzuführen.

der Spitze abstand und mit einer Glocke, welche eine Flamme trug, verziert war; auch fehlte die Puschel auf der Spitze (Taf. 4, a S. 17).

Unter Friedrich dem Großen blieb in den ersten Regierungsjahren der Typus im allgemeinen derselbe. Die Grenadiermütze erhielt statt der durchbrochenen Schilder solche gänzlich aus Metall. Die Abzeichen der Regimenter wurden vielfach geändert. Für die Regimenter, welche der König von seinem Vater übernommen hatte, blieb die rote Halsbinde charakteristisch; dagegen erhielten die neu errichteten dergleichen schwarze. Die neuen Regimenter waren sämtlich Füsilierregimenter, zum Unterschied von den alten, welche Musketiere blieben. Auch die früheren Regi= menter, welche schon Füsiliermützen (Nr. 29, 30, 31, 32) trugen, wurden nunmehr Musketiere. Nach dem zweiten schlesischen Kriege wurden neben den weißen Gamaschen auch schwarze eingeführt und zwar sollten in den Sommer= monaten die weißen, in den Wintermonaten die schwarzen getragen werden.

Dienstzeichen und Waffen der Offiziere blieben dieselben wie im vorhergehenden Zeitraum. Die Offiziere der älteren Regimenter unterschieden sich im allgemeinen dadurch, daß sie eine schmale, glatte Huttresse und weiße Halsbinden trugen, während die der neueren eine breite, gebogene Tresse und schwarze Halsbinden hatten. Ebensowenig wie die Grenadiermütze wurde die Füsiliermütze von den Offizieren getragen. Mannschaften und Unteroffizieren war gestattet Schnurrbärte zu tragen, nicht aber den Offizieren. Als Abzeichenfarben kommen rot, rosa, ver= schiedene Schattierungen von gelb und weiß vor. Die Unterkleider waren bei der Infanterie durchgängig weiß, gelblich weiß (paille) oder gelb; bei einem Regimente pfirsichblütfarben.

Besonders reich war das Regiment „Garde Nr. 15" ausgestattet und zwar vornehmlich das erste Bataillon. Die Abzeichen waren rot, die Brust war mit Silberlitzen bedeckt, Unterkleider gelb.

Auf Tafel 3, e ist das feldmäßige Gepäck dargestellt.
Über die rechte Schulter, das Patrontaschenbandelier
kreuzend, hängt der Tornister, darunter der Brotbeutel.
An den Riemen ist eine Anzahl Zeltpflöcke angebunden;
ferner trug jeder Mann ein Stück Schanzzeug, Hacke, Beil
oder Spaten, ein Teil des dritten Gliedes eine große Feld=
flasche aus Blech an Stelle des Schanzzeuges. Im Verlauf
der Regierungszeit des großen Königs wurde der Rock
vorn immer mehr abgestochen, so daß zuletzt die Rabatten
nicht mehr übergeknöpft werden konnten und zur bloßen
Zier herabsanken. Der Zopf sollte bis zwischen die beiden
Taillenknöpfe herabreichen.

Friedrich Wilhelm II. führte verschiedene Neuerungen
ein. Alle Regimenter, die bis dahin keine Rabatten gehabt
hatten, erhielten nunmehr solche. Die Unterkleider wurden
durchgängig weiß. An Stelle der Hüte trat ein sogenanntes
Kasket, d. h. ein zweiklappiger Hut, der wie früher mit
weißer Borte und farbiger Puschel geschmückt war und vorn
den metallenen königlichen Namenszug zeigte (Taf. 2, h).
Auch die Grenadiere erhielten diese Kopfbedeckung, vorn
mit einer Granate geschmückt. Sie zeichnete sich außerdem
durch einen kleinen weißen Stutz aus. Die Granaten in den
Ecken der Patrontaschen fielen weg. Sämtliche Infanterie=
Regimenter waren jetzt Musketier=Regimenter. Der Name
„Füsiliere" erhielt mit einer neuen Organisation dieser
Truppe eine andere Bedeutung. Bisher war der Füsilier
nichts anderes wie der Musketier, von dem er sich nur äußerlich
durch die Kopfbedeckung unterschied. Nunmehr wurden
aber besondere Füsilierbataillone als eine Art leichter In=
fanterie errichtet. Die Grundfarbe der Uniform wurde grün,
die Abzeichen verschiedenfarbig. Die Kopfbedeckung war
mit einem metallenen Adler geschmückt, Halsbinde schwarz
mit weißem Vorstoß, alles übrige wie bei der Infanterie
(Taf. 4, e). Für kurze Zeit wurden die Beinkleider grün,
bald aber wieder weiß. Gegen Ende der Regierung des
Königs schwärzte man das Lederzeug und trug es gekreuzt.

1729. 1760. 1760. 1790. 1790. 1798. 1806.

a b c d e f g h

Tafel 4. Preußen (Füsiliere bis 1806).

a, b, e, g, h Füsiliere — c Füsilier-Trommler — d Füsilier-Unteroffizier — f Füsilier-Offizier.

Unter Friedrich Wilhelm III. gingen balb nach dem
Regierungsantritte folgenbe Veränberungen vor sich: Die
Schoßumschläge wurden festgenäht unb bie Taschen an beiben
Seiten bes Rockes fielen weg. Der Kragen wurde höher
unb erhielt bie Form bes Stehkragens. Die Kaskets wurden
burch ben früheren Hut ersetzt, nur war bie Form besselben
etwas mehr ber bamaligen Mobe entsprechenb. Die
Grenabiere bekamen eigenartig gestaltete Mützen, hinten
mit einem Tuchstreifen von ber Abzeichenfarbe besetzt
(Taf. 3, g). In ben Jahren 1802 bis 1803 erhielt ber
Rock statt ber vorn ausgestochenen Form gerabe herabgehenbe
Rabatten (Taf. 2, i). Die Offiziere trugen 1806 bie Schärpe
nicht mehr unter bem Rocke, sonbern legten bieselbe barüber
an. Die Grenabier=Offiziere waren burch einen weißen
Feberstutz mit schwarzer Wurzel ausgezeichnet. Schon früher
hatten bieselben statt ber Gamaschen Schaftstiefel erhalten
(Taf. 3, h). Die Mannschaft trug zur Schonung ber Bein=
bekleibung leinene Überhosen in Form von Pantalons
(Taf. 2, i). Der Zopf hatte sich immer mehr verkürzt unb
reichte zuletzt nur noch bis an ben untern Kragenrand. Die
Füsiliere trugen bas schwarze Leberzeug nicht mehr gekreuzt.
Als Kopfbebeckung anfangs ein Hut mit Stutz unb Abler=
beschlag, später Czakos (Taf. 4, g, h). Der Rock hatte im
Jahre 1806 kolletartigen Schnitt, bie Unterkleiber waren
wieber weiß.

Die Abzeichen ber Füsilier=Bataillone waren brigabeweise ver=
schieben unb zwar nach vielfachem Wechsel 1806 für:

bie erste ostpreußische Brigabe hellgrün mit gelben Knöpfen,
„ zweite „ „ „ „ weißen „
„ erste Warschauer „ hellblau „ „ „
„ zweite „ „ bleumourant „ gelben „
„ oberschlef. „ „ schwarz „ weißen „
„ nieberschlesische „ „ „ gelben „
„ westfälische „ „ karmesin „ weißen „
„ magbeburgische „ „ karmesinrot „ gelben „

Die Katastrophe von 1806 hatte mit ber Reorganisation
ber Armee auch eine gänzliche Änderung ber Uniform zur

Folge. Der Zopf fiel jetzt weg, der Hut wurde durch
den Czako ersetzt, der Rock verlor die Rabatten und erhielt
vorn zwei Knopfreihen, die Beinkleider wurden grau;
der Tornister nunmehr an zwei Riemen getragen statt der
bisherigen Tragweise über einer Schulter. Im einzelnen
folgendes: Das Regiment Garde zu Fuß hatte auf den
blauen Kollets*) rote Rockkragen und Aufschläge mit weißen
Litzen, weiße Achselpatten und Knöpfe. Die Schoßumschläge
waren durchgängig rot. Im Sommer weiße Beinkleider,
im Winter graue. Dazu Kniestiefel. Der Czako hatte oben
einen Besatz von weißer, bei den Unteroffizieren von silberner
Borte und als Beschlag einen Garde=Stern. Hohe weiße
Büsche von Roßhaaren, bei den Grenadieren weiß, bei den
Füsilieren schwarz. Der Offizier=Czako war oben mit
Silberborte und an den Seiten mit kleinen weißen heraldischen
Adlern geschmückt, an welchen Kettchen befestigt waren. Statt
des Roßhaarbusches ein Federbusch in den entsprechenden
Farben wie bei den Mannschaften, der untere Teil bei weißem
Busche schwarz, bei schwarzem weiß (Taf. 5, a, b S. 21).
Die Chargen der Offiziere waren durch den Tressenbesatz
der Achselstücke ausgedrückt. Die Linienregimenter trugen
Kragen und Aufschläge in der Provinzfarbe. Für die
einzelnen Provinzen wurden die Achselklappen für das
erste Regiment weiß, zweites rot, drittes gelb, viertes blau,
d. h. soweit mehrere Regimenter überhaupt existierten; denn
nur Ostpreußen hatte vier Regimenter. Kragen und Auf=
schläge waren für Ostpreußen ziegelrot, Westpreußen karmesin,
Pommern weiß, Brandenburg ponceaurot, Schlesien gelb.
Die Knöpfe durchgängig gelb, Schoßumschläge rot, Ärmel=
patten von der Grundfarbe des Kollets. Die Czakos zeigten
bei den Grenadieren vorn einen gelben Adler, dazu einen
schwarzen Roßhaarbusch. Die Musketiere hatten einen

*) Das Hauptbekleidungsstück hieß offiziell „Rock". Zur Vermeidung einer
Verwechslung mit einem Waffenrock brauchen wir daher nach dem Vorgang von
Mila den Ausdruck „Kollet", obgleich eigentlich darunter die kurzschößige Montur
der Kavallerie verstanden wird.

verſchlungenen Namenszug am Czako, die Füſiliere eine
Bandkokarde. Außerdem waren letztere durch ſchwarzes
Lederzeug gekennzeichnet und trugen ſtatt der Säbel
Faſchinenmeſſer. Nach der neuen Formation waren nämlich
die Füſiliere den Infanterie=Regimentern als dritte
Bataillone zugeteilt und trugen im übrigen die Uniform
ihrer Regimenter. Das Säbelkoppel wurde für gewöhnlich
über die Schulter getragen, doch war es ſo eingerichtet, daß
es bei Paraden auch um den Leib geſchnallt werden konnte
(Taf. 5, a, Taf. 6, a, b, c S. 23). Die Offiziere trugen
am Czako durchgängig eine ſchwarze Kokarde; im übrigen
Kettchen und Adler wie oben beſchrieben, dazu eine Gold=
borte um den oberen Rand, die Grenadier=Offiziere außerdem
einen ſchwarzen Buſch. Die graue Hoſe hatte einen roten
Vorſtoß an den Seiten und längs desſelben gelbe Knöpfe.
Die Offiziere der Musketiere und Grenadiere Degen, die
der Füſiliere Säbel in Lederſcheide (Taf. 6, d). Zur
Schonung wurde von Offizieren wie Mannſchaften der
Czako in wachsleinenem Überzuge getragen.

Während der Befreiungskriege war die Bekleidung infolge
der zahlreichen Neuformationen recht buntſcheckig, namentlich
bei den Reſerveregimentern, welche vielfach aus England
gelieferte Uniformen bekamen. Die Offiziere bedienten ſich
vielfach als Kopfbedeckung einer mit Wachstuch bezogenen
Mütze! Das Jahr 1814 brachte verſchiedene Änderungen
in der Bekleidung. So wurden nunmehr die Kragen vorn
geſchloſſen, die Czakos erhielten eine geſchweiftere Form und
infolgedeſſen einen größeren Deckel. Das bisher runde
National war jetzt von elliptiſcher Form. Allmählich wurden
Schuppenketten ſtatt der ledernen Sturmriemen eingeführt.
Zur Parade weiße Behänge, bei den Unteroffizieren ſchwarz=
weiß, bei den Offizieren ſilbern und ſchwarz; die Garde
außerdem noch ſchwarze dünne Stutze, bei den Offizieren
mit weißer Spitze, die Spielleute rote. Das 1813 errichtete
zweite Garde=Regiment hatte zum Unterſchiede von
dem erſten gelbe Knöpfe und Aufſchläge in der Form, wie

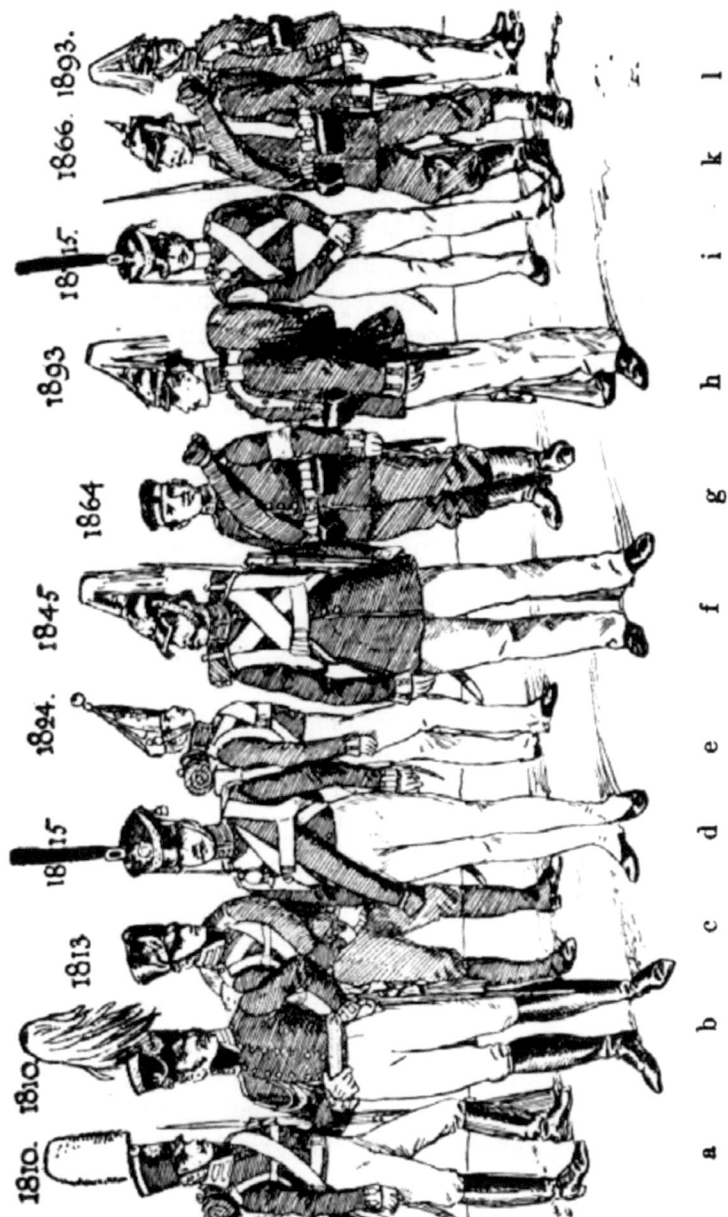

Tafel 5. Preußen (Garde-Infanterie).

a Garde-Regiment z. F. — b Offizier des Regiments Garde z. F. — c zweites Garde-Regiment z. F. — d, e erstes Garde-Regiment z. F. — f, g, h Garde-Regimenter z. F. — i, k, l Garde-Grenadier-Regimenter.

bei der Linie, erhalten (Taf. 5, c). Die Abzeichen der Regi=
menter wurden 1814 in folgender Weise bestimmt: Kragen
und Aufschläge bei den alten Provinzen wie vorher, Magde=
burg hellblau, Rheinlande krapprot, Westfalen hellrot.
Achselklappen für das erste, zweite, dritte und vierte Regiment
der Provinz weiß, rot, gelb oder blau, Ärmelpatten durch=
gängig dunkelblau. 1817 wurden Kragen und Aufschläge
durchweg rot und sind es bis heutigen Tages geblieben*).
Die Regimenter unterschieden sich durch die Ärmelpatten und
Achselklappen und erhielten auf letzteren Nummern. Um
gleich die Abzeichen hier vorweg zu nehmen, ist zu bemerken,
daß 1835 alle Linienregimenter rote Ärmelpatten erhielten
und zwar bei den Armeekorps mit ungerader Nummer auf
drei Seiten mit weißem Vorstoß versehen.

1. Armeekorps	weiße	Achselklappen,	weißer	Pattenvorstoß
2. „	„	„	kein	„
3. „	rote	„	weißer	„
4. „	„	„	kein	„
5. „	gelbe	„	weißer	„
6. „	„	„	kein	„
7. „	hellblaue	„	weißer	„
8. „	„	„	kein	„

Wir wollen nunmehr uns die Entwickelung der Uniformen
bei dem Gardekorps ansehen und zwar zunächst bei den
Garderegimentern zu Fuß. Das erste Garderegiment
erhielt 1824 für die ersten beiden Bataillone (das Füsilier=
bataillon erst 1843) spitze Grenadiermützen mit rotem Futter
und weißem unteren Rande. Diese Mützen wurden nur zu
großen Paraden angelegt und sollen eigentlich nur zu weißen
Beinkleidern getragen werden (Taf. 5, e). Das zweite
Garderegiment, das bisher noch immer Ärmelpatten getragen
hatte, erhielt 1834 rote schwedische Aufschläge mit zwei
weißen Litzen. 1843 wurde Helm und Waffenrock ein=
geführt. Die Abzeichen blieben dieselben wie früher. Der
Helm, mit dem sogenannten Garde = Adler geschmückt, hatte

---

*) Mit der Einschränkung, daß von 1843 bis 1867 nicht der ganze Kragen,
sondern nur die Kragenpatten rot waren.

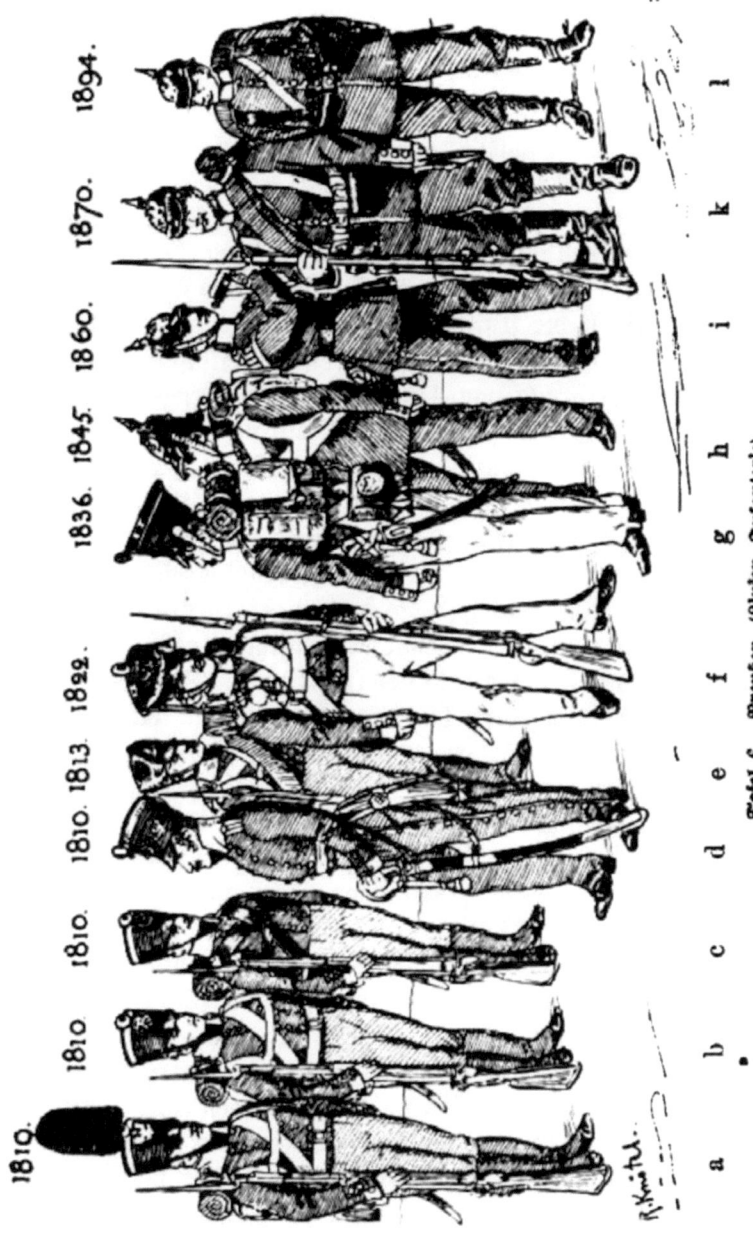

1810. 1810. 1810. 1813. 1822. 1836. 1845. 1860. 1870. 1894.

a   b   c   d   e   f   g   h   i   k   l

Tafel 6. Preußen (Linien-Infanterie).

a Grenadier — b, e, f, g, h, k Musketiere — c Füsilier — d Füsilier-Offizier — i Füsilier-Spielmann — l Linien-Infanterie.

zur Parade bei den Grenadieren weißen, bei den Füsilieren
schwarzen Haarbusch. Beinkleider grau mit roten Biesen
oder weiß, das Lederzeug blieb vorläufig dasselbe wie früher
(Taf. 5, f), bis 1848 das sogenannte Virchowsche Gepäck
eingeführt wurde, die sogenannte Gürtelrüstung. Das dritte
und vierte Garderegiment zu Fuß, die König Wilhelm I.
bei seinem Regierungsantritt errichtete, unterschieden sich
durch gelbe bezw. hellblaue Achselklappen. Dazu gelbe Knöpfe
wie beim zweiten Garderegiment. Das Garde-Füsilier-
regiment erhielt die Uniform des Füsilier-Bataillons des
ersten Garderegiments, aber mit gelben Achselklappen.

Nach dem Feldzuge von 1866 wurde der Kragen, der
bisher nur rote Patten (natürlich mit Litzen) gehabt hatte,
vollfarbig, der Helm wurde erleichtert. In neuerer Zeit
wurde das Marschgepäck geändert und der Mantel um den
Tornister gelegt getragen. 1894 erhielt das erste Garde-
regiment eine neue Garnitur von Grenadiermützen in
fridericianischer Art, und gab die früher getragenen an das
Kaiser Alexander-Garde-Grenadier-Regiment ab.

Die Garde-Grenadierregimenter. Die beiden
ersten Regimenter wurden 1814 errichtet. Sie erhielten
auf den Kollets rote Kragen und Aufschläge, Ärmelpatten
von der blauen Grundfarbe und Achselklappen: beim
Alexander-Regiment weiß mit rotem Namenszug,
beim Franz-Regiment rot mit gelbem, Czako wie bei den
Garderegimentern, aber vorn mit fliegendem Adler geschmückt,
alles Metallzeug gelb (Taf. 5, i). 1834 erhielt der Kragen
auf beiden Seiten zwei weiße Litzen. Dieselben waren auch
auf den Kragenpatten des 1843 eingeführten Waffenrockes
angebracht. Die von König Wilhelm I. errichteten Regimenter Königin Elisabeth und Augusta unterschieden
sich durch gelbe oder hellblaue Achselklappen mit roten
Namenszügen. 1874 wurden die Ärmelpatten aller vier
Garde-Grenadierregimenter mit weißen Litzen versehen;
im übrigen wie die Garderegimenter zu Fuß, namentlich
seitdem in neuerer Zeit der Helmadler auch noch mit dem

Stern versehen wurde, wie solchen die Garderegimenter zu Fuß tragen.

Bei den Linienregimentern wurden zunächst verschiedene Veränderungen mit der Czakodekoration vorgenommen. Die Füsiliere der Regimenter 1 bis 12 erhielten 1816 den Namenszug wie die Musketiere, 1828 darüber noch eine Krone. Die seit 1813 gebildeten Regimenter von Nr. 13 an bekamen bei allen Bataillonen vorn eine Kokarde mit messingener Agraffe. 1836 fiel bei den Czakobehängen das breite Garngeflecht weg (Taf. 6, g). 1843 wurde der Waffenrock eingeführt: mit Kragen von der Grundfarbe, auf beiden Seiten mit roten Patten versehen. Der Helm erhielt als Beschlag einen heraldischen Adler von gelbem Metall (Taf. 6, h). 1848 Virchowsches Gepäck. In der Folgezeit wurde die Höhe des Helmes vermindert; nach dem Feldzug von 1866 das Gewicht des Helmes erleichtert durch Einführung des sogenannten Tellerbeschlages unter der Spitze an Stelle des sogenannten Kreuz= oder Kleeblatt= beschlages. Der Augenschirm wurde abgerundet*). In den Feldzügen von 1864, 1866, 1870/71 hatte sich die Sitte herausgebildet, zum feldmäßigen Anzuge die Hosen in den Stiefeln zu tragen (Taf. 6, k). In den letzten Jahren der Regierung Kaiser Wilhelms I. machte sich das Bestreben der Gewichtserleichterung besonders geltend bei Vermehrung der Taschenmunition und bewirkte die Einführung des neuen Marschgepäckes. Auch der Helm wurde wieder erleichtert und zwar durch Fortfall der (nunmehr aber wieder ein= geführten) Schirmschiene sowie Ersatz der Schuppenketten durch einen ledernen Kinnriemen (Taf. 6, l). Nur den Garde= und den Linien = Grenadierregimentern 1 bis 12 verblieben die Schuppenketten. Auch wurde das Lederzeug mit Ausnahme der genannten Truppenteile durchgängig schwarz. Zu Paraden werden von den Linien=Grenadieren schwarze Haarbüsche getragen.

---

*) 1867 wurde auch die hintere Helmschiene abgeschafft, nach dem Feldzuge von 1870/71 jedoch wieder eingeführt.

Die heutigen Abzeichen sind folgende:

Regiment	Achselklappen	Ärmelpattenvorstoß
1. 3. 4. 5. 33. 41. 43. 44. 45. . .	weiß	weiß
2. 9. 14. 21. 34. 42. 49. 54. 61.	weiß	keiner
8. 12. 20. 24. 35. 48. 52. 60. 64.	rot	weiß
26. 27. 31. 36. 66. 67. 71. 72. 93. 96.	rot	keiner
6. 7. 18. 19. 37. 46. 47. 58. 59.	gelb	weiß
10. 11. 22. 23. 38. 50. 51. 62. 63.	gelb	keiner
13. 15. 16. 17. 39. 53. 55. 56. 57.	hellblau	weiß
25. 28. 29. 30. 40. 65. 68. 69. 70.	hellblau	keiner
75. 76. 84. 85. 86.	weiß	gelb
73. 74. 78. 79. 91. 92.	weiß	hellblau
32. 80. 81. 82. 83. 87. 88. 94. 95.	rot	gelb
97. 98. 99. 128. 129. 130. 131. 132. 135. 136. 137. 138.	rot	hellblau
143. 144. 145.	hellblau	gelb
140. 141.	gelb	gelb

II. Jäger und Schützen.

Bald nach seinem Regierungsantritte 1740 errichtete Friedrich der Große ein Jägerkorps zu Fuß und zu Pferde, dessen Formation und Stärke vielfachen Schwankungen unterlag. Die Uniform bestand sowohl für die Fuß= wie für die reitenden Jäger aus einem zeisiggrünen Rock ohne Rabatten, aber mit roten Kragen, Aufschlägen und Schoß= umschlägen, auf der rechten Seite gelbe Achselbänder. Die Weste hatte die Farbe des Rockes, die Knöpfe waren gelb, die Halsbinden schwarz. Die Beinkleider von gelbem Leder. Der Hut hatte anfangs einen Goldtressenbesatz, der indessen später wegfiel. Die Fußjäger trugen am Koppel um den Leib einen braunledernen Patronranzen (Taf. 11, a S. 55). Anfangs hatten die Fußjäger Gamaschen, die indes noch unter der Regierung des großen Königs durch Stiefel ersetzt wurden. Unter dem Nachfolger Friedrichs des Großen erhielt der Rock, wie bei der gesamten Infanterie, Rabatten und zwar von der Grundfarbe. Die Aufschläge wurden nunmehr sogenannte brandenburgische, d. h. sie erhielten eine mit drei Knöpfen

besetzte Patte (und zwar von der Grundfarbe). Der Hut,
nach Art des damaligen Infanterie=Kaskets geformt, wurde
mit einem grünen Stutz geschmückt. Später wurden die
Unterkleider weiß, der Schnitt machte alle Wandelungen
durch wie die Infanterie=Uniform. Bei den reitenden Jägern
hatte die Offiziers = Montur noch gestickte goldene Schleifen.

Nach der Katastrophe von 1806 bildete man aus den
Resten des ehemaligen Feldjägerregiments zwei neue
Bataillone, nämlich das Garde = Jäger = Bataillon und
das ostpreußische Jäger = Bataillon. Die Uniform
bestand bei beiden aus dunkelgrünen Kolletts mit eben solchen
Schoßumschlägen, roten Kragen, eben solchen schwedischen
Aufschlägen, Achselklappen und Vorstoß an den Schößen.
Knöpfe gelb. 1811 erhielt das Garde = Bataillon gelbe
Litzen auf Kragen und Aufschlägen. Die Beinkleider waren
grau. Anfänglich wurden dazu hohe Stiefel getragen. Der
Czako war wie bei der Infanterie gestaltet, hatte aber oben
keine Einfassungstresse, dagegen grüne Behänge und schwarze
Federbüsche. Vorn beim Gardebataillon ein gelber Stern,
beim ostpreußischen eine schwarzweiße Kokarde (Taf. 11, b).
Der Offiziers=Czako war wie bei der Infanterie gestaltet,
die Behänge schwarz und silbern. 1815 kam ein Bataillon,
das magdeburgische, hinzu, welches gelbe Achselklappen
erhielt. 1821 wurde das ostpreußische und das magde=
burgische Bataillon in vier Jägerabteilungen umgewandelt,
welche sämtlich rote Achselklappen mit gelber Nummer
erhielten. Der Czako machte bezüglich seiner Form die
Wandelung wie bei der Infanterie durch und war bis zu seiner
Abschaffung mit schwarzem Haarbusche geschmückt (bei den
Unteroffizieren mit weißer Spitze, bei den Hornisten rot).
1845 wurde die Zahl der Abteilungen dadurch vermehrt,
daß die bisherigen vier Schützenabteilungen (vergl. weiter
unten) in eben so viele Jägerabteilungen umgewandelt wurden.
Der 1843 eingeführte Waffenrock hatte einen grünen Kragen
mit roten Patten. Achselklappen und Aufschläge blieben wie
bisher. Gleichzeitig mit dem Waffenrock wurde der Helm

eingeführt und zwar mit gelben Beschlägen. Als Dekoration beim Gardebataillon der sogenannte Gardeadler mit silbernem Stern auf der Brust, bei den Linien=Jägerbataillonen der sogenannte heraldische Adler. Zu Paraden bei allen Bataillonen schwarze (Spielleute rote) Haarbüsche (Taf. 11, e). 1854 wurden käppiartige Czakos mit Augen= und Nacken= schirm eingeführt und zwar beim Gardebataillon mit silbernem Stern, bei den Bataillonen 1, 2, 5 und 6 mit gekröntem königlichen Namenszug, bei Nr. 3, 4, 7 und 8 aber mit einer messingenen Litze (Taf. 11, f); zu Paraden schwarze herabhängende Haarbüsche. 1860 wurde der Czako etwas niedriger und verlor die Schiene um den Augenschirm. Die Dekoration blieb beim Gardebataillon dieselbe, dagegen erhielten die Linien=Bataillone einen messingenen Adler; statt der bisherigen Schuppenketten, die nur den Offizieren verblieben, jetzt lederne Kinnriemen. 1867 wurde der Kragen vollfarbig, alle übrigen Neuerungen, wie Marsch= gepäck rc., vergl. Infanterie (Taf. 11, g).

Schützen. Im Jahre 1808 wurde ein Schützenbataillon, das schlesische, errichtet. Die Uniform bestand aus dunkel= grünen Kollets mit eben solchen Schoßumschlägen, schwarzen Kragen mit rotem Vorstoß, eben solche Aufschläge mit dunkel= grünen Patten ohne Vorstoß. Die Achselklappen waren gleichfalls schwarz mit roter Einfassung. Der Czako hatte keine Behänge, anfangs auch keine Büsche; etwas später wurden schwarze Roßhaarstutze eingeführt. Als Dekoration vorn die Kokarde mit messingener Agraffe. Beinkleider, Lederzeug, Knöpfe wie bei den Jägern (Taf. 11, c). 1814 wurde in Neuchâtel dort das Garde=Schützen= bataillon errichtet. Das Kollet unterschied sich durch die gelben Litzen am Kragen und durch die Form der dunkel= grünen Ärmelpatte, welche dreispitzig war und außerdem roten Vorstoß zeigte. Der Czako erhielt die gleiche Form wie beim Garde=Jägerbataillon. 1815 wurde das rheinische Schützenbataillon gebildet. Es erhielt rote Achselklappen und gleichzeitig damit das schlesische weiße, schon im folgenden

Jahre indes beide rote mit gelber Nummer. 1821 erfolgte die Teilung der beiden Bataillone in vier Abteilungen. Die Entwickelung der Uniform ging völlig parallel mit der Jäger= Uniform, bis im Jahre 1845 die Linien=Schützen sämtlich in Jägerbataillone umgewandelt waren. Seitdem besteht nur noch das Garde=Schützenbataillon. Es unterscheidet sich nur durch Kragen und Aufschläge, welche schwarz mit rotem Vorstoß sind, vom Garde=Jägerbataillon. Seit 1874 ist auch die grüne Ärmelpatte gleich dem Kragen mit gelben Litzen geschmückt.

Es erübrigt, an dieser Stelle der freiwilligen Jäger= Detachements von 1813 zu erwähnen, die bei sämtlichen Regimentern und selbständigen Bataillonen für die Dauer des Krieges errichtet wurden. Die Uniform sollte die der betreffenden Truppenteile sein, jedoch von grüner Grund= farbe. Es kamen aber im einzelnen, wie in der Not des Augenblickes erklärlich, viele Abweichungen vor. Das Leder= zeug war durchgängig schwarz. Der Czako wurde von allen Detachements getragen, auch von denen der Küraffiere (welche Helme trugen).

Das reitende Feldjägerkorps, nur aus Offizieren bestehend, trug von 1808—1849 dunkelgrüne Fracks mit zwei Reihen von je acht gelben Knöpfen, rote Kragen ohne Litzen, eben solche schwedische Aufschläge und Schoßbesätze, anfangs dunkelgrüne Schulterstücke, später Epauletten mit gelben Halbmonden, Hüte mit weißem Federbusch, graue Beinkleider nach Art der Kavallerie=Offiziere. Der 1843 eingeführte Waffenrock erhielt die gleichen Abzeichen, dazu noch auf Kragenpatten und Aufschlägen goldene Litzen. Infanterie=Helm mit Garde=Adler, zu Paraden schwarze Haarbüsche. Die Wandlungen im Schnitt waren die gleichen, wie wir solche schon kennen gelernt haben, z. B. wurde 1867 der Kragen vollfarbig.

III. Küraffiere.

Unter dem großen Kurfürsten war das Hauptbekleidungs= stück des Reiters der aus dem 30jährigen Kriege her bekannte

Lederkoller. Gerade die Uniformen der Reiterei scheinen am spätesten geregelt worden zu sein. Harnische wurden von den Mannschaften nicht mehr getragen; überhaupt findet sich statt der Bezeichnung „Kürassier" damals immer die Benennung „Regiment zu Pferde".

So trugen nach einem Musterungsbericht vom Jahre 1688 die Mannschaften des Regiments Anhalt zu Pferde Koller mit blauen Aufschlägen, grauen Rock, grauen Mantel mit blauem Futter und Kragen, Lederhosen, schwarze Schärpe mit orange und weißen Franfen, weißes Halstuch mit schwarzem Bande und Hut mit Silberbesatz. Das Regiment Gensbarmes, eines der vornehmsten Reiter=regimenter, hatte nach einem Berichte vom Jahre 1700 einen blauen Rock, die Ärmel mit silbernen Schleifen, die Knopflöcher mit Silber=tresse besetzt, einen blauen Tuchmantel mit goldbesetztem Kragen, Hut mit Silbertresse. Die Garde du Corps des Kurfürsten Friedrich III. in demselben Jahre ebenfalls blaue Röcke mit reichem Goldbesatz und karmesinrote Bandeliere mit Gold und Silber ver=ziert (Taf. 7, a). Schärpen von Karmesin und Gold. Die Grand-Mousquetaires trugen rote, goldbesetzte Röcke, ihre Trompeter blaue.

Unter Friedrich Wilhelm I. bestand die Bekleidung der Kürassiere aus einem ledernen Kollet mit ziemlich langen, umgeschlagenen Schößen, ledernen Hosen, hohen Stiefeln, Hut mit Goldtresse und Stulphandschuhen; Koller, Weste und Karabinerriemen waren mit Borten besetzt. Schon seit 1735 wurden die gelbledernen Kollets allmählich in solche von gelblichem (paille) Tuch oder Kirsey verwandelt, nur das Regiment Nr. 2 behielt bis 1806 gelbe Kollets, wurde später sogar zitronengelb [daher die Bezeichnung des Regi=ments bis 1806 als „gelbe Reuter"]*). Das Reglement von 1727 spricht in betreff der Aufschläge ꝛc. nur von rotem, blauem und bleumourant Tuch, ebenso nur von Goldtressen; es verbietet sogar ausdrücklich silberne. Nach einer Sammlung von zwölf Ölbildern im Berliner Zeug=

---

*) Die gelblichen Kollets wurden, wenn sie schmutzig waren, weiß gestrichen (gekollert). Dadurch wurde die Farbe immer heller. Gegen Ende der Regierung Friedrichs des Großen gab man den Kollets dann gleich weiße Grundfarbe. Die gelben Reuter hatten wahrscheinlich früher die gleichen Kollets wie die anderen Regimenter, nur strich man sie gelb an. Vielleicht auf Wunsch des prinzlichen Chefs blieb dann die gelbe Grundfarbe.

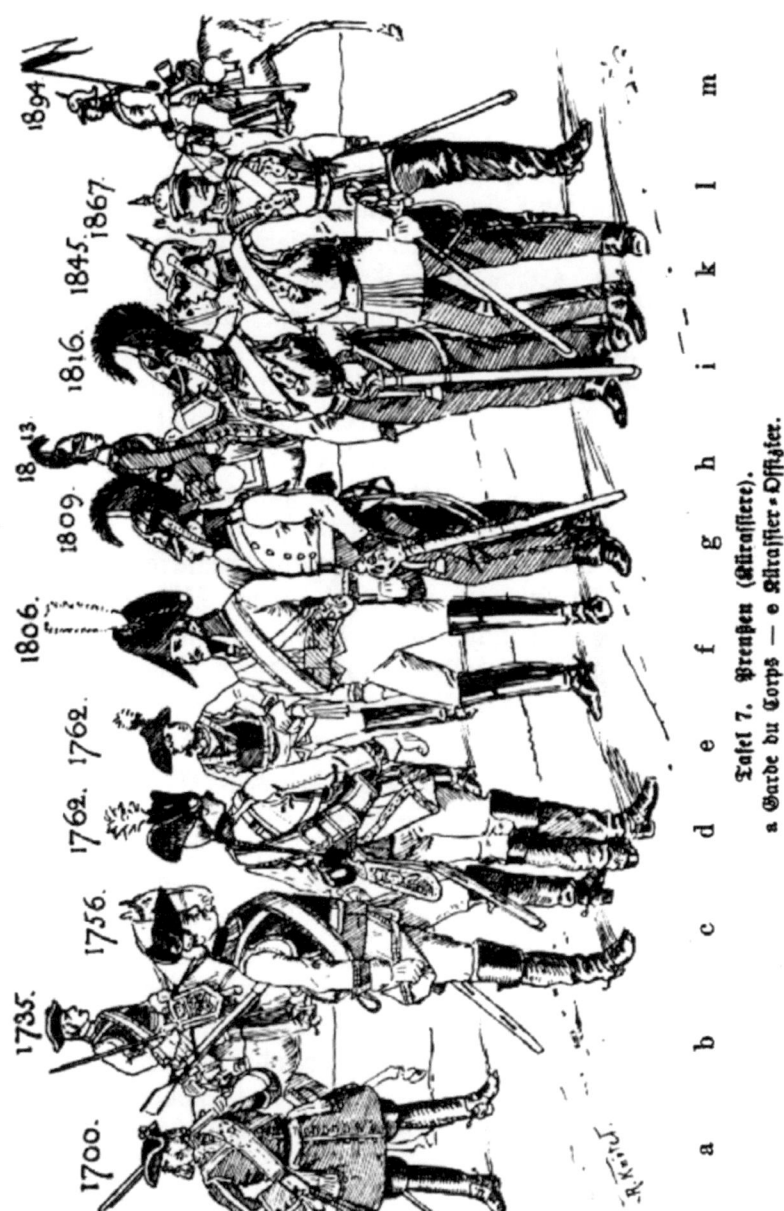

Tafel 7. Preußen (Küraffiere).

a Garde du Corps — e Küraffier=Offizier.

a   b   c   d   e   f   g   h   i   k   l   m

hause hatte das 7. Regiment rosa Abzeichen. Unter Friedrich dem Großen wurden die Schöße des Kollets allmählich kürzer. Nach dem ersten schlesischen Kriege änderten sich die Abzeichen einiger Regimenter, blieben aber dann bis zur Katastrophe von 1806 stets die gleichen. Im siebenjährigen Kriege wurde die Huttresse nicht mehr getragen, dagegen 1762 ein weißer Stutz eingeführt, bei den Offizieren mit schwarzer Wurzel, bei den Unteroffizieren mit solcher Spitze (Taf. 7, d, e). Schon unter Friedrich Wilhelm I. war der Rückenteil des Harnisches weggefallen. Es blieb also nur der Brustküraß (plastron) übrig, auf dem Rücken durch Kreuzriemen gehalten. Die Halsbinden, die unter der vor=hergehenden Regierung rot waren, wurden unter Friedrich dem Großen schwarz. Tafel 7, d zeigt einen Kürassier vom Rücken. Über dem Kollet wurde zunächst das Pallasch=gehänge mit der daran befestigten Pallaschtasche angelegt, darüber kam die Leibbinde (von der Abzeichenfarbe). Darauf wurde der Brustpanzer umgelegt, dann über die rechte Schulter die Kartusche, über die linke das Karabiner=bandelier. Letztere beiden wurden durch schmale Achsel=klappen von der Grundfarbe des Kollets festgehalten. Bei den Garde du Corps war der Brustpanzer blank, bei den übrigen Regimentern geschwärzt. Die Offiziere trugen den=selben in reicherer Ausstattung, die Kreuzriemen waren bei ihnen mit Metallbeschlägen verziert. Zum Galawachtdienst in den königlichen Schlössern erhielt die Garde du Corps rote Superwesten, auf Brust und Rücken mit dem Stern des Schwarzen Adlerordens verziert. Die Offiziere sämt=licher Regimenter hatten weiße Interims= und Galaröcke mit farbigen Abzeichen (auch Rabatten). Die Galauniform zeigte je nach den Regimentern goldene oder silberne Schleifen, nur bei den Garde du Corps und den Gendarmen waren die Galaröcke von roter Grundfarbe ohne Rabatten.

Unter Friedrich Wilhelm II. wurden die Brustpanzer abgelegt. Die Offiziere erhielten Kartuschen. Die Schöße des Kollets wurden immer kleiner, Hut, Stutz und Kragen immer höher, namentlich unter Friedrich Wilhelm III. (Taf. 7, f).

Die Abzeichen der Regimenter waren im Jahre 1806 folgende:

Name des Regiments	Grundfarbe	Abzeichen	Weste	Besatz bei den Offizieren
1. Graf Henckel ..	weiß	rot	rot	silbern
2. von Beeren ...	zitronengelb	karmesinrot	karmesinrot	„
3. Leibregiment...	weiß	dunkelblau	dunkelblau	golden
4. von Wagenfeld .	„	schwarz	schwarz	„
5. von Bailliodz ..	„	bleumourant	bleumourant	„
6. von Quitzow ..	„	hellziegelrot	hellziegelrot	„
7. von Reitzenstein .	„	zitronengelb	zitronengelb	silbern
8. von Heising *) .	„	dunkelblau	dunkelblau	„
9. von Holzendorf .	„	dunkelkarmesin	dunkelkarmesin	golden
10. Gensdarmes ..	„	rot	dunkelblau	„
11. Leib-Karabiniers	„	hellblau	hellblau	silbern
12. von Bünting ..	„	dunkelorange	dunkelorange	golden
13. Garde du Corps	„	rot	rot	silbern

Bei der Reorganisation der Armee wurden vier Kürassier-Regimenter errichtet.

Die Abzeichen waren nach einer Kabinettsorbre von 1808 folgende:

Regiment	Abzeichen	Knöpfe
Schlesisches	schwarz	gelb
Ostpreußisches ...	hellblau	weiß
Brandenburgisches .	rot	gelb
Garde du Corps ..	rot	weiß

Die neue Uniform bestand aus einem weißen Kollet mit eben solchen Schößen und Achselklappen, zwei Reihen von je acht Knöpfen auf der Brust, Kragen, schwedischen Aufschlägen und Vorstößen um die Schoßumschläge und um die Achselklappen in der Regimentsfarbe; graue Überknöpfhosen. Als Kopfbedeckung ein Lederhelm mit Messingbeschlag, hohem

---

*) Das berühmte ehemalige Seidlitzsche Regiment.

Knötel, Uniformkunde. 8

lebernen Bügel und schwarzem Roßhaarkamm. Auf dem
vorderen Beschlag ein Adler, bei den Gardes du Corps ein
Stern. Als kleine Uniform wurde eine dunkelblaue, sogenannte
Lithewka eingeführt (Taf. 7, h) mit weißen Achselklappen,
Kragen in der Regimentsfarbe und zwei Knopfreihen auf
der Brust. 1810 erhielt das brandenburgische Regiment
für die Kollets kornblumenblaue Abzeichen, behielt dagegen
auf den Lithewken die roten Kragen bei (noch heute tragen
die Offiziere dieses Regiments, bei blauen Abzeichen auf den
weißen Kollern, zur blauen Interimsuniform rote Abzeichen).
Die Garde du Corps hatte auf Kragen und Aufschlägen weiße
Litzen erhalten, für die Offiziere wurden 1812 Epauletten
eingeführt. 1814/15 erhielten sämtliche Regimenter Brust-
und Rückenharnische, auch wurden die alten preußischen
Pallasche gegen französische vertauscht. Die Seitenknöpfe
an den Hosen fielen weg. 1819 wurde die Kürassierwaffe
stark vermehrt.

Die Abzeichen gestalteten sich wie folgt:

Regiment	Abzeichen	Knöpfe
Garde du Corps	rot	weiß
Nr. 1	schwarz	gelb
" 2	karmesin	weiß
" 3	hellblau	"
" 4	orange	"
" 5	hellrot	gelb
" 6	russischblau	"
" 7	gelb	weiß
" 8	grün	gelb

1821 wurde das Garde-Kürassier-Regiment errichtet. Abzeichen kornblumenblau, Knöpfe und Litzen weiß.
Die Uniform, wie sie Tafel 7, i dargestellt ist, wurde bis zum
Jahre 1843 getragen und damals durch Koller (ein Waffenrock vorn ohne Knöpfe, durch Haften geschlossen) und Stahlhelme ersetzt. Der weiße Koller hatte einen Kragen von
der Grundfarbe, Kragenpatten und Aufschläge von der

Abzeichenfarbe. Die gleiche Farbe zeigen Vorstöße an den Ärmel= und Rückennähten, Schoßtaschen=Leisten und um die Achselklappen. Um Kragen, Aufschläge sowie vorn herunter ist der Koller mit einer weißen, in der Regimentsfarbe durch= wirkten Borte besetzt. Die Helme sind bei den beiden Garde= regimentern von gelbem Metall und haben statt des Adlers einen weißen Garde=Stern. Auch beim Regiment Nr. 6 sind die Helme gelb. Die Harnische sind ebenfalls für die Garderegimenter gelb, auch bei den Unteroffizieren des 6. Regiments. 1856 erhielt ein Teil der Garde du Corps hohe, bis über das Knie reichende Stulpstiefel, 1868 wurden alle Regimenter mit solchen Stiefeln versehen, doch nunmehr statt der grauen weiße Reithosen eingeführt. In neuerer Zeit werden allgemein statt der hohen, schlappen bis zum Knie reichende steife Stiefel getragen. Bezüglich der Ab= zeichen ist zu erwähnen, daß das Regiment Nr. 4 1870 die orangefarbenen Abzeichen gegen rote vertauschte. Harnische werden jetzt nur noch zu Paraden angelegt. Wie die gesamte Kavallerie, sind auch die Küraffiere jetzt mit Lanzen bewaffnet. Die Gardes du Corps erhielten zum Galawachtdienst 1843 wieder die Superwesten, wie solche bis 1797 getragen wurden. Zu gewissen Paraden legt das Regiment eine Garnitur schwarzer, rotgeranderter Harnische an, die es im Jahre 1814 vom Kaiser von Rußland zum Geschenk erhalten hat. Bei beiden Garderegimentern läßt sich die Helmspitze abschrauben und dafür ein weißmetallener, sich zum Fluge anschickender Adler aufsetzen. Dies geschieht jedoch nur zur Parade bezw. zum Galawachtdienst. Im Juni 1895 erhielt das 2. (pommersche) Küraffier = Regiment als Auszeichnung Ringkragen, die auch im Felde getragen werden sollen.

IV. Dragoner.

Unter dem großen Kurfürsten waren für die Dragoner ebenfalls Lederkoller in Gebrauch. Für die Aufschläge war die blaue Farbe bevorzugt. Später weiße Röcke. Unter Friedrich Wilhelm I. waren die Regimentsabzeichen blau

oder rot, die Unterkleider gelb, Halsbinde rot (Taf. 8, c).
Nach dem zweiten schlesischen Kriege wurde für sämtliche
Dragoner=Regimenter die hellblaue Farbe für die Röcke
eingeführt. Die Halsbinden wurden jetzt schwarz. Die Auf=
schläge erhielten durchgängig den sogenannten schwedischen
Schnitt; auf der rechten Schulter waren sogenannte Achsel=
schnüre angebracht, die sich in der Farbe nach den Knöpfen
richteten. Der Hut war der gleiche wie bei den Kürassieren
(Taf. 8, d). Es gilt daher auch hier das dort über Hut=
tresse und Stutz Gesagte. Die Kartusche wurde nicht, wie
bei den Kürassieren, an besonderem Bandelier getragen,
sondern war am Karabinerbandelier befestigt. Der Pallasch
hatte eine braune Lederscheide. Der Rock hatte völlig den
Schnitt wie bei der Infanterie. Dagegen war das Schoß=
futter meist in der Farbe der Abzeichen.

Beim Tode Friedrichs des Großen waren die Abzeichen folgende:

Name des Regiments	Kragen und Aufschläge	Rabatten	Schoßum= schläge	Knöpfe und Achsel= bänder	Westen	Stickerei bei den Offizieren
1. Graf Lottum	schwarz	schwarz	schwarz	gelb	gelb	Gold
2. von Mahlen	weiß	weiß	weiß	"	"	"
3. von Thun	rosa	rosa	rosa	weiß	"	Silber
4. von Götzen	paille	paille	paille	"	paille	"
5. Markgraf v. Baireuth	dunkelrot	dunkelrot	dunkelrot	"	"	"
6. von Rohr	weiß	weiß	weiß	"	"	"
7. von Borke	scharlachrot	keine	scharlachrot	gelb	"	Gold
8. von Brausen		scharlachrot		weiß	"	Silber
9. von Sitzewitz	hellblau	keine, aber weiße Litzen	dunkelblau	"	"	"
10. von Rosenbruch ...	orange	keine	orange	weiß	paille	Silber
11. von Bosse	gelb	gelb	gelb	"	"	"
12. von Baltreuth	schwarz	schwarz	"	"	weiß	"

In der Folgezeit erhielten die Dragoner Kollets in gleicher
Ausstattung wie die bisherigen Röcke, nur waren die Schoß=
umschläge von der Grundfarbe mit Vorstoß von der Abzeichen=
farbe. Dabei fiel die Weste weg. Die Offiziere behielten
dagegen die Röcke bei. Im Jahre 1797 wurde das Leder=
zeug geteilt und nunmehr das Karabinerbandelier über die

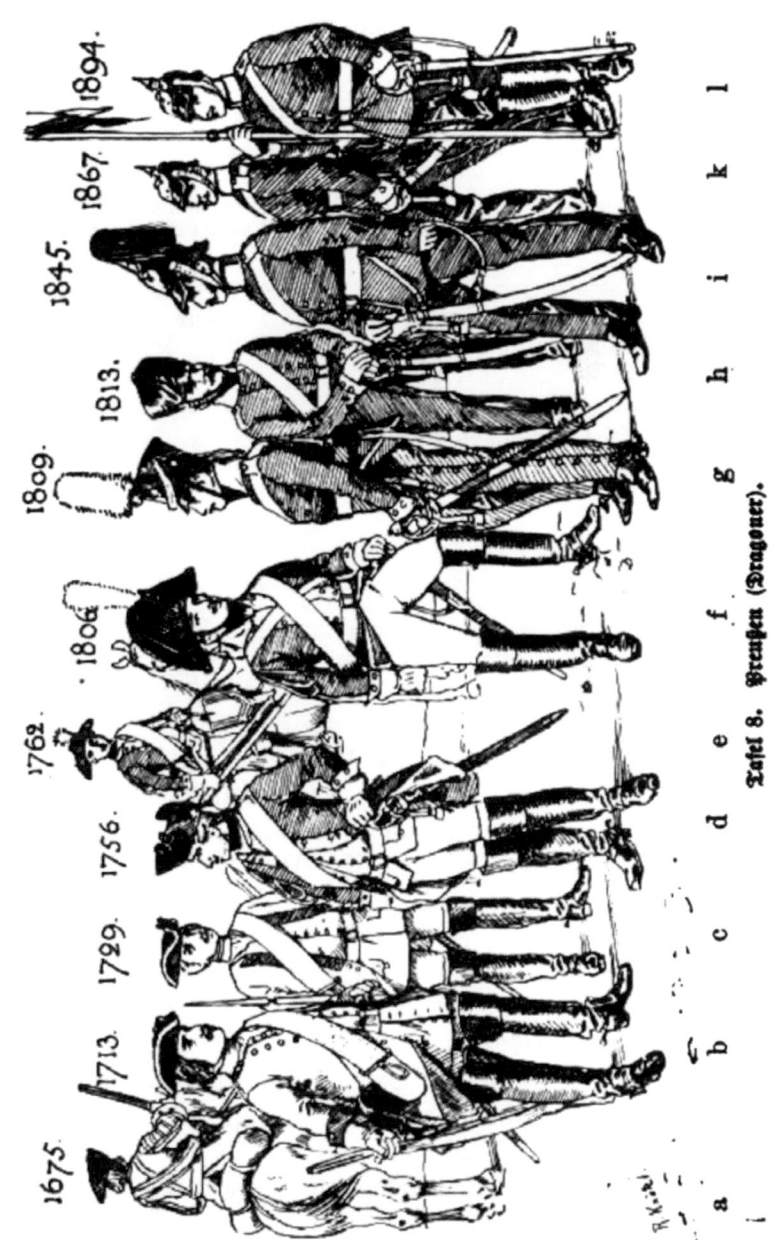

1894. 1867. 1845. 1813. 1809. 1806. 1762. 1756. 1729. 1713. 1675.

Tafel 8. Preußen (Dragoner).

a b c d e f g h i k l

linke Schulter, der schmälere Kartuschriemen über die rechte
getragen*) (Taf. 8, f).

Die Abzeichenfarben waren im Jahre 1806:

Name des Regiments	Kragen, Auf-schläge, Rabatten	Knöpfe und Achselbänder	Stickerei bei den Offizieren
1. König von Bayern . .	schwarz	gelb	Gold
2. von Prittwitz	weiß	„	„
3. von Irwing	rosa	weiß	Silber
4. von Katte	paille	„	„
5. Regiment der Königin	dunkelkarmesin	„	„
6. von Auer	weiß	„	„
7. vac. von Rhein . . .	scharlachrot	gelb	Gold
8. von Esebeck	„	weiß	Silber
9. Graf von Herzberg . .	„	„	„
10. vac. Manstein	orange	„	„
11. „ von Voß	zitronengelb	„	„
12. „ von Brüsewitz . .	schwarz	„	„
13. „ von Rouquette .	karmesin	gelb	Gold
14. von Wobeser	chamois	„	keine

Bei der Reorganisation von 1808 erhielten die Dragoner
hellblaue Kollets mit eben solchen Schoßumschlägen, welche
in der Abzeichenfarbe vorgestoßen waren. Vorn zwei Reihen
von je acht Knöpfen. Kragen, Achselklappen und schwedische
Aufschläge in der Regimentsfarbe. Graue Überhosen, an
den Seiten mit Knöpfen besetzt. Czako mit Ledergarnitur,
rundem National und Adlerbeschlag. Anfänglich lederne
Kinnriemen. Schuppenketten sollten erst im Falle einer
Mobilmachung ausgegeben werden. Zu Paraden dicke weiße
Haarbüsche, die Offiziere wallenden Federbusch. Behänge
und Czakos nach der Farbe der Knöpfe gelb oder weiß.
Anfänglich wurden die alten Pallasche in Lederscheide
getragen (Taf. 8, g) und später durch Säbel ersetzt.

---

*) Offiziere führten keine Kartusche.

Die Abzeichen waren von 1808—1819:

Name des Regiments	Kragen	Knöpfe
1. Königin	karmesin	weiß
2. 1. Westpreußisches .	weiß	"
3. Litthauisches	rot	gelb
4. 2. Westpreußisches . .	rot	weiß
5. Brandenburgisches . .	schwarz	gelb
6. Neumärkisches	hellrot	weiß
7. Rheinisches	weiß	gelb
8. Magdeburgisches . .	gelb	weiß

Die Offiziere erhielten das Kollet erst 1819. Bis dahin trugen sie sogenannte Leibröcke, d. h. eine Art Frack mit längeren Schößen. Als kleines Bekleidungsstück der Mann= schaften diente eine Litthewka von hellblauer Grundfarbe, mit Kragen und Achselklappen in der Regimentsfarbe. Für gewöhnlich wurde der Czako zur Schonung in einem Über= zuge getragen. 1814 verloren die Beinkleider den Knopf= besatz an der Seite. 1819 wurden verschiedene Regimenter zu Kürassieren umgewandelt.

Es blieben nunmehr noch folgende bestehen und zwar waren die Abzeichen von 1819—1843:

Name des Regiments	Kragen	Knöpfe
1. Litthauisches	rot	gelb
2. Brandenburgisches . .	schwarz	"
3. Neumärkisches	hellrot	weiß
4. Rheinisches	weiß	gelb

1826 wurden die Czakobehänge durchgängig weiß. Im selben Jahre fielen die Haarbüsche, die seit 1815 von dünnerer Form waren, ganz weg. 1842 wurden Waffenröcke und Helme eingeführt. Der Kragen des Rockes war von der Grundfarbe mit Patten in der Regimentsfarbe (Taf. 8, i). Seit 1867 wurden die Kragen vollfarbig. Die schwedischen Aufschläge waren anfangs hellblau mit farbigem Vorstoß, seit Oktober 1866 ebenfalls vollfarbig. Der Helm ist mit dem sogenannten Dragoner=Adler (mit aufgerichteten Flügeln) geschmückt. Zu Paraden ein schwarzer Haarbusch. Als 1867 der sogenannte Tellerbeschlag des Helmes und die Augen= schirme abgerundet wurden, erstreckte sich diese Änderung nicht auf die Dragoner, welche ihre alten Helme behielten. 1870 wurden graublau melierte Beinkleider in hohen Stiefeln eingeführt. In neuester Zeit Lanzen, verschmälerte Bande= liere und Pallasche, die jetzt am Sattel befestigt wurden (und zwar bei der gesamten Reiterei). Auch führen jetzt die Regimenter sämtlich Nummern auf den Achselklappen.

Das erste Garde=Dragoner=Regiment entstammt der 1811 errichteten Normal=Dragoner=Kompagnie, späteren Garde=Dragoner=Escabron, die 1813 zum leichten Garde=Kavallerie=Regiment gehörte. Die Abzeichen waren rot, dazu gelbe Gardelitzen und Knöpfe. Am Czako ein Garde=Stern und ausnahmsweise ein Nacken= schirm. Letzterer fiel nach den Befreiungskriegen weg, das Regiment trug im übrigen die gleichen Abzeichen weiter. Auch am Waffenrock waren die roten Abzeichen und gelben Litzen angebracht. Der Helm wurde mit dem Garde=Adler verziert; die Haarbüsche weiß. Bei der Armee=Reorgani= sation unter König Wilhelm I. wurde ein zweites Garde= Dragoner=Regiment errichtet, welches sich in der Uni= form nur durch weiße Litzen und Helmbeschlag unterschied.

Die Abzeichen der Regimenter sind gegenwärtig folgende:

Name des Regiments	Abzeichen	Knöpfe	Bemerkungen
1. Garde=Dragoner=Reg.	ponceaurot	gelb	—
2. " " "	"	weiß	—
Nr. 1	"	gelb	—
" 2	schwarz	"	—
" 3	pfirsichblütfarben	weiß	—
" 4	gelb	"	—
" 5	ponceaurot	"	—
" 6	schwarz	"	—
" 7	pfirsichblütfarben	gelb	—
" 8	zitronengelb	"	—

Name des Regiments	Abzeichen	Knöpfe	Bemerkungen
Nr. 9	weiß	gelb	—
„ 10	„	weiß	—
„ 11	karmesin	gelb	—
„ 12	„	weiß	—
„ 13	ponceaurot	gelb	} Weiße Vorstöße um Kragen und Aufschläge
„ 14	schwarz	„	
„ 15	pfirsichblütfarben	weiß	
„ 16	gelb	„	

V. Husaren.

Die Errichtung der preußischen Husaren fällt in das Jahr 1721. Die erste Uniform war weiß mit gelben Schnüren, dazu sogenannte Flügelmützen, d. h. schwarze Filzmützen von der Form eines abgestumpften Kegels mit einem langen Flügel, der für gewöhnlich um die Mütze gewunden war, zu Paraden aber herabhing. Anfangs der dreißiger Jahre des vorigen Jahrhunderts wurden der Dol= man rot, die Aufschläge blau, der Pelz gleichfalls blau. Schnüre weiß, für die Offiziere golden. Säbeltaschen mit dem königlichen Namenszuge in der Farbe des Dolmans. Die Beinkleider waren von Leder. Es scheinen auch rot= tuchene anliegende Hosen neben blauen sogenannten Schara= waden getragen worden zu sein. Die Scharawaden waren keine Hosen im heutigen Sinne, sondern zwei getrennte Beinlinge, die bis zum Spalt reichten. Sie hatten vorn oben einen herzförmigen Besatz in der Farbe des Dolmans. Friedrich der Große vermehrte die Husaren= waffe bedeutend.

Das 1. Regiment, besonders durch seinen Führer, den „grünen Kleist“, bekannt, hatte grüne Dolmans, Pelze, Scharawaden, Schabraken, Säbeltaschen und Beutel an den Pelzmützen. Die Beschnürung war weiß. Schärpe rot und weiß.

Das 2., das berühmte „Zietensche“, Regiment trug rote Dolmans und blaue Pelze, wie oben beschrieben. Die Stabs= offiziere legten am ersten Revuetage einen besonderen Schmuck an, welcher in Pantherdecken mit vergoldeten Verzierungen bestand. Dazu an den Mützen einen mächtigen Adlerflügel, welcher an einem scepterartigen, aufrechtstehenden Stabe befestigt war.

Das 3. Regiment weiße Dolmans, dunkelblaue Pelze und Scharawaben, gelbe Schnüre, Pelzmützen mit weißem Beutel und dunkelblaue Schabraken mit weißem Zackenrand. Die Schärpe war gelb mit weißen Knöpfen, die Säbeltasche gelb mit weißem Besatz.

Das 4. Regiment hellblaue Dolmans mit eben solchen Kragen und Aufschlägen und weißen Schnüren, weiße Pelze ebenso beschnürt, hellblau und weiße Schärpen, Säbeltaschen mit weißem Grund und hellblauem Besatz, Pelzmützen mit hellblauem Beutel. Die Grundfarbe der Schabraken war weiß, die des Zackenrandes hellblau.

Das 5. Regiment, die berühmten „Totenköpfe", nach den gestickten Totenköpfen an den Filzmützen so genannt, hatte anfäng= lich ganz schwarze Montur mit weißen Schnüren, später rote Kragen und Aufschläge. Der Rand der schwarzen Schabraken scheint von Anfang an rot gewesen zu sein; die Säbeltaschen waren von schwarzem Leder ohne Besatz.

Das 6. Regiment trug schwarze Flügelmützen und ganz braune Montur mit gelben Schnüren, die Schärpe war gelb und weiß.

Das 7. Regiment Flügelmützen, gelbe Dolmans mit hell= blauen Kragen und Aufschlägen, hellblaue Pelze und Scharawaben, hellblau und weiße Schärpen und Säbeltaschen. Schabrake hellblau mit gelbem Zackenrand.

Das 8. Regiment, das „Bellingsche", spätere „Blüchersche", bis zum Jahre 1764 ganz schwarze Montur mit grünen Kragen und Aufschlägen, Schnüren und Schabrakenbesatz, gelbe Knöpfe und grün und gelbe Schärpen, schwarzlederne Säbeltaschen. Die Flügelmütze zeigte in Stickerei ein liegendes Skelett mit Sanduhr und der Umschrift: „Vincere aut mori". Wegen des Skelettes war das Regiment im Gegensatz zu den Totenköpfen unter der volkstümlichen Bezeichnung „Der ganze Tod" bekannt. 1764 erhielt das Bellingsche Regiment die Uniform des bei Maxen in Gefangenschaft geratenen Gersdorffschen Regiments und zwar ganz dunkelrote, weißbeschnürte Uniform. Dazu schwarze Flügelmützen.

Das 9. Regiment bestand aus Lanzenreitern, den Bosniaken, und wird später besprochen werden.

Das 10. Regiment wurde erst in der späteren Regierungszeit Friedrichs des Großen, nämlich 1773, errichtet. Es trug Pelzmützen mit gelblichem Beutel, gelbliche Dolmans mit dunkelblauen Kragen und Aufschlägen und roter Beschnürung, dunkelblaue Pelze und Scharawaden, rot und blaue Schärpen, dunkelblaue Säbeltaschen mit gelblichem Zackenrande und rotem Namenszug. Schabraken dunkelblau mit gelblichem Zackenrande. Die Beschnürung der Offiziere war golden oder silbern.

Bei denjenigen Regimentern, welche Flügelmützen trugen, hatten die Offiziere vorn eine seidene weiße oder gelbe Band= kokarde und der Flügel hatte einen Besatz von Silber= oder Goldtresse. Der Schnurbesatz bei den Offizieren war silbern oder golden, jenachdem das betr. Regiment weiße oder gelbe Beschnürung hatte, nur beim Zietenschen Regiment trugen die Offiziere Goldbeschnürung, während die der Mannschaften weiß war. Das Karabinerbandelier hing über die linke Schulter, das braunlederne Kartuschbandelier über die rechte. Die Säbeltasche saß ziemlich hoch (Taf. 9, b S. 45). Unter= offiziere und Mannschaften trugen keine Zöpfe, sondern banden das Haar hinten und an den Schläfen in Knoten. Im all= gemeinen änderte sich die Uniform bis zum Jahre 1806 wenig. Nur folgende Punkte sind besonders zu bemerken: Die Dolmans erhielten etwas kürzere Schöße, die Kragen wurden höher, die Scharawaden wurden abgeschafft und an ihrer Stelle später Überknöpfhosen eingeführt. Drei Truppen= teile hatten 1806 anliegende ungarische Tuchhosen, nämlich das Regiment Nr. 6 und das 1792 errichtete Husaren= bataillon Nr. 11, und zwar beide von hellblauer Farbe, und Nr. 10 dunkelblau. 1796 wurden die Pelzmützen durch= gängig abgeschafft, mit Ausnahme des zweiten Regiments. 1804/1805 sollten Czakos beschafft werden, indessen sind die meisten Regimenter 1806 noch mit den alten Flügelmützen, damals Schackelhauben genannt, ausgerückt. Tafel 9, d zeigt die Form des Czakos. Vorn war eine wollene Rose, darunter eine Bandkokarde nebst Agraffe angebracht, und zwar Rose und Kokarde in der Farbe des Pelzes und der Beschnürung, nicht in der Nationalfarbe. An der rechten Seite nach hinten ein Behänge; der weiße Stutz war damals von sehr hoher Form (und zwar bei den Husaren wie überhaupt bei der gesamten Reiterei 1762 eingeführt).

Da sich die Abzeichen einiger Regimenter mittlerweile geändert haben, folgt hier eine Übersicht aus dem Jahre 1806:

Name des Regiments	Dolman	Kragen und Aufschläge	Schnüre	Pelz	Schärpe
Nr. 1. Regt. von Gettkandt	dunkelgrün	rot	weiß	dunkelgrün	rot—weiß
„ 2. „ „ Rudorff	rot	dunkelblau	weiß	dunkelblau	dunkelblau-weiß
„ 3. „ „ Pletz	dunkelblau	gelb	gelb	dunkelblau	gelb—weiß
„ 4. „ Prinz Eugen v. Württemb.	hellblau	rot	weiß	bleumourant	gelb—weiß
„ 5. „ von Prittwitz	schwarz	rot	weiß	schwarz	rot—weiß
„ 6. „ Schimmelfennig v. d. Oye	dunkelbraun	gelb	gelb	dunkelbraun	gelb—weiß
„ 7. „ von Köhler	zitronengelb	hellblau	weiß	hellblau	hellblau—weiß
„ 8. „ „ Blücher	dunkelkarmesin	schwarz	weiß	dunkelkarmesin	rot—weiß
„ 10. „ „ Usedom	dunkelblau	schwefelgelb	weiß	dunkelblau	karmesinblau
„ 11. Bataillon von Bila	dunkelgrün	rot	gelb	dunkelgrün	rot—weiß

Bei dem 5. Regiment war der Totenkopf auch auf den Czakos angebracht.

Bei der Reorganisation von 1808 wurden folgende Regimenter errichtet:

Name des Regiments	Grundfarbe	Kragen und Aufschläge	Besatz und Knöpfe
Leibhusaren	schwarz	rot	weiß
1. Brandenburgisches	dunkelblau	„	„
2. Brandenb. (Schillsches) . .	„	„	gelb
Pommersches	hellblau	schwarz	„
Oberschlesisches	braun	gelb	„
Niederschlesisches	grün	rot	weiß

Die Uniform bestand seit 1808 aus Dolman, Pelz, grauen Überknöpfhosen und Czakos. Als Dekoration eine wollene Rose und schwarzweiße Bandkokarde mit Agraffe. Die Behänge hatten die Farbe der Beschnürung. Feder=büsche waren weiß, bei den Trompetern rot. Schon in dem=selben Jahre wurde das Leibhusaren=Regiment in zwei

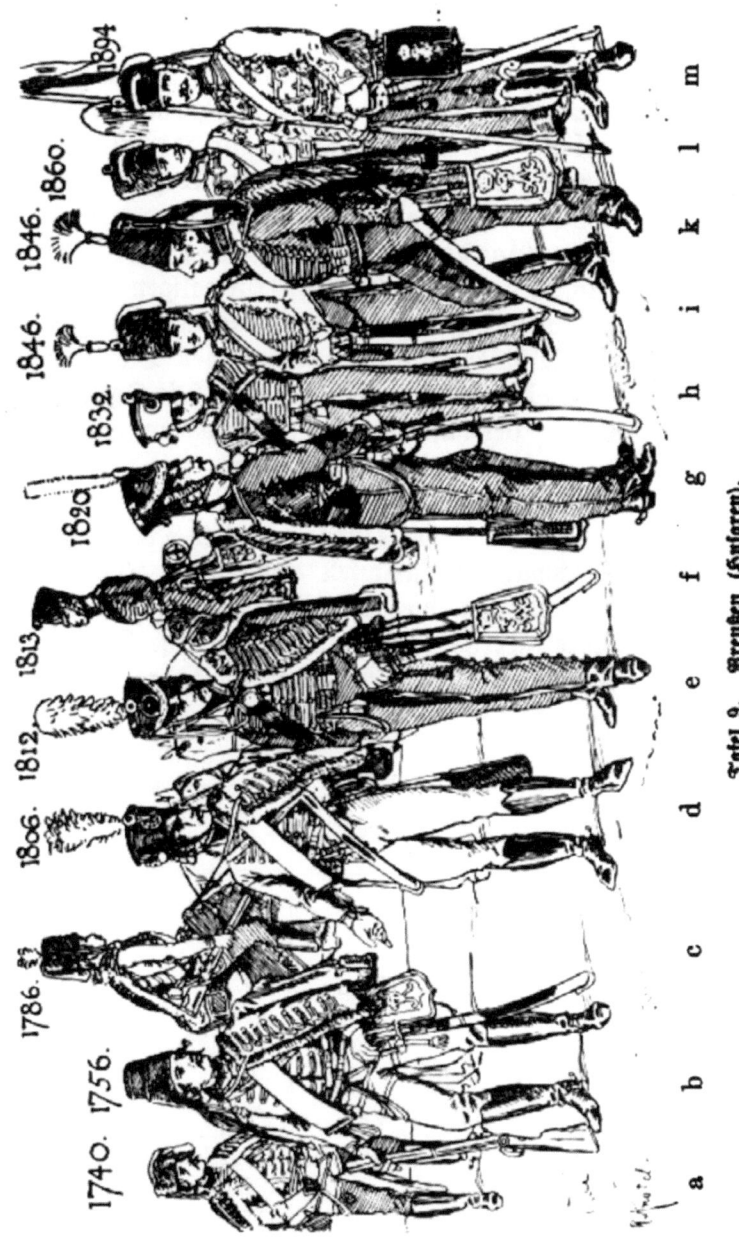

Tafel 9. Preußen (Husaren).

a   b   c   d   e   f   g   h   i   k   l   m

Regimenter geteilt, das 1. und das 2. Leibhusaren=
Regiment. Beide Regimenter trugen die alte Czako=
dekoration, den Totenkopf, an Stelle der Kokarde. Das
2. Brandenburgische Regiment wurde infolge des Schillschen
Zuges aufgelöst. Die Uniform ging auf das Pommersche
Regiment über, jedoch mit dunkelblauen Kragen und Auf=
schlägen. 1811 wurde eine Normal=Husaren=Kom=
pagnie, später Garde=Normal=Husaren=Eskadron,
errichtet, welche genau die Uniform des ehemaligen Schillschen
Regiments erhielt, jedoch mit gelbwollenen Treffen um
Kragen und Aufschläge. Zum gewöhnlichen Dienst wurde
im Felde der Czako im Überzuge getragen. Die Säbeltaschen
waren bei den Leibhusaren=Regimentern von schwarzem
Blankleder, bei den übrigen Regimentern mit rotem Tuch
bezogen und mit gelber oder weißer Einfassung und mit
gekröntem königlichen Namenszuge geschmückt. Die Schabraken
waren von schwarzem Lammfell und rotem Tuchvorstoß.
1815 waren, nachdem die Normal=Eskadron zum Garde=
Husaren=Regiment erhoben und eine Anzahl neuer Regimenter
errichtet worden waren, die Abzeichen folgende:

Name des Regiments	Grundfarbe für Dolman und Pelz	Kragen und Aufschläge	Beschnürung und Knöpfe
Garde	dunkelblau	rot	gelb
Nr. 1	schwarz		weiß
„ 2	„	schwarz	„
„ 3	dunkelblau	rot	
„ 4	braun	gelb	gelb
„ 5	dunkelblau	dunkelblau	
„ 6	grün	rot	„
„ 7	schwarz	„	„
„ 8	dunkelblau	hellblau	weiß
„ 9	kornblumblau	kornblumblau	gelb
„ 10	grün	hellblau	
„ 11	„	rot	weiß
„ 12	kornblumblau	kornblumblau	„

Der Dolman erhielt jetzt einen geschlossenen Kragen. Die Seitenknöpfe an den Hosen fielen fort, der Czako erhielt durch Vergrößerung des Deckels eine andere Form; die Haarbüsche nunmehr dünner. Das Pommersche Husaren= Regiment bekam die gleichen Säbeltaschen wie die Leib= husaren. 1826 wurden die Behänge durchgängig weiß, 1832 fiel das vordere Garngeflecht an den Behängen weg, die Fangschnüre wurden verkürzt. Überdies brachte das Jahr 1832 eine größere Änderung; Kragen und Aufschläge erhielten nämlich die Grundfarbe des Dolmans. Da jetzt verschiedene Regimenter die gleiche Uniform gehabt haben würden, erhielten das 2., 4., 8. und 10. Regiment Czakos mit hellblauer Tuchbekleidung (Taf. 9, h), das Garde=Regiment rote Czakos. Die Haarbüsche wurden nicht mehr getragen, nur die Gardehusaren behielten sie zu Fußparaden bei. Die Bandeliere, die bisher schwarz gewesen waren, wurden weiß. 1836 wurde der Schnitt des Dolmans geändert, indem er etwas länger wurde, die Beschnürung erhielt eine andere Form und wurde bei den Offizieren golden oder silbern (statt der bisherigen kamelgarnenen). Das Jahr 1843, welches der übrigen Armee Waffenrock und Helme brachte, hatte auch für die Husarenuniform verschiedene Neuerungen im Gefolge. Das Garde= und das 3. Regiment erhielten rote Dolmans mit der bisherigen Beschnürung, die Pelze blieben blau; das 5. blutrote Dolmans und Pelze mit weißen Schnüren. Das Garde= und 3. Regiment bekamen Pelz= mützen mit rotem Beutel (Taf. 9, i) [ersteres Garde=Stern]; die übrigen Regimenter Flügelmützen mit schwarzem Tuch= bezug (Taf. 9, k). Der Flügel, zur Parade herabhängend getragen, war innen mit farbigem Tuch ausgeschlagen. Als Dekoration bei den beiden Leibhusaren=Regimentern neu= silberne Totenköpfe. Der Haarbusch stand aufrecht und wurde in der Mitte durch einen messingenen Ring zusammen= gehalten. 1844 erhielt das 10. Regiment Pelzmützen und 1850 sämtliche Regimenter. 1853 wurde der Dolman durch die sogenannte Husarka oder Attila, welche etwas

längere Schöße hatte, ersetzt. Statt der bisherigen engen
Verschnürung nur noch fünf Schnurreihen. Der Pelz wurde
gänzlich abgeschafft; bei den Linien=Regimentern wurden
1849/50 für Mannschaften wie Unteroffiziere schwarz=
lederne Säbeltaschen eingeführt mit gelbem oder weiß=
metallenem königlichen Namenszug. 1860 wurde an der
Pelzmütze ein fliegendes Band aus gelbem oder weißem
Metall angebracht (Taf. 9, 1). Das 7. Regiment änderte
seine Grundfarbe 1854 in dunkelblau, 1861 in russischblau.
Seit diesem Jahre an der Pelzmütze der königliche Namens=
zug. 1865 wurden die Pelzmützen niedriger und die Haar=
büsche, statt aufrecht, nunmehr freiwallend. Das Garde=
Husaren=Regiment erhielt gleichzeitig dunkelblaue Pelze (das
Zietensche 1873). Seitdem haben auch noch einige andere
Regimenter dieses Bekleidungsstück erhalten. 1867 änderte
sich die Beinbekleidung; an Stelle der lederbesetzten grauen
Reithosen traten dunkelblau melierte Beinkleider mit weißem
oder gelbem Bortenbesatz und Husarenstiefel. Auch wurden
die Schärpen, die bisher bei den Regimentern verschieden=
farbig waren, durchgängig weiß mit schwarz und weißen
Knoten. Die Schabraken mit Zackenrand, 1815 eingeführt,
werden jetzt nur noch zu Paraden getragen. Die Ausrüstung
mit Lanzen und Pallasch gegenwärtig wie bei den Dragonern,
auch das gleiche verschmälerte Bandelier.

Gegenwärtige Abzeichen:

Name des Regiments	Attila	Schnüre	Mützenbeutel
Leibgarde=Husaren Nr. 1	rot' schwarz	gelb weiß	rot
„ 2	„	„	weiß
„ 3	rot"	„	rot
„ 4	braun	gelb	gelb
„ 5	dunkelrot	weiß	dunkelrot
„ 6	grün	gelb	rot
„ 7	russischblau	„	„
„ 8	dunkelblau	weiß	kornblumblau
„ 9	kornblumblau	gelb	„

Name des Regiments	Attila	Schnüre	Mützenbeutel
Nr. 10	grün	gelb	pompadourrot
„ 11	dunkelgrün	weiß	rot
„ 12	kornblumblau	„	weiß
„ 13	„	„	rot
„ 14	dunkelblau	„	„
„ 15	„	„	gelb
„ 16	kornblumblau	„	„

VI. Ulanen.

Im Jahre 1740/41 wurde in Preußen ein Ulanen-Regiment errichtet, welches aber schon 1742 zu Husaren umgewandelt wurde. Die Uniform bestand aus einer blauen Tuchmütze mit Pelz gebrämt. Blaues Wams und Beinkleider, weißes langes Oberkleid ohne Ärmel, rote Leibbinden und rote oder blaue Lanzenflaggen (Taf. 10, a S. 51). Ein anderes Ulanenkorps wurde 1745 unter dem Namen der „Bosniaken" errichtet und anfangs dem Totenkopf-Husaren-Regiment beigegeben. Später wurde es zum selbständigen Regiment erhoben (Nr. 9 unter den Husaren). Ältere Darstellungen zeigen ein rotes, weiß vorgestoßenes Wams und ebensolche lange weite Hosen. Dazu ein schwarzes kurzes Überkleid mit nur bis zum Ellbogen reichenden weiten Ärmeln. Als Kopfbekleidung eine Art Turban, rot mit weißem Bunde. Die spätere Uniform unter Friedrich dem Großen war ganz rot mit weißem Besatz; den Kopf bedeckte eine Pelzmütze ohne Beutel. Im Winter lange schwarze Überröcke mit weißem Besatz. Die Lanzenflaggen waren eskadrons-weise verschiedenfarbig (Taf. 10, b). Später traten an die Stelle der Bosniaken die „Towarczys". Sie trugen dunkel-blaue Uniform mit ponceauroten Abzeichen, Beinkleider wie die Husaren, rote Paßgürtel mit weißem Vorstoß (Taf. 10, c). Sie rekrutierten sich aus dem kleinen polnischen Adel der damaligen Provinzen Neuostpreußen und -Südpreußen. Aus den Towarczys entstand 1808 das erste und zweite Ulanen-Regiment, zu denen 1809 noch ein drittes hinzukam.

Als Hauptbekleidungsstück diente ein dunkelblaues Kollet mit rotem Kragen und polnischen Aufschlägen und zwei Reihen gelber Knöpfe, auf der rechten Seite vorn herunter roter Vorstoß. Die blauen Schöße mit rotem Besatz. Die Achsel= klappen waren beim ersten Regiment weiß, zweiten rot, dritten gelb. Überknöpfhosen grau. Czako mit Rose und schwarzweißer Bandkokarde, gelben Behängen und sehr langen Fangschnüren, die über Brust und Hals geschlagen wurden. Schwarze Federbüsche. Um den Leib ein blauer, rot vor= gestoßener Paßgürtel. Die Lanzenflaggen waren unten blau, oben von der Farbe der Achselklappen (Taf. 10, e). 1809 wurde eine Leib=Ulanen=Eskadron gebildet, deren Uniform in dunkelblauen Kollets mit roten Kragen, Rabatten, polnischen Aufschlägen und an den Seiten rot umgeschlagenen Schößen bestand. Rote Vorstöße an den Nähten, weiße Knöpfe, weiße wollene Epauletten mit losen Fransen, Paß= gürtel weiß mit zwei schwarzen Tressen. Die Mannschaften trugen Beinkleider wie die übrige Kavallerie, die Offiziere blaue mit rotem Besatz, dunkelblaue Czapkas mit schwarzem Federbusch. Lanzenflaggen oben weiß, unten rot. 1810 wurde die Benennung in Garde=Ulanen=Eskadron geändert und die Uniform den Linien=Ulanen ähnlicher gemacht. Das Kollet hatte gelbe Knöpfe, rote Abzeichen (keine Rabatten), gelbe Gardelitzen; an Stelle der Achsel= klappen Epauletten mit weißen Feldern und gelben Halb= monden. Die Czapka erhielt gelbes Schnurwerk, die Lanzen= flaggen blieben unverändert (Taf. 10, d). Sämtliche Ulanen hatten schwarze Bandeliere und schwarze Lammfellschabraken mit rotem Vorstoß. Zum kleinen Dienst dunkelblaue Litewka mit rotem Kragen; Achselklappen wie auf den Kollets. Czako im Überzuge. 1813 wurde eine Garde=Kosaken= Eskadron, welche mit der Garde=Dragoner=, Garde= Husaren= und Garde=Ulanen=Eskadron das leichte Garde= Kavallerie=Regiment bildete, errichtet; gleichzeitig wurde auch eine Garde=Volontär=Kosaken=Eskadron for= miert, welche bei den Gardes du Corps die Stelle der frei=

Tafel 10. Preußen (Ulanen).

a, e, g, h, i, k, l Ulanen — b Bosniak — c Towarcyh — d Garde=Ulan — f Garde=Kosak.

willigen Jäger-Detachements vertrat. Die Uniform war ganz
blau, der Mützenbeutel rot; die Lanze hatte keine Flagge
(Taf. 10, f). 1815 wurde die Anzahl der Regimenter vermehrt
und die Garde-Eskadron wurde zum Regiment erhoben.

Die Abzeichen waren:

Name des Regiments	Achsel-klappen	Knöpfe	Name des Regiments	Achsel-klappen	Knöpfe
Garde	rote Epau-lettefelder	gelb	Nr. 4	hellblau	gelb
			„ 5	weiß	weiß
Nr. 1	weiß	„	„ 6	rot	„
„ 2	rot	„	„ 7	gelb	„
„ 3	gelb	„	„ 8	hellblau	„

Die Czapka der Garde-Ulanen erhielt einen Stern. Die
Linien-Regimenter erhielten nun ebenfalls Czapkas statt der
Czakos. Zu Paraden ein weißer hoher Haarstutz. Die
Schaffellschabraken wurden abgeschafft und dafür Tuchüber-
decken eingeführt, und zwar dunkelblau mit rotem Rande.
Im Jahre 1821 wurden die Kollets der Linien-Regimenter
mit roten Vorstößen auf den Ärmel- und Rückennähten versehen. 1824 traten an Stelle der Achselklappen Epauletten
mit Feldern in der gleichen Farbe. 1825 wurden die Ban-
beliere weiß. Die Garde-Landwehr-Eskadrons hatten
eskadronsweise verschiedenfarbige Abzeichen. 1826 wurde
aus ihnen das 1. und 2. Garde-Ulanen-(Landwehr-)
Regiment gebildet. 1843 erhielten die Kollets einen
anderen Schoßbesatz, an den Seiten rot aufgeschlagen, und
zur Parade aufzuknöpfende rote Brustrabatten, auch auf der
linken Seite der Brust einen roten Vorstoß. 1843 wurde
auch der obere viereckige Teil der Czapka, der bisher durchgängig dunkelblau war, verschiedenfarbig, und zwar den
Epaulettefeldern entsprechend. Bis 1844 war die Czapka
ohne Beschlag, sie erhielt jetzt einen weiß- oder gelbmetallenen
Adler, der am oberen Teile angebracht wurde. Auch zu
diesen Czapkas wurden zur Schonung Überzüge getragen;
zu Paraden wurden weiße fliegende Haarbüsche aufgesteckt

(Taf. 10, h). Die Beinbekleidung wie bei den Dragonern. Die beiden Garde=Ulanen=Regimenter erhielten 1851 rote Abzeichen, beim ersten Regiment weiße Knöpfe, Litzen, Adler, beim zweiten gelbe. 1853 erhielten die Garde=Regimenter, später auch die übrigen, sogenannte Ulankas, eine Art Waffenrock von besonderem Schnitte. Das Jahr 1867 brachte ein neues Czapkamodell, das ganz aus schwarz lackiertem Leder bestand und bei welchem der Adler auf dem unten runden Teile Platz fand. Zu Paraden wird seitdem der obere viereckige Teil mit einer sogenannten Czapka=Rabatte bekleidet. Der wachstuchene Überzug fiel jetzt weg. Die Lanzenflaggen sind seit 1815 schwarz und weiß; früher oben schwarz, jetzt dagegen das Schwarz unten. Wie bei den Dragonern und Husaren werden jetzt Pallasche und verschmälerte Bandeliere getragen.

Die Abzeichen sind gegenwärtig wie folgt:

Name des Regiments	Kragen, Aufschläge, Rabatten	Epauletten-felder, Czapka-Rabatten	Knöpfe	Bemerkungen
1. Garde=Ulanen=Regt.	rot, Rabatten weiß	weiß	weiß	weiße Litzen
2. „ „ „	rot	rot	gelb	gelbe Litzen
3. „ „ „	gelb	gelb	weiß	weiße Litzen
„ Nr. 1	rot	weiß	gelb	—
„ 2	„	rot	„	—
„ 3	„	gelb	„	—
„ 4	„	hellblau	„	—
„ 5	„	weiß	weiß	—
„ 6	„	rot	„	—
„ 7	„	gelb	„	—
„ 8	„	hellblau	„	—
„ 9	weiß	weiß	gelb	—
„ 10	karmesin	karmesin	„	—
„ 11	gelb	gelb	„	—
„ 12	hellblau	hellblau	„	weiße Vorstöße
„ 13	weiß	weiß	weiß	—
„ 14	karmesinrot	karmesinrot	„	—
„ 15	gelb	gelb	„	—
„ 16	hellblau	hellblau	„	weiße Vorstöße

VII. Artillerie, Pioniere, Train.

Unter dem Großen Kurfürsten war die Artillerieuniform im allgemeinen noch nicht geregelt. Nach einer Nachricht soll die Artillerie bei dem Hilfskorps, welches dieser Regent zum Türkenkriege 1686 stellte, braune Röcke getragen haben. Nach einem Musterungsberichte von 1709 trugen die Offiziere rote Röcke mit goldenen Treffen und bleumourant Aufschlägen, paille Westen und Hosen, weiße Strümpfe und goldbesetzten Hut. Die Kanoniere haben nach demselben Bericht einen blauen, paille gefärbten Rock, paille Weste, Lederhosen, weiße Strümpfe, Hut mit Tresse und rotes Halstuch. In der Folgezeit glich die Uniform im Schnitt völlig derjenigen der Infanterie und machte alle Wandlungen wie dort durch. Unter Friedrich Wilhelm I. waren auch die Offiziere blau montiert. Der Artillerierock hatte keine farbigen Abzeichen. Die Aufschläge waren von der Grundfarbe, nur die Schoßumschläge waren rot. 1731 erhielten die Bombardiere Mützen von schwarzer Wachsleinwand mit Messingbeschlag, ähnlich wie die Füsiliermützen gestaltet. Unter Friedrich dem Großen bestand die Uniform aus demselben Rock mit Messingknöpfen, gelben Westen und roten Halsbinden für die Feldartillerie (Taf. 11, i S. 55), schwarzen für die Garnison-Artillerie. Die Westen der Offiziere waren mit goldenen Treffen besetzt, ihre Hüte mit einer eben solchen schmalen. Die Mannschaften hatten eine weiße Bandborte um den Hut. Der große König schuf die Waffe der reitenden Artillerie. Die Bekleidung war die gleiche, nur glich die Beinbekleidung derjenigen der Reiterei. Unter Friedrich Wilhelm II. erhielt der Rock dunkelblaue Klappen. Der zweiklappige Hut, das sogenannte Kasket, welchen der König einführte, war mit einer dreiflammigen Granate geschmückt. 1798 wurden Kragen, Klappen und Aufschläge schwarz, Hut in der Form wie damals bei der Infanterie, bei der reitenden Artillerie Kavalleriehut mit weißem Busch. 1802 bekam die reitende Artillerie Kollets

Tafel 11. Preußen (Jäger, Schützen, Artillerie).

a, b, e, f, g Jäger — c, d Schützen — h, i, k, l, m, n, o Artillerie.

im Schnitte wie die Dragoner. Die schwarzen Abzeichen, auch die schwarzen Besätze um die Schoßumschläge, waren rot vorgestoßen. Die Unterkleider waren weiß.

Bei der Reorganisation von 1808 wurde ein dunkelblaues Kollet mit zwei Reihen von gelben Knöpfen eingeführt. Die Fußartillerie hatte rote Schoßumschläge, schwarze rot vor= gestoßene Kragen und Aufschläge, dunkelblaue Ärmelpatten. Die Achselklappen waren je nach der Brigade weiß, rot oder gelb. Hosen, Gamaschen ebenso, der Czako wie bei der Infanterie. Als Dekoration eine dreiflammige gelbmetallene Granate. Lederzeug schwarz (Taf. 11, 1). Bei der reitenden Artillerie Schöße nach Kavallerieart, von der Grundfarbe mit schwarzem rot vorgestoßenem Besatz. Kragen wie bei der Fußartillerie, dagegen Aufschläge von schwedischer Form. Das Lederzeug war weiß. Kavallerie=Czako eben so verziert wie bei der Fußartillerie. Weiße hohe Federbüsche und gelbe Behänge. Die reitende und Fußartillerie der Garde hatten die gleiche Uniform, nur mit gelben Litzen geschmückt, Czako mit Stern statt der Granate; die Garde=Fußartillerie schwarzen Haarstutz. Die Achselklappen waren rot. Die weiteren Veränderungen im Schnitt der Uniform waren dieselben wie bei den anderen Truppenteilen, z. B. 1814 veränderte Czakoform, dünnere Haarbüsche, geschlossene Kragen. 1816 wurden durchgängig rote Achselklappen mit gelben Nummern eingeführt. Von 1809—1821 waren auch Lithewken im Gebrauch von dunkelblauer Grundfarbe und schwarzen, rot vorgestoßenen Kragen. Die Czakobehänge waren, wie bei der Garde rot, bei der Linie nunmehr weiß. 1843 wurden auch bei der Artillerie die Waffenröcke ein= geführt. Die Kragenpatten schwarz mit rotem Vorstoß, Auf= schläge ebenso, bei der reitenden Artillerie von schwedischer Form, bei der Fußartillerie mit dunkelblauen Ärmelpatten. Der Czako wurde durch den Helm verdrängt, der mit dem Garde= resp. Linien=Adler geschmückt war (Taf. 11, n). Bei der Garde weiße, bei der reitenden Linienartillerie schwarze Haarbüsche. Anfänglich hatte der Helm eine Spitze, die aber

bald durch eine Kugel ersetzt wurde. Das Lederzeug durch=
gängig weiß. Hinsichtlich der weiteren Änderungen können
wir auf die vorhergehenden Abschnitte hinweisen (Gürtel=
rüstung, 1867 vollfarbige Kragen ꝛc.). Die Fußartillerie
erhielt 1874 weiße Achselklappen mit roten Nummern. Die=
selbe wurde mit Gewehren ausgerüstet. Bei dem neuen
Marschgepäck mit Ausnahme der Garde = Fußartillerie
schwarzes Lederzeug. Bei der Feldartillerie wurden neuer=
dings durchgängig schwedische Aufschläge eingeführt.

Die Mineure trugen unter Friedrich dem Großen blaue
Röcke mit ebensolchen Aufschlägen (ohne Rabatten); dazu
weiße Knöpfe und rotes Schoßfutter. Weste und Beinkleider
orange. Halsbinden schwarz. Als Kopfbedeckung eine Art
niedrige Füsiliermütze mit weißem Schild, hinten orange.
Statt der Glocke und Flamme eine weiße Puschel (Taf. 12, a
S. 59). Die Pontoniere hatten bis 1806 Artillerie=
Uniform. Das Mineurkorps unter Friedrich Wilhelm II.
auf den blauen Röcken dunkelblaue Rabatten und orange
Aufschläge und Kragen. Das Ingenieurkorps unter
Friedrich dem Großen (nur aus Offizieren und sogenannten
Kondukteuren bestehend) blaue Röcke mit roten Kragen,
Rabatten, Aufschlägen, Schößen und Unterkleidern. Silberne
Litzen, auf den Rabatten je drei, Hut mit breiter gebogener
Silberborte. Die Konducteure trugen dieselbe Uniform ohne
Silberbesatz. Unter der Regierung Friedrich Wilhelms III.
bis zum Jahre 1806 traten verschiedene Änderungen in der
Uniform ein. Das Mineurkorps erhielt schwarze Abzeichen,
vorn am Bandelier wurde eine Pistole getragen (Taf. 12, b).
Das Ingenieurkorps trug dunkelblaue Röcke mit schwarz=
manchesternen Abzeichen, gelbe Westen, weiße Beinkleider,
Stiefel, um den Hut eine gebogene breite Silbertresse. Die
große Uniform war mit Silberlitzen verziert, die kleine
dagegen ohne Besatz.

1808 erhielten die Pioniere Kollets gleich denjenigen
der Fußartillerie, nur mit weißen Knöpfen und schwedischen
Aufschlägen. Die Achselklappen waren schwarz mit roten

Vorstößen, der Czako mit Bandkokarde und weißer Borte
verziert. Unterkleider wie bei der Infanterie. Lederzeug
schwarz (Taf. 12, c). Die Entwickelung der Uniform ging
in der Folge durchaus parallel mit derjenigen der Infanterie.
Seit 1830 ponceaurote Achselklappen mit gelber Nummer.
Die Gardeabteilungen seit 1816 weiße Litzen. Bei der
Garde auf den Czakos schwarze stehende Haarbüsche, später
auf den Helmen ebensolche herabhängende Die Eisenbahn=
truppe erhielt bei ihrer Errichtung die Uniform der Garde=
Pioniere mit einem gelben E auf den Achselklappen; später,
bei der Vermehrung dieser Waffe darunter noch eine römische
Nummer. Die Luftschifferabteilung trägt auf den
Achselklappen ein L. Neuerdings wurde für diese Truppe
an Stelle des Helmes das Jägerkäppi mit weißmetallenem
Garde=Stern vorschriftsmäßig. Der Train trägt seit seiner
Reorganisation im Jahre 1853 hellblaue Abzeichen und
gelbe Knöpfe. Anfänglich Pickelhauben, später lederne Käppis
für die Mannschaften, Pickelhauben für die Offiziere. Zur
Parade schwarze Haarbüsche. Das Garde=Trainbataillon
ist durch weiße Litzen und zur Parade noch durch weiße
Haarbüsche ausgezeichnet. Als Beschlag bei den Mann=
schaften am Käppi ein Stern statt des Adlers, bei den
Offizieren am Helme Garde=Adler.

VIII. Landwehr.

Infanterie. Die Landwehr erhielt bei ihrer Errichtung
im Jahre 1813 eine sehr einfache Uniform, nämlich dunkel=
blaue Lithewken mit zwei Knopfreihen, die Kragen nach der
Farbe der Provinz, ebenso die Knöpfe verschiedenfarbig.

Provinz	Kragen	Knöpfe	Provinz	Kragen	Knöpfe
Ostpreußen . .	ziegelrot	weiß			
Kurmark . . .	rot	gelb	Dazu kamen später:		
Neumark . . .	„	„			
Westpreußen .	schwarz	weiß	Westfalen . .	grün	weiß
Pommern . .	weiß	gelb	Rheinland .	krapprot	gelb
Schlesien . . .	gelb	weiß	Elblande . .	hellblau	„

1780 1806 1813 1890 1853 1890 1813. 1870. 1792. 1894

a   b   c   d   e   f   g   h   i   k   l

Tafel 12. Preußen (Pioniere, Train, Landwehr, Generalität).

a, b Mineure — c, d Pioniere — e, f Train — g, i Landwehr=Infanterie — h Landwehr=Reiterei — k, l Generalität.

Die Achselklappen waren innerhalb des Regiments nach Bataillonen verschieden und zwar weiß, rot, gelb, hellblau. Während des Waffenstillstandes 1813 wurden die Achsel= klappen mit gelben oder roten Nummern versehen. Die Landwehrmütze von der bekannten Form mit großem Deckel und Schirm dunkelblau mit Besatzstreifen von der Kragen= farbe, vorn ein weißmetallenes Landwehrkreuz (Taf. 12, g). Die Uniformität war im übrigen sehr gering, namentlich was die Beinbekleidung anbetrifft. Bis in den Winter hinein wurden aus Mangel an Tuchhosen vielfach leinene getragen. Mäntel und Tornister waren oft gar nicht vorhanden. Säbel hatten anfangs kaum die Unteroffiziere. Aus Mangel an Feuergewehren bewaffnete man zuerst das erste Glied mit Lanzen. Es wurde sowohl weißes wie schwarzes Leder= zeug getragen, jenachdem Vorräte verfügbar waren. 1817 wurde die Landwehr=Infanterie in Bezug auf die Abzeichen mit der Linien=Infanterie egalisiert. Der Unterschied von der Linie bestand in einem blauen Vorstoß um den Kragen. Als Kopfbedeckung Czakos mit Landwehrkreuz. Im einzelnen fanden noch viele Änderungen statt, die aufzuführen der Raummangel verbietet*). 1843 Helme und Waffenröcke, 1849 Gürtelrüstung. Bei den Waffenröcken fehlte der rote Vor= stoß vorn herunter. Der Helmadler war mit dem Landwehr= kreuz belegt. 1860 an Stelle der Helme Lederkäppis. Als Dekoration schwarzes Oval mit weißer Einfassung, in der Mitte Landwehrkreuz (Taf. 12, i). Neuerdings wieder Helme, natürlich von modernerer Form, aber mit dem früheren Beschlage — Adler mit Landwehrkreuz.

Die Landwehr=Kavallerie. 1813 erhielt die Land= wehr=Kavallerie die gleichen Lithewken wie die Landwehr= Infanterie mit ebensolchen Provinzialabzeichen. Beinbeklei= dung wie die Dragoner; Czakos, meist im Überzuge getragen, auf welchem das Landwehrkreuz angebracht war. Schwarze Bandeliere, Lanzen, anfangs ohne, bald mit Flaggen, welch

*) Mila, „Geschichte der Bekleidung und Ausrüstung der Königlich Preußischen Armee in den Jahren 1808 bis 1878".

letztere den Farben der Provinz entsprechen sollten. Indessen
herrscht in diesem Punkte völlige Willkür. Schwarze Lamm=
fellschabraken mit Tuchvorstoß (Taf. 12, h). Im einzelnen
kamen in der Uniform vielfache Abweichungen von der hier
gegebenen Norm vor. 1815 wurde die Uniform ulanen=
artig gestaltet: Schnitt des Kollets, Form der Aufschläge,
Paßgürtel. Achselklappen dunkelblau mit gelber Nummer
und rotem Vorstoß. Kragen und Aufschläge in den Provinzial=
farben. Dragoner=Czako mit Landwehrkreuz. Schwarz=
weiße Lanzenflaggen, dunkelblaue Schabraken mit Besatz in
der Abzeichenfarbe. 1822 Czakos wie bei den Ulanen, mit
Landwehrkreuz. 1830 weiße Bandeliere. Von 1843—1852
Waffenröcke und Helme; letztere mit gelbem Beschlage. Der
Rockkragen war dunkelblau, die Kragenpatten nach den Regi=
mentern verschiedenfarbig, ebenso die Achselklappen. Polnische
Aufschläge von der Grundfarbe, dunkelblaue Paßgürtel, alle
Vorstöße von der Farbe der Kragenpatten, Knöpfe gelb oder
weiß. Die Garde=Landwehr=Ulanen gingen in der
Truppe der Garde=Ulanen auf. 1852 fand eine Reorgani=
sation der Landwehrreiterei statt, die nunmehr nach den
Waffengattungen des stehenden Heeres gegliedert wurde.

Schwere Landwehrreiter dunkelblaue Waffenröcke mit far=
bigen Kragenpatten, Achselklappen, schwedischen Aufschlägen und Vor=
stoß auf den Nähten. Die Abzeichenfarbe war gelb für Nr. 1 und 5,
weiß 2 und 4, rot 3 und 6, hellblau 7 und 8; die Knöpfe weiß
bei 1, 3, 4 und 8, bei den übrigen gelb. Helme wie die Linien=
Küraffiere, auf dem Adler Landwehrkreuz. Beinbekleidung wie da=
mals die gesamte Kavallerie. Pallasche, weiße Bandeliere. Land=
wehr=Dragoner Waffenröcke wie die schweren Landwehrreiter,
jedoch ohne Vorstöße auf den Ärmel= und Rückennähten. Auch waren
die Aufschläge von der Grundfarbe; Abzeichen bei Nr. 1 und 2 rot,
bei 3 weiß, 4 gelb. Knöpfe bei Nr. 1 weiß, die andern gelb.
Helme wie bei der Infanterie mit gelben Beschlägen. Auf dem
Adler natürlich das Landwehrkreuz. Säbel am weißen Koppel,
weißes Bandelier. Die Landwehr=Husaren trugen einen dunkel=
blauen Schnürrock mit schwarz und weißem Schnurbesatz. Als Kopf=
bedeckung eine schwarze Flügelmütze, deren Flügel je nach den Regi=
mentern verschiedenes Futter zeigten, und zwar bei 5, 8 und 11 weiß,
1 und 3 rot, 2, 4, 6 gelb, 7, 9, 10 und 12 hellblau. Vorn an

der Mütze ein aufzuklappender Schirm, darüber neusilberne Regiments-
Nummer, oben an der rechten Seite eine Kokarde, darunter das
Landwehrkreuz. Landwehr-Ulanen Waffenröcke wie die schweren
Landwehrreiter, jedoch mit dunkelblauen polnischen Aufschlägen. Paßgürtel mit Vorstoß in der Abzeichenfarbe. Letztere war für 4 und 5
weiß, 3 und 8 rot, 1 und 2 gelb, 6 und 7 hellblau. Helme wie
die Landwehr-Dragoner. Säbel und weißes Bandelier. Lanze mit
schwarz und weißer Flagge; bei den Regimentern 4 und 6 führten auch
die Unteroffiziere solche von weißer Grundfarbe mit schwarzem Adler.

1857 erhielt die Landwehr-Kavallerie die gleiche Bekleidung und Ausrüstung wie die entsprechenden Linien-
Kavallerie-Regimenter, mit einzelnen kleinen Abweichungen.
Im Mobilmachungsfalle wurden bei den einzelnen Armeekorps Reserve-Kavallerie-Regimenter gebildet, welche
die Bekleidung und Ausrüstung der Linien-Kavallerie-
Regimenter trugen, von welchen die Einkleidung erfolgte,
doch mit den Abzeichen der Landwehr an der Kopfbedeckung.

IX. Freikorps und National-Kavallerie-Regimenter.

Die Freikorps, die Friedrich der Große im siebenjährigen
Kriege errichtete, trugen meistens, was die Infanterie betrifft,
dunkelblaue Röcke; die Abzeichen waren hellblau, die Knöpfe
gelb oder weiß. Im einzelnen unterschieden sich die Korps
durch Rabatten und Kragen resp. das Fehlen derselben,
Form der Aufschläge und teilweise durch Litzenbesatz von
einander. Verschiedene Freikorps waren auch Jägerabteilungen beigegeben, bei denen die grüne Grundfarbe der
Röcke charakteristisch ist. Als Kopfbedeckung für Infanterie
und Jäger Hüte; bei einigen Freikorps, die teilweise aus österreichischen Deserteuren errichtet wurden, tragen die Grenadiere
Pelzmützen. Bunter war die Kavallerie der Freikorps.

Besonders charakteristisch und einzig in ihrer Art war die Uniform
der „Kleistschen Grünen Frei-Dragoner", nach der
Uniformfarbe so genannt. Die Abzeichen waren ebenfalls grün, der
Rock mit wollenen Schleifen besetzt. Als Kopfbedeckung eine Pelzmütze mit weißem Schilde, hinten mit grüner Abfütterung. Es gab
auch eine Abteilung „Kleistscher Grüner Kroaten", welche
als Kopfbedeckung Flügelmützen trugen.

Die Freikorps des Jahres 1807 waren sehr bunt zusammen=
gewürfelt und meist aus den Resten von Regimentern, Depots,
Versprengten und Fangflüchtigen gebildet, die zum großen
Teile die Uniform ihrer Regimenter im abgerissensten Zustande
trugen. Auch in den Befreiungskriegen wurden verschiedene
Freikorps gebildet, von denen vor allen das Lützowsche
durch die Gestalt seines Sängers Theodor Körner volks=
tümlich geworden ist. Die Uniform bestand aus schwarzen
Litewken, ebensolchen Kragen, Aufschlägen und Achselklappen
mit roten Vorstößen und gelben Knöpfen. Die Czakos waren
sehr verschiedenartig verziert, ein Umstand, der aber weniger
ins Gewicht fiel, da sie meistens im Überzuge getragen wurden.
Die Beinkleider waren schwarz, bei der Reiterei an den
Seiten mit Knöpfen versehen. Die Husaren trugen schwarze,
ebenso beschnürte Dolmans und Pelze. Die Ulanenuniform
wie oben beschrieben, dazu Lanzen mit Flaggen, wie es
scheint, letztere rot und schwarz. Ein Tiroler Jäger=
Detachement, welches den Freikorps beigegeben war, trug
graue Kollets und Beinkleider mit grünen Abzeichen, auch
Rabatten und weiße Knöpfe, österreichische Jägerhüte mit
grünem Busch. Lederzeug schwarz im ganzen Korps. Die
Ausländerbataillone von Reuß wie die Linien=
Infanterie=Regimenter, aber mit hellblauen Abzeichen. Das
Ausländische Jägerbataillon von Reiche Uniform
der Linien=Jägerbataillone mit hellgrünen Achselklappen
und rotem Vorstoß. Beim Hellwigschen Freikorps
hatte die Infanterie dunkelgrüne Kollets mit weißem Vor=
stoß, schwarze Kragen, Achselklappen und Achselwulste und
ebensolche polnische Aufschläge. Auf der Brust drei Reihen
weißer Knöpfe, graue Beinkleider, Czako mit weißem
Schützenhorn und schwarzes Lederzeug. Die Reiterei trug
rote Dolmans und Pelze, erstere mit blauen Kragen und
Aufschlägen. Beschnürung weiß, bei den Offizieren golden.
Pelzmützen mit blauen Beuteln, links fliegender weißer
Haarbusch, schwarze Schaffellüberdecken, rot und gelbe
Schärpen, graue Reithosen. Das erste Glied war mit

Lanzen bewaffnet, deren Flaggen oben blau, unten rot waren.

Zu den Freiwilligen=Formationen sind auch die sogen. National=Kavallerie=Regimenter zu rechnen, die einzelne Provinzen auf Kosten der Stände errichteten.

Das ostpreußische National=Kavallerie=Regiment trug lange dunkelblaue Röcke mit roten Kragen und spitzen Aufschlägen, gelber Beschnürung und weißen Achsel= klappen. Dunkelblaue Überknöpfhosen mit zwei roten Vor= stößen auf jeder Seite. Schwarze Säbeltaschen. Czakos mit gelbem Adler und Behängen. Lanzen mit Flaggen, oben weiß, unten bei der 1. Eskadron ebenfalls weiß, der 2. rot, 3. blau, 4. grün. Die Eliten hatten Pelzmützen mit rotem Beutel und gelbmetallne Epauletten.

Das pommersche grüne Kollets, wie bei den Dragonern geschnitten, weiße Kragen und spitze Aufschläge. Gelbe Knöpfe. Graue Überhosen. Czakos mit grünen Behängen. Hellgrüne Paßgürtel mit roten Vorstößen. Die Eliten gelbe Schuppen= epauletten.

Das schlesische National=Husaren=Regiment ganz schwarze Husarenuniform, anfänglich mit gelben, später mit roten Kragen und Aufschlägen. Rote Beschnürung. Husaren= Czakos mit weißem Behang.

Das Elb=National=Husaren=Regiment. Uniform wie die Linien=Husaren von grüner Grundfarbe mit hell= blauen Abzeichen und gelben Schnüren. Alle diese Regimenter hatten schwarzes Lederzeug.

X. Generalität, Rangabzeichen ꝛc.

In der sogenannten alten Armee, d. h. der Armee vom Ursprunge bis zum Jahre 1806, gab es bei den Offizieren keine eigentlichen Rangabzeichen, nur die Generale zeichneten sich durch sogenannte Plumage (Federbesatz um die Krempen des Hutes) aus und zwar war der Besatz von weißer Farbe. Gegen Ende des vorigen Jahrhunderts wurde für die

Generale, die bis dahin immer die Uniform ihrer Regimenter trugen, eine Felduniform eingeführt und zwar dunkelblau mit eben solchen Rabatten und Schoßumschlägen mit goldenem Besatz. Kragen und Aufschläge waren rot. 1806 war der Rock der Generale vorn rund ausgeschnitten. Auf der rechten Schulter ein goldenes Achselband, weiße Beinkleider in Stiefeln. Hut mit Federbusch. Die roten Abzeichen hatten eine Goldstickerei. Diese Uniform wurde auch bei der Reorganisation der Armee beibehalten, der Hut in der Folgezeit aber nicht mehr mit der Breitseite, sondern mit einer Spitze nach vorn getragen. Auf der linken Schulter eine schwarz und silbergedrehte Schnur. Der Rock wurde nun vorn nicht mehr rund, sondern eckig ausgeschnitten, sodaß sich nunmehr die Form des Fracks ergab. Als 1843 der Waffenrock eingeführt wurde, behielten die Generale den Frack noch bei und legten ihn erst 1856 ab. Der seit= dem getragene Waffenrock hat vorn herunter zwölf Knöpfe, von denen die oberen acht denjenigen an den übrigen Waffen= röcken entsprechen, während die andern vier vorn am Schoß von der Taille abwärts gesetzt sind. Die Schoßtaschenleisten zeigen ebenfalls Goldstickerei. Die kleine Uniform ist die gleiche, nur fehlt alle Stickerei. Statt des Hutes 1843 Helme mit dem Garde=Adler; zu Paraden weißer Federbusch mit schwarzer Füllung. Zur kleinen Uniform werden Epau= letten oder Achselstücke getragen. Die Beinkleider haben roten Vorstoß und auf jeder Seite zwei rote Streifen. Neuerdings werden auch zu Paraden die Beinkleider in hohen Stiefeln getragen. Die große Schabrake von der Grundfarbe des Waffenrockes hat Goldbesatz und ist in den hinteren Ecken sowie auf den Pistolenstützeln mit Stern und Krone geschmückt. Der Generalstab trägt dunkel= blaue Uniform mit karmesinroten Abzeichen und Silber= stickerei. Das Kriegsministerium die gleiche Uniform mit Gold.

Eigentliche Rangabzeichen sind in der Armee erst 1808 eingeführt worden. Sponton und Ringkragen wurden abgeschafft, die Schärpe als Dienstzeichen dagegen beibehalten. Die Rangabzeichen bestanden aus silbernen, zweimal schwarz durchzogenen Tressen und zwar trug der Subalternoffizier eine solche Tresse auf der Achselklappe von oben über die Mitte nach der Schulter zu. Hauptleute und Rittmeister hatten Tresseneinfassung um die beiden äußeren Ränder; die Stabsoffiziere einen roten Vorstoß. 1812 erhielten die Kürassier=Offiziere Epauletten, 1813 die Stabsoffiziere aller Waffen mit Ausnahme der Husaren und 1814 sämtliche Offiziere, ebenfalls ausschließlich der Husaren, Epauletten mit goldenen oder silbernen Monden. Die Lieutenants hatten Tressenbesatz auf den beiden äußeren Kanten des Schiebers, Hauptleute und Rittmeister, sowie die Stabsoffiziere dazu noch auf der oberen Kante. Letztere durchgängig silberne Halbmonde und ebensolche dünne Fransen. Die bis dahin von den Offizieren einzelner Waffengattungen getragenen Achselbänder fielen fort (z. B. 1. Garde=Regiment, Garde= jäger, sämtliche Dragoneroffiziere). 1832 erhielten Premier= lieutenants und Oberstlieutenants auf den Epaulettenfeldern einen, die Obersten zwei Rangsterne. 1832 auch die Haupt= leute und Rittmeister zwei Rangsterne. Dazu bei allen Chargen Tressenbesatz am oberen Teile des Epaulette= schiebers. Die Abzeichen sind nunmehr:

Sekondlieutenant: kein Stern,

Premierlieutenant: ein Stern,

Hauptmann (Rittmeister): zwei Sterne,

Major: kein Stern, dünne Fransen,

Oberstlieutenant: ein Stern, dünne Fransen,

Oberst: zwei Sterne, dünne Fransen,

Generalität: dicke steife Fransen und

Generalmajor: kein Stern,

Generallieutenant: ein Stern,

General der Infanterie, Kavallerie od. Artillerie: zwei Sterne,

Generaloberst: drei Sterne,

Generalfeldmarschall, der mit dem Generaloberst gleichen Rang hat: zwei kreuzweis übereinanderliegende Kommandostäbe.

1866 wurde für den Feldzug die Anlegung von Achsel=
stücken befohlen, die aus silberner, zweimal schwarz durch=
zogener Tresse bestanden. Rangsterne wie auf den Epauletten,
Stabsoffiziere aus geflochtener silberner schwarz durchzogener
Schnur auf farbiger Unterlage, bei der Generalität aus
gleicher Schnur, die mit Goldschnur eingefaßt ist, aber ohne
Unterlage. Ebenfalls Rangsterne. In neuerer Zeit ist das
Modell der Achselstücke für Subalternoffiziere geändert
worden. Dieselben bestehen nun ebenfalls aus Schnur, aber
nicht verschlungen, sondern vierfach nebeneinander genäht.
Unter Kaiser Friedrich wurden die Epauletten ganz ab=
geschafft, sind aber von des jetzt regierenden Kaisers Majestät
wieder eingeführt worden, allerdings unter gewissen Ein=
schränkungen, z. B. nicht mehr auf den Interimsröcken.

Die Unteroffiziere unterschieden sich im vorigen Jahr=
hundert in folgenden Stücken: Hutpuschel (die bei den
einzelnen Regimentern sehr verschieden gefärbt waren)
schwarz und weiß geviertet, schwarzweiße Säbelquaste und
Gold= oder Silbertresse um den Hut. Dazu meist Gold=
oder Silberlitzen um die Aufschläge. Indessen kommen hier
zu viele Einzelheiten vor, als daß sich eine allgemeine Norm
geben ließe. 1808 wurde durchgängig eine Gold= oder
Silbertresse um Kragen und Aufschläge eingeführt, bis zum
Jahre 1814 aber nicht um den oberen, sondern den unteren
Kragenrand herumlaufend. Dazu war die Bandborte, die
damals von den meisten Fußtruppen um den oberen Czako=
rand getragen wurde, je nach den Knöpfen von Gold oder
Silber. Auch bei den Büschen war die Charge des Unter=
offiziers gekennzeichnet. Weiße Büsche hatten eine schwarze,
schwarze Büsche eine weiße Spitze. Die gegenwärtigen
Chargenabzeichen sind: für Gefreite ein Knopf an jeder
Kragenseite, Unteroffiziere Tressen um Kragen und Auf=
schläge, Sergeanten Tressen und Kragenknöpfe, Feldwebel
ebenso, mit Offizier=Seitengewehr, dazu in neuerer Zeit eine
zweite Ärmeltresse über der bisherigen angebracht. 1894
wurden sogenannte Schützenschnüre eingeführt, an Stelle

der bisherigen Schießauszeichnung, die in Form von schmäleren oder breiteren schwarzweißen Borten über dem Aufschlage angebracht waren. Bemerkenswerter Weise zeigt die Schützenschnur nicht die preußischen, sondern die Reichs= farben. Diese Schnüre sind je nach den Klassen verschieden reich ausgestattet. Außerdem giebt es noch eine ganze Reihe verschiedener Abzeichen, z. B. bei der Kavallerie Fecht= auszeichnungen in Form von Chevrons auf den Oberarmen, für Beschlagsschmiede Hufeisen aus gelbem Tuch auf den Unterarmen aufgenäht. Die Einjährig=Freiwilligen tragen eine schwarzweiße Schnur um die Achselklappen.

Bayern.

(Kokarde hellblau=weiß.)

In der Uniformierungsgeschichte können wir folgende Perioden unterscheiden:

1. Von den Anfängen bis 1785. Die Grundfarbe der Montierung ist blau.

2. Von 1785 bis 1799. Grundfarbe weiß.

3. Von 1799 bis 1814. Grundfarbe wieder blau. Seit 1800 Raupenhelme. Abzeichen regimenterweise verschiedenfarbig.

4. Von 1814 bis 1825/26. Bei gleicher Uniform wie vorher durchgängig rote Abzeichen.

5. Von 1825/1826 bis 1848. Einreihige Kollets. Abzeichen verschiedenfarbig.

6. Von 1848 bis 1872. Waffenröcke, ebenfalls mit ver= schiedenen Abzeichen.

7. Von 1872 bis zur Gegenwart. Rote Abzeichen. (Die Infanterieuniform als maßgebend angenommen.)

I. Infanterie.

Schon um 1660 trug die Infanterie blaue Röcke. 1682 wurden sieben Infanterie=Regimenter errichtet und zwar:

Berlo (jetzt im 1. und 10. Infanterie=Regiment), blauer Rock, weiße Aufschläge.

Puech (1688 aufgelöst), grüner Rock mit gelben Aufschlägen.

Degenfeld (jetzt 2. Inf.=Regt.), blau mit dunkellila Aufschlägen.

Montfort (1688 abgedankt), dunkelgrauer Rock mit blauen Aufschlägen.

Perusa (1705 abgedankt), blau mit veilchenblauen Aufschlägen.

Steinau (1705 abgedankt), blau mit roten Aufschlägen).

Preysing (1705 abgedankt), blau mit gelben Aufschlägen.

1684 bestimmte ein Dekret vom 14. März, daß der Rock durchgängig blau sein sollte. Er war mit weiten Ärmeln und sehr großen Taschen versehen und reichte bis zum Knie. Die Weste war sehr lang und hatte die Farbe der Aufschläge. Rote Kniehosen und Gamaschen von verschiedener Farbe. Die Offiziere trugen während der Türkenkriege häufig den Rock von der Aufschlagfarbe. Das Unterfutter blau, später aber in der Farbe wie die Mannschaften. Die Offiziers=westen waren mit Bortenbesatz versehen, bei den Unter=offizieren die Rockärmel betreßt. Als Dienstzeichen führten die Offiziere eine Schärpe von blauem Taffet mit Silber=fransen, anfänglich um den Leib, später über die rechte Schulter. Das Haar wurde freiwallend getragen (Taf. 13, a S. 71), später hinten geknotet, weiterhin Zöpfe. 1716 erhielten die Grenadiere zuckerhutförmige Bärenmützen ohne Schild und Beutel (Taf. 13, b). Die Landfahnen, eine Miliztruppe, erhielten im Anfange des 18. Jahrhunderts verbrämte Hüte, rote Halstücher, blauen Rock mit weiß=grauen Aufschlägen, weiße Strümpfe, blaue Westen, Patron=taschen an gelbem Riemen und ebensolches Koppel; die Offiziere waren lichtgrau gekleidet, ohne Gold= und Silber=besatz. Sie trugen blaue Strümpfe, blauen Federbesatz um die Hutkrempen; weißblaue Schärpe und silberne Ringkragen und Spontons. Bei den Linientruppen wurden die Bein=kleider schon im Anfange des Jahrhunderts blau, 1748 gelb. Die Röcke erhielten vielfach Rabatten. 1740 wurden an

den Bärenmützen hinten Tuchbeutel angebracht. 1748 rot=
lederne Halsbinden. Im Dienste trugen die Offiziere
Spontons, Unteroffiziere Kurzgewehre. Die Unterkleider
1770 weiß. Hüte nunmehr von etwas kleinerer Form,
Halsbinden schwarz. 1774 mußten sämtliche Regimenter
ihre Röcke weiß füttern lassen, dagegen blieben die farbigen
Abzeichen bestehen. Die Mannschaften trugen an Stelle des
Seitengewehres das Bajonett am Koppel über der Weste,
die Grenadiere einen Säbel, Unteroffiziere Haudegen. Die
Grenadiermützen hatten vorn über der Stirn ein Blech mit
dem kurfürstlichen Wappen (Taf. 13, d), Bärte durften nur
von den Unteroffizieren abwärts getragen werden. 1777
wurde die kurpfälzische Armee mit der bayrischen vereinigt.

Wir geben hier die Abzeichen der pfälzischen Infanterie, wie
solche bei der Vereinigung bestanden:

Leibregiment (jetzt 1. und 3. Inf.-Regt.), dunkelblauer Rock
mit rotem Kragen und Aufschlägen, rot gefüttert und mit weißen
Borten besetzt. Unterkleider und Hutborte weiß. Gelbe Knöpfe.
Offiziere goldene Schleifen, Achselbänder und Hutborten.

Zweibrücken (jetzt 6. Inf.-Regt.), dunkelblauer Rock mit roten
Aufschlägen und Rabatten, rot gefüttert und mit weißen Borten
besetzt. Weste, Hosen und Knöpfe weiß, Offiziere silberne Schleifen.

Birkenfeld (eingegangen), dunkelblauer Rock mit gelben Auf=
schlägen und Rabatten, gelb gefüttert; Unterkleider, Hutborten und
Knöpfe weiß.

Effern (abgegeben), dunkelblauer Rock mit rotem Futter, Rabatten
und Aufschlägen, weiße Unterkleider und Hutborten, gelbe Knöpfe.

Robenhausen (jetzt im 9. Inf.-Regt.), dunkelblauer Rock mit
rotem Futter, ohne Rabatten, weiße Schleifen, Aufschläge, Unter=
kleider und Hutborten. Gelbe Knöpfe, Offiziere goldene Schleifen.

Leopold von Hohenhausen (jetzt im 9. Inf.-Regt.),
dunkelblauer Rock mit roten Rabatten, Aufschlägen und Futter.
Weißer Bortenbesatz, weiße Unterkleider und Hutborten, gelbe Knöpfe.
Offiziere silberne Schleifen.

Osten (eingegangen), dunkelblauer Rock ohne Rabatten, mit gelben
Aufschlägen und Futter. Unterkleider, Knöpfe und Hutborten weiß.

Josef von Hohenhausen (jetzt im 3. Inf.-Regt.), blauer Rock
mit weißen Rabatten, Aufschlägen und Futter; weiße Unterkleider und
Hutborten, gelbe Knöpfe. Die Röcke der Offiziere etwas helleres Blau.

vac. Baden (eingegangen), dunkelblauer Rock mit roten
·batten, Aufschlägen und Futter. Unterkleider weiß. Knöpfe gelb.

1701 1722. 1757. 1782 1785. 1790. 1807. 1826. 1848. 1860. 1873. 1890.

a b c d e f g h i k l m

Tafel 13. Bayern (Infanterie).

1778 legten die Offiziere das Sponton ab. Die Grenadier-
offiziere behielten die von ihnen schon vorher getragenen
Gewehre, dazu kleine, über die Schulter hängende Patron-
taschen. Die Schärpen wurden abgeschafft, dagegen der
Ringkragen eingeführt. 1782 wurde bei der bayrischen
Infanterie als Grundfarbe der Röcke allgemein etwas
helleres Blau eingeführt. Zur Unterscheidung erhielten die
Stabsoffiziere auf jeder Achsel ein goldenes oder silbernes
Epaulette mit Fransen, bei den Obersten mit drei, den Oberstlieutenants zwei, den Majoren einer Rose; die Subalternoffiziere trugen ein Fransenepaulette und zwar auf der linken
Achsel, bei dem Hauptmann mit drei, dem Oberlieutenant
zwei und Unterlieutenant einem Börtchen quer darüber. Die
Hüte hatten bei den Offizieren ein Feldzeichen von blauer
Seide und Silber, sowohl oben wie in den beiden Ecken,
dazu breite Borten von Gold oder Silber; die Unteroffiziere
um die Krempen Besatz von schmalen silbernen Borten und
drei Rosetten von blau und weißer Seide; Mannschaften
weiße Hutborte und blau und weißwollene Quasten. Verschiedene Regimenter hatten keine Aufschläge von abstechender
Farbe, jedoch erhielten eben diese Kragen von der Regimentsfarbe. Das Leibregiment und Kurprinz hatten an jedem
Knopf eine Litze mit Tresse, andere hatten um die Aufschläge
einen Bortenbesatz, wieder andere auch um die Taschenpatten,
einzelne trugen gar keine Litzen. 1785 wurde für den
Rock die weiße Grundfarbe eingeführt, die Hutborten fielen
weg (Taf. 13, e). Schon 1789 ist eine abermalige Uniforms-
änderung zu erwähnen. Die ganze Armee erhielt eine Art
Einheitsuniform, nur die Farben waren für die verschiedenen
Waffen verschieden. Als Kopfbedeckung diente nunmehr
ein Kasket von schwarzem Leder mit Augenschirm, vorn ein
messingenes Schild mit dem Wappen, oben in einen Löwenkopf auslaufend, der an der Vorderseite des Bügels angebracht war. Bis zum Genick fiel ein Roßhaarbusch
herab (Taf. 13, f). Letzterer war für die Grenadiere
weiß, für die Füsiliere schwarz. Der Schnitt des Rockes

wurde sehr knapp. Die Infanterie trug den Rock von
weißer Grundfarbe; je zwei Regimenter hatten gleichfarbige
Kragen, Rabatten, Aufschläge und Schoßumschläge. Sie
unterschieden sich durch die Farbe der Knöpfe. An die grauen
anliegenden Hosen waren Gamaschen in Form von ungarischen
Stiefeln angenäht. Das Lederzeug wurde zum ersten Male
gekreuzt getragen. Zu gleicher Zeit führte man schwarz=
lederne Epauletten mit Messingbeschlag ein und zwar für die
ganze Armee. Bei den Offizieren waren die Messingteile
vergoldet. Die Ringkragen wurden abgelegt, die Grad=
auszeichnung bestand in einer mehr oder minder zahlreichen
Einfassung der Knopflöcher. 1799 wurde die Grundfarbe des
Rockes, der jetzt zum Kollet wurde, hellblau mit regimenter=
weise verschiedenen Abzeichen. Als Kopfbedeckung wurde
der Raupenhelm eingeführt, vorn mit einem Schildchen und
Krone darüber und Kettchen, die von zwei seitwärts an=
gebrachten Löwenköpfen gehalten wurden. Über dem Augen=
schirm ein Metallband mit der Regimentsbezeichnung.
1803 erhielten die Grenadiere dazu rote Stutze (Huppen),
1804 die Schützen dergleichen grüne, 1805 legten auch die
Offiziere statt der inzwischen getragenen Hüte das Kasket
an und zwar mit Raupe von Bärenfell. In diesem Jahre
fiel der Zopf fort; 1806 wurde am Kasket links die weiß=
blaue Kokarde angebracht. Die Tornister seit November 1807
an zwei Riemen getragen (Taf. 13, g). 1808 legten die
Offiziere die grauen Beinkleider ab und trugen weiße wie
die Mannschaften oder hellblaue Pantalons.

Die Abzeichen der Regimenter waren nach der Rangliste von 1811:

Name des Regiments	Rabatten, Aufschläge	Kragen	Vorstöße	Knöpfe
1. König	rot	rot	keine	weiß
2. Kronprinz	„	„	„	gelb
3. Prinz Karl	„	„	weiß	„
4. Sachsen=Hildburghausen .	gelb	gelb	rot	weiß
5. Preysing	rosa	rosa	keine	„
6. Herzog Wilhelm	rot	rot	weiß	„

Name des Regiments	Rabatten, Aufschläge	Kragen	Vorstöße	Knöpfe
7. Löwenstein=Wertheim ..	rosa	rosa	keine	gelb
8. Herzog Pius	gelb	gelb	rot	„
9. Isenburg	„	rot	„	„
10. Junker	„	„	„	weiß
11. Kinkel	schwarz	„	„	„
13 ohne Namen	„	„	„	gelb

(Das 12. Regiment fehlt; es war wegen Meuterei aufgelöst worden.)

Die Schoßumschläge waren durchgängig rot. Die weißen Tuchbeinkleider wurden in schwarzen Gamaschen getragen. Beim ersten Regiment war der Rock mit weißen, beim zweiten mit gelben Borten besetzt. Die für die Offiziere im Jahre 1800 wieder eingeführten Schärpen wurden unter dem 15. April 1812 abgeschafft und dafür Ringkragen eingeführt. Die ganze Infanterie erhielt 1814 rote Kragen, Rabatten und Aufschläge und unterschied sich nur durch die Regiments= nummer auf den gelben Knöpfen. Das im gleichen Jahre errichtete Grenadier=Garderegiment hatte die gleiche Uniform mit weißem Litzenbesatz und trug Bärenmützen mit Federbusch und Behängen. Die Litzen, welche das erste und zweite Regiment bisher getragen hatte, fielen weg.

Auch für die Mannschaften wurden bald hellblaue Pan= talons eingeführt. In der Folgezeit wurde der Raupenhelm immer höher. 1825/26 trat an Stelle des Kollets mit Rabatten ein solches ohne Rabatten, vorn mit nur einer Knopfreihe geschlossen (Taf. 13, h). Die Regimentsabzeichen wurden wieder verschiedenfarbig und sind dann bis zum Jahre 1872 unverändert geblieben.

Regiment	Aufschläge	Knöpfe	Regiment	Aufschläge	Knöpfe
Leibregiment	rot	weiß	Nr. 8	gelb	gelb
Nr. 1	dunkelrot	gelb	„ 9	karmesin	„
„ 2	schwarz	„	„ 10	„	weiß
„ 3	rot	„	„ 11	schwarz	„
„ 4	gelb	weiß	„ 12	orange	„
„ 5	rosa	„	„ 13	dunkelgrün	„
„ 6	rot	„	„ 14	„	gelb
„ 7	rosa	gelb	„ 15	orange	„

Das Leibregiment hatte auf den Aufschlägen zwei horizon=
tale weiße Litzen übereinander. Vorstöße und Schoßumschläge
waren durchgängig rot, die Beinkleider hellblau, im Sommer
weiß. Diese Uniform blieb bis zum Jahre 1848 bestehen.
An Stelle des Kollets trat ein Waffenrock (Taf. 13, i) mit
einer Knopfreihe und durchgängig roten Vorstößen und
Achselklappen. Diejenigen Regimenter, welche schwarze oder
dunkelgrüne Abzeichen hatten, bekamen rote Vorstöße um
Kragen und Aufschläge. Das Kasket erhielt die Form des
schon vorher bei den Jägern eingeführten Raupenhelmes
und hieß fortan Helm. Die Dekoration bestand unter Fort=
fall des Messingbandes sowie der Kettchen aus einem
strahlenförmigen Schild mit dem königlichen Namenszuge.
Die Löwenköpfe an den Seiten wurden tiefer angebracht
und dienten als Halter für die Schuppenketten. Das Leder=
zeug wurde bis zum Jahre 1860 gekreuzt getragen und
war bis dahin für die ersten beiden Bataillone der Regi=
menter weiß, für die dritten (Schützenbataillone) schwarz.
Im genannten Jahre wurde die sogenannte Gürtelrüstung
eingeführt, durchweg von schwarzem Leder. An Stelle der
Achselklappen traten rote Achselwülste (Taf. 13, k). Auf
dem Helme fiel später das strahlenförmige Schild weg. Der
Beschlag bestand nur noch aus dem gekrönten Namenszuge.
Diese Uniform war im allgemeinen bis 1872 vorschrifts=
mäßig. In diesem Jahre erhielt der Rock den preußischen
Schnitt (Taf. 13, l) bei gleicher Grundfarbe wie früher.
Kragen, Aufschläge, nunmehr auch Ärmelpatten und Achsel=
klappen rot; letztere mit gelber Nummer. Das 1. bayrische
Korps mit weißem Vorstoß um die Ärmelpatten, das 2. ohne
solche. Knöpfe gelb, nur beim Leibregiment weiß. Letzteres
erhielt Aufschläge von schwedischer Form und weiße Litzen
auf Kragen und Aufschlägen. Auf den Achselklappen eine
gelbe Krone. Die Offiziere legten den Ringkragen ab und
tragen seitdem eine silberne, blau durchzogene Schärpe.
Der Raupenhelm, mit ledernen Sturmbändern, Schiene um
den Augenschirm und gekröntem L, wurde 1886 durch die

Pickelhaube erſetzt. Dieſelbe erhielt einen viereckigen Augen=
ſchirm, Kreuzbeſchlag, geriefelte Spitze und vorn das bayriſche
Wappen mit Schildhaltern, alles von gelbem, beim Leib=
regiment von weißem Metall. Die hellblauen Beinkleider
wie früher mit rotem Seitenvorſtoß verſehen. Lederzeug,
Marſchgepäck wie in Preußen (Taf. 13, m).

II. Jäger und leichte Infanterie.

1805 wurde ein Jägerkorps zu Pferd und zu Fuß
errichtet. Die reitenden trugen lange grüne Fracks mit einer
Reihe gelber Knöpfe, gelbe Kragen, Aufſchläge und Vorſtöße,
lange grüne Beinkleider mit gelben Streifen, gelbe Epau=
letten, dreieckige Hüte mit weiß und blauem Federbuſch,
ſchwarzes Lederzeug, Säbel und Säbeltaſche, grüne, hinten
zugeſpitzte Schabraken. Die Fußjäger bei gleicher Uniform
Infanterie=Kaskets, Artillerie=Säbel und kalblederne Büchſen=
ranzen. Die Jäger wurden in leichte Bataillone umgewandelt.
Die Uniform der leichten Infanterie beſtand aus dunkel=
grünen Kollets mit ſchwarzen Rabatten und Aufſchlägen,
roten Vorſtößen und Schoßumſchlägen. Lange graue Bein=
kleider. Die an Stelle der Grenadiere dabei beſtehenden
Karabiniers hatten auf den Kaskets grüne Stutze. Alles
Übrige wie bei der Linien=Infanterie (Taf. 16, a S. 89).

Abzeichen im Jahre 1811:

Bataillon	Kragen	Knöpfe
1. Gedoni . . .	rot	gelb
2. Wrede	„	weiß
3. Bernclau . .	ſchwarz	„
4. Theobald . .	„	gelb
5. Buttler . . .	gelb	weiß
6. La Roche . .	„	gelb

1815 wurde die leichte Infanterie aufgehoben. Es
wurden an ihrer Stelle bald Jägerbataillone errichtet.
Uniform wie bei der Linien=Infanterie mit hellgrünen

Kragen, Aufschlägen, Schoßumschlägen, Rabatten und
Pantalons. Kasket wie bei der Infanterie mit grünem
Stutz. Lederzeug schwarz. 1825/26 wurde der Schnitt der
Uniform wie bei der Linie geändert. Die Abzeichen blieben
grün, die Knöpfe gelb, Hosen wurden hellblau. In den
Ecken der Schoßumschläge gelbe Jagdhörner, an Stelle der
Kaskets traten 1829 einfache Czakos, vorn mit einer Kokarde
verziert (Taf. 16, b). 1845 der sogenannte Jägerhelm,
schon unter Infanterie beschrieben. Grün wollene Schützen=
schnüre bereits seit Errichtung der Bataillone. Die Achsel=
klappen auf den 1848 eingeführten Waffenröcken waren
grün, ebenso die späteren Achselwülste. Das Lederzeug blieb
schwarz. 1872 hellblaue Waffenröcke preußischen Schnitts,
Abzeichenfarbe grün, die Aufschläge von schwedischer Form.
1886 wurde der Helm eingeführt, wie bei der Infanterie
ausgestattet.

III. Küraffiere, schwere Reiter.

1682 wurden folgende Regimenter errichtet:

Haraucourt: lichtgrauer Rock mit blauen Aufschlägen.

Bärtels (Farben unbekannt).

Beaubau: lichtgrau mit roten Aufschlägen.

Schütz (Farben unbekannt).

Als Kopfbedeckung wurden Eisenhauben oder Hüte
getragen. Während des spanischen Erbfolgekrieges Hüte.
Während dieser Zeit trugen die Küraffiere lichtgraue Röcke,
elenslederne Koller und Handschuhe, Radmäntel und hirsch=
lederne Hosen, schwere Stiefel. Der schwarze Hut war auch
bei den Gemeinen mit goldener Borte eingefaßt. Der Küraß
war matt geschliffen. Die Trompeter hatten Röcke in
gewechselten Farben. Auf dem Rücken von den Achseln
herabfallend bortenbesetzte Bänder, sogenannte Flügel. 1717
legten die nach Ungarn marschierenden Regimenter schwarze
Kokarden an den Hüten an. Später wurde die Uniform für
die Küraffiere weiß. Vorn oben war eine Litze mit Knopf

angebracht. Die Aufschläge der Ärmel und Vorstöße an den
Rockschößen sowie die Litze zeigten die Regimentsfarbe.
Weste und Hosen gelb, weiße Stiefelmanschetten, hohe Stiefel.
Der Brustharnisch wurde unter dem Rock getragen. Das
über dem Rock angelegte Bandelier wurde links durch ein
in der Regimentsfarbe verziertes Achselband festgehalten.
Der Hut hatte keine Einfassung, aber an jeder Seite zwei
senkrecht gesetzte Börtchen. Nach dem siebenjährigen Kriege
weißblauer Federbusch (Taf. 14, b). Bei der Vereinigung
der pfälzischen Truppen mit der bayrischen Armee 1777
trug das pfälzische Reiterregiment Prinz Max
weißen Rock ohne Rabatten, rot gefüttert mit roten Auf=
schlägen. Gelbe Unterkleider und Knöpfe. Hut für die
Mannschaften ohne, für die Offiziere mit goldenen Borten.
1785 lieferten die Kürassiere ihre Brustharnische an das
Zeughaus ab, knöpften den ziemlich verkürzten Rock bis
unten zu und schnallten das Koppel darüber. Bei der Ein=
führung der Einheitsuniform 1789 trat an Stelle des Hutes
das schon beschriebene Kasket mit weißem Roßhaarschweif.
Rock wie bei der Infanterie, aber mit weißem Kragen.
Weste weiß, Hosen gelb, Kniestiefel. Epauletten ebenfalls
wie die Infanterie. Der Säbel wurde an weißem Koppel
über die linke Schulter getragen. 1800 Einführung des
Raupenhelmes. Die Grundfarbe der Uniform blieb weiß.
Die Waffe der Kürassiere ging, nachdem zuletzt nur noch ein
Regiment bestanden hatte, 1804 ein. 1814 wurde ein
Regiment Garde du Corps errichtet, welches hellblaue
Kollets mit roten Abzeichen, weiße Beinkleider und hohe
Stiefel erhielt. Weißmetallene Epauletten ohne Fransen
mit rotem Futter, gelbe Harnische (und zwar Brust= und
Rückenharnische) mit roten, weiß vorgestoßenen Küraß=
manschetten. Gelbmetallene Helme mit Bügel und schwarzer
Raupe. Um die Glocke herum schwarze Verbrämung, bei
den Offizieren mit goldener Eichenlaubguirlande geschmückt.
1815 wurden das 1. und 2. Kürassier = Regiment
errichtet, die ähnliche Uniform erhielten, aber mit weiß=

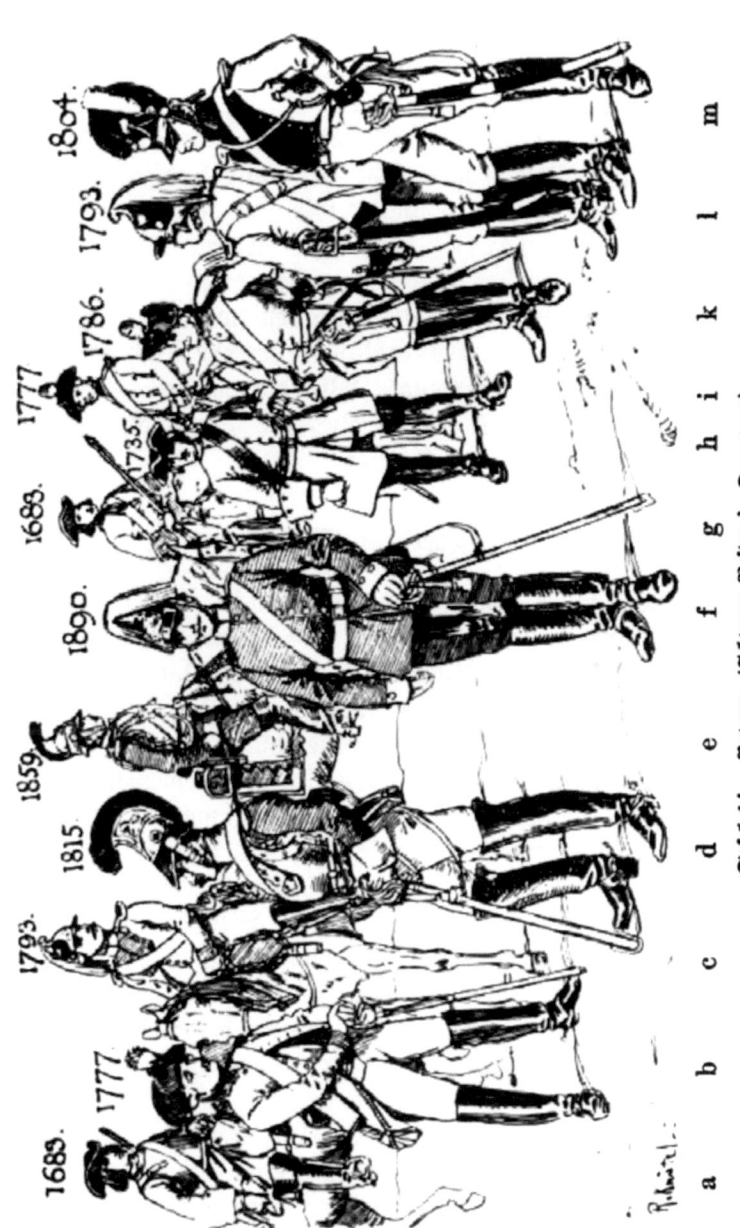

1689. 1777 1793. 1815 1859. 1890. 1683. 1777 1786. 1793. 1804.

a b c d e f g h i k l m

Tafel 14. Bayern (Schwere Reiterei, Dragoner).

a, b, c, d, e Küraffiere — f Schwerer Reiter — g, h, i, k, l, m Dragoner.

metallenen Harnischen und Helmen (Taf. 14, d). Sie
unterschieden sich durch die Farbe der Knöpfe. Die Uniform
behielt trotz mannigfacher Änderungen im Schnitt im all=
gemeinen ihren Charakter und auch die Farben bis zur
Umwandlung in schwere Reiterregimenter (1879) bei.
Beide Regimenter tragen jetzt hellblaue Waffenröcke mit
roten Abzeichen, im Schnitt wie bei den preußischen
Dragonern (Taf. 14, f). Das erste Regiment mit weißen,
das zweite mit gelben Knöpfen. Helme mit Beschlag nach
der Farbe der Knöpfe. Zu Paraden weißer Haarbusch.
Beinkleider von schwarz und blau meliertem Tuch in hohen
Stiefeln, weißes Lederzeug. Wie die gesamte Kavallerie
des Deutschen Reiches führen auch die Reiter Lanzen mit
Flaggen in den Nationalfarben.

IV. Dragoner und Chevaulegers.

Die Dragoner trugen 1683 rote Röcke. Als sie aber in
zwei Regimenter geteilt wurden das eine Regiment rote
Röcke mit blauen Aufschlägen, das andere blau mit roten.
Kopfbedeckung Hüte. Das Regiment Hohenzollern=
Dragoner hatte 1735 rote Röcke mit paille Aufschlägen,
Futter und Unterkleidern. Vorn eine Reihe weißer Knöpfe.
Links eine weiße Achselschnur, das schwarze Bandelier
haltend. Hüte mit Silberborte (Taf. 14, h).

Piosasque=Dragoner ebenfalls rote Röcke mit
paille Futter, blauen Aufschlägen, Westen und Hosen.
Gelbe Knöpfe und goldene Hutborte. 1748 wurden Westen
und Hosen durchweg paille. Es scheint, daß die Hohenzollern=
Dragoner 1768 schwarze Abzeichen bekommen haben.
Damals wurden auch die Hutborten abgeschafft und dafür
ein weiß und blauer Federstutz eingeführt. 1769 erhielt
die Uniform Epauletten, bei den Offizieren von Gold oder
Silber, bei den Mannschaften nur eine Epaulette auf der
linken Schulter mit Streifen in der Regimentsfarbe.

1780 waren die Abzeichen der damals bestehenden vier Regimenter diese:

Regiment	Aufschläge	Schoßfutter	Knöpfe	Epauletten
Leibdragoner....	weiß	rot	gelb	rot und gelb
La Rosée.....	blau	gelb	„	rot und blau
Wahl.......	weiß	weiß	weiß	rot und schwarz
Leiningen.....	grün	grün	„	rot und grün

Die Ärmelaufschläge beim Regiment Wahl und La Rosée schwedisch, bei den anderen an der Seite offen mit zwei Knöpfen auf und zwei über dem Aufschlage. Das Regiment Wahl erhielt wahrscheinlich 1782 statt der weißen Kragen und Aufschläge schwarze.

Nach der Verordnung vom 11. März 1785 wurde, wie damals allgemein, auch bei den Dragonern eine weiße Uniform eingeführt. Die Mannschaft knöpfte den Rock, dessen Schöße verkürzt wurden, vorn ganz zu (Taf. 14, k), die Mäntel waren weiß. Leibdragoner und Wahl erhielten schwarze Kragen und Aufschläge, Wahl mit weißen Knöpfen. Leiningen, La Rosée blau; letztere ebenfalls mit weißen Knöpfen. 1789 blieben nur noch zwei Dragoner-Regimenter bestehen. Die damals eingeführte Einheitsuniform war auch für die Dragoner weiß. Der Kragen hatte die Grundfarbe des Rockes; Kragen, Rabatten und Aufschläge schwarz, die Knöpfe beim 1. Regiment weiß, beim 2. gelb. Das neue Kasket hatte weißen Roßhaarschweif (Taf. 14, l). 1800 wurde der Raupenhelm eingeführt (Taf. 14, m). 1811 wurden die beiden Dragoner-Regimenter zu Chevaulegers umgewandelt.

Chevaulegers: Die Chevaulegers sind eine Schöpfung Rumfords, des Reorganisators der bayrischen Armee. Die Errichtung der Truppe erfolgte 1790. Anfänglich gab es vier Regimenter. Die Uniform hatte den Charakter der damals eingeführten Einheitsbekleidung. Das Kasket war mit einem weißen Haarschweif geziert. Rock und Weste

Knötel, Uniformkunde. 6

waren grün, der Kragen von der Grundfarbe, Epauletten
von schwarzem Leder mit Messingbeschlag wie in der ganzen
Armee. Beinkleider und Schabraken grau (Taf. 15, a).
Das 1. und 2. Regiment unterschied sich durch schwarze
Rabatten, Aufschläge und Schoßumschläge, das 3. und 4.
durch dergleichen apfelgrüne. Die ungeraden Nummern hatten
weiße, die geraden gelbe Knöpfe. Lederzeug weiß. Über der
Schabrake ein weißes Lammfell mit grünem Vorstoß. Im
Jahre 1800 wurde der Raupenhelm eingeführt. Der Rock
erhielt die Form des Kollets; Schöße von der Grundfarbe
und dazu Vorstöße von der Farbe der Abzeichen. Als
Achselstücke wurden weiße Schuppenepauletten und zwar
anfänglich sehr weit nach hinten getragen, so daß sie von
vorn nicht gesehen werden konnten. Das Kasket war links
mit weißem Stutz versehen. Handschuhe mit ganz kurzen
Stulpen. Die grauen Beinkleider in ungarischen Stiefeln.
Als Abzeichenfarbe erhielt das Regiment Leiningen scharlach=
rot, wie es das Regiment „Kurfürst" bereits hatte, Fugger
schwarz und durfte, wie das neu errichtete Regiment Buben=
hofen, nach der Ordre vom 8. April 1803 seine schwarzen
Kragen, Rabatten, Aufschläge und Schoßvorstöße rot einfassen
lassen. Die beiden, durch Umwandlung der Dragoner in
Chevaulegers (1811), hinzugekommenen Regimenter erhielten
scharlachrote Abzeichen, dagegen Kragen von der grünen
Grundfarbe mit roten Vorstößen, das 1. weiße, das 2. gelbe
Knöpfe. Das Tuch der Kollets war anfänglich heller, seit
November 1809 aber dunkelgrün. Die Offiziere hatten
seit 1804 zur Schonung der weißen Beinkleider, die in=
zwischen auch für die Mannschaften eingeführt wurden
(Taf. 15, b), lange graue Überhosen mit Streifen von der
Abzeichenfarbe. Die Offizierskartuschen und Bandeliere
waren von 1802 bis 1804 gestickt, seitdem von Silber.
Die Schabraken rot, bei den Offizieren mit Silber=
oder Goldbesatz, bei den Mannschaften weiß und blau
gerautet.

Tafel 15. Bayern (Chevaulegers, Husaren, Ulanen).
a, b, c, d, e, f Chevaulegers — g Husar — h, i, k Ulanen.

Abzeichen 1811:

Regiment	Rabatten, Aufschläge, Schoßvorstöße	Kragen	Borstöße	Knöpfe
1. (ohne Namen) ..	rot	grün	keine	weiß
2. Taxis	″	″	″	gelb
3. Kronprinz	schwarz	schwarz	rot	″
4. König	rot	rot	keine	weiß
5. Leiningen	″	″	″	gelb
6. Bubenhofen	schwarz	schwarz	rot	weiß

Nach den Befreiungskriegen traten an Stelle der weißen Beinkleider grüne mit farbigen Seitenstreifen. In der Periode von 1814 bis 1826, während welcher sämtliche Regimenter gleich der damaligen Infanterie rote Abzeichen hatten, wurden sonst wenig Neuerungen eingeführt. 1826 gelangten die farbigen Abzeichen zur Tragung, welche noch heute die Regimenter unterscheiden, nämlich karmesinrot für 1 und 2, rosa für 3 und 6, rot für 4 und 5. Bei den ungeraden Nummern gelbe, bei den geraden weiße Knöpfe. Auf den damals eingeführten Kollets waren die Schöße in den hinteren Ecken bei den ungeraden Nummern mit Kronen, bei den geraden mit Löwen geschmückt, die Achselschuppen von weißem Metall (Taf. 15, c). An Stelle des Kollets trat später der Waffenrock. Der Helm wurde 1848 nach Art des sogenannten Jägerhelmes verändert, indessen wurden die metallenen Seitenspangen, die den Chevaulegerhelm charakterisiert hatten, beibehalten. Der Vorderschirm erhielt eine Messingschiene. Die farbigen Rabatten wurden nur zur Parade aufgeknöpft. Im Felde wurde statt des Waffen= rockes der Spenzer getragen, eine Jacke mit Kragen in der Regimentsfarbe, dagegen mit Aufschlägen von der Grund= farbe (Taf. 15, d). Einige Abänderungen erlitt die Uniform im Jahre 1872. Statt der weißen Achselschuppen bekamen die Chevaulegers nunmehr Achselklappen von der Regiments= farbe. Die Beinkleider blieben grün, wurden nun aber nach preußischer Art in Reitstiefeln getragen. Der Helm, vorn

mit gekröntem **L** geschmückt, unter Beibehaltung der Seitenspangen und Schirmschiene, erhielt zu Paraden statt des
stehenden einen hängenden weißen Roßhaarbüsch (Taf. 15, e).
In neuerer Zeit trat an Stelle des Raupenhelmes die
Pickelhaube mit Ausstattung wie bei der bayrischen Infanterie.
Zu Paraden werden auf die Spitze weiße Haarbüsche auf-
geschraubt. Die grünen Schabraken, seit 1872 rund geschnitten,
mit Besatz von der Regimentsfarbe und Krone in den hinteren
Ecken, werden nur noch zu Paraden aufgelegt. Gegenwärtig,
wie die gesamte Kavallerie, Lanzen mit Flaggen in den
Nationalfarben, also hier weiß und blau (Taf. 15, f).

V. Husaren und Ulanen.

1688 errichtete der Generaladjutant Libl von Bor-
bula ein Husaren-Regiment, welches unter dem Namen
„Baron Liblische Gränniß-Hungarn zu Pferdt"
aufgeführt wird. Die Uniform war blau, die Stiefel rot.
Im Anfange des 18. Jahrhunderts kommt ein Husaren-
Regiment von Locatelli vor. Diese Husaren trugen blaue
Dolmans mit weißer Verschnürung und weiße Knöpfe in
Birnenform, blaue Hosen, Schärpen von Silber und weißer
Wolle. Mütze von Fuchspelz mit blauem Beutel, blaue,
weißbesetzte Säbeltasche, blaue, weiß eingefaßte Schabraken.
Ende Dezember 1813 wurde ein bayrisches Land-
Husarenkorps errichtet, welches 1815 in zwei Linien-
Husaren-Regimenter geteilt wurde. Wie die früheren
bayrischen Husaren, so trugen auch diese Regimenter blaue
Dolmans mit weißer Beschnürung. Beinkleider von gleicher
Farbe. Kragen und Aufschläge waren ebenfalls blau, die
Schärpe blauweiß. Das 1. Regiment hatte schwarze Czakos
und blaue Pelze mit weißen Schnüren, das 2. Regiment
rote Czakos und weiße Pelze mit ebensolchen Schnüren
(Taf. 15, g). Schabraken rot mit weiß und blau gerautetem
Rande. Säbeltaschen schwarz mit gekröntem Namenszug
M. K. Die Stutze auf den Czakos oben weiß, unten blau.
1822 wurden beide Regimenter aufgelöst.

Ulanen: 1813 wurde ein Ulanen=Regiment errichtet, dessen Uniform nach österreichischer Art geregelt war. Kurtka und Pantalons waren grün, letztere unten mit Lederbesatz; Kragen, Rabatten, Aufschläge und Besatz der Rücken= und Ärmelnähte sowie Hosenstreifen anfangs hellblau, 1814 rot. Czapka mit hellgelbem Oberteil und stehendem weißen Roß= haarbusch, bei den Offizieren mit hängendem Federbusch. Weiße Achselschuppen und Knöpfe. Weiß und blau gestreifter Paßgürtel. Lanze mit weißer, unten blauer Flagge (Taf. 15, h). 1822 ging diese Waffengattung ein und wurde erst 1863 in der Stärke von zwei Regimentern wieder errichtet. Die Uniform war durchaus grün, ganz ähnlich wie bei den Chevau= legers geschnitten, die Abzeichen karmesinrot, beim 1. Regiment mit gelben, beim 2. mit weißen Knöpfen. Die Czapka war rot bezogen und trug vorn den königlichen Namenszug. Dazu niedriger weißer Roßhaarbusch, im Felde Überzug (Taf. 15, i). Als kleine Uniform ein Spenzer, wie bei den Chevaulegers beschrieben. 1872 gingen die gleichen Änderungen wie bei der Chevauleger=Uniform vor sich. Statt der Achselschuppen wurden Achselklappen eingeführt, die aber neuerdings durch Epauletten nach preußischem Muster ersetzt worden sind. Auch die Czapka erhielt die Form der preußischen, die Regimentsabzeichen blieben die= selben. Von den preußischen Ulanen unterscheiden sich die bayrischen, abgesehen von der grünen Grundfarbe, dem National und dem Czapkabeschlag, dadurch, daß sie keinen Paßgürtel, sondern das weiße Koppel über der Ulanka anlegen (Taf. 15, k).

VI. Artillerie, Pioniere, Train.

Die Uniform der Artillerie anfangs hechtgrau mit blau. Seit 1791 sind die Farben dunkelblau, die Abzeichen schwarz und zwar im genannten Jahre dazu das Rumfordsche Kasket mit schwarzem Roßhaarschweife. Die hellgrauen Beinkleider steckten in ungarischen Stiefeln. Das Lederzeug wurde weiß an Stelle des bisher getragenen gelben. Die schwarzen

Abzeichen erhielten später rote Vorstöße. Die Knöpfe waren
gelb (Taf. 16, e S. 89). Die Entwickelung seitdem völlig wie
bei der Infanterie, nur ist zu bemerken, daß der Raupenhelm
bei seinen verschiedenen Wandlungen in der Form stets die
Seitenspangen wie bei den Chevaulegers trug. Der Stutz
an der linken Seite war rot. Die reitende Artillerie,
deren Kollets wie bei den Chevaulegers geschnitten waren,
hatte rote hängende Haarbüsche an der linken Seite des
Raupenhelmes; gelbe Achselschuppen wurden sowohl von der
reitenden wie von der Fuß-Artillerie getragen. Für die
spätere Zeit ist zu bemerken, daß die reitende Artillerie bei
Fußparaden auf den dunkelblauen Beinkleidern breite rote
Streifen trug. Wegen Einführung des Waffenrockes ꝛc.
verweisen wir auf die früheren Abschnitte. 1872 fielen
neben anderen Änderungen die Achselschuppen weg und
wurden durch rote Achselklappen ersetzt. Heute, nachdem
der Helm preußischen Modells eingeführt ist, besteht die
Uniform aus dunkelblauem Rock und Hosen mit roten Vorstößen. Kragen, Aufschläge und Ärmelpatten schwarz, rot
vorgestoßen, Knöpfe gelb, Helm wie bei der bayrischen
Infanterie, ohne Kugel auf der Spitze. Die reitende Artillerie
zu Paraden rote Haarbüsche. Die Bandeliere der Offiziere,
rot abgefüttert, sind von Goldstoff blau durchzogen. Die
Pioniere trugen und tragen noch eine der Artillerieuniform
ganz ähnliche, die sich hauptsächlich nur durch die weißen
Knöpfe unterscheidet. 1822 wurde eine Pontonier-,
Mineur- und eine Sappeurkompagnie errichtet. Da-
mals wurde die dunkelblaue Uniform mit schwarztuchenen
Kragen und Aufschlägen eingeführt. Die Pontoniere hatten
weiße, die andern gelbe Knöpfe. Der Raupenhelm hatte
gelben Beschlag; die Unterscheidungszeichen bestanden für
Mineure in einem roten, unten schwarzen Stutz, auf den
Frackschößen gekreuzte Spitzhacken; für Sappeure in schwarzem,
unten rotem Stutz und Schanzkörben auf den Schößen; die
Pontoniere hatten hellblauen Stutz und auf den Schößen
Anker. Später erhielten auch Mineure und Sappeure weiße

Knöpfe. Das Lederzeug war weiß. Im übrigen gleiche Ent=
wickelung wie vorher. Heute unterscheidet sich die Uniform
der Pioniere von der preußischen nur durch die dunkelblaue
Grundfarbe der Beinkleider und die Form der Helmbeschläge.
Das Fuhrwesen war früher hellgrau uniformiert mit
blauen Abzeichen. Die Mannschaft trug an schwarzem
Koppel über die Schulter den Infanteriesäbel, die Unter=
offiziere den Kavalleriesäbel, Offiziere dazu noch seit 1812
die Kartusche mit weißer Garnitur; 1822 wurde die dunkel=
blaue Uniform eingeführt mit eben solchen Abzeichen und
roten Vorstößen. Gelbe Knöpfe und Achselschuppen. Die
übrige Entwickelung wie bei der Artillerie. Heute gleicht
die Uniform fast der des preußischen Trains, nur haben die
Beinkleider die dunkelblaue Farbe des Waffenrockes. Als
Kopfbedeckung wird die Pickelhaube in derselben Form wie
bei der bayrischen Infanterie getragen.

VII. Hofgarden, Generalität. Rangabzeichen.

Die Leibgarde der Hartschiere ist eine uralte Truppe,
deren Anfänge bis ins Mittelalter zurückreichen. Früher
bestanden außer den Hartschieren noch Karabiniers und
Grenadiere. Alle diese Truppen waren beritten. Die
Uniform war blau mit reichem Silberbesatz. Die Hartschiere
hatten rote, die Karabiniers und Grenadiere blaue, mit
Silber besetzte Mäntel. Mitte des vorigen Jahrhunderts
war mit Ausnahme des Schnittes, der sich vielfach änderte,
die Uniform der Hartschiere die gleiche, wie sie bis 1852
getragen wurde, nur hatten sie rote Mäntel und keinen
Federstutz auf dem Hute, sondern nur eine schwarze Rosette.
Sie ritten Rappen. Die Schabraken waren blau, bei den
Offizieren von Samt. Später wurde die Truppe unberitten,
behielt indes Reitstiefel und Sporen bei.

Tafel 16, c stellt die Uniform dar, welche im Jahre 1852
abgeschafft wurde, und zwar die Galauniform. Der silberbortierte
Hut hat einen weißen, unten hellblauen Stutz, der Frack von hell=
blauer Grundfarbe hat gelbe Schoßumschläge, schwarze Kragen,

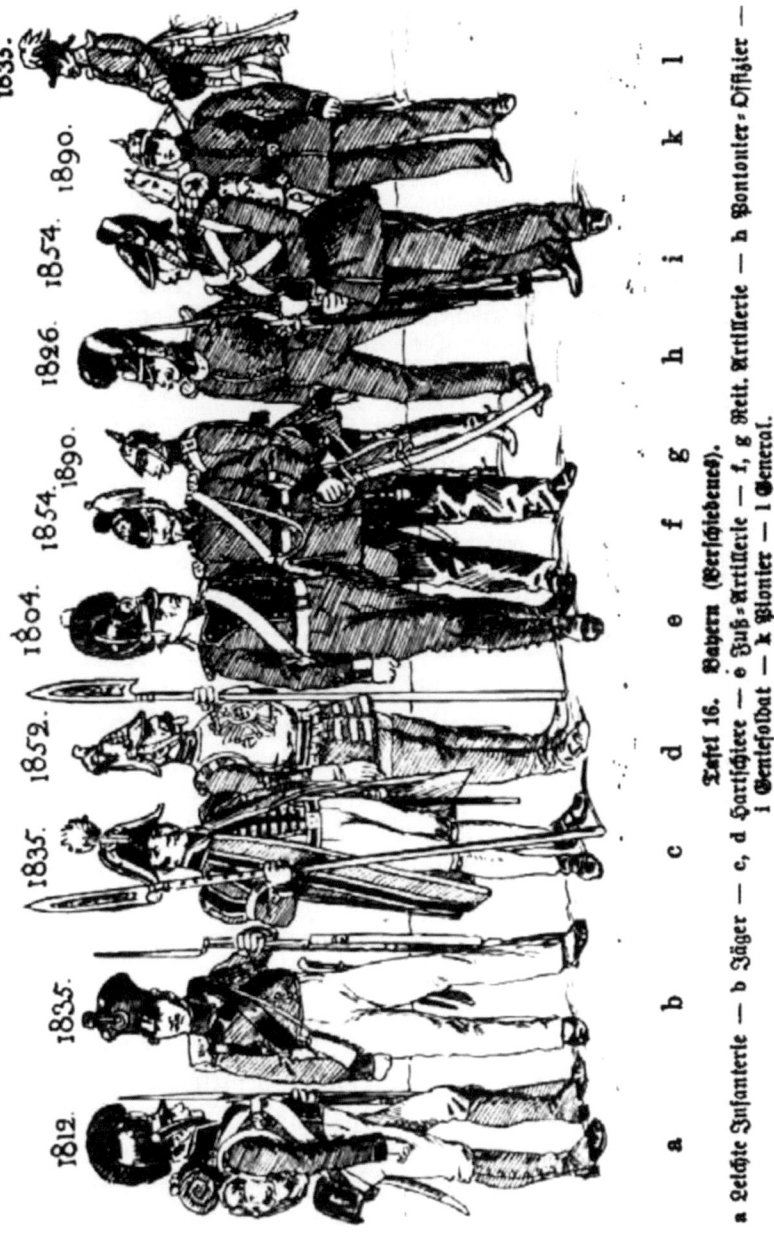

1812. 1835. 1835. 1852. 1835. 1804. 1854. 1890. 1826. 1854. 1890. 1835.

a   b   c   d   e   f   g   h   i   k   l

Tafel 16. Bayern (Verschiedenes).

a Leichte Infanterie — b Jäger — c, d Hartschiere — e Fuß-Artillerie — f, g Reit. Artillerie — h Pontonier-Offizier — i Gemeisolbat — k Pionier — l General.

Rabatten und Aufschläge mit Silberbesatz, silberne Epauletten ohne
Franzen, gelbe Kniehosen, weiße Strümpfe und Schnallenschuhe.
Degen an schwarzem, silberbetreßtem Koppel. Über dem Frack eine
sogenannte Kasake, hellblau und schwarz gestreift, mit Silberbesatz
und gelbem Futter. Die gewöhnliche Dienstuniform bestand aus
dem Hut und Frack, Degen und Koppel wie oben beschrieben. Dazu
weiße Beinkleider und hohe Reitstiefel mit Anschnallsporen. Karabiner=
und Kartuschbandelier gekreuzt getragen, von schwarzer Farbe mit
Silberbesatz. Als Waffe außer dem Degen ein Karabiner. Zur
Gala eine sogenannte Couse, d. h. eine Schaftwaffe mit einem
messerartig gestalteten Eisen mit reicher Verzierung. Der Zopf fiel
erst 1825 fort. Die 1852 eingeführte Uniform besteht zur Gala
aus einem hellblauen Waffenrock mit schwarzem Kragen und Auf=
schlägen mit Silberlitzen. Die Brust ist ebenfalls mit Silberlitzen
bedeckt. Über dem Waffenrock eine weiße Superweste mit dem Stern
des St. Hubertus=Ordens verziert. Achselwülste silbern und hellblau.
Weiße Beinkleider und Stulphandschuhe. Lange hellgraue Stiefel,
weißmetallener Helm mit gelben Beschlägen, oben mit einem Löwen
verziert, vollenden den Anzug (Taf. 16, d). Als Waffen die eben
beschriebene Couse und Degen an schwarzem, silberbortiertem Gehänge.
Zum Dienstanzuge gehören außer jenem Waffenrock weiße Bein=
kleider, schwarze hohe Stiefel mit Anschnallsporen und ein Bandelier
über die linke Schulter in der Farbe des Degenkoppels. Statt des
Löwen ist der Helm mit einem weißen Haarbusche verziert.

Die Generalität erhielt bei Einführung der Einheits=
uniform 1790 eine Bekleidung, welche in Schnitt und Farbe
jener der damals von der Armee getragenen glich. Die
Auszeichnung bestand in einer Anzahl von gestickten Knopf=
löchern auf den Rabatten. Die Generale behielten Hut und
Degen. 1799 blaue Uniform. Frack mit roten Kragen,
Rabatten und Aufschlägen und reicher Silberstickerei. Dazu
Hüte mit Federbusch und Tressenbesatz. Der Generalstab
dieselbe Uniform mit violetten Abzeichen, die Knopflöcher
mit silbernen Litzen eingefaßt. Achselschnüre, weiße Westen
und Beinkleider, hohe Stulpstiefel. Als Dienstzeichen Schärpen.
Als 1812 die Schärpe abgeschafft wurde, behielten die Generale
und Flügeladjutanten, Generalstab und Offiziere der Hart=
schiere die Schärpen bei. Die Adjutanten der Generale
legten sie über die Schulter an. In der Folgezeit und zwar
nach Angaben aus dem Jahre 1826 trug der Feldmarschall

einen hellblauen Frack mit einer Reihe von weißen Knöpfen,
rote Kragen und Aufschläge mit Silberstickerei, solche von
eigenartiger Form auch vorn unter dem Kragen. Hut mit
Silbertresse und weißer Plumage, weiße Beinkleider und
Reitstiefel. Die Generale hellblaue, ebenfalls einreihige
Fracks mit roten Kragen und Aufschlägen und Silberstickerei.
Silberne Epauletten ohne Fransen, hellblaue lange Bein=
kleider mit schmalen roten Vorstößen, Hut ohne Tresse, aber
mit hellblau und weißem Federbusch. Ähnlich war auch die
Uniform der General= und Flügeladjutanten, aber mit Gold=
stickerei und gelben Knöpfen. Statt des Fracks später Waffen=
rock in gleicher Weise ausgestattet. Auch heute noch tragen
die Generale den Hut mit weiß und blauem Federbusch. Die
Einzelheiten der Uniformierung sind indessen mehr der ent=
sprechenden preußischen Uniform angenähert, z. B. breite
rote Streifen an den Hosen zu beiden Seiten der Bise, auf
der rechten Schulter goldene Raupen mit ebensolchen Achsel=
schnüren. Der Generalstab hat wie in Preußen karmesin=
rote Abzeichen.

Die Rangabzeichen sind dieselben wie im ganzen
Reichsheere. Von 1802 bis 1872 war dagegen eine
andere Anordnung der Chargenabzeichen in Gebrauch. Der
Unterlieutenant hatte am Kragen eine schmale Litze von
Gold= oder Silberstoff, Oberlieutenant zwei, Hauptmann
oder Rittmeister drei. Die Stabsoffiziere außerdem eine
Krageneinfassung von Gold= oder Silbertresse. Dazu bei
den Majoren eine, Oberstlieutenants zwei, Obersten drei
schmale Litzen. In ähnlicher Weise waren die niederen
Chargen ausgezeichnet und zwar durch Litzen und Tressen
von gelber oder weißer Wollborte; es trug der Gefreite
eine schmale Litze, der Korporal ebenso, dazu eine gelbe oder
weiße Borte um den Rand des Kragens, beim Sergeanten
zwei, beim Feldwebel drei schmale Litzen. Die Spielleute
hatten bis 1872 keine Schwalbennester, sondern eine Borte
um den Kragen und Aufschläge, der Bataillonstambour
dazu Achselschuppen, die Hoboisten keine Borte, dagegen

gleichfalls Achselschuppen, der Musikmeister zwei Borten um Kragen und Aufschläge, die Trompeter der Kavallerie und Artillerie hatten dazu noch auf dem Rücken mit Borten besetzte Tuchstreifen, die sogenannten Trompeterflügel.

1872 wurde als Dienstzeichen für die Offiziere die Schärpe wieder eingeführt, dagegen der Ringkragen abgelegt.

Sachsen.

(Kokarde bis 1815 weiß, seitdem grün und weiß.)

Wir können folgende Hauptabschnitte in der Uniformierung der sächsischen Armee annehmen:

1. Von den ältesten Zeiten bis zum Jahre 1734. Der Rock ist anfänglich grau, erhält aber bald die rote Grundfarbe.

2. Von 1734 bis 1810. Die Grundfarbe wird weiß. Die Abzeichen verschiedenfarbig.

3. Von 1810 bis 1815. Die Uniform bleibt weiß, doch wird der Czako eingeführt.

4. Von 1815 bis 1832. Uniform weiß, Abzeichen durchgängig grün. Geschweifter Czako.

5. Von 1832 bis 1849. Grüne Kollets. Geschweifter Czako.

6. Von 1849 bis 1862. Grüne Waffenröcke. Czakos in Form von abgestumpften Kegeln.

7. Von 1862 bis 1867. Hellblaue Röcke. Czakos wie vorhin.

8. Von 1867 bis zur Gegenwart. Dunkelblaue Waffenröcke und Pickelhauben. (Als maßgebend dabei die Infanterie-Uniform angenommen.)

I. Infanterie.

1683 bestand die Bekleidung der Infanterie aus einem tuchenen Rock mit Friesfutter, zinnenen oder messingenen Knöpfen, Hut, Tuchstrümpfen von der Farbe des Fries-futters und bockledernen Hosen. Das Leibregiment hatte rote Röcke, die übrigen Regimenter graue. Die Abfütterung verschieden. Kurfürst Johann Georg befahl, die Picken zu Hause zu lassen und sämtliche Infanterie mit Musketen und Schweinsfedern, die zum Auflegen der Musketen benutzt werden konnten, auszurüsten. 1686 wurde statt der bisher

bestandenen einen Grenadier = Kompagnie jedem Regi=
mente eine solche beigegeben. Die Grenadiere erhielten
blautuchene Grenadiermützen. 1687 hörte die Unterscheidung
der Mannschaft in Musketiere und Pickeniere endgültig auf.
1695 wird die rote Grundfarbe der Uniform eingeführt.

Die Abzeichen vom Jahre 1701:

Regiment		Abzeichen*)
1. Polnische Garde,	2. Sächsische Garde	weiß
3. Königin,	4. Egidy	isabellenfarben
5. Kurprinz,	6. Thielau	zitronengelb
7. Steinau,	8. Zeitz	grün
9. Birou,	10. Tromp	(unbestimmt)
11. Pistoris,	12. Reuß	bleumourant
13. Sacken,	14. Marschall	moosfarben
15. Fürstenberg	16. Löwenhaupt	dunkelblau
17. Görtz,	18. Rothenburg	meergrün
19. Beichlingen,	20. Weimar	grau
21. Dünhof,	22. Flemming	(unbestimmt)

1715 erhielten die Offiziere Ringkragen mit gelben
Wappen. Bis 1729 wurden die Hüte unbortiert getragen,
der Rock hatte keine Rabatten und wurde vorn herunter
ganz zugeknöpft, so daß von der Weste nichts zu sehen war
(Taf. 17, b S. 95).

In diesem Jahre wurde ein Janitscharenkorps errichtet.
Die Uniform bestand aus einem zitronengelben Rocke, roter Weste
und Hosen von ungarischem Schnitt mit blauweißer Borte. Gelbe
Halbstiefel, gelbe Janitscharenmütze, für die Offiziere Turban. Das
Lederzeug war gelb. Als Interimsuniform grüne Ober=, gelbe
Unterkleider.

Auf Abbildungen aus dem Jahre 1730 trägt die Infanterie
rote Röcke mit andersfarbigen Rabatten, Schoßumschlägen,
schwedischen Aufschlägen und Westen. Die Beinkleider leder=
farben, Strümpfe weiß. Bortierter Hut mit farbiger Puschel.
Die Patrontasche an lederfarbenem Bandelier zeigt für die
Musketiere keinen Beschlag, für die Grenadiere Wappen

---

*) Nach Schuster und Francke.

und Granaten in den Ecken, sowie Luntenberger am Bande=
lier, am Koppel um den Leib Kartusche. Als Seitengewehre
Degen. Die Grenadiermütze hatte vorn ein rotes Schild mit
Messingbeschlag, hinten einen farbigen Beutel (Taf. 17, c).

1730:

Regiment	Rock	Abzeichen	Knöpfe
Leibgrenadier=Garde ...	zitronengelb	rot	gelb
1. und 2. Garde	paille	„	weiß
Kronprinz	rot	zitronengelb	„
Weißenfels	„	gelb	„
Marchen	„	weiß	gelb
Löwendahl	„	bleumourant	„
Wilcke	„	zimtbraun	„
Sachsen=Gotha	„	blau	„
Böhn	„	paille	weiß
Caila	„	papageigrün	„
Weimar	„	grün	gelb
Grenadier=Kompagnie ..	paille	rot	weiß

1733 wurden vier Kreisregimenter errichtet, welche
bis 1756 bestanden. Uniform rot mit blauen Abzeichen.
1734 erhielt die Infanterie weiße Röcke, nur die Leib=
grenadiergarde behielt rot bei. 1740 erhielten die Hosen
gleich den Westen die Regimentsfarbe. 1742 bekamen die
Röcke zwei Knopfreihen von je sechs Stück. Die Aufschläge
rund geschnitten. 1745 wurden auf der Offiziers= und
Unteroffiziersmontur farbige Kragen angebracht. Die Kreis=
regimenter erhielten graue Röcke.

Abzeichen im Jahre 1754:

Regiment	Rock	Abzeichen	Knöpfe
Leibgrenadier=Garde ...	hellrot	gelb	weiß
Garde zu Fuß	weiß	rot	gelb
Königin	„	cochenille	„
Kurprinzessin	„	bleumourant	„
Friedrich August	„	gelb	„
Xaver	„	bleumourant	„

1670. 1790. 1730. 1741. 1765. 1802. 1810. 1815. 1832. 1849. 1865. 1867.

a b c d e f g h i k l m n

Tafel 17. Sachſen (Infanterie).
c, d, e Grenadiere.

Regiment	Rock	Abzeichen	Knöpfe
Clemens	weiß	franzblau	gelb
Brühl	„	rot	„
Lubomirsky	„	gelb	weiß
Rochow	grün	rot	gelb
Minckwitz	weiß	franzblau	weiß
Gotha	„	bleumourant	„
Friesen	„	grün	gelb
1. Kreisregiment	lichtgrau	gelb	weiß
2. „	„	bleumourant	„
3. „	„	rot	„
4. „	„	grün	„

Der siebenjährige Krieg brachte der sächsischen Armee gleich im Anfange die Katastrophe von Pirna. Friedrich der Große bildete aus den gefangenen Sachsen preußische Regimenter, die indessen jede Gelegenheit benutzten, dem aufgezwungenen Dienste sich zu entziehen. Die Flüchtigen sammelten sich zum großen Teil in geschlossenen Truppenkörpern in französischem Solde. Nach dem siebenjährigen Kriege und zwar im Jahre 1765 wurde mit der Reorganisation der Armee eine neue Uniform eingeführt. Die Infanterie erhielt weiße Röcke (mit Ausnahme der Grenadier-Garde). Schoßumschläge von der Grundfarbe; Kragen, Rabatten, Aufschläge und Westen von der Abzeichenfarbe. Anliegende weiße Beinkleider mit weißen ungarischen Knoten, schwarze Gamaschen in Form von ungarischen Stiefeln, rote Halsbinden. Hut mit weißer Borte und farbigen Puscheln (Taf. 17, f). Für die Grenadiere, welche Blechmützen hinten mit farbiger Abfütterung getragen hatten (Taf. 17, d), nunmehr Pelzmützen, vorn mit Metallschild versehen (Taf. 17, e). An Stelle des Seitengewehres Bajonett, die Grenadiere Säbel. Die Offiziere trugen den Hut mit Gold- oder Silberborte eingefaßt, dazu weiße Kokarde. Halsbinden weiß, Ringkragen mit kurfürstlichem Namenszuge in der Mitte auf farbigem Samtuntergrund. Schärpe silbern und rot, vorn auf der rechten Seite geschlungen.

1765:

Regiment	Abzeichen	Knöpfe
Kurfürst	krapprot	gelb
Borcke	„	weiß
Prinz Xaver	lichtblau	gelb
Kurfürstin	„	weiß
Prinz Clemens	dunkelblau	gelb
„ Anton	„	weiß
„ Maximilian	gelb „	gelb
Block	„	weiß
Prinz Karl	grasgrün	gelb
„ Gotha	„	weiß
Graf Solms	purpurrot	gelb
Thiele	„	weiß

Die Leibgrenadier=Garde behielt die roten Röcke mit gelben Abzeichen (wie wir gleich vorgreifend bemerken wollen, bis zur Auflösung der Truppe 1848). 1771 erhielten die Beinkleider und Gamaschen den früheren Schnitt. Bis zum Jahre 1810 änderte sich die Bekleidung sehr wenig, nur wurde der Schnitt der Mode entsprechend geändert, also der Kragen höher, der Rock vorn mehr abgestochen, die Hüte runder, der Zopf kürzer (Taf. 17, g). 1793 wurden bei der Infanterie bei jeder Kompagnie ein Unteroffizier und acht Mann als Schützen ausgebildet und äußerlich durch grüne Federstutze auf den Hüten ausgezeichnet. 1810 trat eine Neuuniformierung ein. Der Rock wurde zum Kollet (oder Spenzer) mit gerade herabhängenden Rabatten. Die weißen Schoßumschläge hatten Vorstoß von der Regiments=farbe, ebenso die Achselklappen. Weiße Tuchbeinkleider und kurze schwarze Gamaschen, rote Halsbinden, Czakos mit gelbem Schild und Schuppenketten, weißer Kokarde, farbigem Regimentspompon und weißen Behängen (Taf. 17, h). Grenadiere rote Behänge und Federstutz. Die Offiziere hatten längere Schöße und Epauletten nach französischem Muster. Dazu Ringkragen als Dienstzeichen. Die weißen Beinkleider in Kniestiefeln.

Knötel, Uniformkunde.   7

Abzeichen nach der Rangliste von 1813:

Regiment	Abzeichen	Knöpfe
König	rot	gelb
Niefemeufchel	„	weiß
Prinz Anton	blau	„
Low	„	gelb
Prinz Maximilian	gelb	„
Rechten	„	weiß
Prinz Friedrich August . . .	grün	gelb
Steinbel	„	weiß

Infolge der Kriegsdrangsale war die Bekleidung der
Infanterie Ende 1813 bei der Neuuniformierung im höchsten
Grade mangelhaft. 1815 wurde die weiße Kokarde mit
grünem Ringe eingeführt. Die Infanterie erhielt weiße
Kollets ohne Rabatten, aber mit zwei Reihen gelber Knöpfe.
Kragen und Aufschläge wurden durchgängig grün. Der
Czako verlor die Behänge. Als Beinkleider graue Pantalons
(Taf. 17, i). Die Czakos hatten ein flaches, kreisförmiges
Pompon mit grünem Rande. Die innere Füllung war für
das Leibregiment grün, 1. Regiment blau, 2. schwarz, 3. rot.
Darauf die Kompagnie-Nummer von 1 bis 12 von gelbem
Metall. Grüntuchene Feldmützen mit Schirm. 1832 wurden
an Stelle der weißen grüne Kollets eingeführt. Kragen,
Aufschläge, Beinkleider und Feldmützen hellblau, Vorstöße
rot, zwei Reihen gelber Knöpfe (Taf. 17, k). Die Regimentsabzeichen bestanden aus den nunmehr stutzförmigen Pompons
und Achselklappen, beim Leibregiment rot, 1. hellblau,
2. weiß, 3. grün, Garnisondivision schwarz. Der Czako
erhielt einen Nackenschirm und vorn eine Sterndekoration.
Bisher bestanden die Gradabzeichen der Offiziere aus Tressenbesatz am Kragen, nunmehr aber aus Rangsternen auf den
Epauletten. Die Spielleute wurden durch Tuchepauletten
mit Wollfransen ausgezeichnet und zwar von hellblauer
Farbe mit gelbmetallenem Halbmonde. 1842 ersetzte man
die stutzartigen Pompons durch ovale; an Stelle der farbigen

Achselklappen traten solche von der dunkelgrünen Farbe des Rockes. 1849 wurde die Infanterie in Brigaden eingeteilt und die Bataillone durch die ganze Infanterie fortlaufend numeriert.

1. Brigade.... Bataillon 1 bis 4
2. „ .... „ 5 „ 8
3. „ .... „ 9 „ 12
4. (Leib=)Brigade „ 13. „ 16

Zugleich erhielt die Infanterie den Waffenrock in gleicher Ausstattung wie die bisherigen Kollets. Das Lederzeug, bisher weiß, wurde schwarz. Auch kam die Birchowsche Tragart des Gepäckes zur Einführung. Czakos in Form eines abgestumpften Kegels waren schon 1846 zur Ausgabe gelangt (Taf. 17, l). Die Patrontasche erhielt 1851 ihren Sitz vorn. Auf den Achselklappen rote Bataillonsnummern, bei der Leibbrigade noch eine Krone darüber. Die Offiziere schnallen das Säbelkoppel über den Rock und legen die Ringkragen ab. 1861 wurden die seit 1849 abgeschafften Trommeln wieder eingeführt, 1862 wird die Farbe des Rockes geändert, der Rock mit den Achselklappen wie die Beinkleider waren jetzt hellblau (Taf. 17, m). Die 1. Brigade trug rote, 2. gelbe, 3. schwarze, 4. weiße Kragen und Auf= schläge. Der Rock war rings rot vorgestoßen und zwar lief der Vorstoß auch um den unteren Kragenrand. 1866 rückte die Infanterie in Tellermützen mit Schirmen aus. Die Grund= farbe der Mütze hellblau, der Rand von der Brigadenfarbe, Vorstöße und Kompagnienummer über der Kokarde rot. Die Bataillonsnummer wurde auf den Achselklappen angebracht. Die Offiziere legten die Epauletten ab und erhielten als Gradauszeichnung Sterne vorn am Kragen. 1867 wurde eine neue Bekleidung eingeführt, die sich an das preußische Vorbild anlehnt, doch blieb manche charakteristische Eigenart bestehen. Der dunkelblaue Waffenrock hat ringsum roten Vorstoß, die Schoßtaschenleisten haben nur je zwei Knöpfe; Kragen und Aufschläge wurden rot, doch behielten letztere ihre alte Form mit zwei Knöpfen hinten. Als Kopfbedeckung

7*

Helm preußischen Modells, vorn Sternbekoration mit dem
sächsischen Wappen. Beschläge wie Knöpfe gelb. Beinkleider
grau mit roter Biese (Taf. 17, n). Die Regimenter unter=
scheiden sich durch gelbe Nummern auf den Achselklappen,
welche die Grundfarbe zeigen und mit rotem Vorstoße ver=
sehen sind. Lederzeug schwarz. Die übrigen Wandlungen
bis in die neueste Zeit (z. B. Marschgepäck) wie in Preußen.
Die Grenadier=Regimenter haben Litzen auf Kragen und
schwedisch geformten Aufschlägen, sowie schwarzen Haar=
busch zur Parade. Die sächsische Infanterie führt innerhalb
des Reichsheeres folgende Regimentsnummern: 100, 101
(Grenadiere), 102, 103, 104, 105, 106, 107, 133, 134, 189.
Das Regiment 108 behandeln wir im folgenden Abschnitt.

II. Leichte Infanterie (Jäger, Schützen).

1809 wurde aus den der Infanterie zugeteilten Schützen
ein Korps leichter Infanterie errichtet und in dem=
selben Jahre ein Jägerkorps. Die Uniform war für beide
dunkelgrün mit schwarzen Abzeichen und gelben Knöpfen,
im Schnitte, wie unter Infanterie beschrieben. Der Czako
hatte bei der leichten Infanterie grüne Behänge und Stutz,
sowie gelbes Schild (Taf. 19, a S. 109), bei den Jägern
weiße Behänge, grünen Stutz und Jägerhorn. Das Leder=
zeug schwarz. Die Zusammenstellung von grün, schwarz
und rot ist der leichten Truppe stets charakteristisch geblieben.
Im allgemeinen folgen die Änderungen im Schnitte und in
der Ausstattung denjenigen der Infanterie. Die 1822 ein=
geführten scheibenförmigen, grün eingefaßten Pompons hatten
schwarze Füllung und gelbmetallene römische Nummer. 1832
wurden die Aufschlagspatten bataillonsweise verschieden,
ebenso wie die Achselklappen, und zwar 1. Bataillon rot,
2. hellgrün, 3. hellblau. Die 1832 für die Spielleute ein=
geführten Epauletten hatten schwarzes Feld und Fransen
und gelbmetallene Halbmonde. Wegen Einführung des
Waffenrockes und neuen Czakomodells vgl. vorhergehenden
Abschnitt. Von der 1862 eintretenden Uniformänderung

wurde die Truppe wenig betroffen. Auch bei der Neu=
uniformierung von 1867 blieb die Uniform der früher
getragenen sehr ähnlich. Das seitdem getragene sehr niedrige
Käppi ohne Hinterschirm ist mit einem seitlich nach links
befestigten schwarzen Roßhaarbusch versehen (Taf. 19, c).
Die roten Vorstöße laufen nicht um den oberen, sondern um
den unteren Kragenrand herum. Die Achselklappen von der
Grundfarbe zeigen ein rotes Jägerhorn, darunter die
Nummer. Das Schützen=(Füfilier=)Regiment 108 hat gelbe
Knöpfe, die Jägerbataillone 12, 13 und 15 weiße.

III. Reiter. Küraffiere.

1707 war die Grundfarbe der Uniform rot. Die gleiche
Farbe hatten auch die Mäntel. Als Kopfbedeckung Hüte.
Beinbekleidung gelbe Lederhosen in hohen Stiefeln.

Die Abzeichen waren im Jahre 1707 folgende:

Regiment	Abzeichen
Leibregiment	weiß
Königin	paille
Kurprinz	gelb
Prinz Alexander	grün
Beuft	schwarz
Eichstaedt	kaffeebraun
Damitz	bleumourant

1734 wurde die Grundfarbe der Röcke weiß. Die
Schabraken hatten die Abzeichenfarbe. 1740 paille Kollets
und ebensolche Westen. Die Unteroffiziere hatten Treffen um
den Hut. 1754:

Regiment	Rock	Abzeichen	Knöpfe
Garde du Corps	rot	bleumourant	gelb
Leibküraffiere	weiß	hochrot	„
Königl. Prinz = Küraffiere .	„	bleumourant	weiß
Arnim = Küraffiere	„	karmefin	„
Fürst Anhalt = Küraffiere .	„	gelb	„
Plötz = Küraffiere	„	grün	gelb
Vitzthum = Küraffiere . . .	„	bunkelblau	„

Während des Exils der sächsischen Armee im siebenjährigen
Kriege sammelten sich die Kürassiere als Grenadier=Kom=
pagnien im französischen Solde. Bei der Neuformierung der
Armee im Jahre 1765 erhielten die **Garbes du Corps**
gelbliche Kollets und Beinkleider, blaue Kragen, Aufschläge,
Schoßumschläge und Westen, alles mit gelbem, rot durch=
wirktem Bortenbesatz versehen. Halsbinde rot, Hut mit
goldener Tresse und weißer Kokarde. Die Interimsuniform
sowie die große Galauniform der Offiziere war rot. Das
Karabinier=Regiment hatte dieselbe Uniform, nur statt
der blauen Abzeichen rote. Das **Küraffier=Regiment
Kurfürst** hatte auf den gelblichen Kollets rote Abzeichen
und gelbe, rot durchwirkte Borten, **Fürst Anhalt=Küras=
siere** hatten gelbe Abzeichen, die Offiziere Silberborten (die
übrigen Regimenter Gold). In gleicher Ausstattung erhielt
sich die Uniform bis zum Jahre 1810, nur fielen für die
Mannschaften die Hutborten weg; dagegen wurde ein Feder=
stutz eingeführt (Taf. 18, c, d S. 103), bei den Offizieren
mit schwarzer Wurzel, bei den Unteroffizieren mit schwarzer
Spitze. Der geschwärzte Küraß bestand nur aus einem
Bruststück. 1810 erfolgte die Einführung des Bügelhelmes
und zwar für die **Garde du Corps** von gelbem Metall
mit schwarzem Bräm und Raupe. Das Kollet war gelb,
Kragen, Aufschläge und Schoßumschläge blau. Um Kragen,
Aufschläge und Schöße sowie vorn herunter ein Borten=
besatz aus blauen, roten und gelben Streifen bestehend; bei
den Offizieren Goldtresse, Beinkleider weiß, Helmstutz wie
früher auf den Hüten. Die beiden Linien = Küraffier=
Regimenter hatten ebenfalls den gelbmetallenen Helm, dazu
weiße Kollets und Hosen, hohe Stiefel, Stulphandschuhe,
schwarzen Halbküraß und Achselschuppen (Taf. 18, e). Die
Abzeichen waren für die **Leib=Küraffiere** (früher König=
Küraffiere) rot, der Bortenbesatz rot und gelb, für **Zastrow=
Küraffiere** (früher Anhalt) gelb, der Bortenbesatz weiß
und schwarz. 1815 wurden beide Küraffier=Regimenter
vereinigt und 1821 daraus das **Garde=Reiter=Regiment**

Tafel 18. Sachsen (Reiterei).

a, b, c, d, e Kürassiere — f Dragoner — g, h Chevaulegers — i, k, l, m, n Reiter — o, p, q Husaren — r Ulan.

errichtet. In demselben Jahre wurden auch die beiden
anderen noch bestehenden Kavallerie-Regimenter (Husaren
und Ulanen) als Reiter-Regimenter ausgerüstet. Für alle
drei Reiter-Regimenter wurde die gleiche Uniform eingeführt,
nämlich ein Lederhelm mit gelbem Beschlag und Schuppen-
ketten, schwarzem Bügel und Raupe (Taf. 18, i). Weißes
Kollet mit zwei Reihen gelber Knöpfe, hellblaue Kragen,
Aufschläge und Vorstöße, Beinkleider, Schabraken und
Mantelsack, gelbe Achselschuppen, weiße Biese auf den Hosen
und Besatz auf der Schabrake nach Husarenart. Auf den
Knöpfen und den Böden des Mantelsackes beim Garde-
Regiment eine Krone, bei den andern beiden Nummern.
Das Garde-Regiment führte die früheren leicht gekrümmten
Kürassiersäbel mit Messingkorb, die andern beiden leichte
Kavalleriesäbel mit Stahlkorb. 1832 wurden hellblaue
Kollets mit weißen Vorstößen eingeführt (Taf. 18, k). Die
Regimenter unterschieden sich durch Kragen, Aufschläge und
Schoßbesatz, und zwar beim Garde-Reiter-Regiment durch
weiße, beim 1. leichten Reiter-Regiment rot, beim 2. karmesin.
1840 fielen diese verschiedenfarbigen Abzeichen weg. Alle
Regimenter erhielten weiße Abzeichen und unterschieden sich
nur durch die neu eingeführten Ärmelpatten und zwar für
das Garde-Regiment weiß, 1. rot, 2. hellblau. 1849 wurde
ein 3. Regiment errichtet, welches gelbe, später orange Patten
erhielt; in demselben Jahre wurden die Raupen auf dem
Helme abgeschafft. An Stelle des Kollets traten Waffenröcke, die Schabraken, wie bisher nach Husarenart geschnitten,
wurden abgerundet und erhielten einen Besatzstreifen von
der Pattenfarbe. 1852 auch weißer Vorstoß um den unteren
Rockrand. Die bisher weißen Kragen erhalten die Farbe
der Aufschlagspatte, die Aufschläge selbst seitdem sogenannte
schwedische mit zwei Knöpfen (Taf. 18, l). 1862 wird die
Knopfreihe vorn herunter abgeschafft, der Rock seitdem durch
Haften geschlossen. Vorn herunter nunmehr Bortenbesatz.
1867 wurde ein neues Helmmodell eingeführt mit schwarzer
Raupe auf dem Bügel (Taf. 18, m). Die Abzeichen beim

Garde=Reiter=Regiment weiß, beim 1. Regiment ponceaurot, beim 2. purpurrot, beim 3. schwarz. Die Grundfarbe des Rockes und der Beinkleider blieb die hellblaue, Lederzeug weiß, schwarzes Sattelfell. Die Trompeter rote Raupe, keine Schwalbennester, dagegen auf der Brust dreizehn weiße Band= litzen. Die Offiziere tragen keine Schärpen. Als die beiden sächsischen Husaren=Regimenter errichtet wurden, blieben nur noch zwei Reiter=Regimenter bestehen und zwar das Garde= Reiter=Regiment und das Karabinier=Regiment; ersteres behielt die weißen Abzeichen, letzteres die schwarzen des 3. Reiter=Regiments. Als Kopfbedeckung jetzt Kürassier= helm preußischen Modells von gelbem Metall mit weißen Beschlägen, vorn ein Stern mit dem sächsischen Wappen (Taf. 18, n). Zur Parade weiße Haarbüsche. Die Bein= kleider werden in hohen Stiefeln getragen. Bei der Bewaff= nung der gesamten Kavallerie mit Lanzen erhielten die sächsischen Reiter solche mit weiß und grünen Flaggen.

IV. Dragoner, Chevaulegers, Ulanen und Husaren.

Die sächsischen Dragoner erhielten 1707 rote Röcke, gelbe Lederhosen und Hüte.

Die Abzeichen waren für:

das Regiment	Baireuth	lichtblau
„ „	Brause	gelb
„ „	Schulenburg	paille
„ „	Dünewald	grün
„ „	Goltz	schwarz
„ „	Wrangel	kaffeebraun.

Um 1730 waren den Dragoner=Regimentern auch Grenadiere zugeteilt, welche dieselben Grenadiermützen trugen wie die Grenadiere der Infanterie. Die Uniform hatte nunmehr Kragen und Rabatten (Taf. 18, f). Die Halsbinden waren schwarz. Westen und Hosen lederfarben. Das Lederzeug von Fahlleder, bei den Grenadieren vorn mit Luntenbergern geschmückt.

Abzeichen 1730:

Regiment	Abzeichen	Knöpfe
Grenadiers à Cheval	paille	weiß
Arnstädt	dunkelblau	?
Katte	papageigrün	weiß
Golbacker	grasgrün	?
Chevalier de Saxe	bleumourant	?

Das Regiment Mier=Dragoner trug polnische Be=
kleidung. Bis zum Ausbruche des siebenjährigen Krieges
hatte sich die Uniform etwas geändert. 1754 trug das
Regiment Rutowsky, leichte Dragoner, rote Röcke
mit schwarzen Abzeichen, paille Kollets und gelbe Knöpfe.
1765 erhielten die bisher grün gekleideten Chevaulegers
rote Röcke und zwar Albrecht=Chevaulegers mit grünen
Abzeichen, Renard=Chevaulegers mit blauen Abzeichen.
Dazu gelbe Knöpfe. Weste und Hosen paille. Das Regiment
Kurland=Chevaulegers, welches erst 1762 eingekleidet
worden war, trug seine grünen Röcke mit roten Abzeichen
bis 1767 auf. Sacken=Dragoner rot mit schwarzen
Abzeichen und weißen Knöpfen. Das Rot der Chevaulegers=
uniform war ziemlich hell. 1767 wurden auch bei Kurland=
Chevaulegers rote Röcke eingeführt und zwar mit papagei=
grünen Plüschaufschlägen. Knöpfe gelb. Die Uniform der
Chevaulegers blieb im ganzen bis 1810 die gleiche, mit
Ausnahme des der Mode unterworfenen Schnittes. Die
Borten auf den Hüten wurden in der Folge abgeschafft und
durch weißen Stutz ersetzt (Taf. 18, g). Die Schabraken
waren von roter Grundfarbe. Gegen Ausgang des 18. Jahr=
hunderts wurden dazu schwarze Schaffellüberdecken ein=
geführt. 1810 Czakos (Taf. 18, h). Bei der engen Ver=
bindung von Kursachsen mit Polen finden wir in der sächsischen
Armee öfters Ulanentruppen erwähnt. 1754 werden
folgende Pulks eingeführt:

Wilczewski weiße lange Röcke mit roten Abzeichen
und bleumourant Unterkleidern,

Rubnicky ebenso uniformiert, nur auf den weißen Röcken bleumourant Abzeichen, und

Bronikowsky mit gelben Abzeichen. Knöpfe durch= gängig gelb. Die Abteilungen scheinen indessen nicht lange bestanden zu haben. Ein neues Ulanen=Regiment wurde 1813 gebildet. Der Schnitt der Uniform war der damals übliche, die Grundfarbe für Kollets und Hosen blau, Abzeichen schwarz, Vorstöße rot, Knöpfe und Beschläge weiß, blaue Czapka. 1815 wurde die Uniform geändert. Nunmehr rote Kollets, hellblaue Abzeichen, Beinkleider und Czakos. Das Regiment ging später in der Reitertruppe auf. 1867 wurden nach Abgaben anderer Regimenter zwei Ulanen= Regimenter gebildet. Die Uniform erhielt den preußischen Schnitt. Die Grundfarbe der Ulanka und der Beinkleider hellblau, Kragen, Aufschläge und bei den Paraden über= zuknöpfende Rabatten von karmesinroter Farbe, Beinkleider mit breiten karmesinroten Streifen. Das 1. Regiment weiße, das 2. gelbe Garbelitzen. Vorstöße weiß, bei beiden Regi= mentern gelbmetallene Schuppenepauletten. Czapkas vorn mit Stern, zu Paraden beim 1. Regiment mit weißen, beim 2. mit karmesinroten Czapkarabatten. Die Grundfarbe der Mütze ist weiß, der Besatzstreifen beim 1. Regiment hellblau, beim 2. karmesinrot. Schwarze Schaffelldecken wie die Reiter. Diese Uniform wird noch heute getragen, nur werden jetzt an Stelle der langen Beinkleider solche in Kniestiefeln getragen. Lanze mit weiß und grüner Flagge. Die Regimenter führen innerhalb der Ulanentruppe des Reichsheeres die Nrn. 17 und 18.

1791 wurde ein Husaren=Regiment errichtet. Die Uniform bestand in hellblauen Pelzen mit schwarzem Vor= stoß und weißen Schnüren. Weiße Dolmans mit hellblauen Aufschlägen, Kragen, Borten und Schnüren, rote Schärpe und weiße Unterkleider. Schwarze Flügelmützen mit weißem Bortenbesatz und blauem Flügelfutter. Weiße Federstutze, blaue Mäntel (Taf. 18, o). Später wurden auch die Dolmans hellblau mit weißen Schnüren, die Abzeichen

schwarz, dazu 1810 ein Czako (Taf. 18, p). 1822 wurde
das Regiment zu Reitern umgeformt. Seit 1875 bestehen
zwei Husaren=Regimenter und zwar das 1., welches
die Nr. 18 führt, aus dem 1. Reiter=Regiment, das 2.,
Nr. 19, aus dem 2. Reiter=Regiment, welches aus dem 1791
errichteten Husaren=Regiment hervorgegangen war, gebildet.
Die Uniform ist für beide Regimenter sowohl für Attila wie
für Beinkleider hellblau, die Schnüre beim 1. gelb, beim 2.
weiß. Ersteres hat rote, letzteres karmesinrote Beutel an
der Pelzmütze, welche mit dem Stern geschmückt ist. Die
Säbeltaschen sind hellblau mit Besatz in der Schnurfarbe
(Taf. 18, q). Die Sattelüberdecken von schwarzem Schaf=
fell. Beide Regimenter führen nunmehr Lanzen mit weiß
und grüner Flagge.

V. Artillerie, Pioniere, Train.

1691 war die Artillerie grau bekleidet mit roten Auf=
schlägen, Kragen und Tuchstrümpfen. Hut mit Schnur.
1717 grüne Röcke mit roten Kragen, Rabatten, Aufschlägen,
paille Unterkleider. Die grün und rote Uniformfarbe hat
sich mit der kurzen Unterbrechung von 1728 bis 1730, wo
die Feldartillerie paille Abzeichen trug, bis heute erhalten.
Die Uniform mit gelben Knöpfen, bei den Chargen mit
Goldstickerei, blieb stets im Charakter der Infanterieuniform,
sodaß wir bezüglich der Entwickelung auf diese hinweisen
können. Beinkleider grau. Die reitende Artillerie, die später
errichtet wurde, erhielt für die Uniform den Schnitt wie bei
den Chevaulegers, gleichfalls unter Zusammenstellung von
Grün und Rot, mit gelben Knöpfen. 1810 wurde der Czako
eingeführt (Taf. 19, f). Für die reitende Artillerie 1843
bis 1867 Raupenhelm nach bayrischem Muster (Taf. 19, h).
1849 statt des bisher getragenen gelben Lederzeuges bei
der Fuß= und reitenden Artillerie solches von schwarzer
Farbe (Taf. 19, i). 1867 grüner Waffenrock mit roten
Kragen und gelben Knöpfen sowie rotem Vorstoß. Bei der
reitenden Artillerie letztere auch um Ärmel= und Rückennähte.

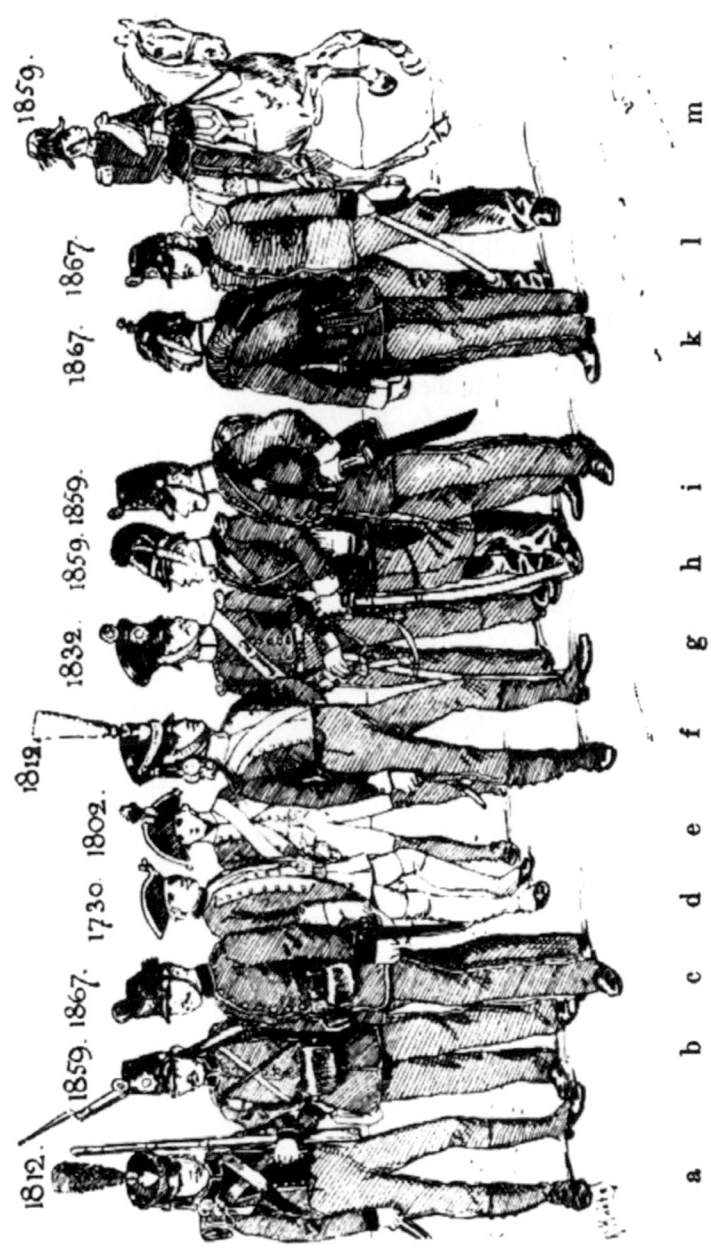

1859.

1867. 1867.

1859. 1859.

1832.

1819.

1730. 1802.

1859. 1867.

1812.

a   b   c   d   e   f   g   h   i   k   l   m

Tafel 19. Sachsen (Verschiedenes).

a, b, c Leichte Infanterie (Jäger, Schützen) — d, e, f, i, k Artillerie — l Trainsoldat — m General.

Helm mit Dekoration wie bei der Infanterie. Auf der Spitze eine Kugel (Taf. 19, k). Zu Paraden schwarze Haarbüsche. Die reitende Artillerie messingene Achselschuppen, Fußartillerie grüne Achselklappen mit rotem Vorstoß, Regimentsnummer und einflammiger Granate. Die Pioniere unterschieden sich von der Artillerie in den verschiedenen Perioden im wesentlichen durch die weiße Farbe der Knöpfe, ein Unterschied, der auch heute noch besteht. Der Helm mit weißen Beschlägen hat keine Kugel, sondern eine Spitze.

Der Train trug im Anfange dieses Jahrhunderts ebenfalls schon die gleiche Farbenzusammenstellung wie heute, nämlich hellblau mit schwarzen Abzeichen und roten Vorstößen. Die Kopfbedeckung ist anders gestaltet als das preußische Trainkäppi, so fehlt z. B. der Hinterschirm. Die Offiziere, früher ebenfalls mit dieser Kopfbedeckung ausgestattet, haben jetzt Helme.

VI. Generalität. Rangabzeichen.

1735 erhielten die Generale weiße Röcke mit rotem Futter, rote Westen und Beinkleider. Die Rangstufen waren durch mehr oder weniger reiche Gold- oder Silberstickerei angedeutet. 1766 wurde die Farbe des Rockes blau und ist seitdem so geblieben. Im einzelnen hat die Uniform sehr viele Wandlungen erlitten. Bis 1867 wurde als Kopfbedeckung der Hut getragen, seitdem Helme. Die Paradeuniform ist ähnlich wie die preußische ausgestattet, nur der Schnitt der sächsische. Die Gradabzeichen bestanden seit 1832 in Metallsternen auf den Epauletten, die 1866/67, wie schon unter Infanterie erwähnt, durch Rangsterne auf den Kragen nach österreichischem Muster ersetzt wurden, seitdem wie in Preußen.

Württemberg.

(Kokarde bis gegen Ende des 18. Jahrh. schwarz, dann rot = schwarz = gelb.
Seit 1817 rot = schwarz.)

Wir unterscheiden folgende Perioden in der Entwickelung der Uniform:

1. Von den Anfängen bis Mitte des 18. Jahrhunderts. Die Bekleidung ist sehr bunt.

2. Von der Mitte des 18. Jahrhunderts bis 1799. Uniform nach preußischem Muster.

3. Von 1799 bis 1817. Die Uniform wechselt sehr häufig. Als Kopfbedeckung eine Art von Rumfordschem Kasket, darauf Raupenhelm, später Czako.

4. Von 1817 bis 1821. Charakteristisch ist die große Einfachheit. Königsblauer Rock bis zum Knie, vorn ohne Knöpfe. Czako nur mit Kokarde verziert.

5. Von 1821 bis 1846/49. Kollet, geschweifter Czako.

6. Von 1849 bis 1864. Einreihiger Waffenrock, Czako in Form eines abgestumpften Kegels.

7. Von 1864 bis 1871. Zweireihiger, nunmehr dunkelblauer Waffenrock, niedriges Parabeläppi.

8. Von 1871 bis zur Gegenwart. Die Uniform wird der preußischen ähnlich. Pickelhaube.

I. Infanterie.

In der ersten Periode herrschen helle Farben vor. Die Röcke sind meist von weißer, hellblauer oder gelber Farbe. Die Leibgarde trug 1683 graue, gelb aufgeschlagene Röcke, gelbe Kamisöler, lederfarbene Hosen und graue Strümpfe. Im allgemeinen erhält sich der Charakter der Civiltracht bis in die dreißiger Jahre des 18. Jahrhunderts. Damals wurden Rabatten eingeführt. In den fünfziger Jahren dunkelblaue Farbe für die Röcke. Überhaupt wird das preußische Vor= bild nachgeahmt (Taf. 20, c S. 113). So trug z. B. das Regiment von Werneck rote Kragen, Rabatten, Aufschläge und Schoßumschläge, gelbe Westen, weiße Beinkleider und Gamaschen. Die Grenadiere erhielten Grenadiermützen, deren Blech mit verschlungenem C. C. geschmückt war. Darüber Stern und Krone. In den achtziger Jahren d. vor. Jahrh.

Bärenmützen. In der Folgezeit bis 1799 wurde der Rock=
schnitt etwas moderner, d. h. vorn mehr abgestochen. 1798
folgten einschneidende Formationsänderungen. Die Infanterie
wurde in selbständige Bataillone geteilt.

Bataillon	Kragen, Aufschläge, Rabatten	Achselklappen	Knöpfe, Hutborte
Mylius	gelb	gelb	gelb
Obernitz	hellblau	hellblau	weiß
Seeger	rot	weiß	„
Beulwitz	rosa	rosa	„
Perglas	weiß	weiß	„

Die Schoßumschläge waren wie in Preußen durchgängig
rot. Einen gänzlich veränderten Charakter erhielt die Uniform
1799. Als Kopfbedeckung wurde ein ledernes Kasket, dem
damals in Bayern getragenen Rumforbschen sehr ähnlich,
eingeführt, vorn mit gelben Beschlägen, auf der Höhe ein
Pompon, nach hinten herabfallend ein schwarzer Roßhaar=
schweif. Die Abzeichenfarben blieben zunächst dieselben,
dagegen wurde der Schnitt des Rockes gänzlich geändert
(Taf. 20, e). Er wurde stark verkürzt und erhielt sogen.
halbe Rabatten mit zwei Knöpfen darunter. Das Koppel
wurde darüber geschnallt. Beinkleider und Lederzeug wie
schon in der früheren Epoche weiß, schwarze Gamaschen.
1808 wurde wieder die Einteilung in Regimenter beliebt
und verschiedene Änderungen in der Bekleidung vorgenommen.
Ende 1806 war ein Füsilier=Regiment errichtet worden
(von Neubronn), welches eine etwas abweichende Uniform
erhielt. Es fiel nämlich der Roßhaarschweif auf dem Kasket
fort und wurde durch eine schwarze Raupe ersetzt. Die
Rabatten des Kollets nicht von der roten Abzeichen=, sondern
von der blauen Grundfarbe und mit rotem Vorstoße besetzt.
Diese beiden Änderungen, Raupenhelm und blaue Rabatten,
wurden in den folgenden Jahren auch auf die übrigen
Infanterie=Regimenter ausgedehnt. 1811 erscheint diese

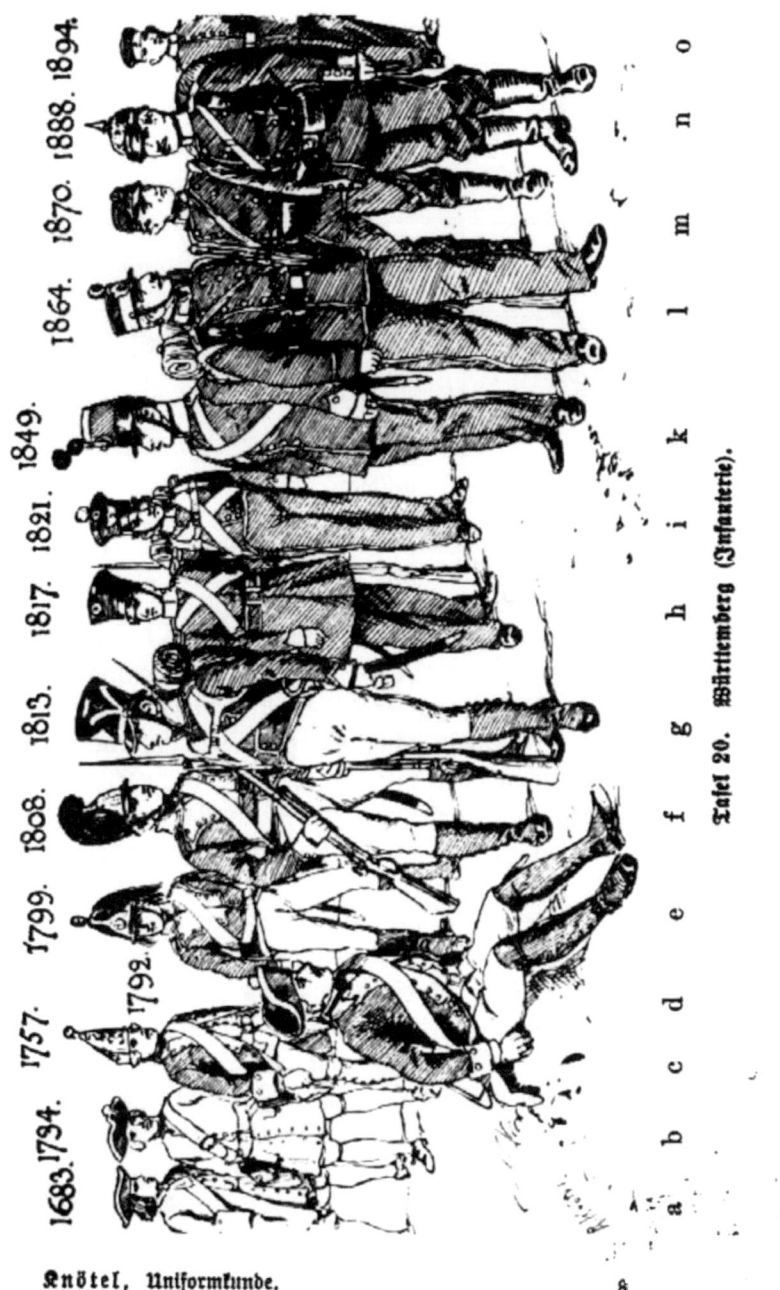

1683. 1794. 1757. 1792. 1799. 1808. 1813. 1817. 1821. 1849. 1864. 1870. 1888. 1894.

a b c d e f g h i k l m n o

Tafel 20. Württemberg (Infanterie).

Umwandlung völlig durchgeführt. Nunmehr taucht, vorerst vereinzelt, der Czako auf und zwar vorn mit rhombisch geformtem Beschlag und Vorder= und Hinterschirm versehen. Oben links die Kokarde, 1813/14 bildet er die allgemeine Kopfbedeckung (Taf. 20, g).

1813:

Truppe	Kragen, Aufschläge, Schoßumschläge	Vorstöße	Knöpfe	Litzen
Bat. Garde zu Fuß . . .	schwarz	weiß	weiß	weiß
Leib=Inf.=Regt. Nr. 1 .	gelb	"	"	"
Herzog Wilhelm Nr. 2 .	ziegelrot	"	"	"
Inf.=Regt. Nr. 3	weiß	"	"	keine
" " " 4	rosa	"	"	"
Prinz Friedrich Nr. 5 . .	hellblau	"	"	weiß
Kronprinz Nr. 6	weiß	rot	gelb	keine
Inf.=Regt. Nr. 7	schwarz	weiß	"	"
" " " 8	gelb	gelb	"	"

Die große Uniformenänderung, die 1817 bei der ganzen Armee stattfand, erstrebte die größtmögliche Einfachheit (Taf. 20, h). Die Bekleidung erhält ein ungemein nüchternes Aussehen. Der Czako war gänzlich ohne Beschlag, nur mit Kinnriemen und vorn oben mit der Kokarde versehen. Der Rock von königsblauer Farbe reichte bis zum Knie und wurde vorn durch Haften geschlossen. Die Aufschläge waren ent= weder rot oder gelb, die Kragen von der Grund= oder der Abzeichenfarbe. Paßgürtel mit rotem oder gelbem Vorstoß, Epauletten mit gelben, roten oder blauen Feldern, königs= blaue Beinkleider ohne Vorstoß, weißes Lederzeug. Im kleinen Dienste wurde ein königsblauer Spenzer getragen; die Stabsoffiziere Säbelgehänge um den Leib, Subaltern= offiziere weißes Koppel, vorn mit silbernen Schildchen geschmückt, über die rechte Schulter. Das Jahr 1821 brachte wieder eine neue Uniformierung (Taf. 20, i). Der Czako erhielt ein rotes Pompon und unter der Kokarde ein weiß= metallenes Schildchen mit der Regimentsnummer. An Stelle des langschößigen Rockes trat ein königsblaues Kollet mit zwei Reihen weißer Knöpfe. Der Kragen war rot, Aufschläge blau mit rotem Vorstoße. Epauletten blau mit weißen Halbmonden und Regimentsnummer. Das Futter rot. Die Beinkleider erhielten roten Vorstoß. Für die Offiziere silberne Pompons und Epauletten. 1836 wurde über dem Pompon noch eine rote lose Puschel angebracht, die Aufschläge wurden rot. 1844 nur eine Knopfreihe. 1846 neues Czakomodell in Form eines abgestumpften Kegels. Der Czako war mit pulverblauem Tuch bezogen, unten mit schwarzem Leder, oben mit weißer Borte besetzt. Vorn Kokarde mit weißer Agraffe. Darüber blaues (bei den Schützen grünes) Doppelpompon. 1849 wird der Waffenrock eingeführt (Taf. 20, k). Derselbe hatte eine Reihe weißer Knöpfe und war wieder von königsblauer Farbe. Kragen, Aufschläge, Achselklappen und Vorstöße rot, auf den Schoßtaschenleisten je drei Knöpfe, Beinkleider königsblau mit roter Biese, wie schon früher. Das Lederzeug blieb weiß. An Stelle des Infanteriesäbels ein Faschinenmesser. 1859 wurde das gekreuzte weiße Lederzeug abgeschafft und dafür schwarze Gürtelrüstung eingeführt. Eine neue Umänderung erfuhr die Uniform im Jahre 1864, wobei aber gleich bemerkt werden muß, daß die neue Bekleidung vorerst nur zur Parade ausgegeben wurde. Die Mannschaften rückten 1866 noch in der alten Montierung aus. Dazu blaue Schirmmützen mit rotem Rande. Bei den neuen Uniformen bildete die Paradekopfbedeckung eine käppiartig gestaltete Mütze von dunkelblauem Tuche mit rotem Rande und Vorstoß, ferner Metallschildchen und National. Als zweite und zugleich feldmäßige Kopfbedeckung diente eine dunkelblaue Mütze mit rotem Vorstoß und kleiner Kokarde (Taf. 20, m). Der dunkelblaue Waffenrock hatte zwei Reihen weißer Knöpfe, roten Kragen, Achselklappen, Achselwülste und Vorstöße rings herum. Auf den Schoßtaschenleisten je zwei Knöpfe. Auf den Achselklappen die Kompagnienummer. Die grauen Hosen hatten rote Vorstöße. Lederzeug schwarz (Taf. 20, l). Als Regimentsabzeichen dienten farbige Kragenpatten und zwar beim 1. Rgt. weiß, 2. schwarz, 3. orange, 4. grün, 5. hellblau, 6. blau, 7. dunkelrot, 8. gelb. Die Offiziere trugen die Grabauszeichnung am Kragen nach österreichischer Art. Als Dienstzeichen eine schwarzrote Schärpe (die übrigens, wie bemerkt werden muß, seit 1817 in Gebrauch war), mit linksgetragener Peitsche und Quaste nach Husarenart. Am 1. August 1870 wurde das Anlegen der preußischen Offizierssachselstücke befohlen. 1871 erfolgte eine neue Bekleidungsvorschrift, welche das preußische Vor= bild zu Grunde legte. Die Infanterie erhielt die Pickelhaube mit dem Landeswappen und der württembergischen Kokarde. Der Waffenrock erhielt zur Erinnerung an die frühere Uniform zwei Knopfreihen (Taf. 20, n). Die Knöpfe wurden gelb, Achselklappen rot mit gelber Nummer. Rote Aufschläge und Ärmelpatten, letztere mit hellblauer Einfassung. Die Grenadier=Regimenter Nr. 119 und Nr. 123 weiße Litzen auf Kragen und schwedisch geformten Aufschlägen. Seit 1892 nur eine Knopfreihe am Rock (Taf. 20, o). Zu Paraden legen die Grenadier=Regimenter Haarbüsche an und zwar Nr. 119 weiße, Nr. 123 schwarze. Marschgepäck ꝛc. wie in Preußen. Die württembergischen Regimenter führen im Reichsheere die Nummern 119 bis einschließlich 126.

II. Jäger und leichte Infanterie.

1799 wurde eine Fußjägerkompagnie errichtet und einem Grenadierbataillon zugeteilt, 1800 aber selbständiges Jägerkorps. Die Uniform bestand aus einem schwarzen korsischen Hut mit gelbem Namenszug F II und grünem Stutz. Grünes Kollet im Schnitt wie damals bei der Infanterie mit schwarzen, weiß vorgestoßenen Kragen, Aufschlägen, halben Rabatten und Schoßumschlägen. Gelbe Knöpfe, grüne Beinkleider, schwarzes Koppel um den Leib, vorn Kartusche mit Namenszug, Hirschfänger und Stutzen. 1801 wird die Truppe zum Bataillon erhoben unter dem Namen von Romann. Die Uniform blieb dieselbe, nur wurde ein Czako eingeführt mit grünem Bunde und Stutz (Taf. 22, a S. 125).

1805 Errichtung eines zweiten Bataillons, dessen Uniform sich durch weiße Knöpfe unterschied. Das schwarze Leder= zeug nunmehr gekreuzt. 1813 beide Bataillone vereinigt als Fußjäger=Regiment König. Die Uniform hatte seit 1811 Rabatten von der Grundfarbe, 1814 gelbe Litzen an Kragen und Aufschlägen, gelbe Knöpfe, Czako wie die Infanterie mit weißen Behängen und Stutz. 1815 ging die Truppe ein.

Leichte Infanterie wurden 1805 zwei Bataillone er= richtet, die 1813 zu einem leichten Infanterie=Regiment ver= einigt wurden. Uniform 1805 wie die Infanterie. Grund= farbe grün, Abzeichen hellblau, Vorstöße weiß, Knöpfe und Lederzeug gelb, Hosen weiß, Kasket mit schwarzem Schweif. 1807 Czako wie die Jäger, aber mit rotem Stutz. Die Auf= lösung der leichten Infanterie erfolgte 1817.

Eine Jägertruppe wurde erst sehr viel später wieder errichtet. 1866 bestanden zwei, 1870 drei Bataillone. Die Uniform war der von 1864 bei der Infanterie eingeführten sehr ähnlich, nur war das Käppi hellgrün mit blauem Rand und Vorstoß; dazu gehörte ein kleiner schwarzer Haarbusch. Waffenrock wie die Infanterie mit grünen Kragenpatten. Alle Stücke, die bei der Infanterie rot waren, hier grün. Statt der Hosenbiese grüne Streifen. Auf der Brust grüne Schützen= schnüre (Taf. 22, b). Nach dem Feldzuge von 1870/71 hörte die Jägertruppe wieder zu bestehen auf.

III. Leibgarde zu Pferd und reitendes Feldjägerkorps.

Die Geschichte der Leibgarde zu Pferd ist sehr verwickelt und die Uniformierung unterlag so vielen Änderungen, daß wir hier nur die hauptsächlichsten Züge wiedergeben können. Anfänglich war die reitende Leibgarde als schwere Reiter (Küraffiere) ausgerüstet. Die Grundfarbe war um die Wende des 17. zum 18. Jahrhundert gelb, Umschläge rot, die Besätze silbern. Blanker Brust= und Rückenharnisch. Silberbortierter Hut. Die Umschläge wurden 1739 schwarz.

1776 bestand die Leibgarde aus drei Kompagnien mit ver=
schiedener Uniform.

1. Kompagnie. Husarenuniform ganz dunkelrot mit gelben
Schnüren, hellblaue Kragen, Aufschläge, Schärpe und
Bandelier. Dunkelroter Mützenbeutel und Säbeltasche.
Auf letzterer gekröntes gelbes C C.

2. Kompagnie. Gelbe Kürassieruniform mit dunkelroten Ab=
zeichen und Bandelier. Blanker Harnisch, Hut mit
Silberborte.

3. Kompagnie. Reitende Jäger. Rock grün mit rot und
Silber. Unterkleider weiß, Hut mit gebogener Silber=
borte. Weißer Stutz, rote Säbeltasche.

1794 wurde die Garde aufgelöst, aber 1798 wieder
errichtet. Die Uniform bestand aus gelben Kollets mit
schwarzen Kragen. Schwarze Superwesten mit weißem
Stern, weiße gekreuzte Bandeliere, Stulphandschuhe und
Hosen, hohe Stiefel. Kasket mit schwarzem Schweif und
weißem Stutz. Später weißer Metallhelm mit Bügel und
schwarzer Raupe.

1809 bestand die Leibgarde aus folgenden Teilen:

1. Eskadron Leibjäger. Pelzmütze ähnlich wie bei den
reitenden Garde=Grenadieren Napoleons I. Grüner Frack mit
einer Reihe von gelben Knöpfen, gelbe Fransenepauletten,
schwarze Kragen, Aufschläge und gekreuzte Bandeliere.
Weiße Stulphandschuhe und Hosen, hohe Stiefel.

2. Eskadron Garde du Corps. Gelbe Kollets, schwarze
Superwesten, Helme ꝛc. wie oben beschrieben.

3. und 4. Eskadron Grenadiere zu Pferde. Pelz=
mützen wie die 1. Eskadron, blaues Kollet mit gelben
Kragen, weiße Epauletten, Stulphandschuhe und Hosen,
hohe Stiefel, blanke Harnische.

Jede Eskadron ritt Pferde von anderer Farbe. Wenn das
Regiment geschlossen ausrückte, waren alle vier Eskadrons der
Grenadiere zu Pferd gekleidet mit Pelzmütze und Harnisch, — die
1. Eskadron in grün, die anderen in blauen Uniformen.

1815 wurde die Truppe aufgelöst und eine Schwadron
Leibgarde zu Pferd errichtet. Die Uniform erhielt die
schmucklose Gestaltung, wie wir noch näher unter „Reiter"
beschreiben werden. Als Kopfbedeckung eine sehr breite Pelz=

müße mit gelben Schuppenketten. Die weitere Ausgestaltung der Bekleidung bis zur Auflösung der Truppe ging parallel mit derjenigen der übrigen Reiterei. (Seit 1817 gab es nur Reiter=Regimenter.) Nur ist zu bemerken, daß die Pelz= müße 1825 dem Czako wich. Alle Abzeichen, die bei den Reitern rot waren, hatten bei der Leibgarde zu Pferde amaranthrote Farbe. Wir schließen hier an das Feldjäger= korps, unter diesem Namen 1759 errichtet. Grüne Röcke, -Westen und Hosen, rote Abzeichen, gelbe Knöpfe und Hut= borte. Eine Fußabteilung bestand bis 1765, die reitende wurde 1768 aufgelöst. 1782 erfolgte eine Neubildung der Truppe, die seitdem stets beritten war. 1798 erhielt die Grundfarbe einen dunkleren Ton, die Knöpfe wurden weiß. Schnitt und Kasket wie damals allgemein in der Armee. Lederzeug schwarz. Später Raupenhelme und schwarze Abzeichen. Auch schwarze Superwesten (Taf. 22, 1). 1815 wird die Truppe nach Ulanenart bekleidet und erhält auch die Bezeichnung Leibulanenkorps. Die Uniformfarben waren grün mit rot. Dazu Goldbesaß. 1817 wieder Feld= jägerkorps. Die Uniform bestand aus königsblauem lang= schößigen Rock mit schwarzen Abzeichen, Pelzmüßen wie die Leibgarde. 1819 wurde die Grundfarbe dunkelblau, die Abzeichen hellblau. Die weitere Entwickelung der Uniform wie bei der übrigen Reiterei.

IV. Reiter, Kürassiere, Grenadiere zu Pferd.

1683 wurde ein „schwäbisches Kreis = Regiment zu Pferd von Höhnstedt" errichtet, welches blaugraue Montierung trug. Eigentümlich erscheinen die ledernen Panzer, mit denen das Regiment in dem Werke von Stab= linger auf den 1683 und 1703 datierten Abbildungen aus= gerüstet ist (Taf. 21, a S. 121). Später wurde die Truppe Dragoner=Regiment und wird 1775 vereinigt mit dem Regiment „reitende Grenadiere von Pfull", dessen Uniform aus roten Röcken mit schwarzen Umschlägen, gelben Knöpfen und Achselbändern bestand. Weiße Unterkleider,

über der Weste Harnisch, Pelzmütze vorn mit gelbem Metall=
schild. 1758 wurde ein „Kürassier=Regiment von
Pfull" errichtet, das 1761 zu Dragonern umgeformt wurde.
Der Rock war gelb mit roten Umschlägen und gelbrotem
Bortenbesatz. Rote Westen, weiße Bandeliere. In der
Folgezeit finden wir nur Dragoner, Chevaulegers und
reitende Jäger=Regimenter in der Armee vertreten und ver=
weisen deshalb auf den nächsten Abschnitt. 1817 wurde die
gesamte Kavallerie zu Reiter=Regimentern gemacht. Der
königsblaue Rock mit langen Schößen, vorn durch Haften
geschlossen, hatte genau denselben Schnitt wie bei der
Infanterie. Der Kragen zeigte die Grundfarbe und war
mit rotem Vorstoß versehen (Taf. 21, g). Vorn herunter
hatte der Rock einen roten Vorstoß, was bei der Infanterie
nicht der Fall war. Der Paßgürtel war ebenfalls rot ein=
gefaßt. Auf den Schultern gelbe Schuppenepauletten, rote
Biesen an den königsblauen Hosen, weißes Bandelier. 1820
wurden die Regimentsabzeichen geändert. Der Czako glich
dem der Infanterie, nur war er mit dem farbigen Tuche
bezogen. Anfänglich trug das 1. Regiment Pelzmützen.

Regiment		Aufschläge	Czakobezug
Nr. 1	1817	königsblau	(Pelzmütze)
	1820	rot	rot
„ 2	1817	königsblau	gelb
	1820	gelb	rot
„ 3	1817	königsblau	dunkelrot
	1820	„	rot
„ 4	1817	königsblau	rot
	1820	schwarz	„

1821/23 tritt eine Uniformänderung ein (Taf. 21, h).
Die durchgängig roten Czakos erhalten ein rotes Pompon
und gelbes Schildchen mit der Regimentsnummer. An
Stelle des Rockes tritt ein Kollet mit zwei Reihen von gelben

Tafel 21. Württemberg (Reiterei).

a, g, h, i, k, l Reiter — b, d, m, n Dragoner — c, e Chevaulegers — f Jäger zu Pferde.

Knöpfen. Grundfarbe königsblau, ebenso der Kragen. Auf=
schläge, Schoßbesatz und Vorstöße auch auf den Ärmel= und
Rückennähten rot. Die königsblauen Hosen mit roter Biese
und Seitenstreifen. 1844 erhält das Kollet eine Knopfreihe
und rote, mit einem Knopfe besetzte spitze Kragenpatten sowie
rotes Doppelpompon. Die Schützen hatten grünes. Sie
waren mit Karabinern ausgerüstet, während die übrige
Mannschaft Lanzen mit rot und schwarzen Flaggen führte.
Auch wurde der Schoßbesatz geändert. 1845 Czakos wie
gleichzeitig die Infanterie, aber mit rotem Tuche bezogen
und mit gelber Borte und Agraffe sowie mit schwarzem
Haarbusch geschmückt (Taf. 21, i). 1849 Waffenrock ebenso
ausgestattet wie vorher das Kollet. Die Seitenstreifen auf
den königsblauen Beinkleidern fielen fort, nur die Biese wurde
beibehalten. Die 1864 eingeführte Uniform glich im Schnitt
der damaligen neuen Infanterieuniform (Taf. 21, l). Das
Käppi war rot mit blauem Rande und Vorstößen, gelbem
Schildchen mit weißer Regimentsnummer, darüber ein kleiner
Haarbusch. Der dunkelblaue Waffenrock hatte eben solche
Kragen und Aufschläge, rote Vorstöße, Achselklappen und
Achselwülste. Die Kragenpatten waren beim 1. Regiment
hellblau, 2. gelb, 3. rot, 4. weiß. Das Lederzeug blieb weiß.
Die grauen Beinkleider hatten rote Seitenstreifen. Die Lanze
wurde abgelegt. 1870 rückte die Kavallerie in Pickelhauben
aus. 1871 erfolgte die Umwandlung in Dragoner und Ulanen.

V. Dragoner, Chevaulegers, Jäger zu Pferd.

Das schon erwähnte Reiter=Regiment von Höhnstedt
wurde 1732 ein Kreis=Dragoner=Regiment und zwar mit
dem Namen Württemberg. Rock und Beinkleider waren
weiß, Kragen, Aufschläge, Rabatten, Schoßfutter und Weste
hellblau; Knöpfe, Achselbänder und Hutborte gelb (Taf. 21, b).
In den fünfziger Jahren des vorigen Jahrhunderts erscheint
es in blauer Uniform mit schwarzen Abzeichen, gelblich
weißen Unterkleidern. Knöpfe u. s. w. wie früher. (Nebenbei
sei bemerkt, daß Abbildungen dieses Regiments starke

Abweichungen zeigen. So finden sich z. B. die schwarzen Abzeichen bald mit Borteneinfassung, bald ohne diese dargestellt; die Grundfarbe bald dunkelblau, bald hellblau.) In den neunziger Jahren des vorigen Jahrhunderts soll die Uniform blau mit roten Abzeichen und gelben, rot vorgestoßenen Schoßumschlägen gewesen sein. Dazu gelbe Achselschuppen und Hut mit schwarzem Stutz. Das schon erwähnte Kürassier=Regiment von Pfull wurde 1761 zu Dragonern umgewandelt und 1766 aufgelöst. Rock und Hosen waren weiß, Kragen, Aufschläge, Rabatten und Schoßfutter rot, Weste, Knöpfe, Achselbänder und gebogene Hutborte gelb. Gegen Ende des vorigen Jahrhunderts taucht die Truppe der Chevaulegers auf. Die Uniform erhielt den damals üblichen Schnitt mit halben Rabatten. Als Kopfbedeckung Kasket mit Roßhaarschweif, Hosen weiß in hohen Stiefeln (Taf. 21, c). Die Grundfarbe war blau. Bald darauf wurden auch Jäger zu Pferd errichtet mit grüner Uniform. Die Periode von 1798 bis 1817 zeichnet sich überhaupt durch häufigen Wechsel in Formation und Bekleidung aus. 1811 erhielten die Regimenter Nummern.

1811:

Chevauleger=Regiment Nr. 1 vakant. Blaue Kollets mit ebensolchen Rabatten, weißen Vorstößen, gelben Knöpfen, Kragen, Schoßumschlägen und Paßgürteln. Helm mit Bügel und schwarzer, oben gelber Raupe. Weißes Lederzeug und Hosen (Taf. 21, e).

Leib=Chevauleger=Regiment Nr. 2. Uniform wie vorher beschrieben, nur ziegelrote Abzeichen, Vorstöße und Paßgürtel. Weiße Knöpfe und Litzen am Kragen. Kasket mit schwarzem Roßhaarschweif.

Jäger=Regiment zu Pferd Nr. 3. Kollet, Kragen, Rabatten und anliegende Beinkleider grün, Vorstöße und Achselschuppen gelb, Knöpfe weiß, Lederzeug und Stulphandschuhe schwarz, Helm mit weißem Beschlag, auf dem Bügel grüne, oben gelbe Raupe. Ungarische Stiefel.

Jäger=Regiment zu Pferd Nr. 4. Ganz grüne Uniform wie das vorhergehende. Kragen rosa, Vorstöße und Knöpfe weiß, Helmraupe grün.

Dragoner=Regiment Nr. 5 Kronprinz. Grünes Kollet mit weißen Kragen und Schoßumschlägen, Knöpfen und Achselschuppen, rote Vorstöße, weiße Beinkleider und Lederzeug, schwarze Stulphandschuhe. Czako wie die Infanterie mit weißen Beschlägen und Behängen (Taf. 21, d).

Mit Ausnahme des 1. Regiments wird die Grundfarbe 1814 durchgängig grün, als Kopfbedeckung der Czako. Seit 1817 bestehen weder Chevaulegers noch Jäger zu Pferd.

1871 wurden zwei Dragoner=Regimenter errichtet und zwar wurde das 4. Reiter=Regiment zum 1. Dragoner= Regiment, das 2. zum 2. Dragoner=Regiment. Beide erhielten hellblaue Röcke im Schnitt wie bei der württembergischen Infanterie, also mit zwei Knopfreihen. (Seit kurzem nur eine Knopfreihe.) Beinbekleidung wie in Preußen. Beim 1. Regiment wurden Kragen, schwedische Aufschläge, Vor= stöße und Achselklappen weiß, letztere mit rotem gekrönten O geschmückt. Gelbe Knöpfe und weiße Gardelitzen mit roten Spiegeln. Pickelhaube mit weißen Beschlägen und zur Parade weißem Haarbusch. Das 2. Regiment erhielt gelbe Abzeichen und weiße Knöpfe, weiße Helmbeschläge und schwarzen Busch. Jetzt trägt auch dieses Regiment Namens= zug auf den Achselklappen und zwar ein gekröntes rotes W. Auf den Kartuschen keinen Beschlag. Wie die gesamte Kavallerie seit Ausgang der achtziger Jahre Lanzen mit oben roten, unten schwarzen Flaggen.

VI. Husaren und Ulanen.

Eine Husarentruppe lernten wir bereits in dem Abschnitt über die Leibgarde z. Pf. kennen. 1735 wurde eine Leibhusaren = Schwadron errichtet, die 1758 zum Regiment erhoben wurde (von Gorcy, 1763 von Bouwing= hausen), 1798 aufgelöst. Dolman und Pelz waren grün, die Beinkleider rot, Schnüre gelb. Kragen und Aufschläge schwarz. Pelzmützen mit rotem Beutel, rotgelbe Schärpe und Säbeltasche. Bandeliere von Fahlleder. Seitdem finden wir keine württembergischen Husaren mehr. Das Leib=

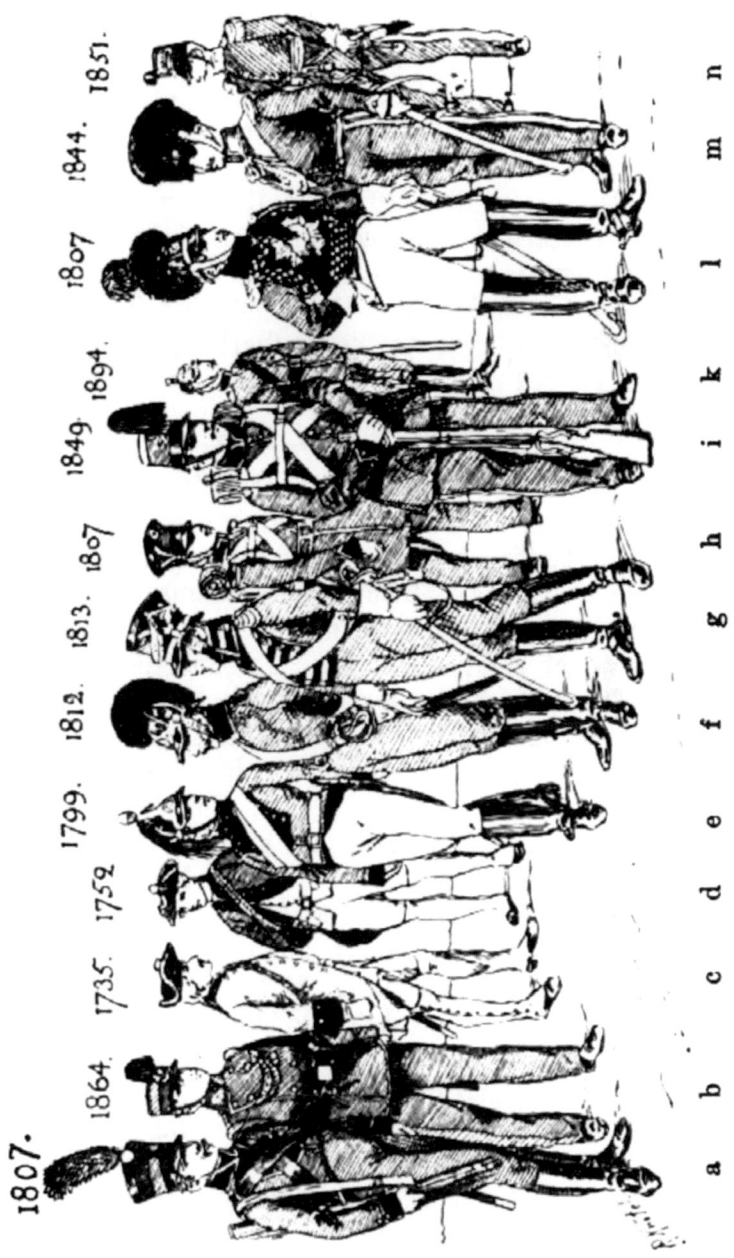

1807.

1864. 1735. 1752 1799. 1812. 1813. 1807. 1849. 1894. 1807 1844. 1851.

Tafel 22. **Württemberg** (Verschiedene).

a, b Fußjäger — c, d, e, f, h, i Fuß-Artillerie — g Reit. Garde-Artillerie — k Reit. Artillerie — l, m Feldjäger — n General.

a   b   c   d   e   f   g   h   i   k   l   m   n

ulanenkorps 1815 bis 1817 haben wir bereits bei den Feldjägern erwähnt. 1871 wurde aus dem 1. Reiter=Regiment das 1. württembergische Ulanen=Regiment, welches die Nummer 19 führt, errichtet und aus dem 3. Reiter=Regiment in demselben Jahre das 2. württembergische Ulanen=Regiment Nr. 20. Die Uniform gleicht der preußischen (natürlich mit Ausschluß von Czapkabeschlag, Kokarde, Portepee 2c.). Die Abzeichen sind beim 1. Regiment rot, beim 2. gelb. Knöpfe und Halbmonde der Epauletten weiß. Das 1. Regiment hat weiße Gardelitzen. Lanzen=flaggen wie bei den württembergischen Dragonern.

VII. Artillerie, Pioniere, Train.

Die älteste Uniform der württembergischen Artillerie scheint rot gewesen zu sein. 1735 war der Rock noch von roter Grundfarbe mit ebensolchen Schoßumschlägen, schwarzen Kragen und Aufschlägen; Knöpfe, Hutborte und Weste gelb, die in Gamaschen getragenen Beinkleider weiß (Taf. 22, c). In den fünfziger Jahren des 18. Jahrhunderts, als der preußische Typus für die Uniform maßgebend wurde, erhielt der Rock blaue Grundfarbe. Kragen, Rabatten, Aufschläge, Schoßumschläge schwarz, auch wurden schwarze Rabatten angebracht. Knöpfe und Hutborte gelb, Unterkleider weiß (Taf. 22, d). Von 1774 bis 1817 war die Grundfarbe lichtblau. Die Abzeichen blieben zunächst dieselben, nur erhielt die Weste die Farbe des Rockes. Die Bedeckungs=kompagnie war durch Pelzmützen mit gelbem Schild und gelbe Achselbänder ausgezeichnet. 1799 hellblaue Kollets in dem damals neu eingeführten Schnitte mit schwarzen halben Rabatten, Aufschlägen 2c. Kasket mit gelben Beschlägen und schwarzem Roßhaarbusch. Lederzeug weiß wie vorher. Die weißen Beinkleider in Kniestiefeln (Taf. 22, e). 1804 tritt an Stelle des Kaskets mit Schweif ein solches mit schwarzer Raupe. Die reitende Artillerie, welche 1784 grau mit grün, dazu gelbe Knöpfe, 1788 grün mit rot trug, hatte die gleiche Uniform, nur hellblaue Beinkleider und schwarze

Paßgürtel. Der Säbel am Schleppkoppel war an einem
über die rechte Schulter gehenden Bandelier befestigt. Auf
den Kaskets weißer Stutz. Die Gardebatterie war durch
weiße Litzen auf den schwarzen Rabatten und Aufschlägen
ausgezeichnet. Auch erhielt die reitende Artillerie damals
weißmetallene Achselschuppen. 1811 wurden die halben
Rabatten hellblau gleich dem Kollet mit gelben Vorstößen
besetzt, die Beinkleider auch bei der Fußartillerie hellblau
(Taf. 22, f). 1813 Czako mit Hinterschirm und gelben, bei
der Garde=Artillerie weißen Beschlägen; letztere auch weiße
Behänge (Taf. 22, g). 1817 änderte man die Grundfarbe
in königsblau um. Der Schnitt war derselbe wie damals
in der ganzen Armee. Der Rock hatte schwarze Kragen,
spitze Aufschläge und Epaulettefelder, rote Vorstöße, auch
vorn herunter, blaue rot eingefaßte Paßgürtel, Czako mit
Kokarde, weißen Seitenspangen und Schuppenketten, weißes
Lederzeug (Taf. 22, h). Die Abzeichen blieben nunmehr
dieselben. Der Schnitt änderte sich in gleicher Weise wie
seitdem in der ganzen Armee. Bei der reitenden Artillerie
waren 1817 schwarze Pelzmützen mit weißen Schuppen=
ketten eingeführt worden, welche bis 1838 getragen wurden.
Damals waren rote Czakobehänge in Gebrauch, sowohl für
die reitende wie für die Fuß=Artillerie. Der 1845 eingeführte
modernere Czako war mit pulverblauem Tuch bezogen, oben
weiß, unten schwarz eingefaßt. Als Dekoration weiße
gekreuzte Kanonenrohre, darüber Kokarde mit weißer
Agraffe und hängender schwarzer Roßhaarbusch (Taf. 22, i).
Die 1864 eingeführte Uniform erhielt statt der königs=
blauen die dunkelblaue Farbe. Die Abzeichen blieben
schwarz, Vorstöße rot, Knöpfe weiß, Achselwülste rot.
Das dunkelblaue, mit schwarzem Rand und roten Vor=
stößen verzierte Paradekäppi war gleichfalls mit schwarzem
Roßhaarbusch geschmückt. Beinkleider wie damals bei der
Infanterie, für die reitende Artillerie gleich den Reiter=
regimentern. Das Lederzeug wurde schwarz. 1871 wurde
die Uniform nach preußischem Vorbilde geregelt. Abzeichen

wie in Preußen, bis vor kurzem zweireihiger, jetzt einreihiger
Rock. Pickelhaube mit gelben Beschlägen und Kugel auf der
Spitze, Lederzeug schwarz (Taf. 22, k). Seit 1815 bestand
eine Pionierkompagnie, welche fast die gleiche Uniform
hatte, aber durch gelbe Knöpfe und Beschläge unterschieden
war. Auch war später bei der Czakodekoration ein Abzeichen
von gelben gekreuzten Beilen angebracht. Der 1854 ein=
geführte modernere Czako oben mit gelben Borten eingefaßt.
Seit 1871 ganz ähnlich den preußischen Pionieren, nur mit
den überhaupt die württembergische Uniform charakterisieren=
den Eigentümlichkeiten. Knöpfe und Beschläge seit 1871 weiß.
Der Train trägt ebenfalls die gleichen Abzeichen wie in
Preußen, nur ist das Lederzeug schwarz.

Generalität.

In der ersten Hälfte des 18. Jahrhunderts hatten die
Generale rote Röcke mit Goldbesatz und ebenso verzierte
gelbe Westen. Hüte mit Goldborte und weißen Federn.
Später blaue Röcke, 1782 hellblaue mit schwarzen Kragen,
Aufschlägen und Rabatten, silbernen Schleifen und Achsel=
schnüren. Lichtblaue Westen, weiße Beinkleider. Hut mit
Silberborte und weißem, unten schwarzem Federstutz. 1798
dunkelblaue Röcke mit roten Kragen und Aufschlägen sowie
oben umgelegten Klappen, alles mit Goldbesatz; eine Reihe
gelber Knöpfe, Hut mit weißer Plumage und goldener
Agraffe, Stutz und Beinkleider wie vorher, Stiefel mit
steifen Stulpen. Später erhielten die Röcke dunkelblaue
Rabatten mit roten Vorstößen und reicher Stickerei sowie
Fransenepauletten. Letztere sowie alle Verzierungen bei den
Generalen der Infanterie von Gold, bei denen der Kavallerie
von Silber. Die Schärpe war silbern mit rot und gelb
durchzogen. In den zwanziger Jahren einfacher Hut mit
goldener Agraffe und schwarzem Stutz, rote Kragen und
Aufschläge; auf der Brust Guirlandenstickerei. Für gewöhn=
lich königsblaue Beinkleider mit rotem Vorstoß, zur großen
Uniform weiße in hohen Stiefeln. Rot und schwarze Schärpe

nach Husarenart. 1829 Goldstreifen an den Hosen. Die
kleine Uniform hatte zwar gestickte Kragen und Aufschläge,
dagegen fiel die Guirlandenstickerei auf der Brust weg. Der
Frack wurde nur mit einer Knopfreihe geschlossen. 1849
Waffenröcke in derselben Ausstattung, 1851 Czakos mit
reichem Besatz von Goldborten (Taf. 22, n). Bei der kleinen
Uniform waren Kragen und spitze Aufschläge von der Grund=
farbe mit roten Vorstößen besetzt, die Beinkleider ebenfalls
nur mit roten Vorstößen statt der Goldborten. 1864 erhielten
die Generale schwarze Röcke und Mützen mit roten Abzeichen
und goldenem Besatz. Die Rangabzeichen nach österreichischer
Art. Auf dem Käppi weißer Federbusch mit rot und schwarzer
Füllung. Die Adjutanten des Königs hellblaue Abzeichen
und Silberbesatz. Seit 1871, wie wir schon in den vorher=
gehenden Abschnitten gesehen haben, preußischer Typus.
Der Federbusch zur Parade in den Farben wie 1864. Die
Schärpe von Silber mit rot und schwarz durchzogen. Über
die Rangabzeichen haben wir schon an früherer Stelle
gehandelt.

————

Baden.

(Kokarde im 18. Jahrhundert schwarz, später rot=gelb=weiß, dann rot=gelb.)

Für die Uniformierung der badischen Armee ist das
preußische Vorbild fast immer maßgebend gewesen. Im
18. Jahrhundert dunkelblaue Röcke mit verschiedenfarbigen
Abzeichen, helle Unterkleider. Um 1790 trug das Mark=
gräflich Badische Leibregiment eine Uniform, welche
dem preußischen Regiment „Garde" (Nr. 15) nachgebildet
zu sein scheint. Der Rock hatte rote Kragen, Rabatten,
schwedische Aufschläge und Futter; reicher Besatz von weißen
Litzen mit Tresse, weiße Knöpfe und Unterkleider. Die Hals=
binden waren schwarz. Nur an Sonn= und Feiertagen
wurden rote angelegt. Bei den Musketieren weißbortierter
Hut mit roter Puschel, bei den Grenadieren Mützen, vorn

mit gelbem Blech, hinten mit blauer, unten roter Abfütterung
(Taf. 23, a). Das Füsilierbataillon „Erbprinz" trug im
genannten Jahre einen blauen, einreihigen Rock mit gelben
Kragen, Aufschlägen und Schoßfutter, weiße Unterkleider.
Die Füsiliermütze von gelbem Bleche hatte hinten blaues
Futter (Taf. 23, b). Die Gamaschen waren bei der ganzen
Infanterie zur Parade weiß, sonst schwarz. Die Offiziere
legten als Dienstzeichen Ringkragen und silberne rot und
gelb durchzogene Schärpe an. Bis 1793 trugen die Sub=
alternen Gamaschen, seitdem Stiefel. In demselben Jahre
wurden die Offiziersspontons abgeschafft. Im Jahre 1803
erhielt die Uniform einen anderen Schnitt mit gerade herab=
gehenden Rabatten. Die Offiziersschärpen wurden nunmehr
über dem Rocke angelegt. 1806 fielen die Zöpfe fort, ebenso
die Kurzgewehre der Unteroffiziere. Die Leibgrenadier=
garde erhielt unterm 21. Oktober 1806 eine neue Uniform
und zwar dunkelblaue Röcke (Kollets mit etwas längeren
Schößen), rote Kragen, Aufschläge und Schoßfutter, dunkel=
blaue Ärmelpatten und weißen Litzenbesatz auf der Brust
wie auf den Patten. Rechts weiße Achselschnüre, weiße
Beinkleider, schwarze Gamaschen, Pelzmützen mit weiß=
metallenem Blech, weißrotgelben Behängen und weißem
Stutz (Taf. 23, d). Die Linieninfanterie bekam etwas später
dunkelblaue Kollets mit eben solchen Ärmelpatten, roten
Kragen, Aufschlägen und Schoßumschlägen. Knöpfe weiß,
vorn in zwei Reihen. Beinbekleidung wie vorher (Taf. 23, e).
Als Kopfbedeckung eine Art Raupenhelm mit gelben Be=
schlägen, beim Leibregiment mit weißen. Auch hatte letzteres
weiße Litzen auf Kragen und Ärmelpatten. 1807 erhielten
die Offiziere Epauletten. Der Raupenhelm wurde im Früh=
jahr 1813 durch den Czako ersetzt, gleichzeitig wurden die
Abzeichen wieder verschiedenfarbig. Die Jäger hatten
dunkelgrüne Uniform mit schwarzen Abzeichen, weißen Vor=
stößen und Knöpfen; grüne Epauletten. Helmraupe und
Stutz, grüne Hosen und kurze schwarze Gamaschen. Schon
während der Befreiungskriege wurde die Uniform ganz

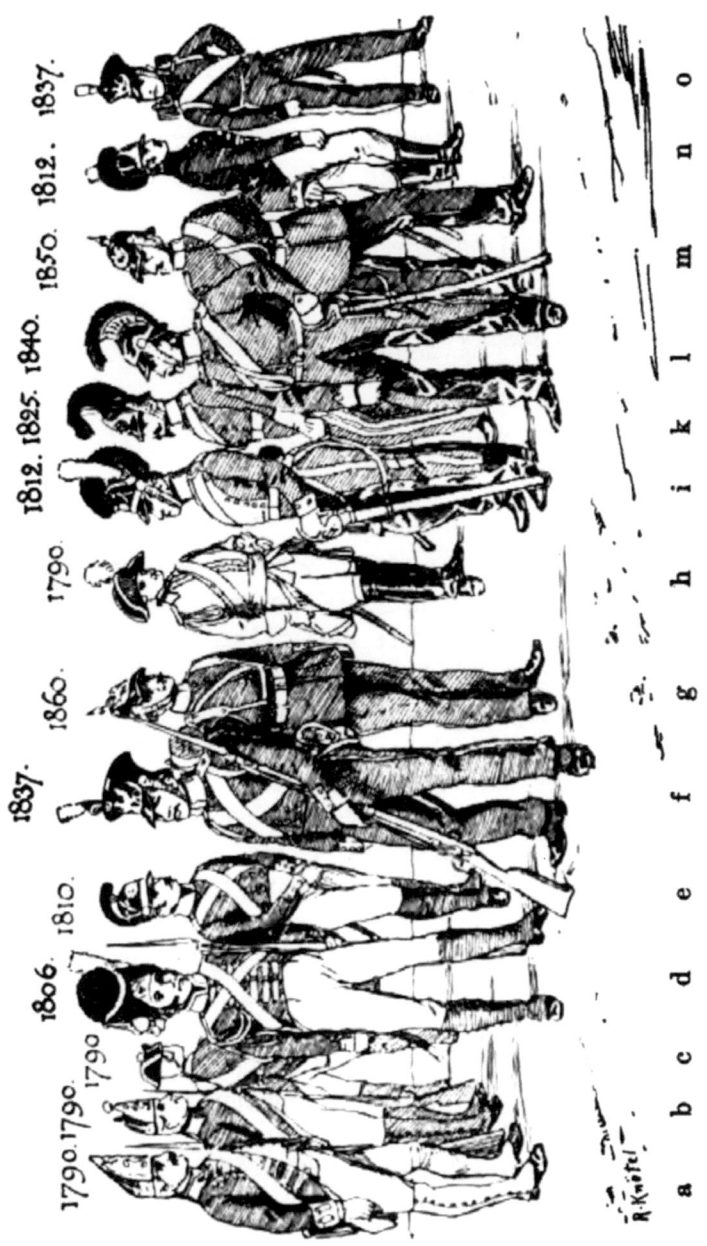

Tafel 23. Baden.

a, b, c, d, e, f, g Infanterie — h Garde du Corps — i, k, l, m Dragoner — n Reit. Artillerie — o Fuß-Artillerie.

nach preußischem Muster geregelt. Der Czako bekam einen sehr großen Deckel und später Hinterschirm. Als Beschlag der badische Greif (Taf. 23, f). 1818 erhielt die Infanterie auf der dunkelblauen, zweireihigen Montur rote Kragen und verschiedenfarbige Achselklappen. 1833 unterschieden sich die Regimenter bei roten Kragen und Aufschlägen durch die Ärmelpatten, Achselklappen und Knöpfe. Das Leib= grenadierbataillon hatte silberne Litzen.

Regiment	Ärmelpatten, Achselklappen	Knöpfe
Nr. 1	weiß	gelb
„ 2	rot	weiß
„ 3	gelb	gelb
„ 4	hellblau	„

Die Beinkleider waren beim Grenadierbataillon grau, bei der übrigen Infanterie dunkelblau mit rotem Vorstoß. Lederzeug weiß. Das leichte Bataillon grüne Uniform, hellblaue Kragen, Aufschläge und Schoßbesatz, gelbe Knöpfe, hellblaue Achselklappen und Patten, graue Hosen. Czakos, schwarzes Lederzeug. 1834 wurden wieder rote Achsel= klappen eingeführt mit weißen Nummern. 1843 vorn nur eine Knopfreihe statt der doppelten. Während des für die badische Armee verhängnisvollen Jahres 1849 waren Czako und Kollet im Gebrauch, indessen war gerade damals eine neue Uniform eingeführt, jedoch noch nicht allgemein aus= gegeben worden. Teilweise bemächtigten sich die meuterischen Soldaten dieser Bestände und erschienen nun in der neuen Uniform. Sie bestand aus einer Pickelhaube mit gelbem Greifenbeschlag und Kugel, an Stelle der Spitze, blauem Waffenrock ohne andersfarbige Aufschläge und Vorstöße. Farbige Kragenpatten und Achselklappen: rot mit gelber Litze für die Leib=Grenadiere, rot für das 1. Regiment, weiß für das 2., gelb für das 3. und hellblau für das 4. Graue Hosen ohne Biese. Gekreuztes Lederzeug. Bei der Reorgani=

sation von 1850 erhielt die Pickelhaube die preußische Spitze an Stelle der Kugel. Die Infanterie, in selbständige Bataillone eingeteilt, bekam rote Kragen und ebensolche brandenburgische Aufschläge, sowie weiße Achselklappen. Seit 1856 wieder verschiedenfarbige Achselklappen (die Leib=Grenadiere 1856 bis 1867 weiße Knöpfe, dann wieder gelbe, nach 1870/71 wieder weiße). 1856 wurde der Regimentsverband wieder= hergestellt. Die Jäger trugen dunkelgrüne Waffenröcke mit schwarzen Kragen und Aufschlägen, roten Achselklappen und Vorstößen. Gelbe Knöpfe. Pickelhaube zur Parade mit schwarzem Haarbusch. Später Hüte ähnlich denjenigen der österreichischen Jäger, schwarzes Lederzeug. Abweichend von dem preußischen Muster waren die Tragriemen des Tornisters gestaltet (Taf. 23, g). 1862 wurde das Leder= zeug bei der Infanterie durchgängig schwarz. 1866 rückte die Armee in der blauen, rot gerandeten Feldmütze aus. In der Folgezeit wurde das preußische Muster ganz und gar eingeführt. Der Helm zeigt als Beschlag den badischen Greifen.

Die heutigen Regimenter und ihre Abzeichen sind folgende:

Leib=Grenadier=Regiment Nr. 109: weiße Achselklappen mit roter Krone, weiße Knöpfe und Gardelitzen. Auf= schläge von schwedischer Form, weißer Helmbeschlag und zur Parade weißer Haarbusch.

Die folgenden Regimenter haben alle rote Armelpatten ohne Vorstoß und gelbe Knöpfe.

Nr. 110: weiße Achselklappen mit rotem Namenszug. Zur Parade weißer Haarbusch.

Nr. 111: rote Achselklappen.

Nr. 112 und 142: gelbe Achselklappen.

Nr. 113: weiße Achselklappen.

Nr. 114: grüne Achselklappen.

Die Markgräflich Badische Garde du Corps bestand 1790 aus drei Kompagnien und zwar aus der Kompagnie Garde du Corps, einer Kürassier= und einer Dragonerkompagnie.

Die Gardes du Corps hatten gelbe Röcke, rote Kragen, Schoßumschläge und Leibbinden, rot und weißen Borten=besatz und Achselschnüre, Lederhosen und hohe Stiefel. Silberne Hutborten und weißer Stutz (Taf. 23, h). Weiß=lederne Kartuschen mit Messingschild. Die Dragoner=kompagnie trug die Uniform des schwäbischen Kreis=Regiments Württemberg. Blaue Uniform mit schwarzen Abzeichen, gelben Knöpfen und weißen Unterkleidern. Hut mit weißer Borte und Stutz. Die Kürassierkompagnie hatte die Uniform des schwäbischen Kreis=Regiments Hohenzollern und zwar denselben Hut wie die Dragoner, weiße Röcke mit roten Abzeichen, schwarzen Küraß mit rotem Futter. 1796 wurde die Uniform der Gardes du Corps durchgängig weiß mit roten Abzeichen (ohne Rabatten), Unterkleider gelb, Hut mit weißer Borte und Stutz. 1799 am oberen Teile der Brust vier silberne Litzen. 1801 hellblaue Röcke mit dunkelroten Kragen, Rabatten und Aufschlägen, weißen Knöpfen und Achselbändern, gelben Schoßumschlägen und Unterkleidern. Der Stutz unten rot, oben weiß. 1804 weiße Kollets mit roten Kragen, rotweißem Bortenbesatz, roten Säbeltaschen mit gleichem Besatz, darin gekröntes C. F; weiße Beinkleider, rote Leibbinde. Als Kopfbedeckung später Helm mit weißer Raupe, am Kollet zwei Reihen weißer Knöpfe. In den zwanziger Jahren fast genau die Uniform wie die damaligen preußischen Gardes du Corps. Gegen Ende des 18. Jahrhunderts bestanden auch Markgräflich Badische Husaren. Pelz und Dolman waren grün, Kragen und Aufschläge rot, die Beschnürung gelb. Grüne Säbeltasche mit gelbem Namenszug. Schwarze Filzmützen mit ebensolchem Flügel. Lederhosen und ungarische Stiefel. 1806 Czakos mit grünem Stutz und rote ungarische Hosen. 1807 dunkelgrüne Reithosen mit roter Biese zwischen zwei schmalen roten Streifen. Das Regiment ging 1812 in Rußland fast gänzlich zu Grunde. Im Jahre 1803 über=nahm der Markgraf Karl Friedrich bei dem Anfall ver=schiedener Landesteile infolge des Reichsdeputationshaupt=

schlusses auch eine vollständig ausgestattete bayrische
Chevaulegers=Eskadron. Sie erhielt den Namen „Leichte
Dragoner=Eskadron". Später zum Regiment erhoben.
Als Kopfbedeckung anfänglich Hüte mit Federstutz, hellblaue
Kollets mit roten Kragen, Aufschlägen und Rabatten. Weiße
Knöpfe und Litzen, gelbe Westen, weiße Beinkleider und
hohe Stiefel. 1805 bayrischer Raupenhelm mit weißen
Beschlägen, aber vorläufig nur für die Mannschaften, seit
1808 auch für die Offiziere. Zur Schonung der weißen
Beinkleider wurden hellblaue Reiterhosen mit rotem Besatz
eingeführt (Taf. 23, i). Die Westen fielen fort. Später
auch die Rabatten. Dagegen behielt das Kollet zwei
Knopfreihen. Im Jahre 1833 bestand auch ein Garde=
Dragoner=Regiment, welches an die Stelle der Gardes
du Corps getreten war. An Linien=Dragonern zwei
Regimenter. Kollet und Hosen hellblau. Helm mit Bügel
und schwarzem Roßhaarkamm wie bei den damaligen
preußischen Küraffieren. Weißes Lederzeug (Taf. 23, k).
Das Garde=Dragoner=Regiment hatte rote Kragen und
Aufschläge mit weißen Litzen und weiße Knöpfe.

Das 1. Regiment weiße Aufschläge und Kragen und
gelbe Knöpfe. Keine Litzen.

Das 2. rote Abzeichen und gelbe Litzen und Knöpfe.
In den dreißiger Jahren erfolgte eine Uniformänderung.
Der Helm erhielt eine andere Form und wurde vorn mit
einem gelbmetallenen Greif und ebensolchem Bügel verziert,
der schwarze Kamm beibehalten (Taf. 23, l). Alle drei
Regimenter hatten hellblaue Kollets mit einer Reihe von
gelben Knöpfen, hellblaue Hosen, zur Parade mit weißen
Streifen geschmückt. Für gewöhnlich lederbesetzte Reithosen
mit weißer Biese. Kragen, Aufschläge, Achselklappen, Vor=
stöße und Besatz der Schoßumschläge weiß, das Regiment
Großherzog auf den Achselklappen eine Krone, die beiden
anderen Nummern. Die hellblauen Schabraken mit weißem
Besatze zeigten vorn eine Krone, in den hinteren Ecken
gekrönten Namenszug. Bei der Reorganisation von 1850

hellblaue Waffenröcke wie die preußischen Dragoner und
Pickelhauben. Graue Hosen mit rotem Vorstoß. Beim
1. Regiment rote Kragen, Aufschläge und Vorstöße, beim
2. gelbe, beim 3. schwarze Abzeichen und rote Vorstöße.
Alle drei Regimenter weiße Knöpfe und Helmbeschläge.
Als kleine Uniform Spenzer. Die Uniform ist seitdem der
entsprechenden preußischen noch mehr angenähert worden.
Die Abzeichen sind dieselben geblieben. Die Regimenter führen
heute die Nrn. 20, 21 und 22. Zur Parade weiße Haar=
büsche. Bei der Bewaffnung der Kavallerie des Deutschen
Reiches mit Lanzen erhielten die badischen Dragoner rot
und gelbe Lanzenflaggen. Das Regiment Nr. 20 (badisches
Leib=Dragoner=Regiment) hat auf den Achselklappen eine
gelbe Krone. Artillerie und Pioniere haben im all=
gemeinen dieselben Uniformsänderungen durchgemacht, wie
wir unter Infanterie gesehen haben. Die Abzeichen waren
am Ende des Jahrhunderts schon schwarz, später kamen
noch rote Vorstöße dazu. Die Artillerie war durch gelbe
Knöpfe von den Pionieren unterschieden, welche weiße trugen.
Die Uniform ~~der Gemeinität~~ tät hat sich ebenfalls der
preußischen a

Hessen-Darmstadt.

(Kokarde schwarz, seit 1807 rot und weiß.)

Die älteste Infanterietruppe bestand aus dem sogenannten
Landausschuß, eine Art Miliz, welche im Jahre 1700
reguliert und den Feldtruppen gleichgemacht wurde. Das
Bataillon der Obergrafschaft trug blaue Röcke mit rotem
Boy gefüttert, orange Aufschläge, vier Finger breite orange
Kragen nebst ebensolchen Klappen. Jede Rockseite mit vier
Falten versehen, drei Dutzend zinnerne Knöpfe, Hut mit
vier Finger breiten Borten eingefaßt, graue Beinkleider

und Strümpfe, Musketen und Degen. Die Unteroffiziere
hatten blaue Aufſchläge und Unterfutter. Eine Abbildung
eines Offiziers der Landmiliz vom Jahre 1717 zeigt dunkel=
blauen Rock mit weißen Knöpfen, Aufſchlägen und weiß
(ſilber?) ausgenähten Knopflöchern. Weiße Halstücher,
blaue Hoſen, rote Strümpfe. Hut mit gebogener Silber=
borte und roter Plumage. Die Schärpe ſilbern mit rot und
blau durchzogen. Als Waffen Degen und Sponton. Außer
der Schärpe als Dienſtzeichen ſilberner Ringkragen mit
goldenem Namenszuge E. L (Ernſt Ludwig) und Krone.
Ein Offizier vom Regiment von Schrautenbach trägt die
gleiche Uniform, nur ſind die ſilberbortierten Kragen und
Aufſchläge rot (Taf. 24, a S. 139). Das Düringſche
Bataillon hatte in derſelben Zeit weiße Uniform mit gelben
Aufſchlägen, das Dallwigſche weiß mit rot, das Lehr=
bachſche weiß mit blau, das Geismarſche weiß mit grün,
das Kreis=Regiment blau mit weiß. Letzteres Regiment
erſcheint auch in der Schlacht bei Roßbach, wo es zur
Reichsarmee gehörte und unter den wenigen Truppen war,
die mannhaft ſtandhielten, noch in denſelben Abzeichen.
Der blaue Rock war mit weißen Kragen, Aufſchlägen und
Schoßumſchlägen verſehen. Auf der Bruſt und über den
Ärmelaufſchlägen weiße Litzen. Knöpfe und Achſelbänder
weiß, ebenſo die Unterkleidung. Halsbinden rot. Die
Grenadiermützen mit durchbrochenem gelben Blech auf
weißem Grunde, Hinterteil rot, die Puſchel weiß (Taf. 24, b).
Das Leibgrenadierkorps hatte von 1739 bis 1768
weiße Röcke und Unterkleider, rote Halsbinden, Kragen,
Rabatten, Aufſchläge und Schoßfutter, gelbe Knöpfe und
Pelzmützen mit gelbem Blech und rotem Beutel. Die
Offiziere hatten rote Unterkleider. Im übrigen war die
heſſen=darmſtädtiſche Infanterie ganz nach preußiſchem Vor=
bilde uniformiert. Namentlich wurden unter Landgraf
Ludwig IX. 1768 bis 1790, der von 1743 bis 1757 als
Erbprinz Chef des damaligen preußiſchen Infanterie=
Regiments Nr. 12 geweſen war, auch ſelbſt die Kleinigkeiten

im Anzuge nach preußischem Muster geregelt, ebenso wie das
preußische Exerzierreglement und die Dienstvorschriften ein=
geführt wurden. Die dunkelblaue Grundfarbe ist seitdem
für die Infanterie charakteristisch geblieben. Gegen Ende
des 18. Jahrhunderts erhielten die Röcke den vorn mehr
abgestochenen Schnitt. Im Jahre 1803 bestand die Infanterie
aus drei Brigaden zu je drei Bataillonen. Allen gemeinsam
waren der weiße Litzenbesatz, die roten Schoßumschläge, weißen
Unterkleider, schwarzen Gamaschen, weißbortierter Hut mit
rotweißen Seitenquasten und Puscheln in der Kompagnie=
farbe (Taf. 24, c). An den umgeschlagenen Schößen zu
beiden Seiten des haltenden Knopfes rechteckige Tuchflecke
von der Abzeichenfarbe. Die dritten Bataillone hießen
Füsiliere und trugen die Abzeichen der Brigaden bei grüner
Grundfarbe des Rockes. Die Abzeichen waren für:

　　Garde rot,
　　Landgraf hellblau,
　　Erbprinz gelb.

Die Tornister wurden an einem Riemen über die rechte
Schulter getragen wie in Preußen. Während der Rheinbund=
periode wurden verschiedene Uniformsänderungen befohlen.
1806 kam im Juli der Zopf in Fortfall. Den Offizieren
wurde gestattet, anliegende blaue Hosen in Suwarow=
Stiefeln zu tragen. Da häufig Mißverständnisse wegen der
der preußischen ähnlichen Uniform vorkamen, wurde befohlen,
daß die Offiziere hohe rote, oben schwarze Federbüsche auf
den Hüten tragen sollten. Der Tornister wurde mit zwei
Tragriemen versehen und nunmehr über beide Schultern
angelegt. Das früher kugelförmige Hutpompon erhielt die
Form eines kleinen Stutzes und zwar wie früher in der
Kompagniefarbe. Darunter die Kokarde in den Landesfarben,
die bis dahin nur von den Offizieren, aber in schwarzer
Farbe, getragen worden war. Säbelgehänge seit 1808 nicht
mehr um den Leib, sondern über die Schultern. 1808
erhielten die Mannschaften blaue Beinkleider in kürzeren
Gamaschen. Auf dem Marsche lange blaue oder leinene

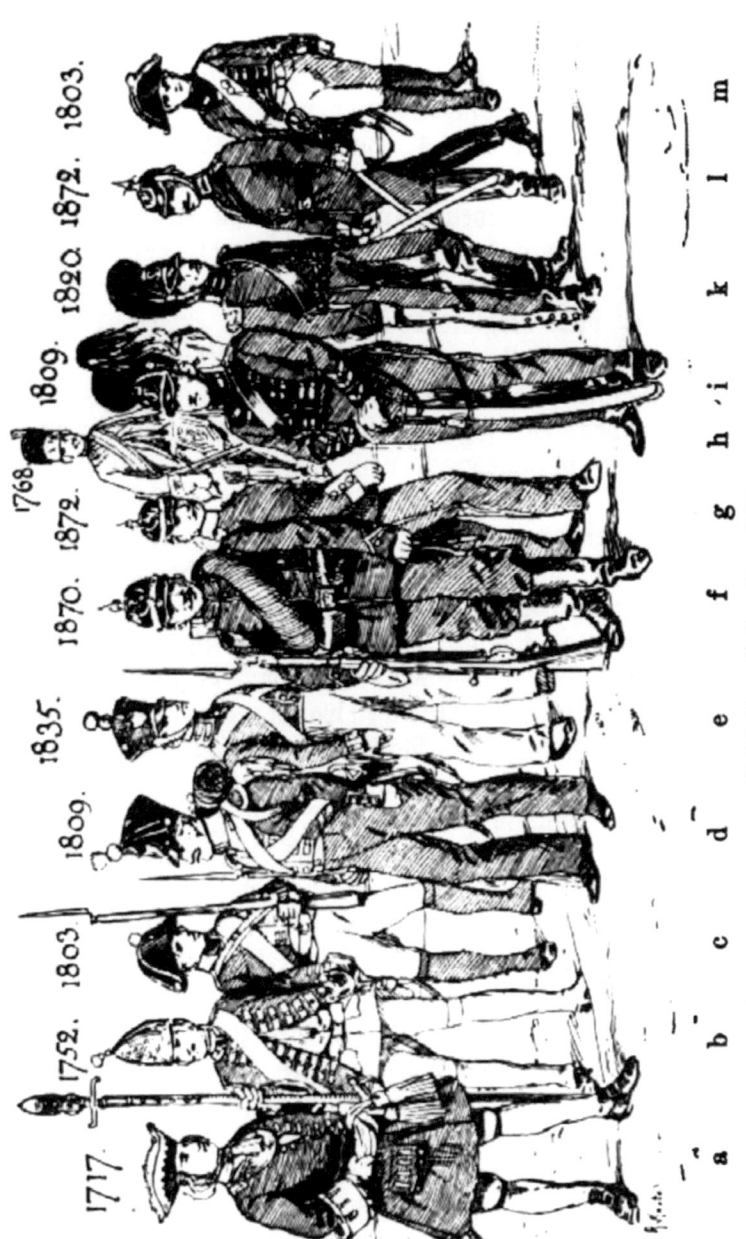

1717. 1752. 1803. 1809. 1835. 1809. 1870. 1872. 1768. 1809. 1820. 1872. 1803.

Tafel 24. Hessen-Darmstadt.

a Infanterie-Offizier — b, c, d, e, f, g Infanterie — h Garde du Corps — i, k Chevaulegers — l Dragoner — m Artillerie.

a   b   c   d   e   f   g   h   i   k   l   m

Hosen über den Gamaschen. Die dritten, grünen Bataillone
gingen ein. 1809 Czakos mit ledernen Sturmbändern,
weißem Schildchen, Kokarde und Doppelpompon (Tafel 24, f).
Der obere Teil des Pompons war rot, der untere Teil
zeigte die Kompagniefarbe. 1. Kompagnie weiß, 2. schwarz,
3. blau, 4. rot, 5. gelbweiß, 6. schwarzweiß, 7. blauweiß,
8. rotweiß. Die Brigaden waren wieder zu Regimentern
geworden und zwar bestand das Leibgarderegiment
und das Leibregiment aus zwei Bataillonen zu je vier
Kompagnien; das Regiment Erbprinz erhielt 1809
französische Organisation, nämlich zwei Bataillone zu je
sechs Kompagnien, darunter zwei Grenadier= und zwei
Voltigeurkompagnien. Gleichzeitig wurde in der Uniform
des Regiments verschiedenes nach französischem Vorbilde
geändert. Die Grenadiere rote Stutze und Czakobehänge
sowie rote Fransenepauletten. Bei den Voltigeuren diese
Stücke in grün, die Epauletten mit gelben Halbmonden.
Die Rabatten wurden nur noch zu Paraden aufgeknöpft
und der Litzenbesatz fiel mit Ausnahme desjenigen auf den
Rabatten fort. Die Gamaschen bei diesem Regiment von
ungarischem Schnitt. Die Abzeichen waren gelb; die Füsiliere
hatten blaue gelbeingefaßte Achselklappen. Das Regiment
Erbprinz focht in dieser Uniform in Spanien; die andern
beiden, in Deutschland zurückbleibenden Regimenter, von
denen das Leibgarderegiment rote, das Leibregiment hell=
blaue Abzeichen trug, behielten den Litzenbesatz (sieben weiße
Litzen auf jeder Rabatte, zwei darunter, zwei auf der Seiten=
tasche, eine an jedem Taillenknopfe, drei auf den Ärmel=
patten) zunächst bei. Auf den Achseln dunkelblaue Contre=
epauletten mit Einfassung in der Regimentsfarbe ohne
Passanten (Taf. 24, f). Die Offiziere trugen einreihige
blaue Marschfracks. Epauletten der Offiziere von Silber,
bei den Subalternen ein Fransen= und ein Contreepaulette.
Die Mannschaften trugen auf Märschen die blauen Hosen
über den Gamaschen. 1813/14 scheinen die Litzen mit Aus=
-e derjenigen auf den Rabatten weggefallen zu sein.

1814 kamen die Contreepauletten der Mannſchaften ab, dagegen wurden blaue Achſelklappen eingeführt, wie ſie ſchon die Füſiliere des Regiments Erbprinz getragen hatten. 1817 lackierte Blechczakos. 1820 wurde die Uniform wieder geändert. Sie beſtand nunmehr aus dunkelblauen Kollets mit einer Reihe von weißen Knöpfen. Kragen, Aufſchläge nach den Regimentern von roter, hellblauer oder gelber Farbe. Auf den Kragen und Aufſchlägen weiße, Offiziere ſilberne Litzen. Die Beinkleider blau oder weiß. Czakos wie früher. Keine Czakobehänge (ſolche waren auch früher nicht im Gebrauch, mit Ausnahme des Regiments Erbprinz). Offiziere als Dienſtzeichen Ringkragen, aber keine Schärpen. Die Offiziere erhielten 1824 außer den blauen noch Nanking= hoſen, daneben weiße Beinkleider. 1827 erhielten die Achſel= klappen die Abzeichenfarbe. 1832 fielen die Suwarow= Stiefel der Offiziere fort. 1834 am Czako ſtatt der ledernen Sturmriemen Metallſchuppenbänder (Taf. 24, e); die Feld= mützen ſeit 1836 mit Schirmen. 1842 kommt ein neues Epaulettenmodell für die Offiziere auf, Generale und Oberſten mit feſten Franſen, Oberſtlieutenants und Majore mit loſen, Hauptmann eins mit Franſen auf der rechten, eins „ohne“ auf der linken Schulter, Lieutenants ohne Franſen. Futter überall rot, Halbmond und Feld ſilbern. In letzterem der Lieutenant, der Major und Generalmajor einen, Ober= lieutenant, Oberſtlieutenant und Generallieutenant zwei, Hauptmann und Oberſt keinen, General der Infanterie drei Sterne. 1846 erhielten die blauen Hoſen Vorſtöße von der Regimentsfarbe. 1849 fand eine Neuuniformierung ſtatt. Die Uniform beſtand nun aus einem dunkelblauen Waffenrocke mit rotem Vorſtoß. Aufſchläge von der Grund= farbe in ſpitzer Form gleichfalls rot vorgeſtoßen. Achſel= klappen rot, Knöpfe weiß, Beinkleider grau mit rotem Vorſtoß. Weißes Lederzeug in Form der Gürtelrüſtung. Helme nach preußiſchem Muſter mit Meſſingbeſchlag. Vorn am Kragen auf jeder Seite zwei weiße Litzen mit Knöpfen. Die Kragen= farben rot, hellblau und gelb wie früher. 1850 ſtatt der

Ringkragen wieder Schärpen für die Offiziere. Letztere erhalten 1852 Korbsäbel statt der Degen und zwar die berittenen mit Stahlscheiden, die andern in Lederscheiden. 1866 legten die Offiziere Feldachselstücke an. 1867 wurde das Lederzeug schwarz (Taf. 24, f). 1872 Neuuniformierung nach preußischem Vorbilde.

Die wesentlichsten Unterscheidungsmerkmale sind außer Kokarde und dem Beschlag mit dem Löwen am Helm u. s. w. die weißen Knöpfe und die farbigen Aufschlagspatten, welche mit den Achsel=klappen gleichfarbig sind. Kragen und Aufschläge wie in Preußen rot. Das Regiment Nr. 115 hat rote Kragen und Aufschlagspatten, weiße Garbelitzen. Zur Parade schwarze Haarbüsche, Nr. 116 Achsel=klappen und Ärmelpatten weiß, 117 hellblau, dazu bei Paraden schwarze Haarbüsche, 118 Abzeichen gelb, 115 und 116 tragen Namenszüge auf den Achselklappen, die andern: Nummern.

Unter den Reitertruppen ist zunächst und zwar unter dem Landgrafen Ludwig VI. 1661 bis 1678 die Leib= garbekompagnie zu Pferd zu erwähnen, die dunkelblaue Röcke mit Tressenbesatz, rotes Futter, karmesinrote Schärpen mit Fransen, rotsamtne Karabinerriemen und dunkelblaue Schabraken hatte. 1716 wurde eine Kompagnie Grenadiere zu Pferd errichtet. Die Grenadiere waren in blaue Röcke gekleidet mit roten Aufschlägen und Westen, dazu Grenadier= mützen und Achselbänder. Aus diesen Grenadieren bildete man 1731 das Regiment Garde be Dragons. Die Uniform war ebenfalls dunkelblau mit rot. 1739 erhielt das Regiment weiße Uniform mit roten Abzeichen. 1763 finden wir ein Husarenkorps mit grüner Uniform. Die Garde be Dragons wurde 1768 aufgelöst. Die damalige Garde du Corps trug paille Uniform mit roten Kragen, Aufschlägen und Westen und weißrotem Bortenbesatz. Dazu Pelzmützen mit weißmetallenem Schild, rotem Deckel, der Länge nach weiß und hellblau gestreiftem Stutz und Leder= beinkleider (Taf. 24, h). An Stelle der Pelzmützen traten bald Hüte. Die Husaren waren in derselben Zeit hellblau uniformiert. Eine zweite kleine Husarenabteilung hatte rote Uniformen. 1790 wurde ein landgräflich hessisches

Chevauleger = Regiment errichtet. Der Rock war grün, der Kragen rot, vorn mit schwarzer Patte. Rabatten und Aufschläge schwarz. Alles mit weißem Litzenbesatz. Gelb= liche Unterkleider, schwarze Halsbinden und Kaskets nach englischem Vorbilde. Die Schoßumschläge waren rot, die Schabraken grün mit schwarzem Zackenrand, weißem Vor= stoß und Namenszug in den hinteren Ecken. Im allgemeinen, wenn man von den Wandlungen im Zeitgeschmack absieht, erhielt sich die Uniform bis 1872. 1809 wurde der Schnitt kolletartig, das Lederzeug schwarz (bisher von Fahlleder), die Beinkleider grün mit rotem Vorstoß, das Kasket mehr in Form des bayrischen Raupenhelmes (Taf. 24, i). 1820 fallen die Rabatten fort, das Kollet wird mit einer Reihe weißer Knöpfe geschlossen, nur noch zwei weiße Litzen auf den schwarzen Patten des roten Kragens. Aufschläge von der Grundfarbe mit rotem Vorstoß in spitzer Form. Die grünen Beinkleider mit roten Seitenstreifen (Taf. 24, k). Weiße Achselschuppen. 1850 Waffenrock in gleicher Aus= stattung, graue Hosen mit rotem Vorstoß, Pickelhauben mit gelbem Beschlag. Zu Paraden schwarze Haarbüsche. Die Bandeliere der Offiziere für gewöhnlich in schwarzem Über= zuge mit weißen Knöpfen. 1860 wurde das Regiment geteilt und ein zweites errichtet. Seit 1872 hat die Uniform den Schnitt wie bei den preußischen Dragonern (Taf. 24, l). Die Grundfarbe ist dunkelgrün, beim 1. Regiment — 1. großherzoglich = hessisches Dragoner = Regiment (Garde= Dragoner=Regiment) Nr. 23 — hat der dunkelgrüne Waffen= rock rote Kragen, Achselklappen und schwedische Aufschläge, weiße Knöpfe und Gardelitzen, auf den Achselklappen gekröntes weißes L. Helm mit weißen Beschlägen und zur Parade schwarzem Haarbusch. Schwarzes Lederzeug. Auf dem Koppel statt der Schnalle ein Schloß mit Krone. Das 2. groß= herzoglich = hessische Dragoner = Regiment (Leib = Dragoner= Regiment) Nr. 24 ebenso, nur weiße Abzeichen statt der roten und keine Litzen. Die Schabraken bei beiden Regi= mentern grün mit weißer Krone in den hinteren Ecken und

Besatz von der Regimentsfarbe. Beinbekleidung wie bei den preußischen Dragonern.

Die Artillerie trug 1790 dunkelblaue Röcke mit schwarzen Kragen, Rabatten und Aufschlägen, rotem Schoß= futter und gelben Knöpfen. Weiße Unterkleider, schwarze Gamaschen. Hüte bei den Offizieren mit breiter gebogener Goldborte. Halsbinden schwarz. Die Ärmelpatten waren von der Grundfarbe des Rockes. 1803 wurden die Knöpfe weiß, dazu weißer Litzenbesatz (Taf. 24, m). Später Czakos, rote Vorstöße um die schwarzen Abzeichen und dunkelblaue Beinkleider. Schnitt wie bei der Infanterieuniform, deren Wandlungen die Bekleidung nun folgte. 1850 Waffenröcke mit blauen polnischen Aufschlägen durch roten Vorstoß markiert. Weiße Litzen am schwarzen Kragen, rote Vor= stöße, weiße Knöpfe, graue rot vorgestoßene Beinkleider. Helm wie in Preußen mit gelbem Löwenbeschlag und Spitze ohne Kugel. Die Bandeliere der Offiziere für gewöhnlich zur Schonung in schwarzem Überzug mit weißen Knöpfen wie bei den Chevaulegers. 1872 wurde die Uniform gänz= lich nach preußischem Vorbilde geregelt. Auf der Helmspitze nunmehr eine Kugel. Das Lederzeug schwarz. Koppelschloß wie bei den Chevaulegers. Die blauen Ärmelpatten rot vorgestoßen, Knöpfe nunmehr gelb. Alles übrige vergl. unter Preußen. Die Uniform der Pioniere folgte der= jenigen der Infanterie. Die Abzeichen karmesinrot. Gegen= wärtig bestehen keine großherzoglich=hessischen Pioniere. Der Train ist ebenfalls nach preußischer Norm bekleidet, aber mit schwarzem Lederzeug. Die Abzeichen der Generale waren früher bei blauer Uniform rot mit Silber. Die Generale und Flügeladjutanten hatten ein helleres Blau als Grundfarbe.

Mecklenburg-Schwerin und Mecklenburg-Strelitz.
(Kokarde blau=gelb=rot.)

Schwerin. Die mecklenburgische Uniformierung ist im allgemeinen der preußischen Norm gefolgt.

Unsere Abbildung (Taf. 25, a S. 147) zeigt einen Musketier von 1749, in dunkelblauem Rock. Hutpuschel, Halsbinde, Rabatten, Aufschläge und Schoßfutter rot. Hutborte, Knöpfe und Unterkleider gelb. Dieselbe Tafel Fig. b in gleichen Farben, nur weiße Hutborte, Knöpfe, Litzen und Unterkleider. Die Gamaschen sind schwarz. Figur c hat bei roten Abzeichen ebenfalls weiße Knöpfe und Unterkleider.

In der Rheinbundzeit zeigte die Bekleidung eine merk= würdige Mischung von preußischen und französischen Ein= flüssen. Das blaue Kollet mit roten Abzeichen glich im Schnitt fast dem preußischen, ebenso die grauen Beinkleider in schwarzen Gamaschen. Dagegen waren die Abzeichen der Grenadiere und Voltigeure ganz französischer Art. Sie bestanden aus roten Czakobehängen, Stutz und Fransen= epauletten für die Grenadiere, und grünen für die Vol= tigeure (Taf. 25, d). Die Füsiliere trugen keine Säbel; ebenso war ihnen der Schnurrbart verboten. Die Offiziere, welche die Säbel an weißem Gehänge über die Schulter anlegten, hatten silberne Epauletten bez. Contreepauletten wieder nach französischem Muster. Um den Leib trugen sie die goldene Schärpe mit rot und blau durchzogen. Nach den Befreiungskriegen dunkelblaue Kollets mit roten Kragen und Aufschlägen sowie Schoßbesatz. Weiße Knöpfe. Graue Beinkleider mit rotem Vorstoß, im Sommer weiße.

Das Grenadier=Bataillon hatte Pelzmützen mit weißen, bei den Offizieren goldenen Behängen. Links roter Stutz. Mannschaften rote Fransenepauletten. Auf den Kragen und den dunkelblauen Ärmel= patten weiße Litzen, Offiziere silberne. Bei den Linien=Bataillonen fehlte der Litzenbesatz auf den Kragen und den blauen Aufschlags= patten. Die Achselklappen waren beim 1. Bataillon weiß, beim 2. gelb. Czakos ohne Behänge (Taf. 25, e). Das leichte Bataillon unterschied sich durch grüne Kragen, Aufschläge, roten Schoßbesatz, weiße Knöpfe, schwarzes Lederzeug und Czakos mit grünen Behängen.

Knötel, Uniformkunde. 10

1848 Waffenröcke mit roten Kragen, Aufſchlägen, Vor=
ſtößen. Weiße Knöpfe und Achſelklappen mit roter Nummer.
Pickelhaube mit gelbem Beſchlag. Zu Paraden weiße Haar=
büſche. Beinkleider wie früher (Taf. 25, f). In den ſechziger
Jahren ſtatt der Helme dunkelblaue Mützen mit rotem Rand
und ſchwarzem Haarbuſch in ruſſiſcher Form (Taf. 25, g).
Nunmehr rote Ärmelpatten und ſchwarzes Lederzeug. Die
Mütze mußte wieder der Pickelhaube weichen, welche aber
außer dem Beſchlag mit dem Landeswappen eine anders=
geformte Spitze trug*). Die Schwerinſchen Truppen beſtehen
gegenwärtig aus dem 1. und 3. Bataillon des Großherzoglich=
mecklenburgiſchen Grenadier=Regiments Nr. 89 ſowie dem
Regiment Nr. 90.

Der dunkelblaue Waffenrock hat rote Kragen und Aufſchläge ſo=
wie Vorſtöße. Die Ärmelpatten ſind dunkelblau mit roter Bieſe.
Die Schoßtaſchenleiſten je mit zwei Knöpfen beſetzt. Auf Kragen
und Aufſchlägen weiße Litzen. Auf den weißen Achſelklappen roter
Namenszug. Zur Parade ſchwarzer Haarbuſch. Die Litzen der
Offiziere ſind eigenartig geformt. Halbmonde der Epauletten von
Silber. Schärpe und Portepee in den mecklenburgiſchen Farben.
Das Regiment Nr. 90 hat weder Litzen noch Haarbüſche, dagegen
rote, gelbvorgeſtoßene Ärmelpatten und weiße Knöpfe und Achſelklappen.
Letztere mit roter Regimentsnummer. Helmbeſchlag gelb, Lederzeug
ſchwarz. Die Jäger haben jetzt grüne Röcke mit roten Abzeichen.

An Reiterei errichtete Mecklenburg=Schwerin 1819 ein
Chevauleger=Regiment. Die Uniform beſtand aus
hellblauen Kollets mit roten Kragen, Aufſchlägen, Schoß=
umſchlägen und Epaulettefeldern. Hellblaue Ärmelpatten,
gelbe Litzen, Knöpfe und Halbmonde um die Epauletten.
Graue Hoſen mit rotem Vorſtoß. Helme ähnlich denjenigen
der damaligen preußiſchen Küraſſiere mit gelben Beſchlägen
(Taf. 25, i). Die Feldequipage nach öſterreichiſchem Vor=
bilde aus roter Unterlegedecke und ſchwarzer rot gerandeter
Lammfellüberdecke beſtehend. 1838 fielen die Epauletten
fort und wurden durch rote Achſelklappen erſetzt. An Stelle
des Helmes trat ein Czako, ſodaß die Uniform nunmehr faſt

---

*) Neuerdings iſt dieſelbe Helmſpitze wie in Preußen eingeführt worden.

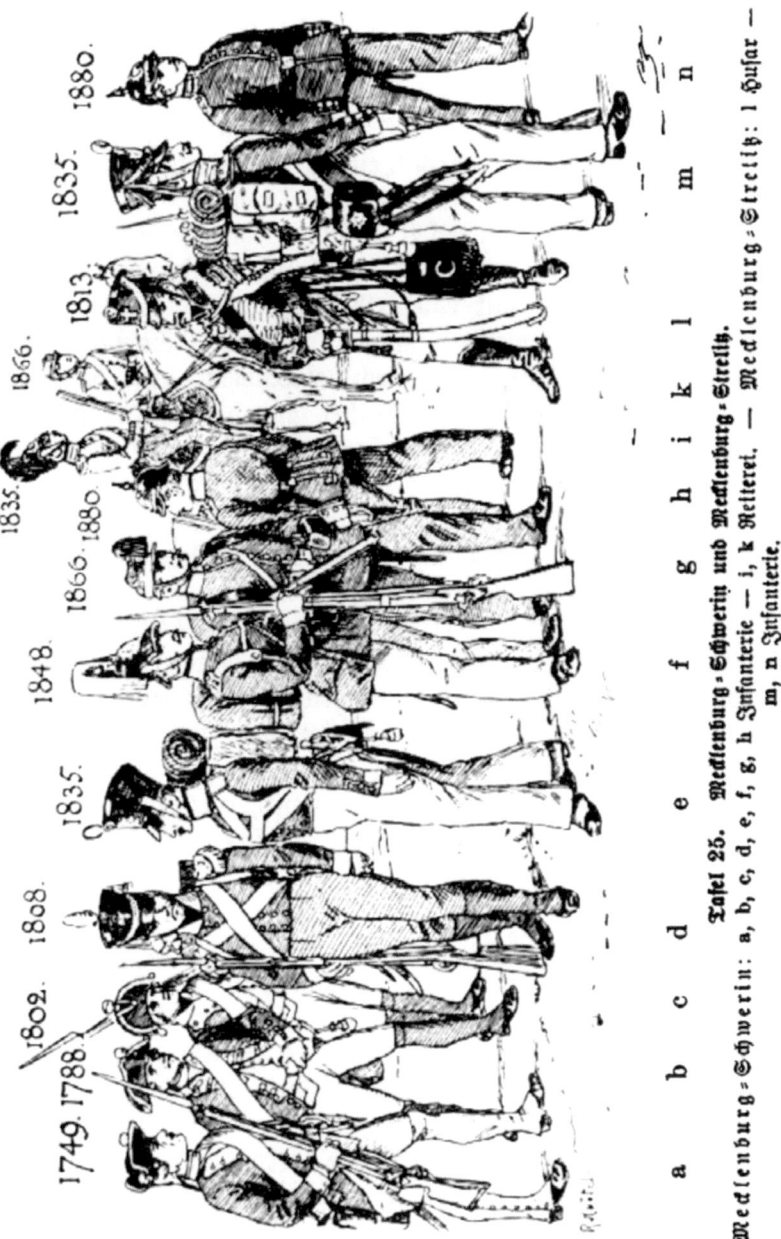

Tafel 25. Mecklenburg=Schwerin und Mecklenburg=Strelitz.

Mecklenburg=Schwerin: a, b, c, d, e, f, g, h Infanterie — i, k Reiterei. — Mecklenburg=Strelitz: l Husar —
m, n Infanterie.

derjenigen der preußiſchen Gardedragoner glich. 1847 Waffenröcke in denſelben Farben wie früher und neuſilberne Helme in Form der Pickelhaube. 1865 trat eine hellblaue, rot gerandete Mütze an die Stelle des Helmes (Taf. 25, k). Zu Paraden Haarbuſch. 1868 Pickelhauben aus gebranntem Leder. 1867 wurde durch Teilung ein zweites Dragoner= Regiment errichtet (den Namen Dragoner führte das Stamm=Regiment ſchon ſeit 1837). Das zweite Regiment unterſchied ſich durch ſchwediſche Aufſchläge in der Grund= farbe des Rockes mit rotem Vorſtoß. Das 1. Regiment ſchwarze, das 2. weiße Lammfellüberdecken. So viele Ab= weichungen in Einzelheiten auch vorkommen, hielt doch die Entwickelung der Uniform ſeither mit der entſprechenden preußiſchen gleichen Schritt. Das 2. Regiment, welches die Nummer 18 führt, änderte ſeine Abzeichenfarbe in ſchwarz mit weißen Knöpfen. Beide Regimenter führen jetzt Lanzen mit Flaggen in den Landesfarben und zählen als Nr. 17 und 18 in der Dragonerwaffe des Reichsheeres.

Die Artillerieuniform iſt ſtets der entſprechenden preußiſchen ſehr ähnlich geweſen, nur waren die Knöpfe weiß. Dieſes Abzeichen unterſcheidet auch heute noch die mecklenburgiſche Artillerie. Außer den charakteriſtiſchen Schoßtaſchenleiſten mit zwei Knöpfen iſt beſonders zu erwähnen, daß der Kragen auch unten herum roten Vorſtoß zeigt. Die Generalität hatte als Abzeichenfarbe bei dunkel= blauer Grundfarbe karmeſin und Silber.

Mecklenburg-Strelitz. Die Strelitzſche Infanterie war während der Rheinbundszeit der Schwerinſchen faſt gleich. uniformiert. Das hauptſächlichſte Unterſcheidungs= merkmal bilden die gelben Knöpfe. In dem Weilandſchen Werke, Ausgabe von 1812, erſcheinen die Abzeichen dunkel= rot. In den dreißiger Jahren dunkelblaues Kollet mit ebenſolchen Ärmelpatten, roten Kragen, Aufſchlägen, Achſel= klappen und Schoßumſchlägen. Gelbe Knöpfe und Gardelitzen auf Kragen und Patten (Taf. 25, m). Czakos mit gelbem Beſchlag und grünen Behängen, graue Hoſen mit roten

Vorstößen, im Sommer weiße Beinkleider; bis auf die grüne Farbe der Behänge also fast genau nach preußischem Muster, das auch für die weitere Entwickelung maßgebend ist. Strelitz stellt heute zum Regiment 89 das 2. Bataillon. Im allgemeinen ist es wie das 1. und 3. Bataillon, die wir unter Schwerin besprochen haben, gekleidet, doch sind Knöpfe und Litzen gelb, die Achselklappen rot mit gelbem Namenszug. Bei den Offizieren die Ärmelpatten dreispitzig (Taf. 25, n). An Reiterei stellte Strelitz 1813 bis 1815 ein Husaren=Regiment (Taf. 25, l). Die Uniform bestand aus schwarzen Dolmans mit ebensolchen Kragen und Aufschlägen, schwarzen Pelzen, gelben Schnüren, hell= blauer ungarischer Hose, schwarz und gelber Schärpe, schwarzen Säbeltaschen mit gelbem C, Czakos mit gelbem wendischen Kreuze und gelben Behängen. Schwarze Schabraken mit hellblauem gelbbesetzten Zackenrand. Zur Schonung der ungarischen Beinkleider für gewöhnlich graue Überknöpf= hosen. Die freiwilligen Jäger des Regiments hatten dieselbe Uniform, nur grüne Grundfarbe für Pelz und Dolman, dabei aber schwarze Kragen und Aufschläge. Die Behänge waren grün.

Oldenburg.

(Kokarde: Blaues Feld mit rotem Kreuze, weißer Rand.)

1775 wurde eine stehende Truppe in der Stärke von einer Kompagnie errichtet. Die Uniform hatte den preußischen Schnitt (Taf. 26, a S. 151). Der Rock war dunkelblau mit roten Abzeichen und weißen Knöpfen. Weiße, blau und rot durchzogene Litzen mit Puscheln, unter den Rabatten über den Aufschlägen und in der Taille. Weiße Unterkleider, schwarze Gamaschen, weiße Hutborte, rot und blaue Hut= puschel. Als Oldenburg genötigt wurde dem Rheinbund beizutreten, mußte es ein Bataillon Infanterie stellen, welches aus einer Grenadier=, einer Schützen= und vier Füsilier=

kompagnien bestand. Die dunkelblauen Kollets hatten rote
Abzeichen und Vorstöße, weiße Knöpfe, weiße, rot vor=
gestoßene Achselklappen, graue Hosen und schwarze Gamaschen.
Die Kopfbedeckung der Grenadiere bildeten Bärenmützen mit
weißen Behängen und rotem Deckel. Schützen und Füsiliere
trugen Filzhüte mit links aufgeschlagener Krempe (Taf. 26, b),
darüber Stutz, bei den Füsilieren weiß, den Schützen grün.
Nach der Schlacht bei Leipzig wurden zwei Infanterie=
bataillone errichtet. Sie erhielten dunkelblaue Kollets mit
roten Abzeichen, weiße Knöpfe, dunkelblaue Beinkleider ohne
Vorstöße; im Sommer weiße. Schulterklappen und Leder=
zeug weiß. Czakos mit gelbem, bei den Offizieren silbernem
Schild, darüber Krone. Weiße Schuppenketten und Behänge,
schwarzer Stutz (Taf. 26, c). 1818 wurden die Unter=
offiziersabzeichen, die bisher nach französischer Art als
Chevrons auf den Ärmeln bestanden hatten, nach preußischer
Art angelegt. Bis 1825 trugen die Offiziere den Ring=
kragen, der nun durch goldene Schärpe mit rot und blauen
Streifen ersetzt wurde. In den dreißiger Jahren wurde
die Infanterie vermehrt. Das 1. Regiment erhielt weiße
Achselklappen und Knöpfe, das 2. gelbe. 1838 gelangte
das Virchowsche Gepäck zur Einführung. Die Beinkleider
erhielten 1841 einen roten Vorstoß. An Stelle des Kollets
trat 1843, zunächst versuchsweise, im folgenden Jahre end=
gültig der Waffenrock von blauer Grundfarbe mit ebensolchen
spitz geschnittenen Aufschlägen, rotem Kragen und Vorstößen.
Das Lederzeug blieb weiß. Als Kopfbedeckung eine Pickel=
haube mit eigentümlich geformter Spitze (Taf. 26, e).
Beinkleider wie vorher. 1849 bestanden vier Linien= und
ein leichtes Bataillon. Dieses Bataillon bekam grüne Kragen
und Achselklappen, erstere mit roten Vorstößen, letztere mit
roter Nummer 5. Die übrigen Vorstöße grün, Lederzeug
schwarz. Als Kopfbedeckung Käppis mit Roßschweif.
1855 erfolgte eine Formationsänderung. Die leichten Kom=
pagnien gingen ein. Die Bataillone traten in Regiments=
verband. 1858 wurden für die Offiziere Epauletten nach)

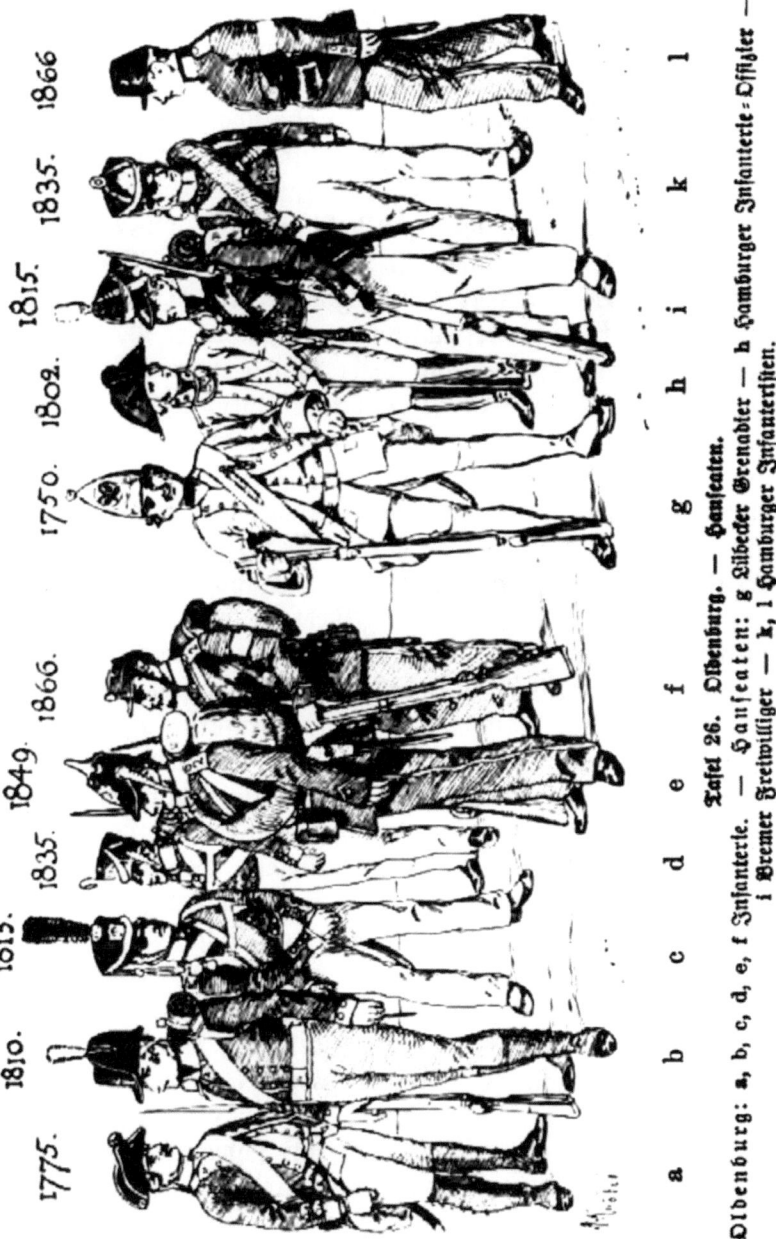

Tafel 26. Oldenburg. — Hanseaten.

Oldenburg: a, b, c, d, e, f Infanterie. — Hanseaten: g Lübecker Grenadier — h Hamburger Infanterie-Offizier — i Bremer Freiwilliger — k, l Hamburger Infanteristen.

preußischer Probe eingeführt. Die bisher blauen Bein=
kleider wurden grau mit rotem Vorstoß. 1861 wurde beim
dritten Bataillon und 1863 bei den beiden ersten Bataillonen
das Lederzeug schwarz. Die bisher in Scheiden getragenen
Bajonette wurden als Seitengewehre abgeschafft. 1864 blaue
Tuchmützen nach russischem Schnitt mit roten Vorstößen an
Stelle des Helmes (Taf. 26, f). Zu Paraden vorn ein
weißes Schildchen und schwarzer Roßhaarbusch. 1867 wurde
eine Militärkonvention mit Preußen geschlossen. Die In=
fanterie bildete nunmehr das Regiment Nr. 91. Seitdem
preußische Linieninfanterieuniform mit hellblauen Vorstößen
um die Aufschlagspatten und weiße Achselklappen mit rotem
gekrönten P. An Reiterei errichtete Oldenburg im Jahre
1849 ein Regiment. Die erste Uniform bestand aus schwarzen
Waffenröcken mit hellblauen Kragen, Achselklappen, spitzen
Aufschlägen und weißen Knöpfen. Sämtliche Vorstöße auch
um Kragen und Aufschläge weiß. Ebenso Knöpfe. Graue
Reithosen mit hellblauen Vorstößen. Stahlhelme nach Art
der preußischen Küraffiere mit gelbem Beschlag. Lederzeug
weiß. Schon im Errichtungsjahre des Regiments wurden
die weißen Vorstöße mit hellblauen vertauscht und im
folgenden Jahre Uniform= und Abzeichenfarbe gewechselt.
Die Bekleidung bestand nunmehr aus hellblauen Waffen=
röcken mit schwarzen Kragen, weißen Achselklappen, hell=
blauen, schwarz vorgestoßenen schwedischen Aufschlägen,
schwarzen Vorstößen und weißen Knöpfen. Beinkleider wie
früher, aber mit roten Biesen. Die Offiziere hatten Interims=
röcke von hellblauem Tuch mit schwarzem Schnurbesatz nach
Husarenart. Gleichzeitig wie bei der Infanterie wurden
1864 die Helme abgeschafft und durch russische Mützen
ersetzt. Die Grundfarbe der Mütze hellblau, Rand schwarz,
Deckelvorstoß weiß. Zu Paraden silbernes Schildchen und
weißer Haarbusch. 1867 Helme wie bei den preußischen
Dragonern geformt, zur Parade mit schwarzen Büschen.
Rock und Beinkleider wie vorher, nur wurden die schwedischen
Aufschläge jetzt schwarz. Auf den weißen Achselklappen gekröntes

rotes **A.** Alle übrigen Uniformsänderungen wie bei den preußischen Dragonern. Die Lanzenflaggen sind rot und blau. Das Regiment führt in der Dragonerwaffe die Nummer 19.

Die Oldenburgische Artillerie trug in den dreißiger Jahren dunkelblaue Kollets mit ebensolchen Aufschlagspatten und dunkelblaue Beinkleider ohne Vorstoß. Kragen und Aufschläge schwarz; Achselklappen, Schoßumschläge und Vor= stöße rot, Knöpfe gelb, Czakos mit roten Behängen. Leder= zeug schwarz. Später Waffenröcke und Helme, seit 1858 graue, rot vorgestoßene Beinkleider. Im übrigen gleiche Entwickelung wie bei der Infanterie, z. B. 1864 russische Mützen, zur Parade mit Schildchen und schwarzen Haar= büschen. Die beiden Oldenburgischen Batterien wurden 1867 dem 10. Feldartillerie=Regiment zugeteilt.

Hanseaten.
(Kokarde: früher schwarz, später weiß mit rotem Kreuze.)

Im 18. Jahrhundert scheint die rote Farbe für die Uniform vorherrschend gewesen zu sein.

Eine plastische farbig bemalte Darstellung eines Grenadiers im Lübecker Kulturhistorischen Museum (Taf. 26, g) zeigt roten Rock, weiße Abzeichen, Knöpfe und Unterkleider, fahlledernes Bandelier mit gelbem Luntenberger, gelbes Mützenschild, in der Mitte ein orangefarbener Kreis, darin das Lübecker Wappen. Weiße Unter= kleider. Taf. 26, h stellt einen Hamburger Offizier vor, der roten Rock mit ebensolchem Kragen trägt. Kragenpatten, Rabatten und Aufschläge hellblau. Gelbe Knöpfe und Epauletten. Silberner Ringkragen mit goldenem Hamburger Wappen. Einfacher Hut mit schwarzer Kokarde und goldener Agraffe.

In den Hansastädten bestanden neben dem besoldeten Militär noch Bürgergarden, bei deren Bekleidung, die übrigens nicht allgemein geregelt war, die rote Farbe, wenigstens bei den Offizieren, den Vorzug genossen zu haben scheint. Nachdem Tettenborn mit seinen Kosaken Hamburg befreit hatte, wurde eine neue Bürgergarde

errichtet, deren Uniform, wie aus der Not des Augenblicks
erklärlich, ziemlich einfach war. Die Bekleidung bestand für
die Infanterie aus langen, bis über die Knie reichenden
dunkelblauen Schoßröcken ohne Knöpfe, vorn durch Haften
geschlossen. Kragen und Vorstoß um die dunkelblauen Auf=
schläge hellblau; Beinkleider und Schirmmütze dunkelblau
mit hellblauem Besatz, vorn an der Mütze eine weiße Kokarde
mit rotem Hansekreuz. Gekreuzte weiße Bandeliere. Die
Artillerie trug dieselbe Uniform, nur waren alle Abzeichen
statt hellblau hier rot. Die Jäger langschößige grüne Röcke,
auf der Brust mit schwarzem Schnurbesatz; grüne Mützen
mit hellgrünem Rand, Jägerhorn, darüber Kokarde und
hellgrüner Stutz. Graue Beinkleider mit hellgrünen Streifen;
Kartusche und Hirschfänger an schwarzem Leibkoppel. Die
Bekleidung der Kavallerie glich derjenigen der Infanterie,
nur war der Rock auf der Brust mit schwarzen Schnüren
besetzt. Als Kopfbedeckung eine czapkaartige Mütze von
dunkelblauer Grundfarbe mit hellblauem Rand, gelben Be=
hängen, weißem Stutz und Hansekokarde. Kartuschbandelier
schwarz. Bei der Wiederbesetzung Hamburgs durch die
Franzosen wurde die Hamburger Bürgergarde aufgelöst,
dagegen Ende 1813 eine hanseatische Bürgergarde
errichtet. Dieselbe erhielt dunkelblaue Beinkleider, graue
Mäntel englischen Schnitts, englische Infanteriekaskets
(Taf. 70, g, h, i). Bei der Infanterie waren Mantelkragen
und Hosenstreifen hellblau, Kasketbehänge weiß, Stutz unten
rot, oben weiß. Die Scharfschützen Beinkleider wie die
Infanterie, die andern erwähnten Stücke grün. Die Artillerie
dieselben Abzeichen, auch die Hosenstreifen in rot. Stutz
oben weiß. Dazu noch rote Fransenepauletten. Die Jäger
ähnlich wie bei der Hamburger Bürgergarde ohne Schnur=
besatz; die Kavallerie dunkelblaue Dolmans und Beinkleider
sowie Tellermützen mit hellblauen Abzeichen und schwarzen
Schnüren. Außerdem Säbel, Lanzen mit weißer Flagge
und rotem Hansekreuz. Das spätere Hamburgische
Bürgermilitär hat im einzelnen die Uniform mehrmals

gewechselt, doch blieben im allgemeinen die Abzeichen dieselben, also bei dunkelblauer Montur für Infanterie und
Kavallerie hellblau, für die Artillerie rot, für die Jäger bei
grüner Grundfarbe hellgrün. Die Kopfbedeckung bildete
1815 ein Czako mit sehr großem Deckel, seit 1853 mehr
käppiartig gestaltete Czakos. 1868 wurden die Bürgergarden aufgelöst. Gleichzeitig mit der Hamburger Bürgergarde wurde während der Tettenbornschen Episode eine
Hanseatische Legion errichtet und zwar aus Freiwilligen.
Die Uniform bestand aus langschößigen, vorn durch Haften
geschlossenen Röcken, Beinkleidern, Tellermützen von grüner
Grundfarbe. Kragen, Ärmelvorstöße, Hosenstreifen,
Mützenbesatz und Deckelvorstoß hellblau. Auf dem Mützen-
rande die Hansekokarde. Lederzeug schwarz. Diese Uniform
galt sowohl für Infanterie wie Artillerie und Kavallerie,
nur hatten erstere beiden noch gelbe Litzen auf jeder Kragenseite. Die Reiterei führte Lanzen ohne Flaggen. 1814 wurden
die Uniformen geändert. An Stelle der Mütze trat der
Czako, an Stelle des Rockes das Kollet. Die Kavallerie
schied sich in Ulanen und Kosaken. Bei beiden die Grundfarbe grün, die Ulanen mit karmesinroten Abzeichen, weißen
Knöpfen, schwarzer Czapka mit schwarzem Busch. Lanzenflagge oben rot, unten weiß. Die Kosaken hatten rote Abzeichen und Pelzmützen mit rotem Beutel. Lanzen ohne
Flagge. Die Lübecker Freiwilligen 1813 grüne langschößige Röcke und Beinkleider, rote Vorstöße um die grünen
Abzeichen, auch vorn herunter an der Haftenreihe. Hohe
Schirmmütze von grüner Grundfarbe mit rotem Rand und
Vorstoß, auf dem Rande gelbes Jagdhorn, oben Hansekokarde. 1815 Kollets mit roten Kragen und Aufschlägen,
graue Hosen mit roten Streifen, dieselbe Mütze mit schwarzem
Busch. Die Bremer freiwillige Infanterie 1815
schwarze Kollets mit roten Abzeichen und gelben Knöpfen.
Czako mit weißen Behängen, gelben Schuppenketten und
rotweißem Stutz (Taf. 26, i). Die Jäger dunkelgrüne
Kollets mit hellgrünen Abzeichen; graue Hosen mit hell-

grünen Streifen, Tirolerhüte mit raupenartig gelegtem hellgrünen Busch. Auf jeder Kragenseite eine gelbe Litze. Die Reiterei Lithewken und Hosen von schwarzer Farbe mit roten Abzeichen und gelben Knöpfen. Gelbe Litze am Kragen. Schwarze Czapkas, rotweiße Lanzenflaggen, Lederzeug durchgängig schwarz.

In der langen Friedensperiode, welche den Befreiungs= kriegen folgte, war die Uniform der hanseatischen Truppen für die Infanterie durchgängig grün, die Ab= zeichen rot, die Knöpfe gelb. Die unterscheidenden Merk= male in der Uniform zwischen Hamburg, Bremen und Lübeck bestanden in der abweichenden Gestalt des Pompons, Czakobeschlages u. f. w. Die Hamburgische Infanterie hatte weißes, die Bremer und Lübecker schwarzes Lederzeug. Die Czakobehänge waren weiß, Beinkleider grau, im Sommer weiß (Taf. 26, k). Bei den Offizieren auf den grauen Beinkleidern rote Biese und Seitenstreifen. Die Hamburger Schützen grüne Kollets mit ebensolchen Achselklappen und Ärmelpatten, schwarze Kragen und Aufschläge, rote Vor= stöße, gelbe Knöpfe und Litzen am Kragen. Lederzeug und Czakobehänge schwarz. Die Artillerie ganz blau mit schwarzen Abzeichen, roten Vorstößen, gelben Knöpfen und roten Czako= behängen. Die Reiterei bestand aus Dragonern. Die Uni= form war grün mit karmesinroten Abzeichen, weißen Litzen und Epauletten, sowie Knöpfen. Graue Beinkleider mit rotem Vorstoß. Helm mit Bügel und schwarzer Raupe. Daneben hatte Hamburg noch eine Ulanenabteilung, welche fast die gleiche Uniform trug, nur als Kopfbedeckung Ulanen= czapka mit karmesinrotem Oberteil, weißen Beschlägen und dünnem hohen Stutz. Karmesinroter Paßgürtel mit weißen Vorstößen, Lanzenflagge oben rot, unten weiß. Ende der vierziger, Anfang der fünfziger Jahre änderte sich der Typus der hanseatischen Uniform durch Einführung der Pickelhaube und des Waffenrocks. Die Kavallerie behielt die gleiche Grundfarbe bei und trug nunmehr einen Helm nach Art der preußischen Küraffiere. Die Infanterie, die auch das

Virchowſche Gepäck annahm, vertauſchte die Pickelhaube
ſpäter mit Käppis, deren Form bei den Kontingenten eine
verſchiedene war. Seit der Militärkonvention von 1866
ſtellen die Hanſaſtädte die beiden Regimenter 75 und 76,
deren Uniformabzeichen unter Preußen zu finden ſind.

Braunſchweig.

(Kokarde: früher ſchwarz, dann hellblau = gelb.)

Im 18. Jahrhundert war die Uniformierung der braun=
ſchweigiſchen Truppen in Form und Schnitt ganz nach
preußiſcher Norm geregelt, wie ja auch aus den engen
Beziehungen des braunſchweigiſchen Herrſcherhauſes zur
preußiſchen Armee leicht erklärlich. Eigenartig in Bezug
auf Uniform war das „Schwarze Corps" ausgeſtattet,
welches Herzog Friedrich Wilhelm von Braunſchweig=Oels
1809 in Böhmen warb und das durch ſeinen Zug zur
Weſermündung hinreichend bekannt iſt. Die Infanterie
(Taf. 27, a S. 159) trug einen ſchwarzen langſchößigen
ſogenannten Polrock mit hellblauem Kragen und ſchwarzen
Bruſtſchnüren mit ſechs ſchwarzen Schnüren zwiſchen drei
Reihen von ſchwarzen Knebelknöpfen. Beinkleider und Leder=
zeug ebenfalls ſchwarz. Der mit ſchwarzem herabfallenden
Haarbuſch geſchmückte Czako zeigte vorn einen weißmetallenen
Totenkopf und gekreuzte Knochen. Die Huſaren (Taf. 27, i)
waren ähnlich gekleidet, nur ſtatt des Polrocks ein ſchwarzer
Dolman mit hellblauen Kragen und Aufſchlägen. Schärpen
hellblau und gelb. Die Ulanen (Taf. 27, h) grüne Kollets,
Paßgürtel, Beinkleider und Schabraken, rote Abzeichen und
Beſätze, gelbe Knöpfe, Czapka mit gelbem Oberteil und
gelben Fangſchnüren und weißmetallenem Totenkopf. Die
Artillerie wie die Infanterie, aber ſtatt der Polröcke
Kollets mit ſchwarzen Schnüren und hellblauen Schoß=
umſchlägen, Aufſchlägen und Achſelklappen. Bei dem Korps

bestand auch eine Scharfschützen=Kompagnie (Taf. 27, b),
welche grüne Kollets mit roten Abzeichen und gelben Knöpfen
trug. Hüte mit grünem Band und Vorstoß. Das Korps
trat bekanntlich in englische Dienste und focht in Spanien,
Portugal und teilweise in Italien. Während dieser eng=
lischen Periode legten die Offiziere und Unteroffiziere die
englischen Dienstauszeichnungen an. Besonders ist zu
bemerken die karmesinrote Schärpe der Offiziere. Bei den
Sergeanten ebenfalls karmesinrote Schärpe, in der Mitte
von einem Streifen in der Kragenfarbe durchzogen. Bei
der Rückkehr des Herzogs in sein Land 1814 wurden
die braunschweigischen Truppen neu organisiert. Die
Infanterie bestand 1815 aus einer leichten Infanterie=
brigade und einer Linienbrigade. Zur leichten Brigade
gehörte das Leibbataillon, welches eine der früheren
ähnliche Uniform behielt, nämlich schwarze Jacken mit
schwarzen Schnüren, hellblaue Kragen und Achselklappen,
schwarze Beinkleider, Czakos mit ziemlich breitem Deckel,
mit Totenkopf und schwarzem Busch geschmückt. Die übrigen
leichten Bataillone hatten dieselbe Uniform, nur ver=
schiedenfarbige Kragen und Achselklappen. Als Czako=
beschlag ein weißes Jägerhorn, Stutz in Birnenform, oben
gelb, unten hellblau. Die Abzeichen waren beim 1. Bataillon
anfänglich hellblau, dann chamois, darauf rosenrot; beim 2.
gelb, beim 3. orange. Die Linienbataillone (Taf. 27, c)
trugen die gleiche Uniform, nur als Czakobeschlag ein weißes
Schildchen mit dem springenden Roß und Stutz, oben hell=
blau, unten gelb. Abzeichen weiß, 1. Bataillon rot, beim 2.
grün, beim 3. weiß. Die Husaren ganz ähnlich wie früher,
Aufschläge dagegen schwarz. Die Ulanen schwarze Kollets
und Hosen, hellblaue Abzeichen und Czapkas. An Schützen=
truppen das Abantgarde=Bataillon mit hechtgrauer Be=
kleidung und grünen Abzeichen, grünem Stutz und Hutbesatz;
weiße Knöpfe (Taf. 27, d). Die Artillerie schwarze Kollets
mit gelben Vorstößen, Czakos mit Totenkopf und schwarzem
Busch für die reitende Artillerie, dagegen mit Granate und

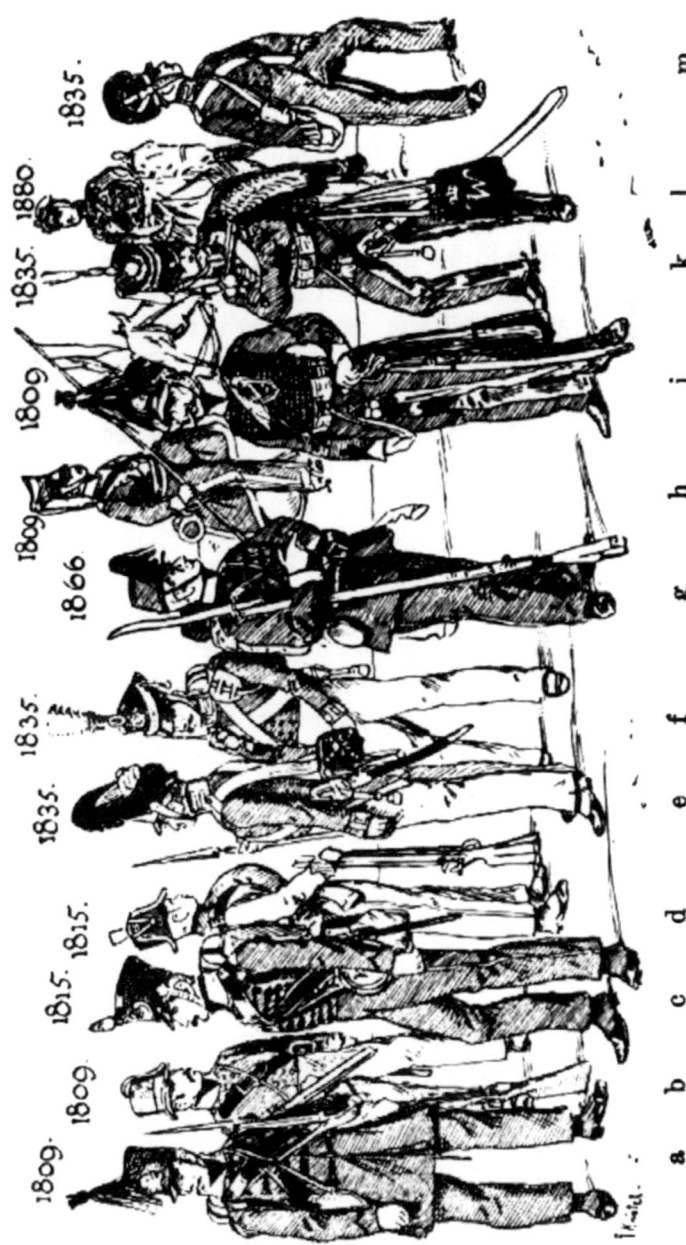

1809. 1809. 1815. 1815. 1835. 1835. 1866. 1809. 1809. 1835. 1835. 1880. 1835.

a   b   c   d   e   f   g   h   i   k   l   m

Tafel 27. Braunfchweig.

a, c, e, f, g Infanterie — b Scharfſchütze — d Gelernter Jäger — h Ulan — i, k, l Huſaren — m Artillerie.

gelbem Birnenpompon für die Fußartillerie. Im Jahre 1823
wurde eine Uniform nach preußischem Muster eingeführt,
nur das Leibbataillon behielt die schwarz und hellblaue
Uniform bei. Im Jahre 1830 trug die Infanterie
(Taf. 27, f) dunkelblaue Kollets mit roten Kragen, Auf-
schlägen und Stoßbesatz. Weiße Knöpfe und Gardelitzen.
Graue Beinkleider mit roter Biese — im Sommer weiße.
Czakos mit weißen Behängen und weißem, unten hellblauem
Stutz. Das Grenadierbataillon (Taf. 27, e) hatte Pelz-
mützen nach österreichischem Muster mit rot und weißem
Futter, Schild und Schuppenketten weiß. Der Tornister
wurde an sehr schmalen Riemen getragen. Um den Druck
derselben auf die Schultern zu vermindern trug man lederne
Laschen mit zwei Schlaufen (Taf. 27, f). Später erhielt die
Infanterie zur Erinnerung an die alte Uniform durchgehends
einen schnurbesetzten Waffenrock gleich den Beinkleidern
von schwarzer Farbe. Kragen und Aufschläge hellblau. Die
Knöpfe der Montierung von schwarzem Glase. Als Kopfbedeckung Czako mit gerade abstehendem Schirm und
schwarzem Haarbusch (Taf. 27, g). Nach dem Feldzuge
von 1870/71 wurde die Form der Kopfbedeckung dem
Käppi der preußischen Jäger ähnlicher. Am 18. März 1886
wurde preußische Bekleidung eingeführt, indessen die alten
Bestände aufgetragen, die endgültig erst am 11. April 1892
abgelegt wurden. Seitdem unterscheidet sich das braunschweigische Infanterie-Regiment Nr. 92 durch den Stern
auf dem Helmadler, weiße Achselklappen mit gekröntem W
und hellblaue Vorstöße um die Ärmelpatten. Die Husaren
(Taf. 27, k) trugen in den dreißiger Jahren ganz blaue
Uniformen mit gelber Beschnürung und Behängen, rotem
Mützenbeutel und Hosenvorstoß. Später wurde die Grundfarbe schwarz. Heute hat das Regiment im Vergleich zu den
preußischen Husaren verschiedene Eigentümlichkeiten aufzu-
weisen. An der Pelzmütze gelber Totenkopf, schwarzes
Bandelier, weißhellblaue Schärpen, Säbeltaschen rot mit
gelbem gekrönten W. Das Regiment führt die Nummer 17.

Lanzenflaggen wie in Preußen. Die Artillerie trug in den dreißiger Jahren (Taf. 27, m) Uniform wie die Infanterie, aber mit gelben Litzen und Knöpfen. Als Kopfbedeckung Raupenhelme, später Waffenröcke, deren Grundfarbe dann schwarz wurde. Zur Erinnerung an die Artillerie des ehemaligen schwarzen Korps gelbe Vorstöße. Als Kopfbedeckung Käppis. Die braunschweigische Artillerie legte noch früher als die Infanterie die entsprechende preußische Uniform an.

Walbeck *).
(Kokarde schwarz-rot-gelb.)

Das Fürstentum Walbeck mußte im April 1807 dem Rheinbunde beitreten und als Kontingent drei Kompagnien Infanterie stellen, welche für den Feldzug in Spanien bestimmt waren. Eine Kompagnie war dem sogenannten Fürstenbataillon (Schwarzburg-Rudolbstadt, Lippe, Reuß) zugeteilt worden. Als dasselbe im Felde furchtbare Verluste erlitten hatte, kamen die Reste zum 6. Rheinbundsregimente, welchem die andern beiden Walbeckschen Kompagnien einverleibt waren. Die Uniform (Taf. 28, a S. 163) bestand aus weißen Kollets mit dunkelblauen Kragen, Rabatten und Aufschlägen, gelben Knöpfen und Czakos mit weißen Behängen ohne Stutz sowie weißem Lederzeuge (nach Weiland, Ausgabe 1812, gelbe Behänge und gelbes Doppelpompon). Nach den Befreiungskriegen mußte Walbeck zum deutschen Bundesheere drei Infanterie- und eine Jägerkompagnie stellen. Die Infanterie erhielt dunkelgrüne Kollets mit roten Kragen, Aufschlägen, Schulterklappen und Schoßumschlägen. Gelbe Knöpfe, graue Hosen und schwarze Gamaschen, Czakos mit weißen Behängen. Die Jäger hatten hellgrüne Abzeichen und Behänge. Lederzeug für Infanterie und Jäger schwarz (Taf. 28, b). Die Jäger gingen später

---

*) Die kleineren nord- und mitteldeutschen Staaten sind nach der Folge der Regimentsnummern ihrer Kontingente geordnet.

ein. In den vierziger Jahren wurde der Waffenrock ein=
geführt. Dazu Helm nach preußischem Muster. Der Kragen
war hinten von der grünen Grundfarbe. Kragenpatten,
Achselklappen, schwedische Aufschläge und Vorstöße rot.
Knöpfe und Helmbeschlag gelb. Schärpen, Portepees ꝛc.
silbern mit schwarz, rot und gelb durchzogen. Die Auf=
schläge des Waffenrocks anfangs von brandenburgischer,
später von schwedischer Form (Taf. 28, c). Seit der Kon=
vention vom 6. August 1867 ist das Waldecksche Kontingent
dem 83. Regiment eingereiht. An der Kopfbedeckung die
preußische und waldecksche Kokarde.

Lippe - Detmold.
(Kokarde rot-gelb.)

Gleichzeitig mit Waldeck trat Lippe dem Rheinbund bei.
Die beiden Lippeschen Staaten hatten zusammen ein Bataillon
als Kontingent zu stellen. Die Uniform bestand 1808 aus
weißem Rock mit grünem Kragen und Aufschlägen, langen
grauen Hosen und niedrigen Hüten mit seitlich aufgeschlagener
Krempe, grünem Stutz und weißem Lederzeug. Nach dem
Weiland'schen Werke, Ausgabe von 1812, weiße Kollets mit
ebensolchen Rabatten, Ärmelpatten und Achselklappen. Grüne
Kragen, Aufschläge und Vorstöße, weiße Beinkleider, Leder=
zeug, Czakobeschläge, Behänge und Knöpfe (Taf. 28, d).
Nach den Befreiungskriegen hatte Detmold ein Bataillon
Infanterie zum Bundesheere zu stellen. Die Uniform war
dunkelgrün. Kragen, schwedische Aufschläge, Achselklappen
und Schoßumschläge rot. Knöpfe gelb, graue Beinkleider
mit rotem Vorstoß (Taf. 28, e). In den vierziger Jahren
Waffenröcke und Pickelhauben. Grundfarbe grün, ebenso
der Kragen. Die Kragenpatten, Achselklappen, Aufschläge
und Ärmelpatten rot. Vorstöße um diese Abzeichen gelb,
dagegen der Vorstoß vorn herunter und um die Schoßtaschen=
leisten rot, Knöpfe gelb, Lederzeug weiß. Helmbeschläge

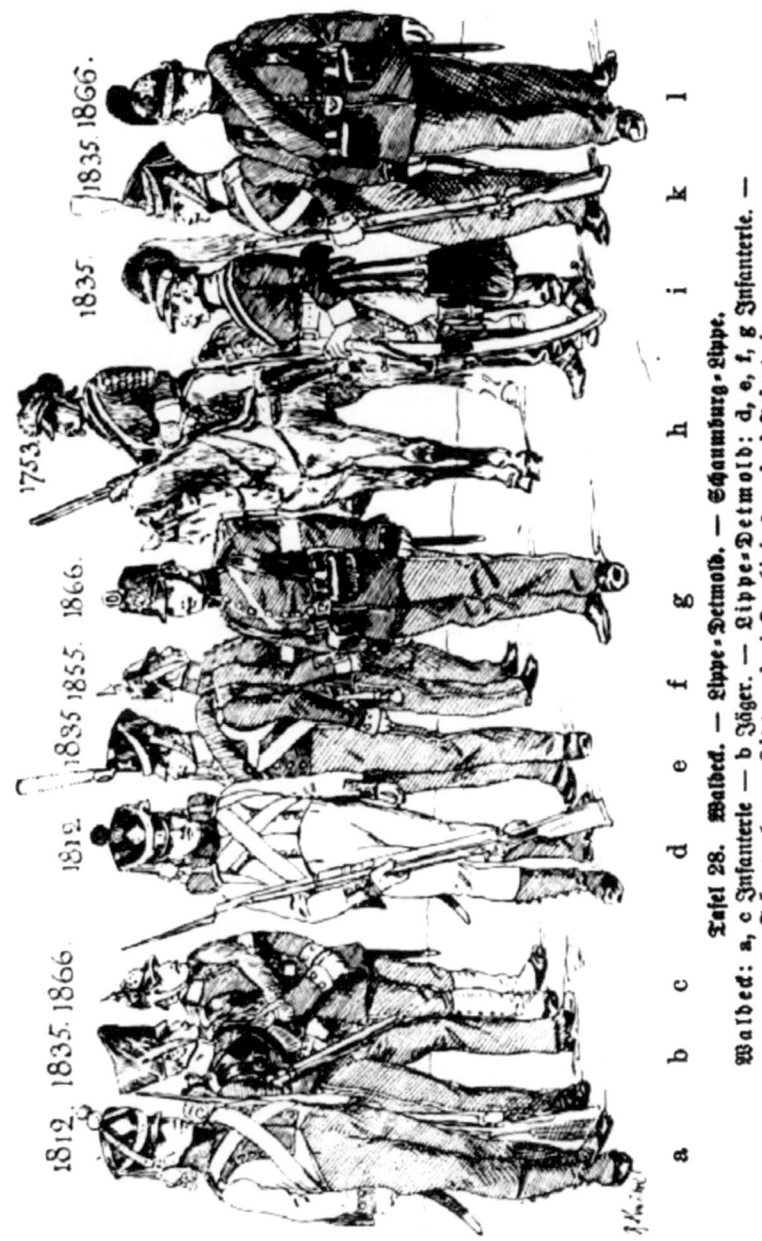

Tafel 28. Walded. — Lippe-Detmold. — Schaumburg-Lippe.

Waldeck: a, c Infanterie — b Jäger. — Lippe-Detmold: d, e, f, g Infanterie. —
Schaumburg-Lippe: h, i Karabiniers — k, l Infanterie.

gelb. Beinkleider wie früher (Taf. 28, f). 1861 wurde das Bataillon zu Füsilieren umgewandelt. Die Grundfarbe des Rockes blieb grün, der Kragen (nunmehr vollfarbig), die schwedischen Aufschläge und die Achselklappen schwarz mit roten Vorstößen. Auch die übrigen Vorstöße rot, die Knöpfe weiß. Das Lederzeug wurde schwarz. Als Kopfbedeckung ein Käppi wie bei den preußischen Jägern. Vorn ein weißer Stern mit der Lippeschen Rose. Nationale rot, außen gelb (Taf. 28, g). In dieser Uniform focht das fürstlich Lippesche Füsilierbataillon 1866 auf preußischer Seite bei Kissingen. Laut Konvention vom 26. Juni 1867 ging das Kontingent in der preußischen Armee auf. Die Militärpflichtigen treten in das 55. (6. Westfälische) Infanterie=Regiment und tragen an der Kopfbedeckung die Landeskokarde sowie die preußische.

Schaumburg-Lippe.

(Kokarde blau=rot=weiß, jetzt rot=weiß.)

Der berühmte Graf Wilhelm von Schaumburg=Lippe=Bückeburg errichtete 1753 ein Karabinierkorps, anfänglich 75 Reiter und 50 Fußgänger stark, welches er in eine sehr merkwürdige Uniform eigener Erfindung kleidete (Taf. 28, h). Als Kopfbedeckung diente ein Eisenhelm mit Bärenfell verbrämt. Vorn war auf einem grünen Schilde die Inschrift angebracht: Pulchrum mori succurrit in extremis. Über dem schwarzledernen Kollet, welches rot aufgeschlagen war, wurde ein schwarzer Brust= und Rücken=harnisch getragen. Anfänglich auch schwarze eiserne Ober=armschienen. Die Beinkleider waren von gelbem Leder. Das Korps war vorzugsweise mit schwarzen spanischen Hengsten beritten. Es zeichnete sich während des sieben=jährigen Krieges als Parteigängerkorps aus und wurde mit wenig veränderter Uniform, allerdings bei gänzlich geänderter Bestimmung beibehalten. Es that in der Folge Gensdarmerie=dienst. Während der Rheinbundszeit hatte das Schaum=

burgische Kontingent mit den Detmoldern gleiche Uniform. Seit 1815 stellte Schaumburg zwei Kompagnien Infanterie. Die besten Leute wurden zu einer Jägerabteilung vereinigt. Abzeichenfarben wie bei Detmold. Die Jäger unterschieden sich durch grüne Kragen und Aufschläge sowie schwarzes Lederzeug. Ende der dreißiger Jahre wurde das ganze Kontingent zu Jägern umgeformt. Die Uniform wurde dunkelgrün mit schwarzem Kragen, schwarzen Aufschlägen, Achselklappen und Schoßbesatz, roten Vorstößen und gelben Knöpfen. Graue Hosen mit roten Vorstößen. Schwarzes Lederzeug, Czakos mit gelben Beschlägen, weißen Behängen und schwarzen hängenden Federbüschen. In den vierziger Jahren, unter Beibehaltung der bisherigen Farben Waffenröcke nach preußischem Muster. Die Litzen fielen später weg. Als Kopfbedeckung Raupenhelme in bayrischer Form mit Schuppenketten und Stern von Messing (Taf. 28, 1). Auf dem Stern neusilbernes Schild mit dem Nesselblattwappen. Der Kragen war vollfarbig schwarz. In gleicher Farbe Aufschläge und Achselklappen, alles rot vorgestoßen. Auf den Achselklappen ein messingener Namenszug G A mit Krone. Lederzeug schwarz. 1866 gehörte das Kontingent zur Besatzung von Mainz. Seit der Konvention vom 30. Juni 1867 werden die Militärpflichtigen in das Westfälische Jägerbataillon Nr. 7 eingestellt.

Anhalt.

(Kolarbe grün.)

In den Jahren 1684 bis 1689 stellte Anhalt ein Kontingent zum Reichsheere, welches gegen die Türken aufgeboten wurde. Die Uniform war blau mit roten Umschlägen. Kamisöler und Hosen rot, Strümpfe weiß. Als Kopfbedeckung Hut mit grüner Bandschleife. Ähnlich waren die Reiter gekleidet, welche außerdem einen blauen, rotgefutterten Mantel hatten.

Während des 18. Jahrhunderts trug die Anhalt=Zerbster Infanterie weiße Röcke mit roten Abzeichen und gelben Knöpfen. Die Unterkleider weiß. Musketiere Hüte, Grenadiere Pelzmützen.

Die erste stehende Truppe wurde im Jahre 1795 in Dessau errichtet und zwar das Dessauische Jägerkorps (Taf. 29, a). Die Uniform bestand aus einem dunkel=grünen Rock mit weißen Knöpfen, Schoßumschlägen und Epauletten. Aufschläge von der Grundfarbe, Kragen rot, Unterkleider weiß, ebenso das Lederzeug. Hut mit grünem Busch. Während der Rheinbundszeit stellten die Anhaltischen Staaten zusammen ein Kontingent, welches grüne ein=reihige Kollets mit weißen Knöpfen trug. Aufschläge von der Grundfarbe. Kragen, Achselklappen und Vorstöße rosen=rot, Lederzeug schwarz. Graue Beinkleider in schwarzen Gamaschen (Taf. 29, b). Die Grenadiere und Voltigeure waren durch rote bez. grüne Fransenepauletten, Czakobehänge und Pompons ausgezeichnet. Die Czakobeschläge von weißem Metall. 1813 verlangte Napoleon auch die Gestellung eines reitenden Jäger=Regiments, dessen Uniform ähnlich war, nur waren die Aufschläge von der Kragenfarbe und spitz geschnitten. Graue Reithosen mit Besatzstreifen von der Kragenfarbe, weiße Czakobehänge und Achselschuppen. 1818 stellte Anhalt=Dessau (Taf. 29, d) zum Bundesheere ein Kontingent in der Stärke eines Bataillons. Die Grundfarbe des Kollets sowie der schwedischen Aufschläge blieb dunkel=grün, die Abzeichen rosa, die Knöpfe weiß. Die Beinkleider anfangs dunkelgrün, später grau mit rosa Streifen. Die Czakos hatten Pompons in der Kompagniefarbe (rot, weiß, grün, gelb), später National.

Anhalt-Köthen (Taf. 29, c) stellte seit 1818 ebenfalls ein Bataillon. Die Uniform bestand in dunkelgrünen Kollets mit ebensolchen Aufschlagspatten und Schoßum=schlägen, gelben Kragen, Achselklappen und Aufschlägen, alles rot vorgestoßen. Knöpfe und Czakobeschläge weiß. Beinkleider grau mit doppelten roten Seitenstreifen. Leder=zeug schwarz. Czakobeschläge weiß.

Anhalt-Bernburg stellte 1818 eine Grenadierkompagnie und drei Jägerkompagnien. Die Grenadiere hatten dunkel=grüne Kollets, rote Kragen, Aufschläge und Vorstöße, weiße

Tafel 29. Anhalt. — Weimar.

Anhalt: a, d Anhalt=Deſſauer Jäger — b Anhaltiſches Rheinbundkontingent — c Anhalt=Köthener Infanterie — d Anhalt=
Deſſauer Infanterie — e, f Anhalt=Bernburger Scharfſchütze und Jäger — g Geſamthaus Anhalt, Infanterie. —
Weimar: h, i, k, l Scharfſchützen — m Infanterie=Offizier.

Gardelitzen und Knöpfe. Czakos mit weißen Beschlägen und Behängen; weißes Lederzeug, graue Hosen mit rotem Vorstoß. Die Jäger (Taf. 29, e), ebenfalls dunkelgrüne Kollets, Aufschlagspatten von der Grundfarbe, Kragen, Achselklappen und Aufschläge hellgrün mit roten Vorstößen. Beinkleider wie die Grenadiere, Lederzeug schwarz. Czako mit weißen Beschlägen und grünen, später weißen Fang= schnüren. Grüner Stutz. 1846 erhielten die Jäger dunkel= grüne Waffenröcke preußischen Schnitts (Taf. 29, f). Ab= zeichen hellgrün, Vorstöße rot, Knöpfe weiß wie bisher auf den Kollets. Pickelhauben mit weißen Beschlägen und schwarzen Haarbüschen. Auf den Patrontaschen ein weißes Schützenhorn, als Seitengewehr Hirschfänger mit Bügel. Die übrigen Anhaltischen Staaten führten ebenfalls Waffen= röcke unter Beibehaltung der bisherigen Farben ein. Dazu Pickelhauben mit weißen Beschlägen. 1854 übernahm Dessau das Köthener Kontingent. 1863 erfolgte auch die Ein= verleibung des Bernburger Kontingents. Es bestand nun= mehr ein Regiment Anhalt (Taf. 29, g) mit zwei Kom= pagnien Scharfschützen. Der dunkelgrüne Waffenrock dieser Truppe hatte völlig den preußischen Schnitt, nur waren die Schoßtaschenleisten nur je mit zwei Knöpfen besetzt. Die schwedischen Aufschläge zeigten die dunkelgrüne Grundfarbe. Kragen, Vorstöße und Achselklappen rosenfarben, um letztere weißer Vorstoß. Graue Beinkleider mit rosenfarbiger Biese. Knöpfe, Koppelschloß ꝛc. weiß. Helme mit weißen Beschlägen. Das gerade Seitengewehr hatte gelbmetallenen Bügel und ebensolches Ortband. Die Scharfschützen Hirschfänger und grüne Säbeltrobbel; sonst gleiche Uniform. Laut Konvention vom 28. Juni 1867 trat das Regiment als Infanterie= Regiment Nr. 93 in den preußischen Heeresverband. Jetzige Uniform siehe unter Preußen.

Sachsen-Weimar.
(Kokarde schwarz=grün=gelb.)

Die Weimarischen Truppen waren im 18. Jahrhundert ganz nach preußischem Muster gekleidet. Ende der achtziger Jahre erhielten die Grenadiere Pelzmützen. 1788 wurde vom Herzog Karl August ein Jägerbataillon, später Scharfschützenbataillon genannt, errichtet. Die Uniform (Taf. 29, h) bestand 1790 aus einem grünen Kollet mit ebensolchen brandenburgischen Aufschlägen und Kragen, gelben Kragenpatten und Schoßumschlägen, gelben Knöpfen und roter Halsbinde. Hut mit roter Schnur links auf= geschlagen; grüner Stutz. Weiße Beinkleider, kurze schwarze Gamaschen, gelbliche Bandeliere. 1796 wurde das Leder= zeug schwarz, Kartusche am Koppel um den Leib. Die Bein= kleider bei gleichem Schnitt wie früher grün. 1806 statt der Kartusche wieder eine Patrontasche an Schulterbandelier. Als Kopfbedeckung eine Art Grenadiermütze (Taf. 29, i), ähnlich der damaligen preußischen, vorn mit gelbmetallenem Reife, links grüner Stutz. 1807 neues Modell für den Hut (Taf. 29, k). Derselbe erhält vorn ein gelbes Schildchen und gelbe Einfassung. Stutz wie früher. Das Lederzeug wird gelb, aber 1809 wieder schwarz. Auch werden jetzt lange graue Pantalons, über die Gamaschen gehend, getragen. 1812 Czakos mit weißen Behängen und gelbem Horn (Taf. 29, l). Die Behänge fielen später wieder fort. Die grauen Beinkleider erhielten gelbe Vorstöße; im Sommer weiße Hosen. In dieser Ausstattung erhielt sich die Uniform bis zur Einführung des Waffenrocks. Die Farben blieben dieselben. Kragen und Aufschläge grün mit gelben Vor= stößen. An Stelle des Czakos trat die Pickelhaube mit gelben Beschlägen, Offiziere gelbe Schärpen (Taf. 29, m). Seit dem 26. Juni 1867 bildet das Weimarische Kontingent das Infanterie=Regiment Nr. 94. Abzeichen siehe unter Preußen. An Kavallerie besteht gegenwärtig noch eine kleine Husarenabteilung, deren Ursprung tief in das 18. Jahr=

hundert hinein reicht. Die Uniform glich fast genau der=
jenigen des preußischen Zieten=Husaren=Regiments.. Rote
Dolmans mit weißen Schnüren, blaue Pelze, blaue Schabraken
mit rotem Zackenrand. Die Kragen waren rot, die Auf=
schläge blau. Als Kopfbedeckung Pelzmützen mit rotem Beutel,
später schwarze Flügelmützen, dann Czakos, jetzt wieder
Pelzmützen. Die Abzeichenfarben sind die gleichen geblieben.

Ende 1813 wurde ein freiwilliges Jägerkorps errichtet.
Die Fußjäger trugen dunkelgrüne Lithewken mit gelben Kragen und
Aufschlägen, zwei Reihen gelber Knöpfe; graue Beinkleider in eben=
solchen Gamaschen, rote Achselklappen, Czakos mit Vorder= und Hinter=
schirm, gelbe Schuppenketten und Kreuz, darüber schwarz=gelb=grünes
National. Die reitenden Jäger graue Lithewken, vorn ohne Knöpfe,
aber mit gelben Borten besetzt. Beinkleider grau mit gelben Streifen.
Gelbe Achselschuppen, Czako wie die Fußjäger, dazu schwarze Büsche.
Schwarze Stulphandschuhe und Lederzeug.

- - - - -

Sachsen-Koburg. Seit 1826 Koburg-Gotha.
(Kokarde grün=weiß.)

Koburg stellte während der Rheinbundszeit ein Kon=
tingent zum 4. Rheinbund=Regimente, dem Regimente der
Herzöge von Sachsen. Die Uniform (Taf. 30, a S. 171)
bestand aus dunkelgrünen Kollets mit ebensolchen Ärmel=
patten, gelben Kragen und Aufschlägen, weißen Knöpfen
und Litzen auf den Patten. Die Schoßumschläge waren rot.
Hellblaue ungarische Hosen mit gelber Beschnürung, kurze
schwarze Gamaschen, auch lange leinene Pantalons. Leder=
zeug weiß, Czako mit weißen Behängen und gelbem Schild,
darauf ein Jägerhorn. Die Grenadiere trugen Pelzmützen
und rotwollene Fransenepauletten. Die Offiziere anfangs
Hüte, später Czakos.

Die freiwilligen Jäger, welche Koburg 1813 im Verein mit
Meiningen und Hildburghausen ins Feld stellte, hatten grüne Röcke
mit roten Aufschlägen und gelben Borten. Graue, grün vorgestoßene
Hosen, Czakos mit grünen Behängen. Es war ferner gestattet,
Stulpstiefel mit glanzledernen Schäften zu tragen.

Die Landwehr hatte grüne Lithewken und schwedische, seitlich auf=
geschlagene Hüte.

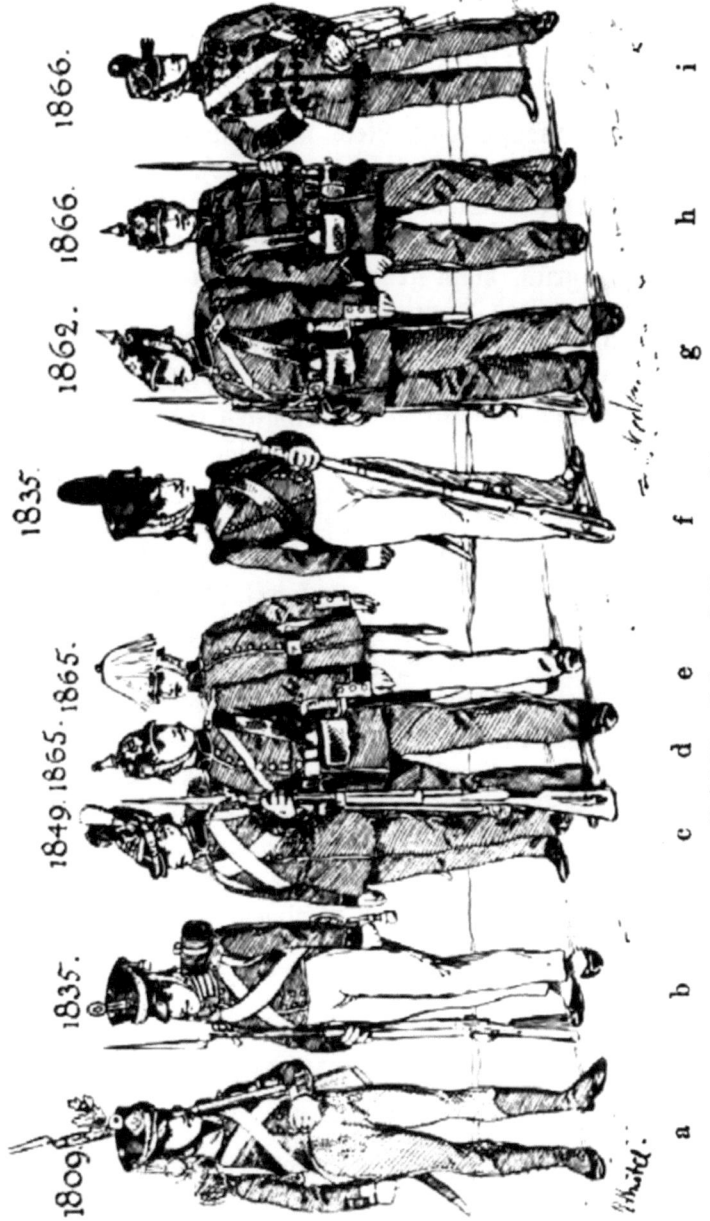

Tafel 30. Koburg-Gotha. — Meiningen.

Koburg-Gotha: a, b, c, d, e Infanterie. — Sachsen-Meiningen: f Schütze — g, h Füsilier — i Füsilier-Offizier.

1826 starb das Haus Sachsen=Gotha aus. Das Koburgische und Gothaische Kontingent wurde nun zu einem Sachsen=Koburg=Gothaischen Infanterie= Regimente vereinigt. Die Uniform (Taf. 30, b) bestand aus dunkelgrünen Kollets mit schwarzen, rot vor= gestoßenen Kragen und Aufschlägen — erstere mit gelben Litzen —, roten Schoßumschlägen. Achselklappen erst schwarz mit roten Vorstößen, dann rot mit gelben. Bein= kleider zuerst grün, dann grau; im Sommer weiß. Czako= behänge weiß. Das Kontingent war 1846 nur noch ein Bataillon stark nebst einer Jägerabteilung. Als Bekleidung jetzt ein Waffenrock in den früheren Farben. Achsel= klappen und spitz geschnittene Ärmelpatten rot, Beinkleider grau. Raupenhelme mit gelben Beschlägen und weißem Stutz (Taf. 30, c). Lederzeug weiß, für die Jäger schwarz. 1861 schloß Koburg=Gotha mit Preußen eine Militär= konvention ab. Bis 1867 bestand die Uniform (Taf. 30, d) aus einem dunkelgrünen Waffenrock mit schwarzen, rings= herum rot vorgestoßenen Kragen, roten Achselklappen und Ärmelpatten, schwarzen Aufschlägen und roten Vorstößen. Knöpfe gelb. Rote Biese an den Beinkleidern, Lederzeug schwarz. Helme mit eigenartig gestalteter Spitze, oben mit kleiner Kugel. Zu Paraden weiße Haarbüsche, welche von der erwähnten Kugel überragt wurden (Taf. 30, e). 1866 fochten die Koburg=Gothaer bei Langensalza und weiter bei verschiedenen Kämpfen der Mainarmee. Seit 1867 mit den Meiningern vereint führt das Regiment die Nummer 95. Uniform unter Preußen.

Sachsen-Meiningen-Hildburghausen.
(Kokarde grün=weiß.)

Bis 1807 bestand das Meiningische Militär aus Jägern. Die Uniform war grün mit roten Abzeichen. Als Kopf= bedeckung Kaskets. 1807 zu Musketieren umgeformt

gleiche Uniform wie unter Sachsen = Gotha = Altenburg
beschrieben. Hilbburghausener gleiche Uniform wie die
Weimarischen Truppen. Die 1814 errichteten Freiwilligen
Jäger vergleiche unter Koburg. 1826 nach dem Aussterben
des Stammhauses ergriff die Meiningener Linie Besitz von
Hilbburghausen, während die Hilbburghausener Linie Alten=
burg erhielt und sich nun Sachsen=Altenburg nannte. Das
Kontingent war jetzt als Bataillon formiert nebst einer
Schützenabteilung. Die Uniform bestand aus dunkelgrünen
Kollets mit schwarzem Kragen, spitzen Aufschlägen, Achsel=
klappen und Achselwülsten. Auf der Brust zwei Reihen
gelber Knöpfe, die sich unten einander näherten. Beinkleider
anfangs dunkelgrün, später grau, im Sommer von weißem
Leinen. Czakos mit schwarzen, bei den Schützen hellgrünen
Behängen und Roßhaarbusch. 1827 wurde das Bataillon
zu Schützen umgewandelt (Taf. 30, f). 1846 dunkelgrüne
Waffenröcke mit schwarzen Kragen und Aufschlägen, roten
Achselklappen und Ärmelpatten. Rote Vorstöße (beim Kragen
ringsherumlaufend), gelbe Knöpfe, graue Hosen mit roter
Biese. Auf den Achselklappen gelbe Bataillonsnummer.
Lederzeug schwarz (später Gürtelrüstung). Helme mit gelben
Beschlägen und weißem Stern (Taf. 30, g). 1864 begann
eine Neuuniformierung. Die Bekleidung bestand aus einem
dunkelgrünen Rock mit schwarzen Brustschnüren und Knöpfen
(Taf. 30, h). Kragen, Achselklappen und spitze Ärmelaufschläge
schwarz, Vorstöße rings um den Kragen, um die Aufschläge
und Achselklappen rot. Dazu sollte ein Käppi mit schwarzem
Roßhaarbusch eingeführt werden, es scheint aber, wenigstens
für die Mannschaften, kaum zur Ausgabe gelangt zu sein.
Die Uniform der Offiziere hatte keine roten Vorstöße, da=
gegen schwarzen Band= und Schnurbesatz. Grababzeichen
und Tragweise der silbernen, grün durchzogenen Schärpe
wie in Österreich (Taf. 30, i). 1867 wurde mit Preußen
eine Militärkonvention abgeschlossen, nach welcher Koburg=
Gotha und Meiningen das 95. Regiment stellen.

Sachsen-Gotha, seit 1826 Sachsen-Altenburg.

(Kokarde grün-weiß.)

Zur Zeit des siebenjährigen Krieges trug das Gothaische Militär weiße Röcke mit roten Kragen und Aufschlägen, rote Westen und Halsbinden, weiße Beinkleider und weiß bortierte Hüte. Um 1780 werden die Grundfarbe blau, die Unterkleider weiß, Abzeichen rot, Knöpfe gelb. Am 18. April 1807 trat Sachsen-Gotha dem Rheinbunde bei und mußte in Gemeinschaft mit Sachsen-Meiningen zwei Bataillone zum Regiment der Herzöge von Sachsen stellen. Infolge Vertrages zwischen beiden Häusern bestand die Uniform aus blauen Röcken mit roten Kragen, Aufschlägen und Rabatten, weißen Unterkleidern, schwarzen kurzen Gamaschen und dreieckigem Hut mit Pompon. Weiße Hutborte. Kokarde von schwarzem Leder mit Gold (Taf. 31, a S. 175). Die Grenadiere und leichte Infanterie waren durch einen roten bezw. gelben Wollstutz ausgezeichnet. 1809 wurden neben den weißen Beinkleidern dunkelblaue Pantalons mit roten Streifen getragen. Zwischen den Gothaern und Meiningern zeigten sich immerhin einige Abweichungen in der Bekleidung, da erstere den französischen Schnitt angenommen hatten und weißes Lederzeug trugen, während letztere noch Uniformen nach altem preußischen Muster und schwarzes Lederzeug hatten. 1812 war die Gleichförmigkeit nach französischem Vorbilde völlig her-gestellt (Taf. 31, b). Nach der Katastrophe von 1812 mußten die Herzöge ein neues Bataillon stellen, welches den Namen „Thüringisches Marschbataillon" erhielt. Es trat in Altenburg am 20. April 1813 zu den Verbündeten über und focht noch in seiner alten Uniform an der Katzbach gegen die Franzosen. Die Bekleidung bestand aus sehr breitschößigen dunkelblauen Fracks mit roten Kragen und hellblauen Aufschlägen. Hosen hellgrau, ebenso der Mantel, der einen kleinen Überfallkragen hatte. Als Kopfbedeckung

Tafel 31. Gotha=Altenburg. — Reuß. — Schwarzburg.

Gotha=Altenburg: a, b, c, d Infanterie. — Reuß: e, f, g, h Infanterie. — Schwarzburg: i, k, l, m Infanterie.

der Weimarische Czako. Offiziere Wachstuchmützen. Um den Ausfall des übergetretenen Bataillons zu decken, ver= langte Napoleon nunmehr ein ganzes Regiment. Die Uniform war dieselbe wie 1812. Nach dem zweiten Pariser Frieden wurde die Uniform gänzlich umgestaltet. Grüne Kollets mit einer Reihe gelber Knöpfe, schwarze Kragen und Aufschläge mit gelben Litzen, rote Vorstöße. Musketiere rote, Jäger schwarze Achselklappen. Graue, im Sommer weiße Beinkleider. Czako mit gelbem Stern und Schuppen= ketten, weißen Behängen und grün=weißem National (Taf. 31, c). Musketiere weißes, Jäger schwarzes Leder= zeug. Offiziere goldene Litzen, silberne Behänge, goldene Epauletten. Ringkragen bis 1850.

Bis 1825 bestand auch eine Garde du Corps von 70 bis 75 Köpfen. Als Bekleidung gelbe Kollets mit roten Kragen und Auf= schlägen, weißlederne Hosen. Stulpstiefel mit Sporen (die Truppe war unberitten) weiße Mäntel, Pallasche und Karabiner.

Die Uniform der Infanterie erlitt 1845 eine Änderung durch Einführung des Waffenrocks nach preußischem Schnitt und des Helmes. Kragen und Aufschläge blieben unverändert. Vorn eine Reihe von acht gelben Knöpfen, hinten nur zwei in der Taille. Die Achselklappen erhielten gelbe Kompagnie= nummer. Der Helm hatte einen gelben Stern. Der obere Teil der Spitze war als sogenannte Irmensäule gestaltet (Helmzier des sächsischen Rautenkranzwappens). Zur Parade für die Musketiere weiße, Jäger schwarze, Spielleute rote Haar= büsche. 1850 wurde das Kontingent Füsilierbataillon. Die Uniform blieb dieselbe, nur wurde das Lederzeug durchgängig schwarz und nicht mehr gekreuzt getragen (Taf. 31, d). Seit 1867 bildet das Altenburgische Kontingent das erste Bataillon des 96. Infanterie=Regiments.

Reuß.
(Kokarde schwarz-rot-gelb.)

Die älteste Uniform war weiß mit rot (vergl. unter Schwarzburg). 1750 wurde die Grundfarbe blau. Die Bekleidung bestand nunmehr aus blauen Röcken mit roten Kragen, Aufschlägen und Futter. Knöpfe gelb, Unterkleider weiß. Die Greiz-Lobensteiner Kompagnie erhielt 1778 rote Rabatten (die Ebersdorfer weißes Futter) und wurde 1780 in eine Grenadierkompagnie verwandelt. Sie bekam als solche Bärenmützen mit gelbem Wappenschild, nur das Lobensteiner Kontingent statt der bisherigen Hüte Kaskets. 1807 erhielt das Rheinbundskontingent (Taf. 31, e) (ein Bataillon = drei Kompagnien) weiße Röcke mit gelben Knöpfen, hellblaue Kragen, Aufschläge und Schoßumschläge, schwarze, weiß vorgestoßene Halsbinden, ungarische hellblaue Beinkleider mit schwarzrotgelber Schnur besetzt. Schwarze Gamaschen. Czako mit ovalem Schild, worauf ein R. Behänge von schwarzrotgelber Schnur, roter Stutz, weißes Lederzeug. Nach dem zweiten Pariser Frieden blieb die Uniform ähnlich, wie sie vorher gewesen. Nach verschiedenen kleineren Änderungen bestand sie 1822 in einem weißen Rock mit acht gelben Knöpfen geschlossen. Abzeichen hellblau, Achselklappen weiß, hellblau vorgestoßen. Zum kleinen Dienst graue Ärmelwesten mit hellblauen Abzeichen. Im Sommer weiße, im Winter graue Pantalons. Der Czako verlor die Behänge (Taf. 31, f). Die Feldmütze preußischen Schnittes schwarz mit hellblauem Besatz. 1845 wurde die weiße Uniform abgeschafft, dafür schwarze Waffenröcke (Taf. 31, g), mit hellblauen Kragenpatten, Aufschlagspatten und Vorstößen. Schwarze Hosen mit hellblauer Biese, im Sommer weißleinene Beinkleider, Pickelhauben mit gelbem Beschlag, auf dem Stern ein neusilbernes Wappen. Zu Paraden schwarze, bei den Spielleuten rote Haarbüsche. 1850 erhielten die Offiziere unterzuschnallende Schleppsäbel. An Stelle des gekreuzten Lederzeuges Gürtelrüstung, anfänglich für

Musketiere weiß, für Füsiliere schwarz. 1861 durchgängig schwarz. Die Kragen wurden 1854 vollfarbig (Taf. 31, h). Seit 1867 bildet das Reußische Kontingent das 2. Bataillon des 96. Regiments.

Schwarzburg
(Schwarzburg-Rudolstadt — Schwarzburg-Sondershausen).
(Kokarde weiß-blau.)

Zum spanischen Erbfolgekriege stellte Schwarzburg im Verein mit Reuß ein Infanterie-Regiment. Die Bekleidung bestand aus weißen Röcken ohne Kragen und Rabatten, dagegen mit roten Aufschlägen geschmückt. 1733, als der polnische Erbfolgekrieg ausbrach, erging erneut die Auf=forderung zur Reichshilfe. Die Schwarzburgischen und Reußischen Häuser stellten wiederum gemeinsam ein Regiment. Die Uniformfarben waren dieselben. Eine förmliche Auf=lösung dieser Truppe fand nie statt, doch kam auch keine derartige Verbindung zwischen den schwarzburgischen und reußischen Kontingenten zu stande.

In einem Berichte von 1791*) werden auch Schwarzburgische Gardes du Corps erwähnt. Der Rock war blau mit roten Kragen und Aufschlägen, die Westen paille mit rot und blauen Borten besetzt. Zur Parade paille Kollets mit roten Aufschlägen und Borten, Hüte mit weißer Feder. Nach demselben Berichte hatten die Grenadiere neben den Bärenmützen auch weiß eingefaßte Hüte. Zur Parade weiße, sonst schwarze Gamaschen. Auch Husaren werden erwähnt. Die Uniform bestand aus grünen Dolmans mit roten Aufschlägen. Rote, schwarz verbrämte Pelze, weiße Schnüre, gelbe Lederhosen. Pelzmütze mit rotem Beutel und weiß und schwarzem Stutz. Rote Schabraken mit grünem, weiß besetztem Zackenrande, darauf wie auf der gleichfarbigen Säbeltasche Namenszug C. F, gelbe Bandeliere.

Zum ersten Koalitionskriege gegen Frankreich stellte Schwarzburg 1792 ein Kontingent mit folgender Uniform:

---

*) Abgedruckt bei von Döring, „Geschichte des 96. Infanterie-Regiments".

blauer Rock mit ebensolchen Rabatten — letztere rot vorgestoßen —, rotes Futter, Kragen und Aufschläge, gelbe
Knöpfe, weiße Unterkleider. Als Kopfbedeckung Hut mit
weißer Borte und farbigen Puscheln, je nach der Kompagnie
verschieden; daneben noch Tuchmützen.

Die beiden Kompagnien, welche Schwarzburg 1808 zum
Fürstenbataillon (Bataillon des princes) *) zu stellen hatte,
trugen dunkelgrüne Kollets und Beinkleider, rote Kragen,
Aufschläge und Hosenstreifen. Czakos mit weißen Fangschnüren und rotem Stutz. Schwarzes Lederzeug. Da die
Grababzeichen bei den Kontingenten des Bataillons sehr
verschieden waren, wurden durchgehends französische Offiziersepauletten angelegt. Statt der grünen, rot besetzten Beinkleider finden sich auf Abbildungen auch graue in kurzen
schwarzen Gamaschen (Taf. 31, i). Nach den Befreiungskriegen gestaltete sich die Uniform folgendermaßen: Grundfarbe russisch-grün mit roten Kragen, Aufschlägen und Schoßbesatz und grünen, rot vorgestoßenen Achselklappen. Vorn
eine Reihe von neun gelben Knöpfen. Graue lange Hosen
mit roter Biese, im Sommer weißleinene. Czako mit gelbem
Doppeladler und Schuppenketten, blauweißem National und
weißen Behängen (Taf. 31, k). Grüne Mütze, rot vorgestoßen, ohne Kokarde (letztere erst seit 1845). Schwarzes
Lederzeug. Auf der Patrontasche gelbes ovales Schild mit
Doppeladler. Die Offiziere trugen goldene Epauletten mit
weißen, den Rang kennzeichnenden Sternchen. Stabsoffiziere
Fransen. 1845 wurde ein grüner Waffenrock mit ebensolchen Aufschlägen und roten Kragen und Vorstößen eingeführt, vorn durch eine Reihe von neun gelben Knöpfen
geschlossen. Als Kopfbedeckung der bayrische Raupenhelm
mit Doppeladler (Taf. 31, l), später ebenso verzierte Pickel-

---

*) 1. Kompagnie Schwarzburg-Sondershausen.
    2.   „   Schwarzburg-Rudolstadt.
    3.   „   Lippe-Detmold.
    4.   „   Lippe-Bückeburg.
    5.   „   Reuß-Plauen.
    6.   „   Waldeck.

hauben. Das Lederzeug blieb schwarz. In den fünfziger
Jahren wurde die Gürtelrüstung eingeführt (Taf. 31, m).
Die Offiziere erhielten statt des Degens leichte Schleppsäbel.
1866 zum 2. Reserve=Armeekorps bei der Mainarmee
gehörig, ließen die Schwarzburger die Helme zurück, da das
ganze Korps der Gleichmäßigkeit halber nur Mützen trug
(die dazu gehörigen Mecklenburger hatten keine andere
Kopfbedeckung). Seit 1867 stellen die Schwarzburger das
3. Bataillon zum 96. Infanterie=Regiment.

Ehemals souveräne Staaten.

Hannover.

(Kokarde bis 1803 schwarz. Nach den Befreiungskriegen schwarz=gelb=weiß.)

Bis zum Jahre 1837 zeigten die Uniformen der Kur=
braunschweigisch=Lüneburgischen, späteren Hannoverschen
Armee starke Anlehnung an die entsprechenden englischen.
Seit genanntem Jahre bis zur Auflösung des Heeres 1866
richtete sich die Bekleidung meist nach preußischem Vorbilde.

I. Infanterie.

Die Grundfarbe der Uniformierung war bis 1837 rot.
Die Abzeichenfarben der Regimenter waren verschieden. Der
Rock wurde anfänglich mit einer Reihe von Knöpfen ge=
schlossen (Taf. 32, a S. 181). 1727 kamen sogenannte halbe
Rabatten auf der oberen Hälfte der Brust auf (Taf. 32, b).
1730 erhielten auch die Aufschläge die Farbe der Westen,
welche bisher das Regiments=Unterscheidungszeichen waren.
1761 wurden die Westen und Schoßumschläge hellfarbig,
1766 lange Rabatten (Taf. 32, c). 1790 erhält der Rock
frackartigen Schnitt. Bald darauf fallen bei den Mann=
schaften die Rabatten ganz weg. Der Rock nunmehr mit
einer Knopfreihe geschlossen, dazu weißer Litzenbesatz auf der

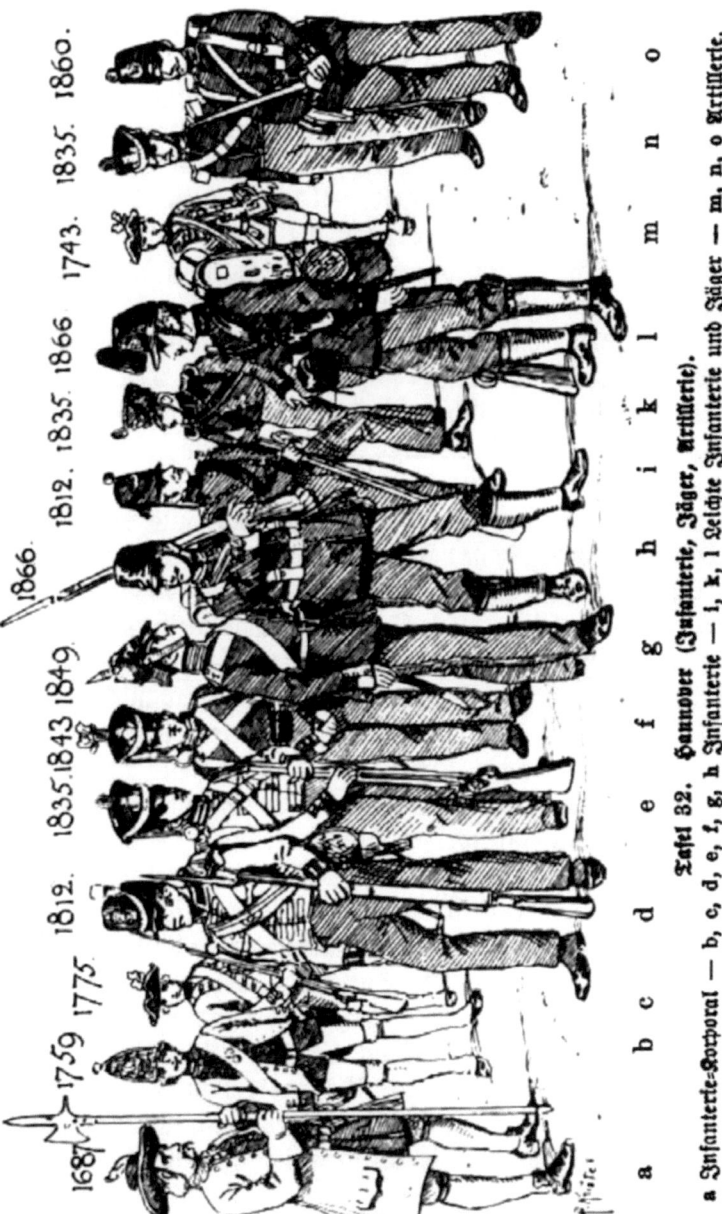

Tafel 32. Hannover (Infanterie, Jäger, Artillerie).

a Infanterie-Korporal — b, c, d, e, f, g, h Infanterie — i, k, l Leichte Infanterie und Jäger — m, n, o Artillerie.

Bruft. 1793 bekommt die Infanterie Mäntel, lange Hosen und Halbgamaschen. In demselben Jahre wurde die Form des Hutes, der mit Borte eingefaßt war, geändert. Derselbe wurde nunmehr nur an der linken Seite aufgeschlagen. Die Grenadiere, welche seit 1753 spitze, mit Blech beschlagene Grenadiermützen trugen, hatten 1787 Bärenmützen erhalten. Das Lederzeug war erst gelb, seit 1785 weiß. Die Offiziere seit 1706 gelbe Schärpe über die rechte Schulter, 1773 aber die Schärpe um den Leib. Die Hutkokarden, nur von den Offizieren getragen, schwarz.

Nach der Besetzung des Landes durch die Franzosen im Jahre 1803 sammelten sich zum großen Teil die alten Regimenter in englischem Solde in der sogenannten englisch= deutschen Legion (The Kings German Legion). Die Uniform wurde nunmehr ganz und gar nach englischem Vorbilde geregelt. Sie bestand, wie in England, aus einem roten Kollet mit einer Reihe von weißen Knöpfen, blauen Kragen*), Aufschlägen und Achselklappen; dazu Besatz von weißen, blau durchzogenen Litzen. Die Schoßumschläge weiß, nach Andern blau, Beinkleider grau, Gamaschen schwarz. Als Kopf= bedeckung das in England damals gebräuchliche Kasket (Taf. 32, d). Die Centrumskompagnien hatten an den Achselklappen weiße kurze Wollfransen. Die sogenannten Flankkompagnien schmale dunkelblaue Schwalbennester mit weißem Besatz und weißen kurzen Fransen. Als Feldflasche ein hellblau gestrichenes hölzernes Tönnchen, welches übrigens für die Hannoversche Armee bis zu ihrer Auflösung charakte= ristisch blieb. Nach den Befreiungskriegen änderte sich einiges in der Bekleidung. Die Aufschläge erhielten dunkelblaue Patten, der Kragen zwei Litzen, die Beinkleider wurden hellblau. Als Kopfbedeckung Czakos mit gelbem Beschlag und weißen Behängen. Schwarzgelbweißes National (Taf. 32, e). Das Garde=Grenadier=Bataillon hatte Pelz= mützen. 1837 wurde die Uniform nach preußischem Muster

---

*) In England tragen die Infanterie=Regimenter, welche den Namen des Königs führen, blaue Abzeichen.

geändert. Die Kollets nunmehr dunkelblau mit gleichfarbigen
Ärmelpatten (Taf. 32, f). Kragen und Aufschläge sowie
Schoßumschläge rot, die Achselklappen beim Garde=Regiment
weiß, 2. und 3. Infanterie=Regiment rot, 4. und 5. gelb,
6. und 7. hellblau. Beim Garde=Regiment weiße Garde=
litzen, bei den andern gelbe. Beinkleider grau mit roten
Vorstößen. Die Knöpfe hatten die Farbe der Litzen. 1849
(Taf. 32, g) Waffenröcke in denselben Farben und Pickel=
hauben. Auf letzteren die Garde den Georgs=Stern, die
andern Regimenter das springende weiße Roß. Zu Paraden
bei der Garde weißer Haarbusch. 1858 wurden Käppis in
Form des österreichischen Czakos eingeführt. Die Trag=
riemen an der inzwischen zur Aufnahme gekommenen Gürtel=
rüstung waren eigenartig gestaltet. 1866 wurden lederne
Wadenstücke getragen; zum gewöhnlichen Dienste und im
Felde Czako im Überzuge (Taf. 32, h). Die Tellermütze
war einer Mütze von österreichischer Form gewichen. Die
Offiziere legten beim Ausmarsch 1866 die Epauletten ab.

II. Leichte Infanterie. Jäger.

Zur englisch=deutschen Legion gehörten zwei leichte
Bataillone, deren Uniform an die englischen Scharfschützen
(Rifles) erinnert. Das 1. leichte Bataillon trug dunkelgrüne
Kollets mit einer Reihe von gelben Knöpfen, schwarze
Kragen, Aufschläge, Achselklappen und Achselwülste. Czakos
in Form eines abgestumpften Kegels mit kurzem schwarzen
Stutz und Behängen sowie weißem Jägerhorn. Lederzeug
schwarz. Hirschfänger mit einfachem Bügel. Beinkleider
wie bei der Linie. Die Offiziere hatten zwei Reihen von
weißen Knöpfen und silberne Achselraupen, schwarze Kartusch=
bandeliere, rote Husarenschärpe und Schleppsäbel. Das 2.
leichte Bataillon unterschied sich vom 1. durch drei Reihen
weißer Knöpfe, schwarze lose Wollfransen an den Achsel=
klappen an Stelle der Achselwülste und durch schwarzes
Kugelpompon an Stelle des Stutzes (Taf. 32, i). Die
Offiziere, ebenso ausgestattet wie diejenigen des 1. Bataillons,

hatten schwarze Husarenschnüre zwischen drei Knopfreihen.
Nach den Befreiungskriegen hellblaue Beinkleider und
ebenso geformte Czakos wie die Linie. Die Grundfarbe des
Kollets blieb grün, Abzeichen schwarz, Knöpfe weiß, Czakobehänge schwarz. Die Gardejäger hatten auf den Kollets
eine Knopfreihe und auf beiden Seiten der Brust eine Tasche
mit je einem Knopf. Auf den Schultern Achselwülste. Bei
gekreuztem Lederzeug schmaler Leibriemen mit kleiner Kartusche vorn. Hirschfänger mit daran befestigter Bajonettscheide. Die beiden anderen Bataillone zwei Knopfreihen,
schwarze Ärmelpatten, schwarze Contreepauletten mit grüner
Einfassung (Taf. 32, k), an Stelle des Hirschfängers Bajonettscheide. 1837 erhielten die Gardejäger rote Vorstöße um
die schwarzen Abzeichen. Die Beinkleider nunmehr grau
wie bei der Linieninfanterie. Bei der Einführung der
Waffenröcke 1849 blieb ebenfalls die Farbenzusammenstellung
schwarz mit grün, Knöpfe weiß, bei den Gardejägern rote
Vorstöße. Als Kopfbedeckung Käppis mit schwarzem Haarbusche, welcher stets getragen wurde (Taf. 32, l).

III. Reiterei.

Die schwere Reiterei legte 1683 die Küraffe ab. Die
Uniformfarben waren beim Leibreuter-Regiment 1698 rot
mit dunkelblau, dazu gelbe Knöpfe. Vorher trug das Regiment weiß mit gelb. Die übrigen Reiter-Regimenter hatten
meistens weiße Röcke. Die Abzeichen waren regimenterweise
verschieden. Im Anfang des 18. Jahrhunderts waren die
Hüte von weißem Filz (Taf. 33, a S. 185), später von
schwarzem.

Im siebenjährigen Kriege wurden mehrfach Freikorps errichtet.
Unter diesen sind zu erwähnen die Luckner-Husaren (weiße Dolmans,
rote Pelze, erst grüne, dann gelbe Schnüre, anfangs Flügelmützen,
dann Pelzmützen), ferner die Freytagschen reitenden Jäger (ganz
grüne Uniform mit weißen Knöpfen, Hüte) und die Scheitherschen
Karabiniers (paille Kollets mit grünen Abzeichen, Hüte).

Die weiße Grundfarbe der Uniform wich in den Jahren
1761 bis 1768 der dunkelblauen, nur die reitende Leibgarde

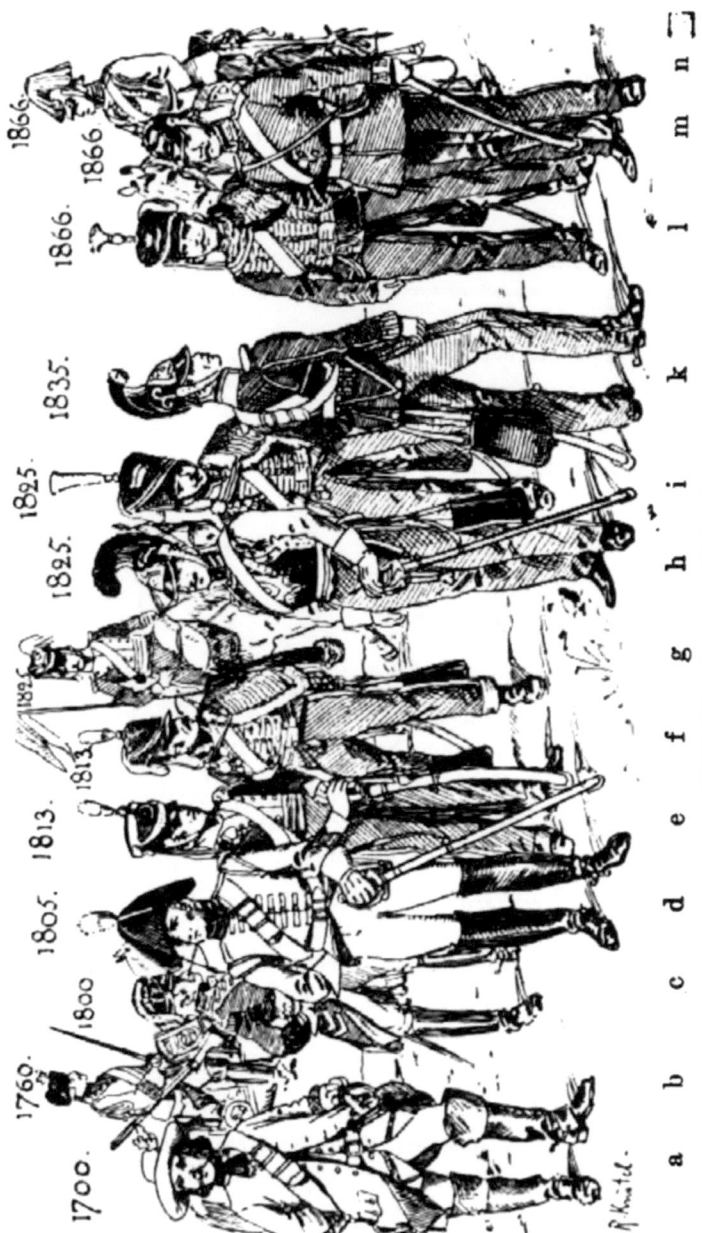

Tafel 33. Hannover (Reiterei).

a Reiter — b, k, m Dragoner — c Offizier der leichten Dragoner — e Leichter Dragoner — d Schwerer Dragoner —
f, i, l Husaren — g Ulan — h Leib-Kürassier — n Garde du Corps.

R. Knötel.

behielt bis 1799 die rote Farbe bei, vertauschte sie aber in genanntem Jahre ebenfalls gegen dunkelblau. Die leichten Dragoner erhielten nach dem siebenjährigen Kriege Bügel= helme mit roten Roßhaarschweifen nach Art der englischen Dragoner (Taf. 33, c). Bei der Auflösung der Armee im Jahre 1803 waren die Abzeichen folgende:

Regiment	Abzeichen	Knöpfe
Leibgarde	rot	gelb
1. Kavallerie=Regiment	"	weiß
2. " . "	weiß	gelb
3. " "	gelb	weiß
4. " "	weiß	"
5. (Dragoner=Regiment)	"	"
6. " "	gelb	"
7. " "	"	"
8. " "	weiß	gelb
9. (Leichtes Dragoner=Regiment)	rot	"
10. " " "	"	weiß

In der englisch = deutschen Legion bestanden zwei Dragoner=Regimenter, welche von 1808 bis 1812 schwere Regimenter waren, dann leichte wurden. Als Uni= form ein rotes Kollet mit ebensolchen Achselklappen und Schulterwülsten, gelbe Vorstöße und Brustlitzen. Das 1. Regiment hatte dunkelblaue, das 2. schwarze Abzeichen. Beinkleider und Lederzeug weiß. Als Kopfbedeckung Hüte mit rotweißem Federstutz (Taf. 33, d). 1814 wurde die Uniform geändert und beiden Regimentern die Bekleidung der englischen leichten Dragoner gegeben (Taf. 33, e). Sie bestand aus dunkelblauen Kollets, weißen Beinkleidern, roten Kragen, Rabatten, Aufschlägen und Schoßumschlägen, rot= blauem Paßgürtel. Gelbe Knöpfe, Epauletten und Czako= garnitur beim 1. Regiment, beim 2. diese Stücke in weiß. Sowohl zu der Uniform der schweren wie der leichten Dragoner zur Schonung der weißen, in den Stiefeln getragenen Beinkleider graue Überhosen. Ferner gehörten zur Legion drei Husaren=Regimenter, deren Bekleidung ebenfalls nach englischem Muster geregelt war (Taf. 33, f). Dolmans und Pelze dunkelblau, Paradehosen weiß in Husaren= stiefeln, im Felde graue Überhosen. Kragen und Aufschläge waren beim 1. Regiment rot, beim 2. weiß, beim 3. gelb. Die Schnüre beim 1. und 2. gelb, beim 3. weiß. Das 1. Regi= ment hatte Pelzmützen von sehr breiter Form, das 2. und 3. schmälere mit ledernen Augenschirmen. Alle drei rote Beutel und rotweißen Stutz.

1813 wurden drei neue Husarenregimenter errichtet (nicht zur Legion gehörig). Das Lüneburgische Regiment trug dunkelblaue Dolmans und rote Pelze; Kragen und Aufschläge rot, Schnüre weiß. Beinkleider grau mit roten, bei den Offizieren silbernen Streifen. Graue Pelzmützen mit hell= blauem Beutel. Das Husaren=Regiment Bremen und Verden grüne Dolmans mit roten Abzeichen; rote Pelze, weiße Schnüre, die 1. Schwadron Czakos mit schwarzem, die 4. mit rotem Besatz, die 2. und 3. graue Pelzmützen mit rotem Beutel, Beinkleider wie oben. Das freiwillige Husaren=Regiment Herzog von Cumberland grüne Dolmans und Pelze, rote Kragen und Aufschläge, Czakos mit gelbem Besatz, graue Hosen mit gelben Streifen. 1816 folgte eine Neuformation der Kavallerie. Das Garde= Kürassier=Regiment (später Garde du Corps) weiße Kollets mit roten Abzeichen und gelbem Besatz, gelbe Kürasse, hohe Bügelhelme mit Raupe. Das Leib=Kürassier= Regiment weiße Kollets mit blauen Abzeichen und gelbem Besatz, schwarze Kürasse und Bügelhelme mit Raupe (Taf. 33, h), das Garde=Husaren=Regiment die Uni= form des 1. Husaren=Regiments der Legion, das 2. und 3. ebenfalls die ehemalige Uniform der entsprechenden Regi= menter der Legion, nur jetzt ebenfalls breitere Pelzmützen ohne Augenschirm. Das 4. Husaren=Regiment dunkel= blaue Pelze und Dolmans mit roten Abzeichen und weißen Schnüren. Pelzmützen wie die übrigen Husaren=Regimenter. Das 1. Ulanen=Regiment grüne Kollets und Beinkleider,

rote Abzeichen, gelbe Knöpfe, weißgelbe Paßgürtel, rote
Czapkas (Taf. 33, g). Das 2. Ulanen=Regiment ebenso,
aber schwarze Czapkas. 1833 wurde die ganze Kavallerie
zu Dragonern umgeformt. Die Garde du Corps legte die
Harnische ab. Die Uniform wurde durchgängig dunkelblau,
Beinkleider hellblau. Als Kopfbedeckung ein schwarzer Helm
mit Bügel und schwarzer Raupe (Taf. 33, k).

Regiment	Abzeichen	Knöpfe und Litzen
Garde du Corps . . .	rot	gelb
Königs = Dragoner . . .	"	"
Königin = Dragoner . .	weiß	"
Cambridge=Dragoner .	gelb	weiß

Die neue Formation wurde indessen bald aufgehoben.
1838 trug die Garde du Corps weiße Kollets mit roten
Abzeichen und weißen Litzen. Das Gardekürassier=Regi=
ment weiße Kollets mit kornblumblau und gelben Litzen.
Beide Regimenter legten die Kürasse wieder an. Das
Garde=Husaren=Regiment blaue Pelze und Dolmans,
gelbe Schnüre, rote Czakos. Das Königin=Husaren=
Regiment ebenfalls blaue Dolmans und Pelze, aber weiße
Schnüre und karmesinrote Czakos. Die Cambridge=
Dragoner blau mit lichtblauen Abzeichen und weißen
Knöpfen. Kronprinz=Dragoner blau mit weißen Ab=
zeichen und gelben Knöpfen. Königs=Dragoner blau
mit roten Abzeichen, gelben Knöpfen; Leib=Dragoner blau
mit gelben Abzeichen und weißen Knöpfen. Alle Dragoner=
Regimenter trugen schwarze Czakos.

1849 wurde der Waffenrock bezw. Koller eingeführt.
Die Garde du Corps in denselben Farben wie vorher,
dazu Stahlhelme mit gelben Beschlägen. Zur Parade weißen
Roßhaarbusch. Die Farbe des Kürasses war, wie schon früher,
gelb, weißmetallene Sonne als Dekoration (Taf. 33, n). Das
Garde=Kürassier=Regiment gleichfalls die alten Uni=

formfarben, dieselben Helme wie die Garde du Corps,
schwarze Harnische mit gelbem Stern. Garde=Husaren und
Königin=Husaren auch die früheren Farben. Seit 1847
Pelzmützen mit rotem bezw. karmesinrotem Beutel (Taf. 33, i),
Cambridge=Dragoner hellblaue Waffenröcke mit
karmesinroten Abzeichen und weißen Knöpfen und Litzen.
Als Kopfbedeckung schwarze Pickelhauben, aber nicht aus
Leder, sondern aus lackiertem Blech gefertigt, mit springen=
dem Roß (Taf. 33, m). Zu Paraden weiße Haarbüsche.
Kronprinz=Dragoner Waffenröcke in den ehemaligen
Farben, ebenfalls Pickelhauben. Bei der gesamten Kavallerie
graue Beinkleider wie in Preußen. Seit 1840 bestand eine
Sektion Königs=Gensdarmerie, eine Art Ordonnanz=
truppe. Rote Dolmans, blaue Pelze, gelbe Schnüre und
graue Beinkleider. Czakos nach Art der ungarischen Husaren,
anfangs rot, seit 1859 schwarz.

IV. Artillerie. Geniekorps.

Die Artillerie trug im 18. Jahrhundert hellblaue
Röcke im Schnitt wie bei der Infanterie. 1743 bestanden
die Abzeichen aus halben roten Rabatten und Westen sowie
Schoßumschlägen, schwarzen Ärmelpatten, gelben Vorstößen
und Knöpfen und ausgenähten Knopflöchern. Gelbe Bein=
kleider. Der Hut war mit gelber Borte eingefaßt. Die
Pulverflasche an rotem, gelb vorgestoßenem Bandelier
(Taf. 32, m). Später wurden die Unterkleider weiß; die
Uniformfarben erhielten sich bei wechselndem Schnitt bis
zur Auflösung der Armee im Jahre 1803. Die Uniform
der Artillerie in der englisch=deutschen Legion, von dunkel=
blauer Grundfarbe mit roten Abzeichen und gelben Besätzen
völlig wie in England. Fußartillerie Infanterie=Kaskets,
gelbe Brustlitzen und graue Hosen, reitende Artillerie Raupen=
helm, gelbe Brustverschnürung, Hosen wie die Reiterei. Nach
den Befreiungskriegen war die Artillerie in dunkelblaue
Kollets mit roten Abzeichen gekleidet. Knöpfe und Litzen
am Kragen sowie Epauletten gelb. Der Czako hatte gelbe

Behänge (Taf. 32, n). 1838 waren die Abzeichen schwarz, Achselstücke und Vorstöße rot. 1849 Waffenröcke in gleicher Farbenzusammenstellung, Pickelhauben mit gelbem Beschlag und weißem springenden Roß. Auf der Spitze eine Kugel. Die reitende Artillerie dazu noch schwarze Haarbüsche. 1859 wurden Czakos österreichischen Modells eingeführt (Taf. 32, o), 1862 erhält die reitende Artillerie Helme in ähnlicher Form, wie solche die reitende Artillerie der Legion trug.

Die Ingenieure hatten bis 1803 dieselbe Uniform wie die Artillerie. Bei der englisch-deutschen Legion bestand seit 1808 ein Ingenieurkorps, aber nur aus 10 Offizieren. Als Uniform dunkelrote Fracks mit schwarzen Kragen und Aufschlägen, gelben Knöpfen und grauen Hosen. Hüte mit gelber Agraffe und weißrotem Federbusch. Nach den Befreiungskriegen war die Grundfarbe der Uniform blau, Abzeichen schwarz, die Knöpfe gelb. Als Kopfbedeckung Czakos, 1838 wie die Artillerie, aber weiße Knöpfe, 1849 Waffenröcke, Helme mit Kugel, wie solche die Artillerie bekam, aber mit weißem Beschlag. 1859 Käppis mit schwarzem Haarbusch, schwarzes Lederzeug.

Hessen-Kassel.

(Kokarde rot-weiß.)

I. Infanterie.

Bis zum Jahre 1806 war die Infanterie im allgemeinen nach preußischem Muster gekleidet. Die Grenadiere trugen im 18. Jahrhundert Grenadiermützen ähnlich den preußischen. Musketiere bortierten Hut, Füsiliere Füsiliermützen preußischen Modells. Die Grundfarbe der Uniform war blau, Abzeichen verschiedenfarbig. 1806 erfolgte bekanntlich die Auflösung der Armee oder wie man es nannte die Beurlaubung. Nach der Vertreibung des Königs Jérôme aus Kaſſel wurde Ende 1813 die Armee neu gebildet. Die Infanterie (Taf. 34, a S. 193) erhielt dunkelblaue Kollets mit roten Schoß= umſchlägen und zwei Knopfreihen vorn. Die Beinkleider waren weiß, dazu ſchwarze Gamaſchen bis unter die Knie= ſcheibe reichend.

Die Leib=Grenadier=Garde hatte rote Kragen, Achſel= klappen und ſchwediſche Aufſchläge, weiße Knöpfe und Gardelitzen. Pelzmützen mit weißem Blech und Behängen, Stutz weiß mit roter Spitze. Das Garde=Grenadier=Regiment die gleiche Uni= form, aber Czakos vorn mit weißer Granate geſchmückt. Dazu weiße Schuppenbänder und Behänge, karmeſinweißes National und Stutz wie die Leibgrenadiergarde. Die Linien=Infanterie hatte dunkelblaue Ärmelpatten und Czakos vorn ohne Beſchlag, nur mit Schuppenketten, weißen Behängen und Stutz geſchmückt. Die Ab= zeichen waren beim Regiment „Kurfürſt" gelb, die Knöpfe weiß; „Kurprinz" weiß, Knöpfe gelb; „Landgraf Karl" rot, Knöpfe gelb; „Solms=Braunfels" karmeſinrot, Knöpfe weiß. Das Lederzeug war wie in Preußen angeordnet. Dieſe Uniformen wurden bis zum Jahre 1821 getragen. Dabei muß noch bemerkt werden, daß von 1813 bis zum genannten Jahre der Zopf wieder vorſchriftsmäßig war, allerdings nur in ſehr kleiner Form bis zum unteren Kragen= rande reichend, und zwar wurde er von allen Waffengattungen getragen.

1813/14 wurde auch Landwehr=Infanterie ins Feld geſtellt. Die Uniform war der entſprechenden preußiſchen ſehr ähnlich. Als Abzeichenfarbe trug das 1. Landwehr= Regiment karmeſinrot, das 2. ſchwarz, das 3. rot. Die Knöpfe waren weiß. Als Kopfbedeckung Czakos im Überzug, vorn mit Landwehrkreuz. 1821 erhielt die Schweizer Leibgarde dunkelblaue Kollets mit ebenſolchen Ärmel= patten, roten Kragen, Rabatten, Aufſchlägen und Schoß= futter. Achſelklappen weiß mit gelber Granate. Kragen, Rabatten und Ärmelpatten mit weißen Puſchellitzen ver= ſehen. Als Kopfbedeckung Pelzmützen mit weißen Behängen und Schild ſowie Schuppenketten. Mützendeckel rot mit weißer Granate. Das Leibgarde=Regiment Kollets faſt genau denen des preußiſchen 1. Garde=Regiments ent= ſprechend. Auf den weißen Achſelklappen bis 1832 eine

gelbe Krone. Beinkleider, Czako und Lederzeug wie in
Preußen, natürlich mit National von der Landesfarbe.
Behänge für die Chargierten rot durchflochten. Die Linien=
Infanterie=Regimenter trugen gleichfalls Kollets wie
in Preußen, beim 1. Regiment Achselklappen weiß, Ärmel=
patten gelb, beim 2. beide Stücke weiß, beim 3. Achselklappen
rot, Ärmelpatten hellblau. Der Czako hatte außer dem
National eine Kokarde mit Agraffe, darunter den kurfürst=
lichen Namenszug. Ferner Schuppenketten und Behänge.
1832 führten die Regimenter Nummern auf den Achsel=
klappen. 1832 wurden Ärmelpatten und Achselklappen
gleichfarbig (Taf. 34, b), beim 1. Regiment gelb, 2. karmesin,
3. rot. 1846 Waffenröcke und Pickelhauben nach preußischem
Muster. Die Schweizer Leibgarde und das Garde=Regiment
hatten weiße Helmbeschläge, die übrigen gelbe. Zu Paraden
für die beiden Garde=Regimenter Haarbüsche und zwar für
die Schweizer Leibgarde weiße, für das Garde=Regiment
schwarze. Der Waffenrock unterschied sich von dem preußischen
besonders dadurch, daß er nicht rote Kragenpatten, sondern
ganz roten Kragen hatte (Taf. 34, c). Später wurde die
Gürtelrüstung eingeführt.

II. Jäger und Schützen.

1813 wurde ein Jägerbataillon errichtet. Die Uni=
form glich im Schnitt derjenigen der Infanterie. Die Farbe
des Kollets war dunkelgrün, die Abzeichen karmesinrot,
Knöpfe weiß, Hosen hellgrau. Als Kopfbedeckung Czakos.
Die freiwilligen Jäger 1814 trugen dunkelgrüne Kollets
mit gelben Knöpfen, hellblaue Abzeichen, graue Hosen,
schwarzes Lederzeug. Czakos mit National, gelbem Jäger=
horn, grünen Schärpen und Busch. 1821 wurde das bis=
herige Jägerbataillon zu einem Garde=Jägerbataillon
formiert. Die dunkelgrünen Kollets, ganz wie in Preußen
geschnitten, hatten rote Kragen, Aufschläge und Ärmelpatten,
weiße Knöpfe und Litzen. Die Achselklappen weiß mit gelber
Krone. Am Czako weißer Stern, grüner Stutz und Behänge.

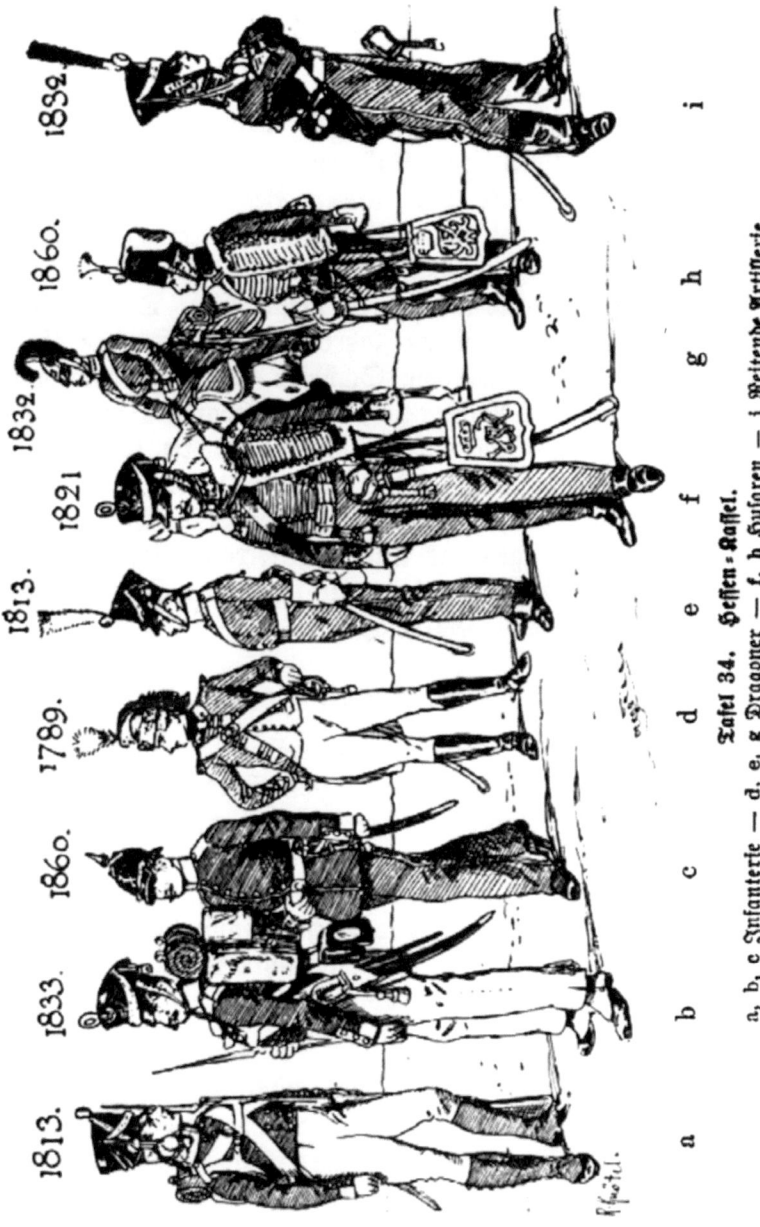

Tafel 34. Hessen = Kassel.

a, b, c Infanterie — d, e, g Dragoner — f, h Husaren — i Reitende Artillerie.

1832 wurden Knöpfe, Litzen und Czakosterne gelb, die Achselklappen rot, der Stutz schwarz. 1821 errichtete man ein Schützenbataillon, dessen Formation häufig wechselte. Die Uniform bestand aus grünen Kollets mit ebensolchen Ärmelpatten und Schoßumschlägen, hellblauen Abzeichen, gelben Kragenlitzen und Knöpfen, roten Vorstößen und Achselklappen. Czako mit weißen Behängen und Stutz. Dekoration wie bei der Infanterie. Lederzeug schwarz. 1846 erhielt es grüne Waffenröcke, dazu Helme mit gelbem Beschlag. Zu Paraden schwarze Haarbüsche. Das Garde= Jägerbataillon im gleichen Jahre grüne Waffenröcke ohne Litzen und Helme wie die Schützen. 1858 Käppis mit gekröntem gelben Namenszug und schwarze Haarbüsche. 1851 wurde das Schützenbataillon zu Füsilieren (also blaue Uniform) umgewandelt, 1856 dagegen wurde es wieder Schützenbataillon und erhielt als solches grüne Waffenröcke mit schwarzen Kragen und Aufschlägen, roten Achselklappen und gelben Knöpfen. Helme mit schwarzen Haarbüschen, 1858 Käppis wie die Gardejäger.

III. Reiterei.

Im 18. Jahrhundert war die Reiterei ebenfalls analog der preußischen Uniform, sogar zum Verwechseln ähnlich. In den achtziger Jahren machte sich aber teilweise englischer Einfluß geltend, so sehen wir z. B. die Dragoner mit englischen Dragonerhelmen ausgerüstet (Taf. 34, d). Im allgemeinen blieb aber der preußische Einfluß vorherrschend, bis zur Auflösung der Armee im Jahre 1806. 1813 bis 1821 bestanden folgende Truppenteile:

Garde du Corps: Uniform fast genau wie die damalige preußische, nur bayrischer Raupenhelm.

Garde=Husaren: Pelz und Dolman dunkelblau, Kragen, Aufschläge und Säbeltaschen sowie Beutel der Pelz= mütze rot, Schnüre weiß. Lederhosen in Husaren= stiefeln.

Leib=Dragoner=Regiment (Taf. 34, e): hellblaue
Kollets mit zwei Reihen gelber Knöpfe, rote Ab=
zeichen, Czakos, Beinbekleidung wie die Huſaren.
Huſaren = Regiment: Uniformfarben wie bei den
Garde=Huſaren. Als Kopfbedeckung Czakos.

Für die Garde du Corps iſt für die Folgezeit zu bemerken,
daß ſich die Uniform in gleicher Weiſe entwickelte wie bei der
entſprechenden preußiſchen Truppe. 1821 Lederhelme mit
Bügel und ſchwarzem Roßhaarkamm, gelbem Beſchlag mit
weißem Stern. Abzeichen rot mit weißen Gardelitzen; Bein=
bekleidung, Schabraken wie in Preußen, nur waren die
Harniſche weiß. Seit 1846 weiße Koller und Küraſſier=
helme preußiſchen Modells.

1821 bis 1832 beſtanden zwei Huſaren=Regimenter
(Taf. 34, f). Das 1. trug dunkelblaue Dolmans, Pelze und
Schabraken, rote Kragen, Aufſchläge und Zackenrand auf
der Schabrake. Die Schnüre waren weiß, das Lederzeug
ſchwarz. Schärpe weiß und rot. Das 2. Regiment Pelze
und Dolman dunkelbraun, ebenſo die Schabraken, deren
Zackenrand gleich den Kragen und Aufſchlägen hellblau war.
Säbeltaſche rot, Schnüre gelb, Schärpe hellblau und gelb.
Beiden gemeinſam war der Czako mit National, Kokarde,
Agraffe und weißen Behängen. Graue Beinkleider mit
roter Bieſe. Zu erwähnen iſt, daß Pelz und Dolman mit
Achſelklappen in der Kragenfarbe verſehen waren. Um die
Achſelklappen herum ein kleiner Kettenbeſatz. Auf der Achſel=
klappe Regimentsnummer in der Farbe der Beſchnürung.

Von 1832 bis 1845 waren beide Regimenter in ein
einziges Regiment formiert, welches den Namen „Leib =
Dragoner=Regiment" (Taf. 34, g) führte. Kollets
hellblau mit zwei Reihen gelber Knöpfe, rote Kragen,
Achſelklappen und ſchwediſche Aufſchläge, Vorſtoß um die
Schoßumſchläge ebenfalls rot. Lederzeug weiß. Helme
wie die damaligen preußiſchen Küraſſiere. Hoſen grau
mit roter Bieſe.

Von 1845 bis 1866 war das Regiment wieder ein=
geteilt in zwei Husaren=Regimenter (Taf. 34, h), von
denen das 1. hellblaue, das 2. dunkelblaue Uniform trug.
Die Beschnürung war weiß, Mützenbeutel und Säbeltasche
rot. Diese Uniformfarben haben auch die beiden Regimenter
13 und 14 als preußische Regimenter beibehalten, nur wurde
die Säbeltasche blankledern.

IV. Artillerie, Pioniere und Train.

Die frühere Uniform der Artillerie war blau mit
karmesinrot. Dieselben Farben wurden auch bei der Neu=
bildung der Armee im Jahre 1813 beibehalten und zwar
erhielt der Kragen Gardelitzen, die Knöpfe waren gelb. Als
Kopfbedeckung Czakos. Fußartillerie weiße Beinkleider,
reitende dunkelblaue mit karmesinroter Biese. 1821 wurde
die Grundfarbe der Kollets dunkelgrün, die Abzeichen
schwarz; gelbe Gardelitzen und Knöpfe, rote Schulter=
klappen. Die reitende Artillerie hatte Schöße nach Kavallerie=
art, d. h. Umschläge von der Grundfarbe und Besatz von
der Kragenfarbe, dazu rote Vorstöße; Fußartillerie rot um=
geschlagene Schöße. Am Czako, auf der Patrontasche bezw.
Kartusche gelbe Granate. Gelbe Schuppenketten, rote Behänge.
Für die reitende Artillerie dunkelgrüne Roßhaarstutze, Leder=
zeug weiß, bei der Fußartillerie schwarz. 1832 erhielten
Kragen und Aufschläge einen roten Vorstoß (Taf. 34, i),
die Fußartillerie ebenfalls weißes Lederzeug. Die Roß=
haarstutze, die jetzt auch die Fußartillerie erhielt, wurden
schwarz. 1846 dunkelblaue Waffenröcke nach preußischer
Probe, Helme mit gelbem Beschlag. Zur Parade schwarze
Haarbüsche.

Die Pioniere, seit 1832 erst von der Artillerie getrennt,
trugen bis 1846 die Uniform der Fußartillerie, nur weiße
Litzen, Knöpfe, Czakobehänge und Beschlag, schwarze Stutze
und Lederzeug. 1846 Waffenröcke wie in Preußen ohne
Litzen, Helme mit weißen Beschlägen. Zu Paraden schwarzer
Haarbusch.

Der Train wurde 1854 zu einer Trainabteilung formiert. Dunkelblaue Waffenröcke, karmesinrote Abzeichen, gelbe Knöpfe. Als Kopfbedeckung dunkelblaue Schirmmützen mit karmesinroten Streifen und Vorstoß. Säbel an schwarzem Koppel.

***

Nassau.

(Kokarde schwarz, National blau und orange.)

Ein Regiment, welches Nassau-Weilburg zum ober-rheinischen Kreise stellte, trug seit den fünfziger Jahren des 18. Jahrhunderts blaue Uniformen mit weißen Abzeichen und Unterkleidern, wie überhaupt die Truppen des ober-rheinischen Kreises. 1803 wurde ein Leibbataillon von Todenwarth errichtet. Die Kollets waren von dunkel-grüner Grundfarbe, vorn mit einer Reihe gelber Knöpfe geschlossen. Kragen, Aufschläge, Schoßumschläge und Achsel-klappen rot, gelber Borten- und Litzenbesatz. Unterkleider weiß, Lederzeug gelb. Als Kopfbedeckung Raupenhelme mit schwarzem Stutz (Taf. 35, a S. 199). 1808 ging dieses Bataillon in dem damals errichteten 1. nassauischen Infanterie-Regiment auf. Zu gleicher Zeit wurde ein 2. Regiment gebildet. Beide Regimenter trugen dunkel-grüne Kollets mit ebensolchen Schoßumschlägen und einer Reihe von gelben Knöpfen. Kragen und Aufschläge schwarz, mit orange Bortenbesatz. Lederzeug wie früher, weiße Westen, hellgraue Beinkleider mit schwarzen Verschnürungen am Latze, schwarze Gamaschen. Als Kopfbedeckung Czakos, die Offiziere den Hut, bald darauf ebenfalls Czakos. Als Chargenabzeichen goldene Epauletten nach französischem Muster, als Dienstzeichen Ringkragen. Degen an gelbem Schulterbandelier, vorn ein Schildchen mit dem nassauischen Wappen. Die Grenadiere und Voltigeure Epauletten und Stutz wie in der französischen Armee. Als Kopfbedeckung sollten die Grenadiere die alten Helme des ehemaligen

Bataillons von Tobenwarth tragen (Taf. 35, b). Die 2. Grenadierkompagnie des 1. Regiments rückte jedoch 1809 in Czakos nach Spanien aus. 1810 wurden die Raupen= helme ganz abgeschafft und durch Pelzmützen mit rotem Beutel, Stutz und Behängen ersetzt (Taf. 35, d). Statt der orangefarbenen Litzen und Besätze wurden um 1809 die Kragen und Aufschläge mit einem einfachen gelben Vor= stoß geschmückt. Ebenso die Achselklappen (Taf. 35, c). 1814 erhielten die Grenadiere und Flanqueure (Voltigeure) statt der Fransenepauletten rote bez. gelbe Achselwülste. Bei den Centrumskompagnien waren auf den Czakos je nach den Kompagnien verschiedenfarbige Pompons angebracht. In dieser Ausstattung erhielt sich die Uniform bis 1833. Die Unterscheidung in Grenadiere und Flanqueure fiel jetzt weg, nur wurden die 3. Bataillone sogenannte leichte Bataillone, und als solche durch ein Jägerhorn an Stelle der gelb= metallenen Sonne am Czako äußerlich gekennzeichnet. Kollet und Beinkleider waren jetzt dunkelgrün, bei den Offizieren letztere grau. Kragen und Aufschläge schwarz, Czakobehänge, Achselklappen, Achselwülste, Schoßumschläge und Vorstöße rot. Lederzeug und Knöpfe gelb. Am Czako blaues National mit orange Rand (Taf. 35, e). 1849 wurde der Regiments= verband aufgehoben. Die Infanterie zerfiel in sechs selb= ständige Bataillone. Gleichzeitig wurde der Waffenrock eingeführt und zwar von dunkelgrüner Grundfarbe mit schwarzen Kragen und Aufschlägen, roten Achselklappen und Vorstößen. Graue Hosen mit roter Biese. Als Kopfbedeckung Pickelhauben mit eigentümlich gestalteter Spitze, Beschläge gelb. Knöpfe, Lederzeug und Bataillonsnummer auf den Achselklappen ebenfalls gelb (Taf. 35, f). 1855 wurde der Regimentsverband wieder eingeführt. 1862/63 erfolgte eine Uniformänderung und zwar mit Anlehnung an das österreichische Vorbild. Die Uniform behielt die gleichen Farben wie vorher, doch wurden jetzt vorn zwei Knopfreihen angebracht. Der Vorstoß lief rings um den Rock. Als Kopf= bedeckung Käppis nach dem Modell der österreichischen

1806. 1809. 1810. 1810. 1833. 1849. 1862. 1857. 1864. 1833.

a b c d e f g h i k

Tafel 35. Naffau.

a, b, c, d, e, f, g Infanterie — h, i Jäger — k Artillerift.

Artillerie, linksseits befestigten schwarzen Roßhaarbusch
(Taf. 35, g). Die Schützen unterschieden sich durch eine
gelbe Einfassung der Achselklappen und das Fehlen des
Bügels am Seitengewehr. Der Czako wurde gewöhnlich
im Überzuge getragen. Beim Ausmarsch in den Feldzug
1866 schwärzte man das gelbe Lederzeug. 1857 wurde
ein Jägerbataillon errichtet. Es erhielt dunkelgrüne
Waffenröcke preußischen Schnitts, schwarzen Kragen und
Aufschläge, weiße Achselklappen, Vorstöße und Knöpfe.
Schwarzes Lederzeug, graue Hosen mit weißer Biese. Käppis
mit schwarzem, linksseits befestigtem Roßhaarbusch und weißem
Wappenstern (Taf. 35, h). 1864 wurden Rock und Hosen
ganz schwarz, Brustschnüre und Schnitt wie bei den Braun-
schweigern. Kragen und Aufschläge von der schwarzen Grundfarbe (Taf. 35, i). Die Kopfbedeckung blieb dieselbe. Die
orange Schärpe, welche die Offiziere trugen, erhielt 1864
bei den Jägeroffizieren die Form der Husarenschärpe. Die
Gradabzeichen seit 1862 nach österreichischem Muster.
Reiterei besaß Nassau nur während der Rheinbundszeit und
zwar ein Regiment Jäger zu Pferd. Die Uniform war
ganz grün mit weißen Husarenschnüren, schwarzem Lederzeug und ebensolcher Säbeltasche mit Namenszug F. M und
Krone aus weißem Metall. Als Kopfbedeckung anfangs
bayrische Raupenhelme, später Pelzmützen mit rotem Beutel.
Die nassauische Artillerie war 1833 ganz ähnlich wie die
Infanterie uniformiert, nur waren alle Stücke, die dort rot
waren, hier karmesinrot, die Beinkleider grau mit karmesinroten Streifen (Taf. 35, k). Dieser Unterschied charakterisierte
auch bei den späteren Änderungen der Uniform, welche analog
denjenigen bei der Infanterie war, die Bekleidung der
Artillerie.

Frankfurt am Main.

(Kokarde schwarz, später rot und weiß.)

1806 mußte Frankfurt am Main unter dem Fürsten Primas von Dalberg ein Rheinbunds = Kontingent stellen. Die Uniform bestand für die Füsiliere (Taf. 36, a S. 203) aus weißen Röcken österreichischen Schnitts mit roten Abzeichen und weißen Knöpfen. Lederzeug und Hosen weiß, schwarze Gamaschen. Hut mit schwarzer Kokarde. Die Jäger (Taf. 36, b) trugen eine Art von französischem Surtout, gleich den Beinkleidern von grüner Grundfarbe. Um die ebenfalls grünen Abzeichen rote Vorstöße. Knöpfe weiß, Weste gelb, Lederzeug und Gamaschen schwarz. Grüner Czako mit schwarzem Stutz und weißroten Behängen. 1808 bis 1809 wurde die Bekleidung ganz nach französischer Norm geregelt. Dunkelblaue Röcke (im Schnitte des Surtout) mit ebensolchen Kragen. Die spitzgeschnittenen Rabatten und Aufschläge sowie das Schoßfutter rot. Vorstöße und Knöpfe weiß. Czako mit weißem Schildchen und Kokarde. Die Abzeichen der Füsiliere, Grenadiere und Voltigeure wie in Frankreich. Beinkleider blau in schwarzen Gamaschen (Taf. 36, c), für gewöhnlich blautuchene oder weißleinene Überhosen. Das spätere Kontingent, welches Frankfurt zum deutschen Bundesheere stellte, trug dunkelblaue Kollets und Beinkleider, rote Abzeichen und Vorstöße, Knöpfe, Lederzeug und Czakobehänge weiß, Czakobeschlag gelb, weißes Pompon mit roter Puschel (Taf. 36, d). Die Schützen hatten grüne Kragen, Aufschläge, Achselklappen mit roten Vorstößen. Czakobehänge und Pompon ebenfalls grün. Vorn am Czako gelbes Jägerhorn. Lederzeug schwarz. Später Waffenröcke und Helme nach preußischem Muster (Taf. 36, e). Grund= farbe des Rockes blau, Abzeichen rot, Knöpfe weiß, Bein= kleider wie in Preußen. Helmbeschläge gelb.

Heſſen-Homburg.

Das landgräflich Heſſiſch-Homburgiſche Bundeskontingent trug eine Uniform, welche faſt genau der des damaligen Heſſiſch-Darmſtädtiſchen Regiments „Erbprinz" entſprach. Später grüne Waffenröcke mit roten Kragen, Aufſchlägen und Achſelklappen, weiße Knöpfe, ſchwarzes Lederzeug und Käppis mit Roßhaarbüſchen.

Hohenzollern-Hechingen. — Hohenzollern-Sigmaringen.

Die beiden Hohenzollernſchen Fürſtentümer traten 1849 ihre Souveränität an Preußen ab. Das Kontingent, welches beide bis dahin zum deutſchen Bundesheere ſtellten, trug dunkelblaue Kollets und Beinkleider, rote Kragen, Aufſchläge und Schoßumſchläge. Die Ärmelpatten waren bei der 1. Kompagnie von weißem, bei der 2. gelbem, bei der 3. dunkelblauem Tuche, bei den Schützen, die von Liechtenſtein geſtellt wurden, von grünem Tuche. Die 1. Reſervekompagnie hellblaue, die 2. orange Patten. Die Czakos hatten ein weiß-metallenes Schild und rote Doppelpompons. Das Lederzeug war weiß, für die Schützen ſchwarz. In den vierziger Jahren wurden die Kragen, Aufſchläge und Achſelklappen durch-gängig hellgrün, dazu weiße Gardelitzen. Auf den Czakos ſchwarze, Spielleute weiße Haarbüſche. Lederzeug ſchwarz. 1845 dunkelblaue Waffenröcke mit zwei Reihen weißer Knöpfe. Hellgrüne Abzeichen. Die nunmehr dunkelblauen Achſelklappen bekamen roten Vorſtoß.

Schleswig-Holſtein.

Die Schleswig-Holſteinſche Infanterie der Jahre 1848 bis 1850 trug eine faſt genau der damaligen preußiſchen entſprechende Uniform, nur ging die rote Farbe beim Kragen

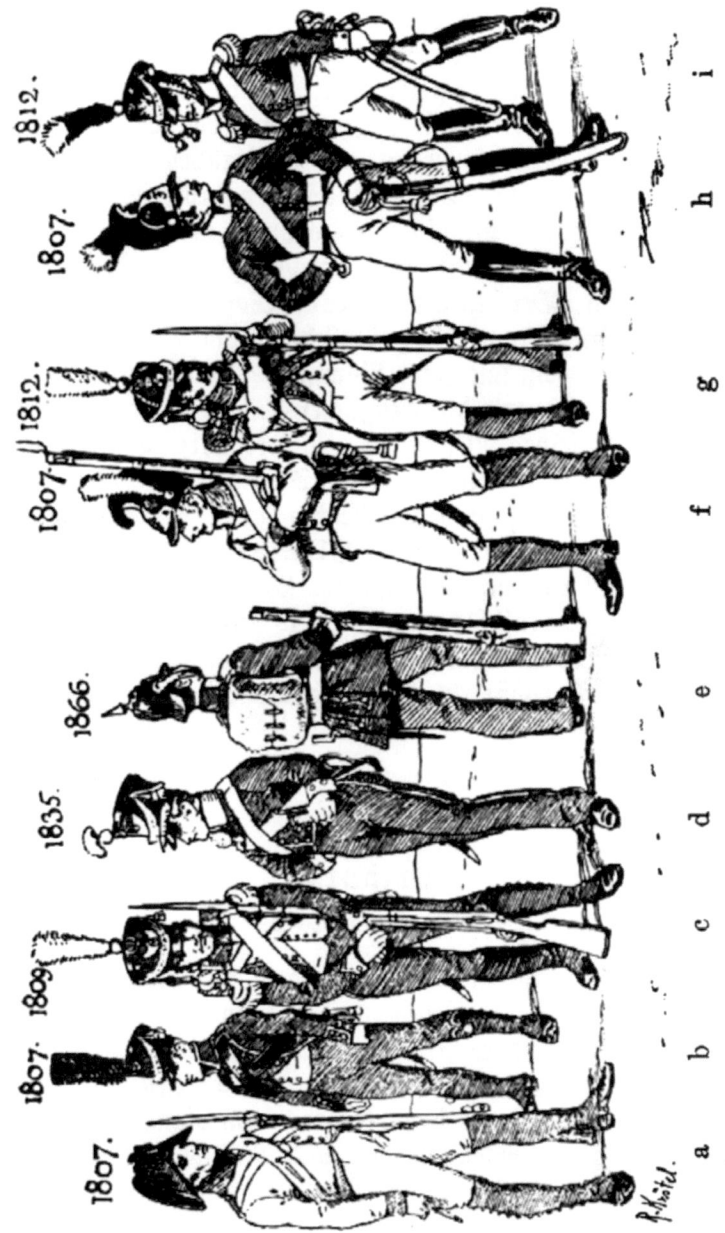

1812. 1807. 1807. 1812. 1866. 1835. 1807. 1809. 1807. 1807.

R. Knötel.

Tafel 36. Frankfurt am Main. — Würzburg.

Frankfurt am Main: a, b, c, d, e Infanterie. — Würzburg: f, g Infanterie — h, i Dragoner (Chevaulegers).

a   b   c   d   e   f   g   h   i

ganz herum. Die Achselklappen waren weiß mit roter
Bataillonsnummer, Knöpfe und Lederzeug weiß. Dänische
hellblaue Beinkleider mit rotem Vorstoße. Pickelhauben vorn
mit gelbem Doppeladler geschmückt, darauf das Schleswig=
Holsteinsche Wappen. Die Jäger dieselben Waffenröcke,
nur in grüner Grundfarbe mit roten Abzeichen und Achsel=
klappen. Knöpfe weiß. Beinkleider grau mit roten Vorstößen.
Lederzeug schwarz. Käppis mit Vorder= und Hinterschirm,
gelbem Doppeladler und tief herabhängendem schwarzen
Roßhaarbusch. Bei den Dragonern Waffenrock und Bein=
kleider hellblau; Kragen, spitze Aufschläge und Vorstöße rosa.
Achselklappen weiß mit roter Nummer. Knöpfe und Leder=
zeug weiß, Helme wie die preußischen Küraffiere von weißem
Metall mit gelben Beschlägen. Artillerie dunkelblaue
Waffenröcke und hellblaue Hosen. Abzeichen und Vorstöße
karmesinrot. Knöpfe und Helmbeschlag gelb. Auf dem Helm
eine Kugel. Lederzeug weiß. Pioniere dieselben Helme
wie die Artillerie, also mit Kugel. Waffenröcke dunkelblau
mit ebensolchen Aufschlägen, schwarze Kragen und Achsel=
klappen, erstere mit roten, letztere mit weißen Vorstößen.
Die übrigen Vorstöße rot, Knöpfe gelb, Lederzeug schwarz.
Hosen wie die Infanterie.

Würzburg.

(Kokarde blau=rot=gelb.)

Die Würzburgischen Truppen des 18. Jahrhunderts
trugen weiße Uniformen und zwar das eine der Regimenter
mit roten, das andere mit blauen Abzeichen. 1795 wurde
ein Würzburgisches Kreiskontingents=Bataillon er=
richtet. Die Bekleidung bestand aus einem blauen Rock mit
weißen Knöpfen, roten Kragen und Aufschlägen, weißen
Unterkleidern und schwarzem Hut mit ebensolcher Borte.
1801 wurden die Röcke weiß und die Bataillone durch rote,

blaue und grüne Abzeichen unterschieden. Die Grenadiere trugen Mützen, die Füsiliere Kaskets. In dem Werke von Weiland, Ausgabe von 1807, trägt die Würzburgische Infanterie (Taf. 36, f) weiße Röcke nach österreichischem Muster mit roten Abzeichen und gelben Knöpfen. Hosen und Lederzeug weiß, Gamaschen schwarz. Als Kopfbedeckung österreichische Helme, bei den Grenadieren roter, den Voltigeuren grüner Stutz. Außerdem die Voltigeure noch grüne Epauletten. Etwas später wurde der Czako eingeführt. Die Farben der Uniform blieben dieselben, doch änderte sich der Schnitt nach französischer Probe. Nunmehr rote Rabatten und weiße Ärmelpatten. Die weißen Abzeichen mit roten, die roten mit weißen Vorstößen. Die Unterkleider blieben weiß. Grenadiere und Voltigeure durch Epauletten, Stutz in roter bezw. grün-gelber Farbe ausgezeichnet (Taf. 36, g). Die Artillerie-Uniform gleichen Schnitts, nur war die Grundfarbe für Rock, Weste und Beinkleider hellgrau-braun. Auf den Schultern gelbe Achselschuppen. Czako mit roter Einfassung; Schärpen und Stutz. Keine Vorstöße um die roten Abzeichen. Die Dragoner (Chevaulegers) grüne einreihige Kollets mit gelben Knöpfen und roten Abzeichen. Lederzeug und Unterkleider weiß. Bügelhelme mit gelbem Beschlag und schwarzem, oben rotem Stutz (Taf. 36, h). Die Uniform blieb auch später noch, nur wurden rote Fransenepauletten und Czako mit roten Behängen eingeführt. Stutz wie früher (Taf. 36, i). Nach den Beschlüssen des Wiener Kongresses fiel Würzburg bekanntlich an Bayern.

Königreich Westfalen.

(Kokarde blau und weiß.)

Das Königreich Westfalen, welches Napoleon I. aus preußischen, kurhessischen, braunschweigischen Gebietsteilen sowie einer Menge von kleineren Distrikten zusammen-

geschweißt hatte, stellte unter Jérôme, dem Bruder des Ur=
jupators, eine stattliche Armee ins Feld. Schon vor Ablauf
des Jahres 1808 waren fünfzehn Bataillone, acht Kompagnien
Infanterie, vierzehn Eskadrons Kavallerie und zehn Kom=
pagnien Artillerie vorhanden. Die Linien=Infantérie,
anfänglich aus acht Regimentern bestehend, war weiß uni=
formiert und zwar trugen das 2., 7. und 8. Regiment dunkel=
blaue Kragen, Aufschläge, Rabatten und Vorstöße. Die
Schöße waren weiß. Das 3. und 4. Regiment hatte als
Abzeichenfarbe hellblau, das 5. und 6. gelb. Die Grenadiere
waren wie in der französischen Armee durch rote Czako=
behänge und Stutz sowie rote Fransenepauletten ausgezeichnet.
Die Voltigeure hatten grüne Czakobehänge, grünen, oben
gelben Stutz und grüne Epauletten mit gelben Halbmonden.
Die Centrumskompagnien (Füsiliere) trugen Achselklappen
von der weißen Grundfarbe, mit Vorstößen von der Ab=
zeichenfarbe. Die Behänge waren weiß. Den Czako schmückte
ein kreisförmiges Pompon mit gelber Kompagnienummer
und Rand in der Kompagniefarbe, wie in der französischen
Armee. In gleicher Weise hatte man auch die französischen
Chargenabzeichen übernommen. Um 1810 wurde die Uni=
form vereinfacht, dergestalt, daß die verschiedenen Regiments=
farben wegfielen und dafür allgemein dunkelblaue Kragen,
Rabatten ꝛc. üblich wurden. Die Knöpfe waren gelb
(Taf. 37, c). Im Jahre 1812 wurde ein Infanterie=
Regiment „Königin" errichtet, welches dieselbe Uniform wie
die Linien=Infanterie trug, also weiß mit dunkelblau. Nur
waren Kragen, Rabatten und Aufschlagspatten mit weißen
Litzen besetzt, die Knöpfe waren weiß. Die leichte In=
fanterie trug zuerst kornblumblau mit orange, später grüne
einreihige Uniform mit hellblauen Abzeichen und weißen
Knöpfen. Die Carabiniers, welche wie in Frankreich bei der
leichten Infanterie die Stelle der Grenadierkompagnien ein=
nahmen, waren durch die bekannten roten Grenadierabzeichen
kenntlich. Außer diesen Infanterietruppen gab es auch noch
Garde=Regimenter. Die Garde=Grenadiere (Taf. 37, a)

1808—1813.

Tafel 37. Königreich Westfalen.

a Garde-Grenadier — b Garde-Jäger — c Linien-Infanterie — d Offizier der leichten Infanterie — e Garbe du Corps — f Garde-Chevauleger — g Kürassier — h Husar — i Artillerie-Offizier.

a   b   c   d   e   f   g   h   i

hatten weiße langschößige Fracks mit roten Kragen, Auf=
schlägen, Rabatten, Schoßumschlägen und Epauletten. Erstere
drei Stücke mit goldenen Litzen besetzt. Die Unterkleider
waren weiß. Als Kopfbedeckung diente eine Pelzmütze ohne
Schild mit roten Behängen, Stutz und Deckel; letzterer mit
gelber Granate. Gelbe Schuppenketten. Bei den Offizieren
war der Stutz weiß, die Behänge golden. Die Garde=
Jäger (Taf. 37, b) hatten grüne Fracks, Hosen und Epau=
letten, Rabatten von der Grundfarbe. Kragen, Aufschläge
und Vorstöße gelb. Auf Kragen und Aufschlägen sowie auf
den Rabatten weiße Litzen. Knöpfe und Schnurverschlingung
auf den Beinkleidern, Besatz der Gamaschen weiß, Czako mit
weißen Behängen und grünem, oben gelbem Stutz. Beschläge
von weißem Metall. Die Voltigeur=Carabiniers hatten
ganz grüne Uniform. Litzen auf den Kragen, Vorstöße und
Besätze rot, ebenso die Halbmonde der grünen Epauletten,
Knöpfe gelb, Lederzeug schwarz. Czako mit gelben Beschlägen
und grünem, oben rotem Stutz. Die Gardes du Corps
hatten doppelte Uniform. Die Paradeuniform (Taf. 37, e)
bestand aus dunkelblauem Kollet, roten Abzeichen, gelben
Litzen und Fangschnüren, Brustharnisch von Stahl mit gelber
Sonne, Stahlhelm mit gelben Beschlägen, schwarzer Raupe
und weißem Stutz; schwarzes gelbgerandetes Lederzeug mit
gelben Beschlägen. Die weißen Beinkleider wurden in hohen
Stiefeln getragen. Zum Gala=Wachtdienst war ein weißes
Kollet vorschriftsmäßig, mit blauen Kragen, Rabatten und
Aufschlägen; alles rot vorgestoßen und mit goldenen Litzen
besetzt. Dazu gelbe Schuppenepauletten. Kurze Bajonett=
gewehre. Helm, Lederzeug und Beinbekleidung wie vorhin
beschrieben. Die Trompeter hatten rote Fracks mit blauen
Abzeichen und Goldbesatz. Der Helm zeigte eine weiße Raupe
und roten Stutz. Die Chevauleger=Lanciers der
Garde (Taf. 37, f): grüne Kollets und Hosen, rote Kragen,
Aufschläge und Schoßfutter, gelbe Litzen und kleeblattförmige
Epauletten. Fahlledernes Bandelier, schwarzer Helm mit
ebensolcher Raupe, gelben Beschlägen und Stutz. 1808

wurde ein Linien=Chevauleger=Lanciers=Regiment
errichtet, welches ähnliche Uniform erhielt. Die Abzeichen
waren orange, die Knöpfe weiß. Der Litzenbesatz fehlte. Im
Oktober 1812 wurde die Errichtung eines zweiten Regiments
befohlen, welches aber nie zu stande kam. 1811 sollten die
Chevauleger=Lanciers Lanzen erhalten, indessen kam dieser
Befehl nie zur Ausführung. Das 1. Kürassier=Regiment
wurde 1808 gebildet. Es erhielt weiße Fracks mit karmesin=
roten Kragen, Rabatten, Aufschlägen und Schoßfutter, weißen
Vorstößen und Knöpfen; weiße Beinkleider, rote Grenadier=
epauletten. Stahlhelm mit gelben Beschlägen, schwarzer
Raupe und brauner Pelzverbrämung. Anfangs keine, später
weiße Brustharnische (Taf. 37, g). Das 2. Kürassier=
Regiment bekam blaue Kollets mit orange Abzeichen,
französische Harnische und Helm wie das 1. Regiment, aber
mit schwarzer Verbrämung. Das 1. Husaren=Regiment
(Taf. 37, h) hatte ganz grüne Uniform mit weißer Be=
schnürung und rot und weißer Schärpe, schwarze Säbel=
taschen mit weißer Nummer, schwarzes Lederzeug, Czako
mit weißen Beschlägen und grünem Stutz. Das 2. Husaren=
Regiment ganz hellblau mit roten Kragen und Aufschlägen.
Im übrigen wie das 1. Stutz weiß. Das 1813 errichtete
Husaren=Regiment Jérôme=Napoléon hieß wegen
seiner roten Uniform im Volksmunde „die Krebse". Die Be=
schnürung war gelb. Pelze und Hosen blau, Czakos rot. Die
Fußartillerie (Taf. 37, i) hatte blauen Frack mit ebensolchen
Rabatten, rote Kragen, Aufschläge, Ärmelpatten, Schöße und
Vorstöße. Blaue Hosen, gelbe Knöpfe und Czakogarnitur,
Grenadierepauletten. Die reitende Artillerie ganz blau
mit roten Litzen auf Brust und Kragen. Rote Aufschläge und
Ärmelpatten, Stutz und Czakobehänge, fahlledernes Bandelier.
Statt der litzenbesetzten Uniform wurde auch ein Surtout
getragen mit blauen Rabatten; dazu rote gelbbeschnürte
Weste. Der Train trug grauen Surtout mit ebensolchen
Rabatten, rote Kragen, Aufschläge und Vorstöße, weiße
Knöpfe, rote weißbeschnürte Weste, graue Hosen mit weißer

Besetzung. Fahlleberne Bandeliere, Czako mit weißen Be=
schlägen und Behängen, rotes Flammenpompon. Die
Generalität war ganz nach französischem Muster uni=
formiert — blau mit Gold. Flügeladjutanten: blauer
einreihiger Frack mit gelben Abzeichen, goldene Epauletten
und Achselschnüre, gelb und blaue Schärpe um den Leib
geschlungen, weiße Beinkleider in hohen Stiefeln getragen.
Hut mit gelbem Stutz. Die Ordonnanzoffiziere des
Königs hatten einen grünen Frack mit ebensolchen Rabatten,
roten Kragen und spitzen Aufschlägen. Die reiche Stickerei
sowie Epauletten und Achselschnüre in Silber, weiße Unter=
kleider. Weiße Plümage im Hute.

Infolge des Sieges der Verbündeten bei Leipzig hörte
das Königreich Westfalen zu bestehen auf.

Großherzogtum Cleve-Berg.

(Kokarde blau=weiß.)

Die Schicksale dieses Großherzogtums während der Rhein=
bundszeit fallen ziemlich mit denen des Königreichs West=
falen zusammen. Anfänglich verlieh Napoleon diese Krone
seinem Schwager Joachim Murat; später, als dieser den
neapolitanischen Thron bestieg, wurde der vierjährige Sohn
des Königs Ludwig von Holland zum Großherzog ernannt.
Wie wir bei Westfalen gesehen haben, machte der Sieg von
Leipzig der Herrlichkeit ein Ende. Die Infanterie trug
weiße Spenzer mit hellblauem Kragen, Rabatten, Auf=
schlägen und Schoßumschlägen. Die Knöpfe gelb, Unter=
kleider weiß. Als Kopfbedeckung ein Czako, die Grenadiere
anfänglich Pelzmütze mit rotem Stutz, später ebenfalls
Czakos. Grenadier= und Voltigeurabzeichen wie in Frank=
reich. Die Offiziere Fracks mit eckig geschnittenen Rabatten.
Das Kavallerie=Regiment, welches das Großherzogtum
als Rheinbundskontingent zu stellen hatte, war anfänglich

(1807) Chevaulegers=Regiment und hatte als solches gelblich weißes Kollet und ebensolche Beinkleider. Kragen, Rabatten, Aufschläge, Schoßfutter, Hosenstreifen und Czako pfirsichblütfarben; Knöpfe, Epauletten weiß. 1809 mit Lanzen bewaffnet, wurde die Truppe nun Lanciers= Regiment und eine Zeit lang der französischen Kaiser= garde zugeteilt. Die Uniform glich der früheren, nur wurde die gelblich weiße Grundfarbe durch die grüne ersetzt. Die Kopfbedeckung erhielt die Form einer Czapka. Die Lanzen= flagge war oben pfirsichblütfarben, unten weiß. Die Schabrake in den hinteren Ecken spitz geschnitten ebenfalls pfirsichblütfarben, mit einem weiß und blau gerauteten Be= satzstreifen. Die Artillerie hatte blaue Spenzer mit eben= solchen Rabatten und gleichfarbige Beinkleider. Kragen, Aufschläge, Schoßfutter und Vorstöße rot, Ärmelpatten blau, Knöpfe gelb. Czako mit roten Behängen.

Österreich-Ungarn.

(Kokarde von Österreich schwarz-gelb, von Ungarn grün-weiß-rot.)

I. Hofgarden.

Dieser Staat besitzt keine Garden im Sinne des preußischen Gardekorps oder der ehemaligen französischen Kaisergarden, sondern nur Hof- oder Palastgarden. Die älteste von diesen Truppen ist die Garde der Hatschiere ("Arciers"). Sie wurde von Ferdinand II. errichtet und zur Begleitung des Kaisers auf Reisen sowie zum Wachtdienst bestimmt. Im Jahre 1700 (Taf. 38, a) bestand die Uniform aus einem goldbortierten Hut mit weißen Federn, schwarzem goldbesetzten Rock, ebensolchem Kamisol und Unterkleidern. Rote Ärmel mit gelben Aufschlägen und grün und rot gestreifte hängende Überärmel; alles reich mit Gold besetzt. Als Waffen dienten Degen und Couse. Später fielen die Überärmel sowie der Federbesatz am Hute weg, die Unter-kleider wurden weiß. 1817 roter Frack mit schwarzen Kragen und Aufschlägen, reichem Goldbesatz und goldenen Epauletten. Schwarzes Bandelier mit Goldeinfassung, weiße Beinkleider, hohe Stiefel, goldbortierter Hut mit schwarzem Federbusch. Heute besteht die Uniform (Taf. 38, d) aus einem weißmetallenen Helm mit gelben Beschlägen und weißem Haarbusch. Roter Waffenrock, reich mit goldenen

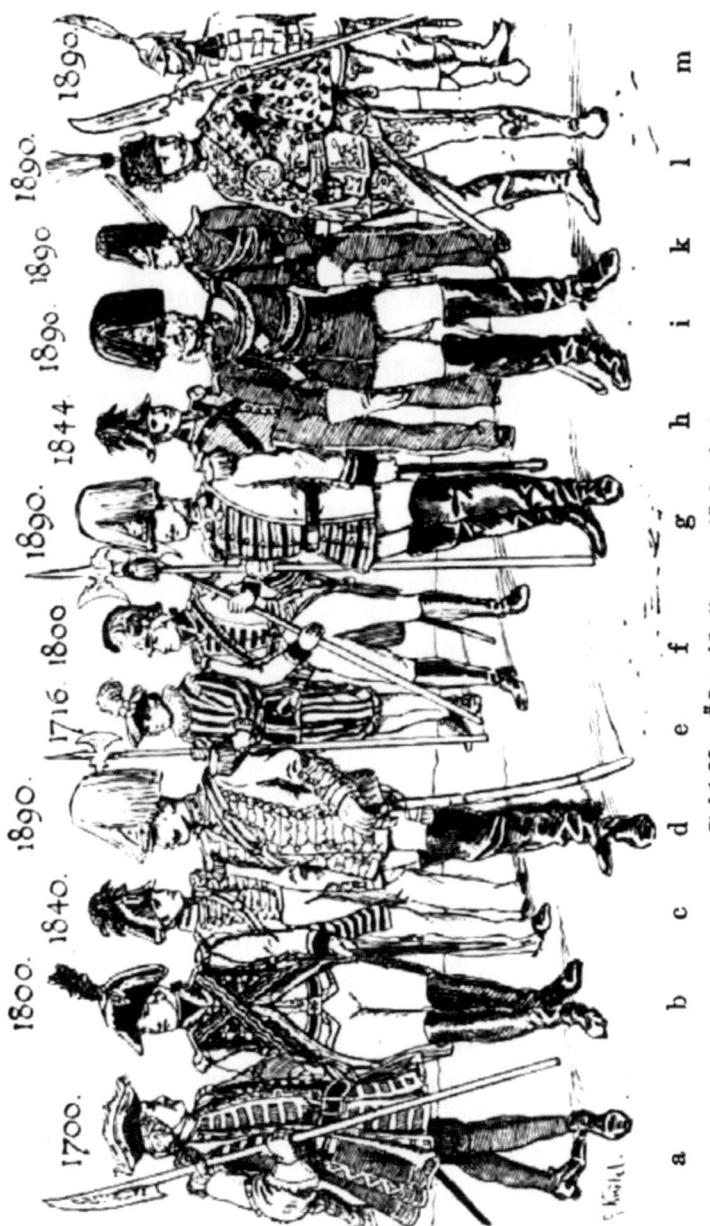

Tafel 38. Öſterreich-Ungarn (Hofgarden).

a, b, c, d Hatſchiere (Arcieren-Leibgarde) — e, f, g Trabanten-Leibgarde — h Hofburgwache — i Leibgarde-Reiter — k Leibgarde-Infanterie — l Ungariſche Leibgarde — m Ungariſche Kronwache.

Litzen besetzt, goldene Epauletten und Bandeliere. Unter=
kleider wie früher. Unter Leopold I. entstand eine Trabanten =
garde, welche schwarzgelbes gepufftes, sogenanntes Alt=
Schweizerkostüm (Taf. 38, e) trug und mit der Hellebarde
bewaffnet war. 1767 waren Rock, Weste und Beinkleider
rot; ersterer mit schwarzen Aufschlägen und Kragen. Auf
Rock und Weste goldener Litzenbesatz. Hut, Bandelier und
Koppel schwarz mit Goldbesatz, weiße Gamaschen. Als
Waffen Degen und Hellebarde. Um 1800 (Taf. 38, f)
wurde ein Helm mit Bügel und Raupe eingeführt. Die
Uniform erhielt schwarze goldbesetzte Rabatten und goldene
Epauletten, Kniestiefel. Später wurde der Helm wieder
durch den Hut ersetzt. Heute ist die Uniform ähnlich der=
jenigen der Hatschiere, nur zeigt der rote Rock schwarze
Rabatten und Aufschläge mit Goldbesatz. Die heutige Leib =
garde = Infanterie = Kompagnie ist aus der Hofburg=
Wache entstanden. 1802, in welchem Jahre diese Truppe
aus der von Maria Theresia errichteten Hofgarde gebildet
wurde, bestand das Kostüm aus einem einfachen schwarzen
Hut mit kleinem ebensolchen Stutz, grauem Rock mit einer
Reihe von gelben Knöpfen, schwarzen Kragen, Aufschlägen,
Achselklappen und Schulterwülsten. Weiße Unterkleider und
Bandeliere, Kniestiefel. Als Waffen Säbel und Gewehr.
1844 (Taf. 38, h) zeigte der Hut goldene Einfassung und
Agraffe, schwarzen Federbusch. Der graue Rock hatte goldene
Epauletten, Kragen und Aufschläge, Goldbesatz. Blaue Hosen
mit weißen Streifen, schwarze Bandeliere. Gegenwärtig
(Taf. 38, k) besteht die Uniform aus einem grünen zwei=
reihigen Rock mit rotem Kragen, Aufschlägen und Vorstößen,
gelben Schuppenepauletten, Knöpfen und Achselschnüren,
grauen Hosen mit rotem Vorstoß, schwarzem Helm mit
ebensolchem Haarbusch und gelben Beschlägen. Schwarzes
Koppel mit gelbem Schlosse, Säbel und Bajonett in Scheide.
Gewehre mit schwarzen Riemen. Ganz ähnlich ist die Leib =
Garde = Reiter = Eskadron (Taf. 38, i) gekleidet, nur
weißes Bandelier und Stulphandschuhe, weiße Beinkleider

und hohe Stiefel. Die 1760 errichtete ungarische abelige Leibgarde trug ein ganz.rotes Nationalkoftüm mit reicher Silberverschnürung, Pantherfell mit filbernem Schilde auf der Bruft, Kalpaks mit grünem Beutel und weißem Stutz. Die Uniform ist heute noch im wefentlichen diefelbe (Taf. 38, 1). Die 1782 errichtete, aber schon 1791 wieder aufgelöste polnische Leibgarde hatte ein reiches Nationalkoftüm, nämlich weiße, pelzverbrämte Konföderatka mit goldenen Befätzen und Behängen, rotes Unterkleid, von dem nur die Ärmel, die mit Goldbesatz und blauen Auffchlägen geschmückt waren, sichtbar blieben. Darüber ein blaues Oberkleid mit roten kleinen Rabatten; alles reich mit Gold besetzt. Bandelier und Schärpe rot mit Gold, rote Stiefel, Lanzen mit schwarz= gelber Flagge. 1812 wurde eine böhmische Adels= garde errichtet. Sie begleitete den Monarchen 1813 und 1814 und wurde dann aufgelöst. Weiße einreihige Montur mit roten Kragen, Auffchlägen und Schoßumschlägen, Gold= besatz um die erfteren, goldene Epauletten und Schärpe, weiße Beinkleider und hohe Stiefel, Hut mit goldener Borte und Agraffe, schwarzer Federbusch, schwarze Bandeliere mit gelben Beschlägen.

1838 errichtete Kaiser Ferdinand I. eine lombardifch= venetianische Leibgarde, die 1848 aufgelöft wurde. Die Uniform beftand aus einem roten goldbesetzten Frack mit himmelblauen Kragen und Auffchlägen, weißen gold= besetzten Hofen; anfänglich ein Hut, wie ihn die böhmische Leibgarde trug; feit 1840 weißmetallener Bügelhelm mit gelben Beschlägen. Die jüngfte der Garden ist die könig= lich ungarische Kronwache (Taf. 38, m). Die Uniform besteht in einem verfilberten Helm mit gelben Beschlägen und aufrecht ftehender Feder, krapproter Attila mit Silber= befatz, ebenfolchen Beinkleidern und gelben Stiefeln. Schwarze Halsbinde mit Silberfranfen. Als Waffen ungarifcher Säbel und Couse mit fenfenartig gefchweiftem Eifen. Darunter rote Franfen.

II. Infanterie.

Die Grundfarbe der Infanterie=Uniform war bis über
die Mitte des 18. Jahrhunderts ein lichtes Grau, welches
dann der weißen Grundfarbe wich. Die Unterkleider und
Abzeichen waren anfangs sehr verschieden. Die Musketiere
(Taf. 39, a) führten zumteil bis gegen 1670 die Gabel=
muskete, die dann von dem Steinschloßgewehr verdrängt
wurde. Um 1700 erschienen die Bajonette mit Dille, welche
nunmehr auch beim Schießen aufgesteckt bleiben konnten.
Damit gleichzeitig wurde die Waffengattung der Pickeniere
überflüssig. Ihren Bestand hatte Montecuculi schon seit
1670 immer mehr verringert. Die ersten Grenadiere
kommen in der kaiserlichen Armee 1664 vor. Ihre Offiziere
führten Flinten, die des übrigen Fußvolks Partisanen. Um
1720 (Taf. 39, b) scheint die Uniformierung schon allgemein
gewesen zu sein. In einer Vorschrift vom genannten Jahre
werden für den Mann folgende Stücke verlangt: „Ein von
dauerhaftem, gutem Tuch gemachter und mit Boy oder Futter=
tuch wohlgefutterter Rock mit einem dergleichen Kamisol,
ein Paar gute lederne Hosen, ein Paar wollene starke Socken,
ein Paar juchtene mit Pfundsohlen gemachte starke Schuhe,
ein dauerhafter guter Hut, zwei Hemden, zwei Halstücher
oder Flor, ein guter Ranzen, eine Patrontasche mit zu=
gehörigen Riemen, ein Ober= und Untergewehr nebst
Bajonett". Die Offiziere trugen Tressen auf den Hüten,
Röcken und Westen. Später wurden die Unterkleider weiß.
Die ungarische Infanterie (Taf. 40, a S. 219) hatte
im Anfange des Jahrhunderts Nationaltracht, die sehr will=
kürlich ausgestattet war. Im siebenjährigen Kriege bestand
die Uniform der deutschen Infanterie (Taf. 39, d) aus
einem weißen Rock, ebensolcher Weste, letztere teils mit einer
Knopfreihe, teils mit zwei solchen versehen. Die Beinkleider
waren weiß, die Gamaschen weiß oder schwarz. Der Rock
hatte Rabatten und Aufschläge, die nach den Regimentern
verschiedenfarbig waren. Die umgeschlagenen Schöße waren
entweder von der Grundfarbe oder von derjenigen der

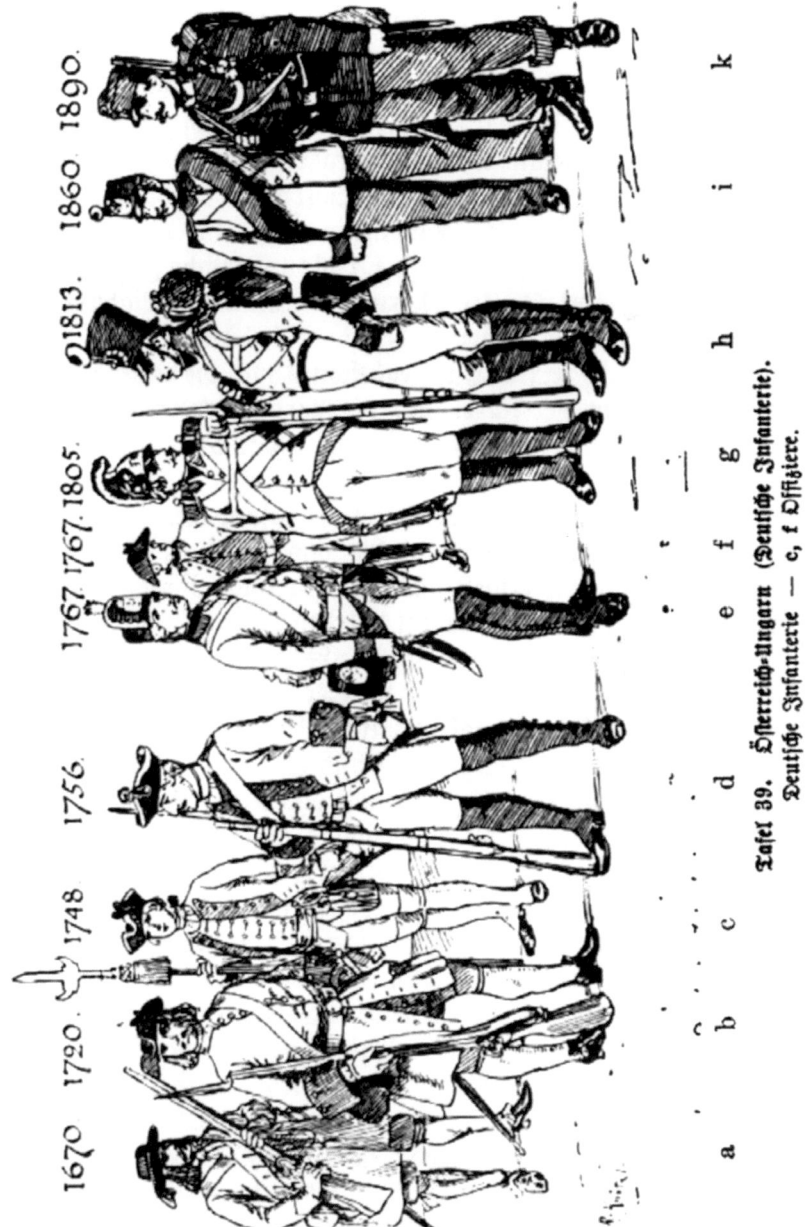

Tafel 39. Öſterreich-Ungarn (Deutſche Infanterie).
Deutſche Infanterie — c, f Offiziere.

Abzeichen. Die kleinen Tuchriegel, durch welche die Schöße
zusammengehalten wurden, waren in Form und Farbe sehr
verschiedenartig. Als Kopfbedeckung diente ein Hut, mit
weißer oder gelber Borte eingefaßt. Die Grenadiere
(Taf. 41, c S. 221) hatten Pelzmützen mit farbigem Beutel;
am Bandeliere metallene Luntenberger. Sie trugen ferner
Säbel, während die übrige Mannschaft nur das Bajonett in
der Scheide führte. Die Halsbinden waren für die deutsche
Infanterie fast durchgängig rot, für die ungarische Infanterie
schwarz. Letztere (Taf. 40, c) trug einen Rock ohne Rabatten,
aber mit farbigen Litzen verziert. Die Westen von ab=
stechender Farbe zeigten Husarenbeschnürung; die anliegenden
Beinkleider, in der Farbe mit der Weste übereinstimmend,
wurden in Schnürschuhen getragen. Über der Weste eine
Husarenschärpe. Einige Regimenter hatten auch Säbel=
taschen. Hüte wie bei der deutschen Infanterie. Tief ein=
greifende Veränderungen brachte das Jahr 1767. Die
gesamte Infanterie erhielt nämlich einreihige Röcke, welche
vorn herunter ganz zugeknöpft wurden (Taf. 39, e, 40, d).
Die Rabatten fielen daher weg. Es wurde allgemein ein
liegender Kragen eingeführt, welcher mit den Aufschlägen
und Schoßumschlägen zugleich mit der Knopffarbe das Unter=
scheidungszeichen des Regiments bildete. Die Mannschaften
erhielten lederne Kaskets, vorn mit einem aufrechtstehenden
schwarzen Schilde mit Messingbeschlag. Bei den Grenadier=
mützen fiel der herabhängende Beutel weg (Taf. 41, d). Die
Offiziere hatten Hüte, farbige Westen und Kniestiefel. Die
ungarische Infanterie behielt die farbigen anliegenden Bein=
kleider in Schnürschuhen, während die deutsche Infanterie
weiße Hosen in schwarzen hohen Gamaschen trug. Die
Bajonettflinte der Grenadieroffiziere war schon 1760 ab=
geschafft worden. Im Jahre 1800 wird ein lederner Helm
mit Bügel, gelben Beschlägen und schwarzgelber Raupe ein=
geführt (Taf. 39, g), der jedoch bald dem Czako mit Vorder=
und Hinterschirm, Pompon und Kokarde weichen mußte.
Die ungarische Infanterie unterschied sich durch die nunmehr

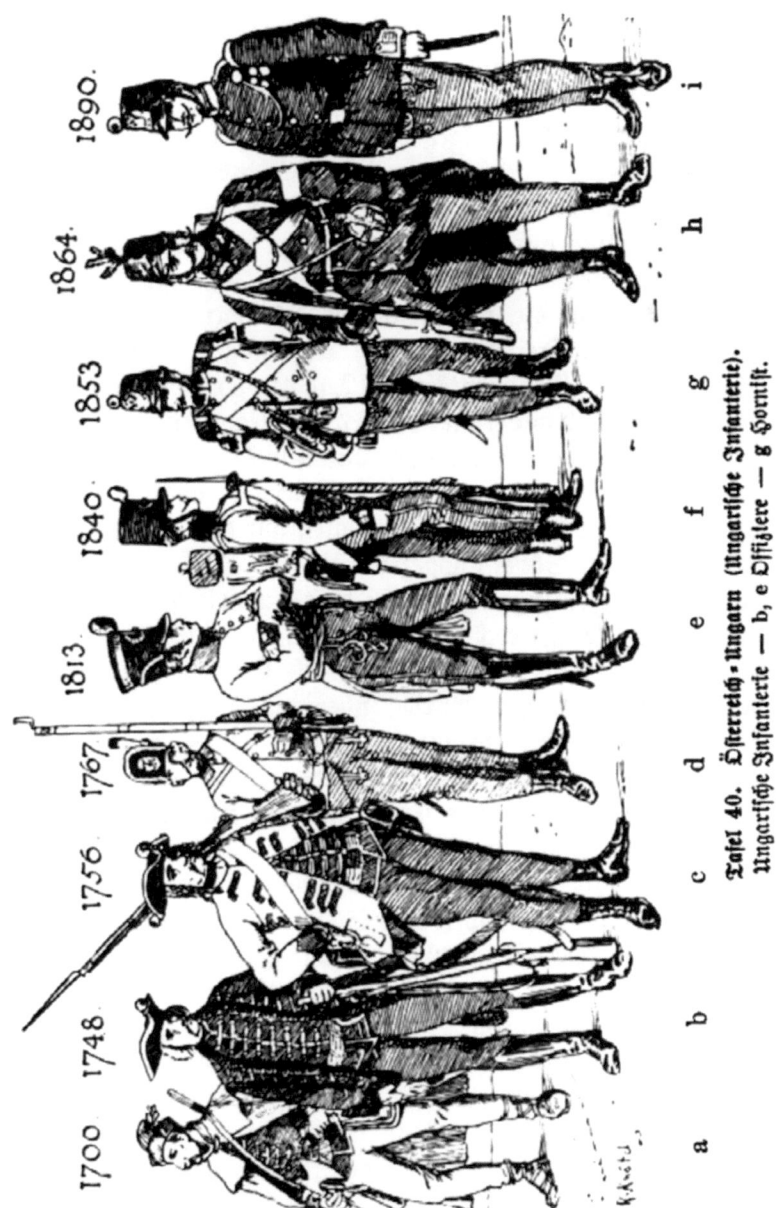

Tafel 40. Österreich=Ungarn (Ungarische Infanterie).
Ungarische Infanterie — b, e Offiziere — g Hornist.

durchgängig hellblauen Beinkleider mit schwarzgelber Be=
schnürung sowie durch den weißen Litzenbesatz (Bärentatzen
genannt) an den Aufschlägen. So erhielt sich die Uniform
ziemlich unverändert bis 1840. In diesem Jahre wurde ein
neues Czakomodell ausgegeben (Taf. 40, f). Gleichzeitig
erhielt auch die deutsche Infanterie hellblaue Beinkleider in
Form von Pantalons mit weißen Vorstößen. Der große
Messingbeschlag auf der Grenadiermütze fiel weg und wurde
durch eine gelbe Granate ersetzt (Taf. 41, g). In das
Jahr 1851 fällt die Einführung des Waffenrockes. Derselbe
hatte zwei Knopfreihen, Kragen, Aufschläge, Achselklappen,
Vorstöße in der Regimentsfarbe (Taf. 40, g). Die ungarische
Infanterie blieb wie früher durch die anliegenden ungarischen
Beinkleider und die Bärentatzen unterschieden. Die Pelzmütze
der Grenadiere wurde kurze Zeit darauf abgeschafft; sie
blieben nur noch durch die Granaten auf dem Riemenzeuge
sowie durch die Säbel ausgezeichnet (Taf. 41, h). Nach dem
italienischen Feldzuge von 1859 führte man liegende Kragen
ein. Der Waffenrock erhielt nunmehr eine Knopfreihe
(Taf. 39, i). Die Offiziere legten die Schärpe, die bisher
um den Leib getragen wurde, über die Schulter an. Eine
neue Uniformierung brachte das Jahr 1868, in welchem
der weiße durch den dunkelblauen Waffenrock ersetzt wurde.
Im allgemeinen ist diese Uniformierung trotz verschiedener
Änderungen heute noch maßgebend. Dieselbe besteht aus
einem einreihigen Rock mit andersfarbigem stehenden Kragen,
Aufschlägen, Achselklappen und Schulterwülsten (Taf. 40, i).
Als Interimsbekleidungsstück blaue Blouse mit farbigen
Kragenpatten (Taf. 39, k). Der Mantel ist grau mit zwei
Knopfreihen, liegendem Kragen und farbigen Kragenpatten.
Die Beinkleider sind hellblau, bei den ungarischen Regi=
mentern anliegend und mit schwarzgelber Verschnürung
versehen. Als Kopfbedeckung Czako mit gelbem Doppel=
adler und Nationale. Vor einigen Jahren wurde ein neues
Marschgepäck eingeführt. Die Offiziere haben keine Schulter=
stücke, wie denn überhaupt das Epaulette nie recht heimisch

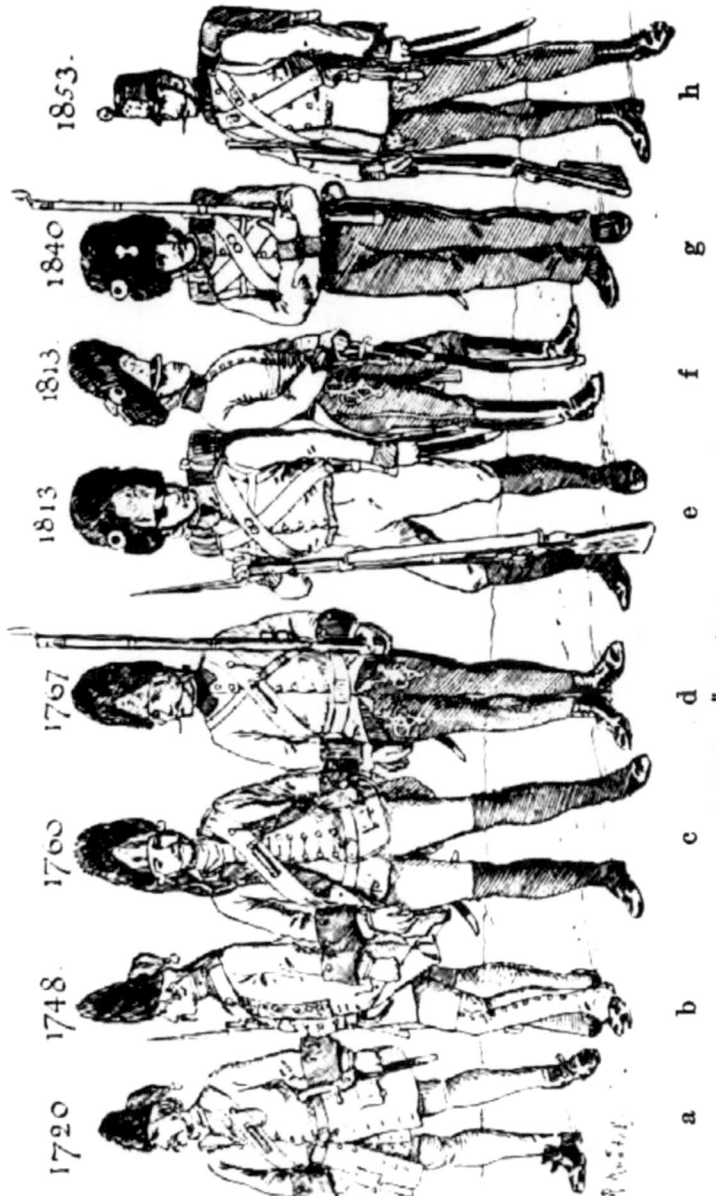

Tafel 41. Österreich=Ungarn (Grenadiere).

Grenadiere: a, b, c, e, g deutsche — d, h ungarische — f ungarischer Grenadier=Offizier.

in der österreichischen Armee geworden ist. Die Offizier=
schärpe wird seit 1868 wieder um den Leib angelegt.

Gegenwärtig sind die Abzeichenfarben in folgender Weise verteilt:

Egalisierungsfarben	Deutsche Regimenter		Ungarische Regimenter :	
	Knöpfe		Knöpfe	
	gelb	weiß	gelb	weiß
schwarz	14	58	26	38
weiß	94	92	—	—
rotbraun	55	17	68	78
dunkelbraun	93	7	12	83
dunkelrot	1	18	52	53
bordeauxrot	89	88	—	—
amaranthrot	90	95	86	—
krapprot	15	74	44	34
kirschrot	73	77	43	23
karmesinrot	84	81	96	82
scharlachrot	45	80	37	39
krebsrot	35	20	71	67
blaßrot	57	36	65	66
rosenrot	13	97	5	6
meergrün	21	87	70	25
papageigrün	91	10	46	50
apfelgrün	9	54	85	79
grasgrün	8	28	61	62
meergrasgrün	102	—	—	—
stahlgrün	56	47	48	60
hechtgrau	30	49	76	69
aschgrau	11	24	51	33
orangegelb	59	42	64	63
kaisergelb	27	22	2	31
schwefelgelb	99	41	16	101
lichtbrap	100	98	—	—
lichtblau	40	75	72	29
himmelblau	4	3	32	19

**III. National=Grenz=Infanterie, Freitruppen, Landwehr= und
Honved=Infanterie, Bosnisch=Herzegowinische Infanterie.**

Zum Schutze gegen die Einfälle der Türken hatte man
in den Grenzländern Kolonisten angesiedelt, welche gegen

Zusage der Religions= und Abgabenfreiheit zur Bewachung der Grenze verpflichtet wurden. Das Gebiet war in Generalate eingeteilt. 1699 entstand das Karlstädter=, Waradiner= und Banal=Grenzgeneralat, 1702 das slawonische. Später kamen noch folgende hinzu: 1747 die Banater Grenze, 1764 die Scekler= und 1766 die Wallachische Grenze. Bis kurz vor dem siebenjährigen Kriege trugen diese Truppen sehr verschiedenartige National= trachten (Taf. 42, **a**, b S. 225). Während jenes Krieges erscheinen sie in schwarzen Czakos ohne Schirm, in beschnürten Jacken und Westen und anliegenden ungarischen Beinkleidern. Dazu kam noch eine Husarenschärpe und ein meist roter Mantel (Taf. 42, c). Bei einigen hatte der Rock den Schnitt der ungarischen Infanterie=Uniform.

1762:

Bezeichnung	Rock	Auf= schläge	Weste	Schnüre	Hosen	Bemerkungen
Licaner	rot	grün	grün	gelb	rot	
Oguliner	blau	gelb	blau	gelb	rot	
Ottachaner	rot	hellblau	hellblau	gelb	hellblau	
Creutzer	weiß	grün	grün	weiß	weiß	Rock ungar. Schnittes mit grünen Litzen
Brooder	schwarz= braun	gelb	hellblau	gelb	hellblau	Rock ungar. Schnittes ohne Litzen
Szluiner	hellblau	rot	rot	gelb	hellblau	
St. Georger	bläulich= grün	weiß	?	weiß	weiß	

Bei der Neuuniformierung der Armee im Jahre 1767 erhielt die Grenz=Infanterie graue einreihige Röcke im Schnitte wie die Linie, mit farbigen liegenden Kragen und Aufschlägen, weiße ungarische Beinkleider in Schnürschuhen und weißes Lederzeug. Als Kopfbedeckung schirmloser Czako (Taf. 42, d). Später wurde der Rock weiß unter Beibehalt der übrigen Abzeichen. Die Grenz=Infanterie bestand bis zum Jahre 1871, wo die Regimenter der Linien=Infanterie einverleibt wurden. Von 1815 (Taf. 42, e) bis zum genannten Jahre trug der

Grenzer eine Uniform, die völlig der ungarischen Infanterie=
Uniform entsprach; nur war die Grundfarbe des kurz=
schößigen Fracks und später des Waffenrocks dunkelbraun,
das Lederzeug schwarz. Die Abzeichen waren kaisergelb,
krebsrot, bleichrot, karmesinrot, scharlachrot, himmelblau oder
lichthechtgrau, die Knöpfe weiß oder gelb. Eine besondere
Uniform hatte das Titler=Grenzbataillon, früher unter
dem Namen Tschaikisten bekannt. Die Uniform war von
jeher lichtblau mit roten Abzeichen und weißen Knöpfen.
Unter den Freikorps sind besonders die Panduren bekannt,
die aber eine eigentliche Uniform nicht trugen. Im sieben=
jährigen Kriege finden wir ein Loudonsches Freikorps.
Die Uniform entsprach völlig derjenigen der Linien=
Infanterie. Die Farbe des Rockes, der Schoßumschläge,
Weste und Beinkleider war grün; Aufschläge und Rabatten
rot, Knöpfe weiß. Weiße Hutborte, schwarze Gamaschen
und weißes Lederzeug. Ebenso uniformiert waren die
Volontairs von Böck; nur hatten Kragen und Auf=
schläge eine gelblichweiße Färbung. Eine ganze Reihe von
Freikorps finden wir während der Coalitionskriege gegen
die französische Revolution. Verschiedene französische
Emigrantenkorps, z. B. das Regiment Royal=Allemand=
Dragoner, trugen ihre alte französische Uniform in kaiser=
lichen Diensten weiter, nur legten sie schwarzgelben Stutz
und Kokarden an. Die Legion Erzherzog Karl hatte
1794 hellgraue Röcke und Beinkleider, weiße Westen, rote
Kragen, Aufschläge, Rabatten und Schöße, niedrige schwarze
Gamaschen, Helm mit schwarzer Raupe und Stutz sowie
weißem Beschlag. Die Wiener Freiwilligen: grüne
Uniformen, graublaue Beinkleider und korsischen Hut. Außer
den erwähnten erschien noch eine ganze Reihe anderer Frei=
korps. In verschiedenen dieser Truppenteile haben wir die
Anfänge der Landwehr=Formationen zu suchen, die damals
allerdings etwas wesentlich anderes war, als heute unter
diesem Begriffe verstanden wird. Im Anfang dieses Jahr=
hunderts war die österreichische Landwehr mit einem

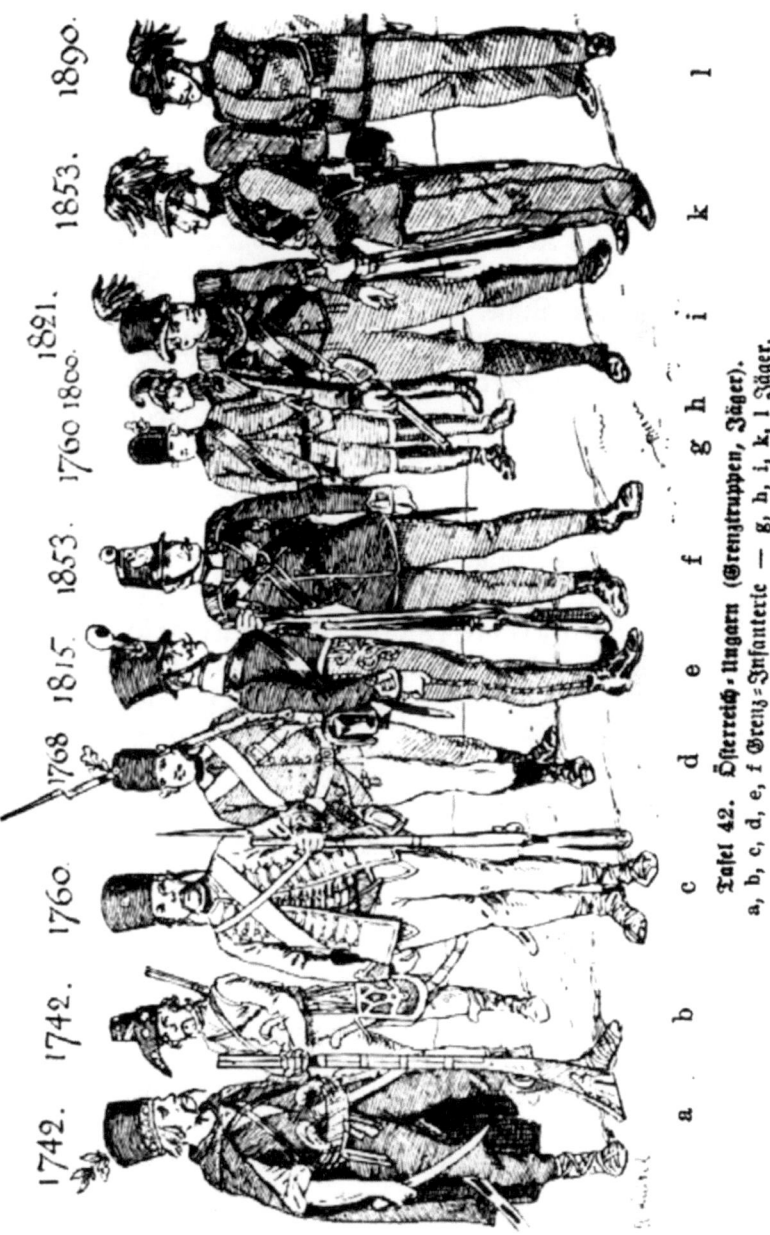

1742. 1742. 1760 1768 1815. 1853. 1760 1800. 1821. 1853. 1890.

a b c d e f g h i k l

Tafel 42. Österreich = Ungarn (Grenztruppen, Jäger).
a, b, c, d, e, f Grenz=Infanterie — g, h, i, k, l Jäger.

grauen einreihigen Rock bekleidet; die Knöpfe waren weiß, ebenso die Beinkleider. Lederzeug und Gamaschen schwarz; der links aufgeklappte Hut zeigte vorn die Kokarde und ein gelbmetallenes Schild. Die steirische Landwehr trug 1809 einen vorn rund ausgeschnittenen grünen Rock mit weißen Kragen, Achselklappen, Aufschlägen, Knöpfen, Hosen und Lederzeug. Als Kopfbedeckung eine Art Cylinderhut, links mit einer Kokarde geschmückt. Später unterschied sich die Uniform der deutschen Landwehr nicht wesentlich von derjenigen der Linie. Die ungarische war ganz blau montiert mit weißer Beschnürung, kurzen Stiefeln, natur=ledernem Riemenwerk und Czako mit einer Kokarde ohne sonstigen Beschlag. In neuerer Zeit trug die deutsche Landwehr dunkelblaue Blousen mit roten Kragenpatten und Achselklappen. Auf letzteren weiße Regimentsnummern. Graue Feldmützen und ebensolche Beinkleider mit roten Vorstößen. Neuerdings hechtgraue Blouse mit grünen Kragenpatten, dunkelgraue Beinkleider und Mütze. Die Honved=Infanterie (ungarische Landwehr) dunkel=blauen Waffenrock mit ebensolchen Kragen und Aufschlägen, weichselrote Husarenverschnürung, Einfassungen, Achsel=schnüre und Achselwülste. Dazu bis vor wenigen Jahren krapprote ungarische Beinkleider, die nunmehr solchen von hellblauer Farbe gewichen sind. Darauf ebenfalls weichsel=rote Verschnürung. An Stelle des Waffenrockes tritt für solche Fälle, wo die übrigen Truppen die Blouse anlegen, ein ähnlicher Rock, wie oben beschrieben, nur fehlt die Husarenbeschnürung und die Einfassung vorn herunter und um die unteren Ränder des Rockes. Die Feldmütze ist hell=blau, daneben zur Parade ein roter Czako. Die Bosnisch=Herzegowinische Infanterie trägt lichtblaue Waffen=röcke und Blousen. Die Abzeichen, wie bei der übrigen Infanterie geformt, sind alizarinrot, die Knöpfe gelb. Als Kopfbedeckung dient ein Fez, krapprot mit dunkel=blauer Quaste.

IV. Jäger und Schützen.

Schon im siebenjährigen Kriege gab es ein Feldjäger=
korps (Taf. 42, g), welches indessen nicht lange bestand.
Die Grundfarbe des Rockes, der Weste und der Beinkleider
war grau. Die Aufschläge, liegenden Kragen und Schoß=
umschläge grün, die Knöpfe gelb, Lederzeug schwarz, Knie=
stiefel. Als Kopfbedeckung ein Kasket, wie es 1767 die
gesamte Infanterie erhielt. Das Vorderschild hatte keinen
Metallbeschlag, dagegen war es grün eingefaßt. Um 1800
bestanden verschiedene Jägerkorps, aber als Freitruppen.
Die ältesten der jetzt noch bestehenden Jägerbataillone wurden
1808 errichtet, das Tiroler Jäger=Regiment 1816.
Die Uniform macht im allgemeinen im Schnitte die
Wandelungen durch wie bei der Infanterie. Die Farbe
war stets hechtgrau sowohl für Röcke wie für Beinkleider.
Kragen, Aufschläge und Vorstöße grasgrün, Knöpfe gelb.
Lederzeug schwarz. Der mit einem grünen Hahnenfederbusch
geschmückte Hut hat seine Form im Laufe der Zeit mehrfach
geändert (Taf. 42, i, k, l). Die Landesschützen sind wie
die deutsche Landwehr gekleidet. Die Offiziere tragen den
Jägerhut, die berittenen Landesschützen haben bei
gleicher Uniform Kavallerieausrüstung.

V. Kürassiere.

1720 war für den Kürassier vorgeschrieben: „Ein von
gutem Tuch gemachter und mit Boy wohlgefütterter Mantel,
ein Paar von guter Zackel= oder Hirschhaut gemachte Hosen,
ein Paar juchtene mit Pfundsohlen gemachte Stiefel, ein
dauerhafter guter Hut, ein Paar Hemden und Halstücher
oder ein guter Flor dafür; eine Patrontasche mit zugehörigen
Riemen, ein guter Degen mit ledernem Wehrgehänge, ein
guter Karabiner und ein Paar Pistolen; ein guter, von
trockenem Leder gemachter und mit Roßhaaren wohlgestopfter
Sattel mit zugehörigen Pistolenhalftern, gutes Hinter= und

Vorderzeug samt Gurten und Hauptgestell, Stangen, Steig=
bügel, Sporen, Kasket und Küraß; ein gutes Paar lederne
Handschuhe". Jedenfalls aber kam das Kasket, die Eisen=
haube, bald nachher in Fortfall. Vielleicht ist unter dieser
Bezeichnung hier auch ein eisernes Gestell oder Hutkreuz zu
verstehen. Die Grundfarbe der Uniform war ein lichtes
Grau, später weiß. Der Küraß hatte Brust= und Rücken=
stück. Bei den einzelnen Regimentern wurden Carabiniers=
Kompagnien errichtet, welche Bajonettkarabiner trugen.
Bis zum Jahre 1767 hatten alle Regimenter rote Abzeichen
mit Ausnahme des Regiments Modena, welches solche
von blauer Farbe trug. Die Unterkleider waren teils
weiß, teils rot. Die Regimenter unterschieden sich ferner
durch die Farbe und Anzahl der Knöpfe (Taf. 43, c).
Nach dem siebenjährigen Kriege wurde ein schwarzgelber
Federstutz eingeführt. 1767 fand, wie wir schon in den
vorhergehenden Abschnitten gesehen haben, eine Neuuni=
formierung der Armee statt. Die weißen Kollets der
Kürassiere waren nunmehr mit einer Knopfreihe versehen
und oben durch einen kleinen Tuchriegel geschlossen
(Taf. 43, d). Dieser bildet im Verein mit den Aufschlägen,
Schoßumschlägen und Vorstößen das Abzeichen des Regi=
ments, indem er, wie man in Österreich sagt, die Egali=
sierungsfarbe zeigte. Der Brustharnisch war geschwärzt,
die Schabraken rot mit gelben Borten und Namenszügen.
1798 wird der Hut von einem Helm verdrängt (Taf. 43, e),
welcher schon ziemlich die Form hatte, wie ihn heute noch
die österreichischen Dragoner tragen, nur war der Bügel
mit einer schwarzgelben Raupe geschmückt. 1805 fällt der
Zopf weg. Der kleine Tuchriegel nahm die Form von
Kragenpatten an, sodaß also der weiße Kragen jetzt mit
Patten in der Regimentsfarbe versehen war (Taf. 43, f).
Die rote Schabrake, wie früher verziert, war mit einer
weißen Schaffellüberdecke belegt.

1716. 1722. 1760. 1780. 1798. 1813. 1840. 1850. 1860.

a b c d e f g h i

Tafel 43. Österreich = Ungarn (Küraffiere).

a, b, c, d, e, f, g, l Küraffiere — h Küraffier=Offizier.

Um 1835 waren die Abzeichen folgende:

Name des Regiments	Kollet, Kragen, Beinkleider	Kragenpatten, Aufschläge, Vorstöße	Knöpfe
Kaiser	weiß	dunkelrot	weiß
Erzherzog Franz	weiß	schwarz	weiß
Prinz Friedrich von Sachsen	weiß	dunkelrot	gelb
Kronprinz	weiß	grasgrün	weiß
Auersperg	weiß	lichtblau	weiß
Wallmoden	weiß	schwarz	weiß
Heinrich Hardegg	weiß	dunkelrot	weiß
Ignaz Hardegg	weiß	scharlachrot	gelb

1840 (Taf. 43, g) erhielten die Kürassiere hellblaue
Beinkleider an Stelle der weißen. 1850 wurde der Waffen-
rock eingeführt, die Raupe auf dem Helm abgeschafft. Die
Abzeichen blieben dieselben. Die Schaffellüberdecken waren
nunmehr schwarz. 1860 kam der Küraß in Fortfall
(Taf. 43, i). Die Uniform unterschied sich nunmehr kaum
von derjenigen der Dragoner. 1868 ging die Waffe der
Kürassiere gänzlich ein.

VI. Dragoner und Chevaulegers.

Um das Jahr 1700 war der Dragoner ähnlich gekleidet
wie der Kürassier; nur trug er an Stelle der Eisenhaube
den Hut und statt des Kürasses ein ledernes Koller, aber
unter dem Rock. Die Grundfarbe der Uniform war bis
nach dem siebenjährigen Kriege sehr verschieden. Die
reitenden Grenadiere zeichneten sich durch Bärenmützen aus. Die spanischen Dragoner im kaiserlichen
Heere trugen um 1716 dieselbe Kopfbedeckung wie die
spanischen Dragoner, d. h. eine Art Kasket mit hohem
Vorderschild. Während des siebenjährigen Krieges waren
die Abzeichen folgende:

| Name des Regiments | Rock | Schöße, Aufschläge, Rabatten | Weste | | Knöpfe | Hosen | Bemerkungen |
			Farbe	Anzahl der Knopfreihen			
Báthyány	dunkel-blau	rot	dunkel-blau	2	gelb	dunkel-blau	
Aspremont . . .	rot	schwarz	rot	2	gelb	rot	
Liechtenstein . .	dunkel-blau	rot	rot	2	gelb	rot	
Kolowrat	dunkel-blau	rot	rot	2	weiß	rot	
Prinz Carl von Württemberg .	rot	schwarz	weißgelb	1	gelb	weißgelb	
Erzherzog Josef	hellgrün	rot	hellgrün	1	gelb	weißgelb	
Zweibrücken . . .	dunkel-blau	rot	dunkel-blau	2	gelb	weißgelb	
Modena	rot	hellblau	hellblau	2	weiß	hellblau	
Sachsen-Gotha .	rot	hellblau	hellblau	1	gelb	weißgelb	
Saint Ignon . .	grün	rot	rot	2	gelb	weißgelb	
Althann	weiß	rot	weiß	2	gelb	weiß	
Hessen-Darmstadt	rot	grün	weißgelb	—	gelb	weißgelb	keine Rabatten Weste ohne Knöpfe, durch Haken geschlossen
Löwenstein . . .	grün	rot	rot	2	weiß	rot	

Erst nach dem siebenjährigen Kriege werden die Dragoner von den Chevaulegers unterschieden, erstere erhielten weiße Uniformen mit verschiedenfarbigen Abzeichen und Hüte, letztere grüne oder weiße Montur und Kaskets wie die Infanterie (Taf. 44, d S. 233). Beide Truppengattungen hatten helle Unterkleider und hohe Stiefel. Im allgemeinen folgte die Uniformierung der Dragoner und Chevaulegers von jetzt ab derjenigen der Küraffiere in Bezug auf Kopf= bedeckung sowie im Schnitte der gesamten Uniform. Die Kragen dagegen waren nicht weiß mit Patte, sondern vollfarbig *).

---

*) Vorübergehend wurden sämtliche Dragoner= und Chevaulegers=Regimenter in leichte Dragoner umgewandelt. Diese Formation hatte nur von 1798 bis 1801 Bestand. Die leichten Dragoner hatten grüne, einreihige Kollets mit ver= schiedenfarbigen Abzeichen, dazu Bügelhelme mit schwarzgelber Raupe, weiße Beinkleider in hohen Stiefeln (Taf. 44, f).

Um 1835 waren die Abzeichen folgendermaßen gestaltet:

Name des Regiments	Grundfarbe des Kollets	Kragen, Auf= schläge, Schoß= besatz	Knöpfe
Dragoner:			
1. Erzherzog Johann	weiß	schwarz	weiß
2. König von Bayern	weiß	dunkelblau	weiß
3. vac.	weiß	dunkelrot	weiß
4. Toscana	weiß	hellrot	weiß
5. Savoien	weiß	dunkelgrün	weiß
6. Ficquelmont	weiß	lichtblau	weiß
Chevaulegers:			
1. Kaiser	dunkelgrün	hellrot	gelb
2. Hohenzollern	dunkelgrün	hellrot	weiß
3. vac.	weiß	hellrot	gelb
4. Vincent	dunkelgrün	dunkelrot	gelb
5. Schneller	weiß	lichtblau	gelb
6. vac.	weiß	dunkelrot	gelb
7. Nostitz	weiß	karmesinrot	weiß

Im Jahre 1840 wurden statt der weißen in hohen Stiefeln getragenen Beinkleider farbige lange Hosen ein= geführt, und zwar erhielten die Dragoner und weiß uni= formierten Chevaulegers hellblaue Hosen, die dunkelgrünen Chevaulegers dunkelgrüne. 1850 wurde der Waffenrock eingeführt (Taf. 44, i). Die Helmraupe fiel fort. 1852 wird die Truppengattung der Chevaulegers aufgehoben und in Dragoner und Ulanen umgewandelt. Gänzlich geändert wurde die Dragoneruniform im Jahre 1868. Die Grundfarbe der Uniform wurde hellblau, die der Hosen rot. Im allgemeinen ist diese Uniformierung noch heute maßgebend, wenn auch im einzelnen viele Änderungen vor sich gingen. Der Helm hat seine Form behalten. Die Beschläge sind gelb. Statt der bisher gebräuchlichen

Tafel 44. Österreich = Ungarn (Dragoner und Chevaulegers).

a, b, c, e, g, i, k Dragoner — d, h Chevaulegers — f Leichter Dragoner.

dunkelblauen Blouse trägt jetzt der Dragoner einen licht=
blauen Waffenrock mit andersfarbigen Kragen und Auf=
schlägen. Über die linke Schulter hängt ein zweireihiger
Rock mit Pelzkragen und farbigen Aufschlägen; bei kaltem
Wetter wird dieses Kleidungsstück angezogen; die Hosen
sind rot, ebenso die Mütze.

Die Regimenter sind, wie gesagt, durch die Farbe des Kragens
und der Aufschläge unterschieden, sodann durch diejenige der Knöpfe.

Egalisierungsfarben	Knöpfe:	
	gelbe	weiße
schwarz	6	2
weiß	15	—
kaisergelb	12	5
schwefelgelb	10	7
grasgrün	9	4
dunkelrot	3	1
krapprot	14	13
scharlachrot	8	11

VII. Husaren.

Die ungarischen Husaren sind die eigentliche National=
truppe ihrer Heimat. Um 1700 war von einer eigentlichen
Uniform noch keine Rede. Der Husar trug als Haupt=
bekleidungsstück im allgemeinen einen kurzen Rock, welcher
die Eigentümlichkeit hatte, daß er keine Knopflöcher
zeigte, sondern mittels Schnüre geschlossen wurde
(Taf. 45, a). Aus diesem Bekleidungsstück hat sich
der Dolman entwickelt. Als Kopfbedeckung diente ent=
weder eine Beutelmütze mit Pelzverbrämung oder die
sogenannte Haydukenmütze aus Filz, aus welcher die
sogenannte Flügelmütze entstand. Die Beinkleider waren
anliegend, die niedrigen Stiefel häufig von farbigem Leder.
Im siebenjährigen Kriege war die Husarenwaffe vollständig
uniformiert.

Tafel 45. Österreich-Ungarn (Husaren und Ulanen).

a, b, c, d, e, f, g Husaren — h, i, k, l, m Ulanen.

1762:

Name des Regiments	Dolman		Pelz	Schnüre	Knöpfe	Bein= kleider	Mützen= beutel
	Grund	Aufschläge					
Nadasdy . . .	rot	rot	dunkelblau	gelb	gelb	dunkelblau	rot
Barontay . .	grün	grün	grün	rot	gelb	hellblau	rot
Seczeny . . .	dunkelblau	rot	dunkelblau	rot	gelb	dunkelblau	dunkelblau
Palffy	hellblau	rosa	hellblau	rosa	gelb	hellblau	rosa
Desseöffy . . .	hellblau	rot	hellblau	rot	weiß	rot	rot
Spleny . . .	grün	rot	grün	weißrot	weiß	rot	grün
Hadik	dunkelblau	rot	dunkelblau	gelb	gelb	rot	rot
Bethlen . . .	hellblau	rosa	hellblau	rosa	gelb	hellblau	rosa
Esterhazy . .	hellblau	gelb	hellblau	gelb	gelb	rot	rot
Kalnoky . . .	hellblau	hellblau	hellblau	gelb	gelb	rot	rot
Kaiser	dunkelblau	gelb	dunkelblau	gelb	gelb	dunkelblau	dunkelblau
Palatinal . .	hellblau	karmesin	hellblau	weiß	weiß	rot	karmesinrot
Carlstädter .	dunkelblau	rot	dunkelblau	gelb	gelb	dunkelblau	rot
Kukez	rot	rot	rot	weiß	weiß	rot	rot
Sclavonier .	grün	grün	grün	gelbweiß	gelb	rot	rot

Bei der Neuuniformierung von 1767 scheint allgemein die Flügelmütze eingeführt worden zu sein. Dieselbe erhielt vorn Nationale und Kokarde sowie schwarzgelben Stutz und Fang= schnüre. Später bildete sie sich durch Hinzufügung eines Augen= schirms zum Czako aus. Die Grundfarbe der Kopfbedeckung war nach den Regimentern verschieden. Gegen Anfang des 19. Jahrh. wurden auch graue Überknöpfhosen eingeführt.

Im allgemeinen waren die Farben der Regimenter von jener erwähnten Neuuniformierung an so ziemlich dieselben wie wir sie in der Übersicht von 1833 geben:

Name des Regiments	Czako	Pelz und Dolman	Beinkleider	Knöpfe
1. Kaiser	schwarz	dunkelblau	dunkelblau	gelb
2. Erzherzog Josef	krapprot	lichtblau	lichtblau	gelb
3. Erzherzog Ferdinand . .	aschgrau	dunkelblau	dunkelblau	gelb
4. Geramb	lichtblau	dunkelgrün	dunkelrot	weiß
5. König von Sardinien .	krapprot	dunkelgrün	karmesinrot	weiß
6. König von Württemberg .	schwarz	kornblumblau	kornblumblau	gelb
7. Liechtenstein	grasgrün	lichtblau	lichtblau	weiß
8. Sachsen=Coburg	krapprot	dunkelgrün	krapprot	gelb
9. Wieland	schwarz	dunkelgrün	karmesinrot	gelb
10. König von Preußen . .	grasgrün	lichtblau	lichtblau	gelb
11. Szekler	schwarz	dunkelblau	dunkelblau	weiß
12. Palatinal	schwarz	kornblumblau	kornblumblau	weiß

Zu bemerken ist dabei, daß die Beschnürung auf Dolman, Pelz und Beinkleidern durchgängig gelb mit schwarz gemischt war. Die Schärpe war gelb mit schwarzen Knoten, die Säbeltasche rot mit gelbem Namenszuge und gelbweiß= schwarzer Borteneinfassung. Die gleiche Einfassung zeigte auch die Schabrake, welche von roter Grundfarbe war und zum größten Teil von einer Pelzdecke verhüllt wurde. Diese Schabraken waren für die gesamte Reiterei vorschriftsmäßig. Im Jahre 1850 verdrängt der Attila den Dolman. Der= selbe hatte nunmehr an Stelle der reichen Verschnürung gleich dem Pelz fünf Schnurreihen. Der Czako erhielt eine modernere, niedrigere Form. Die Abzeichen wurden ver= einfacht, nämlich Attila und Beinkleider erhielten dunkelblaue oder lichtblaue Farbe. Neben dieser bildete die Färbung des Czakos und der Knöpfe das Regimentsabzeichen.

1854:

Name des Regiments	Czako	Attila und Beinkleider	Knöpfe
1. Kaiser Franz Josef	grasgrün	dunkelblau	gelb
2. Großfürst Nikolaus	weiß	lichtblau	gelb
3. Prinz Carl von Bayern	weiß	dunkelblau	gelb
4. Schlick	scharlachrot	lichtblau	weiß
5. Radetzky	scharlachrot	dunkelblau	weiß
6. König Wilhelm von Württemberg	scharlachrot	lichtblau	gelb
7. Fürst Reuß	grasgrün	lichtblau	weiß
8. Kurfürst von Hessen=Cassel . . .	scharlachrot	dunkelblau	gelb
9. Liechtenstein	weiß	dunkelblau	weiß
10. Friedrich Wilhelm III. v. Preußen	grasgrün	lichtblau	gelb
11. Prinz Alexander zu Württemberg	grasgrün	dunkelblau	weiß
12. Haller	weiß	lichtblau	weiß

Als der Krieg von 1866 ausbrach, war die Husaren= truppe in einer Uniformänderung begriffen, die bald nach dem Kriege vollständig durchgeführt wurde. Der Attila blieb dunkel= oder lichtblau, dagegen wurden die Hosen krapprot. Als Kopfbedeckung diente eine Pelzmütze mit farbigem Beutel, Kutsma genannt (Taf. 45, f).

Darnach gestalteten sich 1868 die Abzeichen:

Name des Regiments	Beutel der Kutsma	Attila	Hosen	Oliven (Knebelknöpfe)
1. Kaiser Franz Josef	dunkelblau	dunkelblau	krapprot	gelb
2. Großfürst Nikolaus	weiß	lichtblau	„	gelb
3. Crenneville	weiß	dunkelblau	„	gelb
4. Edelsheim	krapprot	lichtblau	„	weiß
5. Rabezky	krapprot	lichtblau	„	weiß
6. König Karl von Württemberg	aschgrau	lichtblau	„	gelb
7. Prinz Friedr. Carl v. Preußen	lichtblau	lichtblau	„	weiß
8. Kurfürst von Hessen	krapprot	dunkelblau	„	gelb
9. Liechtenstein	weiß	dunkelblau	„	weiß
10. Friedr. Wilh. III. von Preußen	lichtblau	lichtblau	„	gelb
11. Prinz Alexander zu Württemberg	aschgrau	dunkelblau	„	weiß
12. Haller	weiß	lichtblau	„	weiß
13. Jazygier und Kumanier	dunkelblau	dunkelblau	„	weiß
14. Husaren-Regiment	krapprot	dunkelblau	„	gelb

Als gewöhnliches Kleidungsstück wurde statt des Attilas die dunkelblaue Blouse getragen, die nunmehr aber wieder abgeschafft ist. Ebenso ist die Pelzmütze wieder durch den farbigen Czako ersetzt worden.

Gegenwärtig unterscheiden sich die Regimenter durch folgende Abzeichen:

Regiments-Nummer	Czako	Attila und Pelz	Hosen	Oliven
1	dunkelblau	dunkelblau	krapprot	gelb
2	weiß	lichtblau	„	gelb
3	weiß	dunkelblau	„	gelb
4	krapprot	lichtblau	„	weiß
5	krapprot	dunkelblau	„	weiß
6	aschgrau	lichtblau	„	gelb
7	lichtblau	lichtblau	„	weiß
8	krapprot	dunkelblau	„	gelb
9	weiß	dunkelblau	„	weiß
10	lichtblau	lichtblau	„	gelb
11	aschgrau	dunkelblau	„	weiß
12	weiß	lichtblau	„	weiß
13	dunkelblau	dunkelblau	„	weiß
14	krapprot	lichtblau	„	gelb
15	aschgrau	dunkelblau	„	gelb
16	aschgrau	lichtblau	„	weiß

Der Pelzvorstoß ist überall schwarz, die Schnüre gelb und schwarz
gedreht. Der Czako hat einen schwarzen Stutz und schwarzgelbe
Behänge (Taf. 45, g). Die Dienstmützen wie bei der gesamten
Kavallerie rot. Die Offiziere tragen schwarze Mützen wie bei sämt=
lichen anderen Truppenteilen und graue Interimsbeinkleider mit
rotem Vorstoße.

VIII. Ulanen.

Das erste Ulanenkorps wurde im Jahre 1784 errichtet.
Später in Divisionen den Chevaulegers=Regimentern zuge=
teilt, wurde 1791 die Truppe wieder als Ulanen=Regiment
Nr. 1 selbständig. Zu gleicher Zeit entstand als Nr. 2 ein
aus einem galizischen Freikorps hervorgegangenes Ulanen=
Regiment. Die erste Uniform bestand aus einer lichtblauen
Kurtka (Taf. 45, h) mit gelbem Kragen, Aufschlägen,
Rabatten und Schoßumschlägen. Die Knöpfe waren gelb,
Weste und Hosen lichtblau. Als Kopfbedeckung diente eine
polnische viereckige Mütze mit Pelzrand. Die Farbe des
Tuchbezuges war gelb. Die Lanzenflagge gelb und schwarz
geviertet. Schon im nächsten Jahre wurde die Uniform in=
soweit geändert, als die Grundfarbe der Kurtka weiß wurde,
die der Abzeichen dunkelrot. Unterkleider und Kopfbedeckung
wie vorher. 1786 blieb die Grundfarbe weiß, dagegen
wurden die Abzeichen lichtblau, die Unterkleider weiß.
1792 grüne Kurtka mit roten Abzeichen und gelben Knöpfen,
grüne Weste und weiße Hosen. Die Mütze blieb gelb. Die
grüne Grundfarbe blieb die für die Waffengattung charak=
teristische bis zur Neuuniformierung von 1867. Nach und
nach versteifte sich die polnische Mütze zur Form der Czapka.
Die Kurtka wurde gerade herunter geschlossen und erhielt
gelbe Wollepauletten, die Beinkleider wurden grün mit roten
Streifen. Um den Leib ein schwarzgelber Paßgürtel. So
erscheint die Uniform um 1809 (Taf. 45, i). Die Lanzen=
flagge war oben schwarz, unten gelb. Die Czapka, deren
Oberteil nach den Regimentern verschiedenfarbig war, zierte
ein schwarzgelber Stutz.

1833:

Name des Regiments	Czapka	Grundfarbe	Abzeichen	Knöpfe
1. Coburg	kaisergelb	dunkelgrün	rot	gelb
2. Schwarzenberg .	dunkelgrün	"	"	"
3. Erzherzog Carl .	scharlachrot	"	"	"
4. Kaiser	weiß	"	"	"

Die Czapka hatte inzwischen ihre Form verändert. An die Stelle des schwarzgelben Stutzes war links ein hängender schwarzer Roßhaarbusch getreten. Auf der linken Seite wurde keine Epaulette, sondern nur eine gelbe Achselklappe getragen (Taf. 45, k). Anfang der fünfziger Jahre erhielten die Ulanen statt der Kurtka eine dunkelgrüne Ulanka, ebenfalls mit roten Abzeichen. Epauletten wurden jetzt auf beiden Achseln getragen.

1854:

Name des Regiments	Czapka	Knöpfe
1. Civalart	kaisergelb	gelb
2. Schwarzenberg	dunkelgrün	"
3. Erzherzog Carl	scharlachrot	"
4. Kaiser Franz Josef	weiß	"
5. Wallmoden=Gimborn	lichtblau	"
6. Kaiser Franz Josef	kaisergelb	weiß
7. Erzherzog Carl	dunkelgrün	"
8. Erzherzog Maximilian	scharlachrot	"
9. Liechtenstein	weiß	"
10. Clam=Gallas	lichtblau	"
11. Großfürst Alexander	karmesinrot	"
12. König von Sicilien	"	gelb

1860 wurde ein Freiwilligen=Ulanenregiment errichtet, welches eine abweichende Uniformierung erhielt, nämlich eine krapprote polnische Mütze (Tatarka) mit Adlerfeder, lichtblaue Ulanka und Hose, hohe Stiefel und

braunen Mantel. Nach dem Vorbilde dieses Regiments
begann man 1865/66 auch die übrigen Ulanenregimenter
zu uniformieren. Völlig durchgeführt wurde diese Neu=
montierung 1867 (Taf. 45, l).

Die Regimenter unterschieden sich jetzt in folgender Weise:

1867:

Name des Regiments	Tatarka	Ulanka	Aufschläge und Hosen	Knöpfe
1. Grünne	kaifergelb	lichtblau	krapprot	gelb
2. Schwarzenberg	dunkelgrün	"	"	"
3. Minutillo	krapprot	"	"	"
4. Kaifer Franz Josef . .	weiß	"	"	"
5. Wallmoden=Gimborn .	lichtblau	"	"	"
6. Kaifer Franz Josef . .	kaifergelb	"	"	weiß
7. Erzherzog Carl	dunkelgrün	"	"	"
8. Kaifer von Mexiko . .	krapprot	"	"	"
9. aufgelöft	—	"	—	—
10. Clam=Gallas	lichtblau	lichtblau	krapprot	weiß
11. Kaifer von Rußland .	dunkelblau	"	"	"
12. König von Sicilien .	"	"	"	gelb

Die Ulanka hatte nur eine Knopfreihe und war auf
jeder Brustseite sowie auf jedem Vorderschoß mit je einer
Tasche versehen. Später wurde die Czapka wieder ein=
geführt und ist noch vorschriftsmäßig. Das Oberteil ist
verschiedenfarbig; links herabhängender schwarzer Roßhaar=
busch und gelber Beschlag. Für gewöhnlich wurde eine
dunkelblaue Blouse getragen. Dieselbe hatte krapprote
Kragenpatten. Die Ulanka durchgängig lichtblau. Heute ist
die Blouse abgeschafft. Ihre Stelle vertritt eine lichtblaue
einreihige Ulanka. Über die Schulter hängt eine zweireihige
mit Pelzkragen besetzte Ulanka, ebenfalls von lichtblauer
Farbe (Taf. 45, m). Bei kaltem Wetter wird dieselbe
angezogen. Die Hosen sind durchgängig krapprot.

Gegenwärtig sind die Abzeichen wie folgt:

Czapka=Überzug	Knöpfe	
	gelbe	weiße
weiß	4	—
lichtblau	5	—
dunkelblau	12	13
dunkelgrün	2	7
kaisergelb	1	6
krapprot	3	8
kirschrot	—	11

Die Regimenter 9 und 10 sind aufgelöst.

IX. Artillerie. Genietruppen. Train. — Generalität ꝛc. — Chargenabzeichen.

Bei der Artillerie ist erst ziemlich spät von einer eigentlichen Uniformierung die Rede. Der Grund liegt darin, daß diese Waffe mehr eine Zunft als eine Waffen=gattung war. Um 1734 (Taf. 46, b) erscheinen auf Abbildungen Artilleristen in grauen Röcken mit gelben Knöpfen und roten Ärmelaufschlägen, grauen Kamisölern, weißen Gamaschen, Hüten mit Goldborte. Die Abzeichen blieben in der Folgezeit stets rot, während die Grundfarbe allmählich durch Rehbraun und Wolfsgrau in Dunkelbraun überging. 1760 sind Rock, Weste und Beinkleider von rehbrauner Farbe, 1798 von wolfsgrauer. Außer den Aufschlägen zeigen jetzt auch Kragen und Schoßumschläge sowie die Westen der Offiziere rote Farbe. Die Kopf=bedeckung blieb immer der Hut, dessen Form manchen Wandelungen unterworfen war. 1840 (Taf. 46, f) ist die Uniform dunkelbraun, die Beinkleider hellblau (vorher waren letztere weiß). Der Rock glich im Schnitt demjenigen der Infanterie. Bis 1850 frackartig ausgeschnitten, wurde er in diesem Jahre durch den zweireihigen Waffenrock ersetzt, 1860 durch einen einreihigen mit liegendem Kragen. Seit 1851 Czakos. Gegenwärtig trägt die Feld=Artillerie dunkelbraune einreihige Waffenröcke mit roten Abzeichen,

Tafel 46. Österreich-Ungarn (Artillerie, Pioniere u. s. w.).

a, b, c, d, e, f, g Artillerie — h, k Pioniere — i Sappeur — l, m Generale in großer deutscher und ungarischer Uniform.

a   b   c   d   e   f   g   h   i   k   l   m

bei den Offizieren auch mit solchen Vorstößen. Gelbe Knöpfe. An Stelle der Blousen dunkelbraune Ärmelleibel mit roten Kragenpatten, hellblaue Beinkleider; Czako mit schwarzem Roßhaarbusch (Taf. 46, g). Die Mützen der Mannschaft sind hellblau, die der Offiziere schwarz. Die Festungs= Artillerie ist ebenso uniformiert, nur trägt dieselbe rote Streifen an den Beinkleidern. Die Technische Artillerie hat bei gleicher Uniform graue Beinkleider und Mützen. Bei den Mannschaften fehlt der Roßhaarbusch auf dem Czako. Für die Genietruppe, Pioniere, Mineure und Pontoniere gab es in der österreichischen Armee viel= fach verschiedene Uniformen. Die Pioniertruppe trug 1760 ein schwarzes Kasket, grauen Rock und Weste mit gelben (später weißen) Knöpfen, grünen Kragen, Aufschlägen und Schoßumschlägen. Weiße Beinkleider und ebensolches Lederzeug. Schwarze Gamaschen. Im übrigen folgte die Uniform ganz und gar den Veränderungen, wie wir solche bei der Infanterie kennen gelernt haben. Um 1830 diente als Kopfbedeckung ein links aufgeschlagener Hut, vorn mit Kokarde, Agraffe und schwarzgelbem Stutz (Taf. 46, h). 1840 tritt an Stelle des Hutes ein Czako, mit schwarzem Busch verziert. Die Beinkleider erhalten nunmehr die Grundfarbe des frackartigen Rockes, der 1850 durch den Waffenrock ersetzt wird und seitdem alle Veränderungen im Schnitt durchgemacht hat wie bei der Infanterie. Rock, Beinkleider, Blouse und Mütze der Mannschaften sind grau, die Abzeichen grün, die Knöpfe weiß, das Lederzeug seit 1840 schwarz (Taf. 46, k). Die Pontoniere waren dunkelblau gekleidet mit roten Abzeichen und weißen Knöpfen. Schnitt der Uniform wie bei den Pionieren. Die Mineure grau mit dunkelrot und gelben Knöpfen. Die Sappeure dunkelblau mit dunkelrot und gelben Knöpfen (Taf. 46, i). Die Genietruppe trägt heute lichtblauen Waffenrock sowie Blouse mit kirschroten Abzeichen und blaugraue Beinkleider. Die Mannschaften des Fuhrwesens trugen 1778 ganz weiße ·· niformen mit gelben Kragen und schwarzgelber Binde um den linken Oberarm. Dazu das bekannte Kasket. Später wurden die Uniformen grau mit gelben Abzeichen und weißen Knöpfen, weiße Beinkleider und Hut mit schwarzgelbem Stutz. 1815 ist die Uniform wieder ganz weiß mit gelben Abzeichen. Dazu Czako und schwarzes Lederzeug. Die Offiziere hatten braune Uniformen mit gelben Abzeichen und Hüte. Weiße Beinkleider in hohen Stiefeln. 1840 werden die Abzeichen hellblau, ebenso die Beinkleider. Seitdem blieb die Uniform immer ähnlich derjenigen der Artillerie, nur sind die Beinkleider krapprot, ebenso die Mützen der Mannschaften. Neben dem braunen Waffenrock mit hellblauen Abzeichen dunkelblaue Blousen.

Von einer Generaluniform kann man erst seit den Zeiten der Kaiserin Maria Theresia sprechen. Der Rock war weiß; Abzeichen, Weste und Hosen rot, Besatz golden. Diese Farbenzusammenstellung hat sich bei stets nach der Mode wechselndem Schnitt bis heute für die Galauniform erhalten. Die kleine Uniform besteht heute aus einem hell= grauen Waffenrock mit roten Abzeichen und goldenen Besätzen und dunkelgrauen Beinkleidern mit roten Streifen. Zur Parade goldbortierter Hut mit hellgrünem Federbusch (Taf. 46, l). Für die ungarische Generalität wurde unter Maria Theresia ein reiches Husarenkostüm bestimmt. Diese Uniform war zeitweise und für die Generale der Kavallerie vorschriftsmäßig; heute überhaupt für ungarische Generale. Da sich die Uniform wenig verändert hat, beschreiben wir die heutige Uniform (Taf. 46, m). Attila und Beinkleider rot mit eben solchen Abzeichen und reicher Goldverschnürung, weißer Pelz mit Besatz wie auf dem Attila. Pelzmütze mit rotem Beutel und weißem Stutz. Als kleine Uniform grauer Attila mit roten Abzeichen und goldenem Schnurwerk und Besatz. Pelz ebenso mit schwarzem Vorstoß. Dunkelgraue Beinkleider mit roten Streifen. Als Kopfbedeckung Husarenczako und die allgemein übliche schwarze Offiziersmütze. Die Uniform der General= und Flügeladjutanten gleicht derjenigen der Generale, nur

ist die Grundfarbe dunkelgrün. Die Galabeinkleider dunkel=
grau mit rotem Vorstoß und breiten Goldstreifen.

Als Chargenabzeichen dienen Besätze um Kragen
und Aufschläge sowie Sterne in den Kragenecken. Der
Feldmarschall trägt breite gebogene Goldtresse mit Blatt=
verzierung. Bei den folgenden Chargen glatte gemusterte
Goldtresse. Silberne Rangsterne.

Feldzeugmeister und General der Kavallerie Borte und
drei Sterne.

Feldmarschalllieutenant zwei Sterne.

Generalmajor einen Stern.

Bei den regimentierten Offizienen richtet sich die Borte
um Kragen und Aufschläge nach der Farbe der Knöpfe. Die
Rangsterne auf goldenen Borten in Silber und umgekehrt.

Oberst: Tresse und drei Sterne.

Oberstlieutenant: Tresse und zwei Sterne.

Major: Tresse und einen Stern.

Hauptmann: drei Sterne.

Oberlieutenant: zwei Sterne.

Lieutenant: einen Stern.

Kadettoffizier: schmale Gold= ob. Silbertresse u. ein. Stern.

Kadettfeldwebel: schmale Gold= oder Silber= und darüber
weiße oder gelbe Tresse, drei weiße Sterne.

Zugführer: drei weiße Sterne.

Korporal: zwei weiße Sterne.

Gefreiter: einen weißen Stern.

Die Offiziersschärpe ist aus gelb und schwarzer Seide
gefertigt. Bei den Generalen von Gold und schwarzer
Seide. Die Adjutanten tragen die Schärpe über die linke
Schulter. Die Schützenabzeichen bestehen für die Infanterie
aus roten, für die Jäger aus grünen wollenen Schützen=
schnüren, welche an der linken Brustseite angelegt werden.
Kavallerie= und Artillerieoffiziere tragen eine silberne Kar=
tusche, deren Deckel mit dem goldenen Doppeladler geschmückt
ist, an schmalem goldenen Bandeliere.

Die romanischen Staaten.

Frankreich.

(Kokarde: Bis zur Revolution sehr verschiedenfarbig. Zur Revolutionszeit drei=
farbig, blau=weiß=rot. Unter der Restauration weiß. Seit Louis Philipp wieder
blau=weiß=rot.)

I. Garden.

Die königlichen Haustruppen (maison du roi).

Die Einführung der Uniformen fällt in Frankreich in
das Jahr 1670 und zwar wird Colinan de Frandat als
der Urheber dieser Neuerung bezeichnet. Indessen scheinen
die königlichen Garden schon vorher eine Art Uniformierung
gehabt zu haben. Wir behandeln hier zunächst nur die
eigentlichen Haustruppen, die zum Wacht= und Eskortedienst
bestimmt waren, während wir die Regimenter der franzö=
sischen und Schweizer=Garde unter der Garde=Infanterie
besprechen werden. Bemerkenswert erscheint, daß den Haus=
truppen die rote und blaue Farbe für die Kleidung vor=
behalten war. Die Garde du corps (Taf. 47, a S. 249)
bestand aus vier Kompagnien. Sie trug blaue Röcke, rote
Westen und Aufschläge, silberne Knöpfe und Litzen. Der
Hut war mit Silberborte besetzt. Im 18. Jahrhundert
wurden verschiedenfarbige Bandeliere eingeführt. Diese
und die Kokarden an den Hüten zeigten die Kompagnie
an und zwar trug:

1. Kompagnie (Comp. écossaise) schwarze Kokarde, silbernes Bandelier mit weißen Vierecken;
2. Kompagnie (première française) weiß und grüne Kokarde, Bandelier silbern mit grünen Vierecken;
3. Kompagnie (seconde française) Kokarde blau und weiß, Bandelier silbern mit blauen Vierecken;
4. Kompagnie (troisième française) gelb und weiße Kokarde, Bandelier silbern mit gelben Vierecken.

Gardes de la Porte (Taf. 47, b): Blauer Rock. Aufschläge, Futter, Weste, Hosen und Strümpfe rot, Borten von Gold und Silber auf allen Nähten; die Aufschläge von Plüsch, Bandelier und Leibgurt in Gold und Silber gewürfelt. Degen und Musketen.

Die Hundert-Schweizer (Cent-Suisses): Blauer Rock mit rotplüschenen Aufschlägen. Kragen und Schoßfutter scharlachrot, gelbe Knöpfe, blaue oder weiße Hosen. Pelzmütze mit einem Bleche, worauf das französische Wappen. Dragoner-Flinte und Säbel. Zum Gala-Wachtdienst sogenanntes Altschweizer Kostüm.

Gardes de la Manche (Taf. 47, d): Ganz weißes Kostüm; nur die Schuhe haben rote Absätze. Die Stickereien auf der Kasake in Gold und Silber, Schaft und Quast der Partisane weiß.

Gardes de la Prévôté de l'Hôtel (Taf. 47, e): Blauer Rock mit Goldborten. Aufschläge und Futter rot, Weste rot mit Gold besetzt, Hosen und Strümpfe ebenfalls rot. Goldene Hutborte, Kasake weiß mit infarnatroten, blauen und weißen Streifen, die von der Hüfte herabfallen. Reiche Goldstickerei. Der Kasake, französisch: Hoqueton, verdankt die Truppe die Bezeichnung Hoquetons ordinaires de Sa Majesté. Von den erwähnten Truppen waren die Gardes du Corps beritten, thaten aber auch Dienst zu Fuß. Reitertruppen der Garde waren ferner die Gensdarmes der königlichen Garde (Taf. 47, c): Roter Rock. Aufschläge von schwarzem Plüsch, Weste gelblich, reicher Goldbortenbesatz. Goldene Hutborte, schwarze Kokarde und weiße

Tafel 47. Frankreich (Königliche Haustruppen).

a, h, i Garde du Corps — b Garde de la Porte — c Gensdarme — d Garde de la Manche — e Garde de la Prévôté —
f Grenadier zu Pferd — g Musketier des Königs.

Plumage. Die Chevaulegers der Garde trugen dieselbe Uniform mit weißer Hutkokarde. Die Musketiere des Königs bildeten zwei Kompagnien und wurden nach der Farbe der Pferde graue oder schwarze Musketiere genannt. Die erste Kompagnie trug eine ganz rote Uniform mit reichem Goldbortenbesatz, weiße Plumage und Kokarde. Im 17. Jahrhundert waren die Kasaken, das eigentliche Paradekleid des Reiters, von weitem mantelartigen Schnitt, im Anfange des 18. Jahrhunderts aber nahmen sie die Form der Superweste an und zwar zeigten die Kasaken auf blauem Grunde vorn und hinten ein weißes Kreuz mit roten Flammen in den Winkeln des Kreuzes. Die zweite Kompagnie, die sogenannten schwarzen Musketiere, trug dieselbe Uniform, nur war der Bortenbesatz von Silber und die erwähnten Flammen waren gelb.

Die reitenden Grenadiere des Königs (Taf. 47, f): Hellblauer Rock, weißer Bortenbesatz, Weste, Hosen und Aufschläge rot, rote Mütze mit schwarzem Pelzbesatz. Gamaschen von Fahlleder, weißes Lederzeug.

Unter Ludwig XVI. und zwar unter dem Ministerium des Grafen von Saint-Germain wurden die Haustruppen abgedankt, nur die Gardes du Corps blieben bestehen, bis der Ausbruch der Revolution auch deren Dasein ein Ende machte. Im Jahre 1814 lebten mit der Restauration auch die Hausgarden wieder auf und zwar, wie sie vor den Reformen des Grafen von Saint-Germain bestanden hatten. Man sah wieder Grenadiere und Hundert-Schweizer, Gardes du Corps, die Gardes de la Prévôté und de la Porte, die Gensdarmes und Chevaulegers sowie die grauen und schwarzen Musketiere. Die Uniformen waren der Farbe nach dieselben wie früher, nur der Schnitt war moderner. Bei der Mehrzahl verdrängte der Helm den Hut. Diese ganze Herrlichkeit brach aber wieder mit der Rückkehr Napoleons zusammen. Nach dessen zweitem Sturze errichtete Ludwig XVIII. nur die vier Kompagnien der Gardes du Corps (Taf. 47, h, i) wieder, zu denen später noch eine

fünfte kam. Uniform: Blauer Frack mit einer Reihe von
Knöpfen und neun weißen Brustlitzen mit Quasten, weiße
Epauletten und Fangschnüre. Karmesinroter Kragen mit
einer weißen Litze, Schoßumschläge in der Farbe des Kragens,
weiße Hosen, Stahlhelm mit schwarzem Bräm, schwarzer
Raupe und gelben Beschlägen. Weißer Stutz, dessen Wurzel
die Kompagniefarbe zeigte, ebenso wie die Vierecke des
Bandeliers. Diese Farben waren für die 1. Kompagnie
weiß, 2. Kompagnie hellgrün, 3. Kompagnie dunkelblau,
4. Kompagnie gelb, 5. Kompagnie karmesin.

Im Jahre 1826 bestanden auch vier Kompagnien
Gardes du Corps zu Fuß: Blauer Rock mit neun gelben
Brustlitzen ohne Quasten, Knöpfe und Epauletten gelb,
Kragen karmesinrot mit einer gelben Granate auf jeder
Seite, Aufschlag karmesinrot, ebenso die Schoßumschläge, die
mit gelben Lilien geziert waren, Pelzmütze mit weißem
Stutz, gelbem Schild und Behängen, Säbel und Bajonett=
gewehr, Patrontaschen mit vier Granatenecken und einem
Mittelschilde, welches eine Lilie zeigte.

Die übrigen Regimenter, wie Garde=Lanciers, Garde=
Husaren ꝛc., werden wir, weil diese Truppen keine eigent=
lichen Haustruppen waren, unter den betreffenden Waffen=
gattungen besprechen. Für die Garden des ersten und
zweiten Kaiserreichs wählen wir dasselbe Verfahren, da alle
Gardetruppen Feld=Regimenter waren; höchstens kämen die
Hundert=Garden Napoleons III. in Betracht. Aber auch
diese finden besser ihre Besprechung in dem den Kürassieren
gewidmeten Abschnitte.

Garde=Infanterie.

Das vornehmste Garde=Infanterie=Regiment der alten
Monarchie war das Regiment der Gardes Françaises, das
seinen Ursprung aus dem Jahre 1558 herleitet. Die
Farbenzusammenstellung war die überhaupt den Garden
vorbehaltene, nämlich blau mit rot, und zwar war der
Rock blau, Weste und Hosen rot (Taf. 48, a S. 253).

Dazu kam noch ein reicher Besatz von weißen Borten.
Nach dem siebenjährigen Kriege wurden die Hosen weiß.
Um 1730 erhielten die Grenadiere dieser Truppe Pelz=
mützen mit Stutz und zwar überhaupt als die ersten
in Frankreich (Taf. 48, b). Später erhielten auch die
Grenadiere der übrigen Infanterie diese Kopfbedeckung.

Das Regiment der Schweizer=Garden (Taf. 48, c)
trug rote Röcke mit blauen Rabatten, Westen und Hosen.
Letztere wurden später weiß. Rock und Weste war mit
weißem Besatz versehen.

Während die französischen Garden sich revolutions=
freundlich erwiesen, besiegelten die Schweizer=Garden ihre
Treue mit ihrem Blute. Das Regiment wurde buchstäblich
niedergemacht.

Die Revolution erkannte natürlich einzelnen Truppen=
teilen besondere Bevorzugungen nicht zu. Indessen hielt
man sich schon im Jahre 1791 für genötigt, eine sogenannte
Garde constitutionelle ins Leben zu rufen (blauer Rock
mit roten Rabatten, Aufschlägen und Schoßumschlägen.
Weiße Unterkleider, weißbortierter Hut mit der dreifarbigen
Kokarde). Dieser Truppe folgte 1792 eine Convent=Garde
(Uniform in gleicher Farbenzusammenstellung). Wichtiger
als diese Formation sollte die ursprünglich zur Bedeckung
des Hauptquartiers der Consuln 1799 errichtete Consular=
Garde werden, da sie den Stamm der späteren Kaiser=Garde
bildete. Die Uniform der Grenadiere der Consular=
Garde bestand aus königsblauem Frack mit gleichem Kragen
ohne Vorstoß, weißen, eckig geschnittenen Rabatten ebenfalls
ohne Vorstoß, roten Aufschlägen mit weißen Patten, rotem
Schoßfutter mit gelben Granaten in den Ecken, Taschen=
patten in der Länge mit rotem Vorstoß, gelben Knöpfen,
roten Epauletten, weißen Westen und Beinkleidern, Pelz=
mützen mit gelbem Schild und Behängen, rotem Stutz und
dreifarbiger Kokarde. Auf deren Patrontaschendeckel eine
·rne Granate.

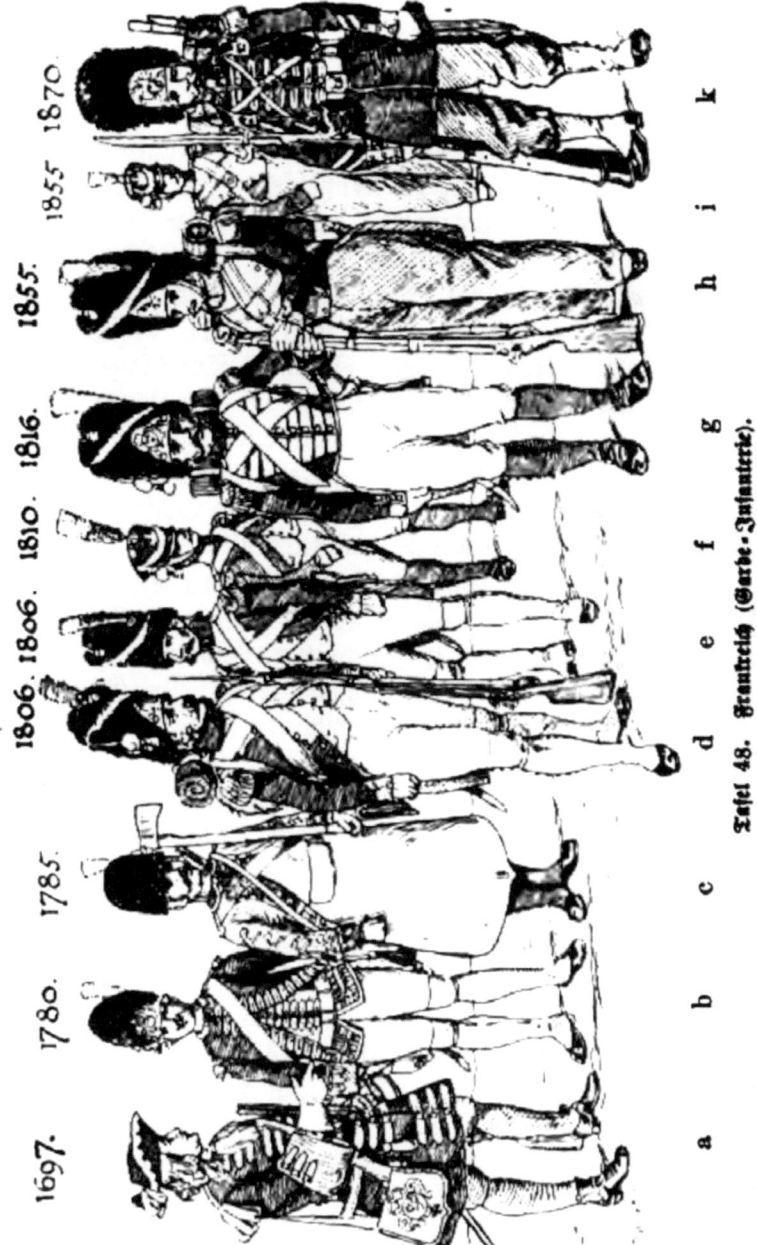

1697. 1780. 1785. 1806. 1806. 1810. 1816. 1855. 1855. 1870.

a   b   c   d   e   f   g   h   i   k

Tafel 48. Frankreich (Garde-Infanterie).

a, b Französische Garden — c Zimmermann der Schweizer-Garde — d, g, h, k Garde-Grenadiere — e Garde-Jäger —
f Boltigeurs-Jäger — i Boltigeur der Garde.

Die Kaiſer-Garde unter Napoleon I.

Erſtes und zweites Regiment der Grenadiere zu Fuß. 1804 bis 1814 (Taf. 48, d): Uniform wie die Grenadiere der Conſular-Garde, nur weiße Behänge an der Pelzmütze. Auf dem gelben Mützenſchild der kaiſerliche Adler zwiſchen zwei Granaten; der Deckel der Pelzmütze war rot, mit einer weißwollenen Granate geſchmückt.

Drittes Regiment der Grenadiere· zu Fuß (Holländiſche Grenadiere). 1810 bis 1813: Weißer Rock mit karmeſinrotem Kragen, Schößen, Aufſchlägen und eckiggeſchnittenen Rabatten; Taſchen in der Länge mit karmeſinrotem Vorſtoß. Weiße Aufſchlagspatten, gelbe Granaten in den Schoßſpiegeln, gelbe Knöpfe, rote Epau= letten, weiße Unterkleider. Pelzmütze ohne Schild, weiße Behänge, roter Stutz, rotes Mützenfutter mit weißem Kreuze.

Jäger zu Fuß. 1804 bis 1814 (Taf. 48, e): Blauer Frack mit ebenſolchem Kragen, roten, weiß vorgeſtoßenen ſpitzen Aufſchlägen, weiße ſpitzgeſchnittene Rabatten. In den vier roten Schoßſpiegeln abwechſelnd eine gelbe Granate und ein gelbes Jagdhorn, Taſchenpatten in der Länge mit rotem Vorſtoß, gelbe Knöpfe, grüne Epauletten mit roten Franſen, weiße Unterkleider, Pelzmütze ohne Schild mit weißen Behängen, Stutz oben rot, unten grün.

Füſilier=Grenadiere. 1806 bis 1814: Rock wie das erſte und zweite Regiment der Grenadiere, ebenſo Unter= kleider, weiße Epauletten, deren Feld zweimal rot durch= zogen war, Czako mit weißen Seitenſtegen und Behängen, roter Stutz.

Füſilier=Jäger. 1806 bis 1814: Rock und Unter= kleider wie Jäger zu Fuß, Czako mit weißem Behänge; Stutz oben rot, unten grün.

Tirailleur=Grenadiere. 1809 bis 1814: Kurz= ſchößiger Frack, blau mit rotem, blau vorgeſtoßenem Kragen, ſpitzen blauen Rabatten mit weißem Vorſtoß, rote ſpitze,

weiß vorgestoßene Aufschläge, rote, weiß vorgestoßene Achsel=
klappen, Taschenpatten in der Länge, weiß vorgestoßene,
rote Schoßspiegel mit weißen Adlern, weiße Unterkleider,
Czako mit weißen Seitenstegen, roten Behängen und rotem,
unten weißem Stutz.

Tirailleur=Jäger. 1809: Uniform genau wie
Tirailleur=Grenadiere, nur grüne, rot vorgestoßene Achsel=
klappen und grüne Adler in den Schoßspiegeln, Czako mit
weißem Behänge und grünem Kugelpompon.

Voltigeur=Jäger. 1810 bis 1814 (Taf. 48, f):
Blauer, kurzschößiger Frack mit ebensolchen spitzen, weiß vor=
gestoßenen Rabatten, gelber Kragen, rote spitze Aufschläge
mit weißem Vorstoß, Taschenpatten in der Länge weiß vor=
gestoßen, weiße Jagdhörner in den roten Schoßspiegeln,
gelbe Knöpfe, weiße Unterkleider, grüne Epauletten mit
gelben Halbmonden, Czako wie Füsilier=Jäger.

Flanqueur=Grenadiere 1812 bis 1814: Grüner
Spenzer mit ebensolchem Kragen, Achselklappen und gerade
heruntergehenden Rabatten. Alles gelb vorgestoßen, ebenso
die langgesetzten Taschenpatten, rote spitze Aufschläge mit
gelbem Vorstoß, rote Schoßspiegel mit weißen Adlern, gelbe
Knöpfe, weiße Unterkleider, Czako mit weißen Seitenstegen,
rotem Behänge und gelbem, oben rotem Kugelpompon.

Flanqueur=Jäger. 1812 bis 1814: Spenzer wie
eben bei den Flanqueur=Grenadieren beschrieben; nur sind
auch die Aufschläge grün und die Schoßspiegel zeigen weiße
Jagdhörner, Czako mit weißem Behänge und gelben, unten
grünen birnenförmigen Pompon.

Rekruten=Grenadiere. 1809 bis 1810: Kurz=
schößige blaue Uniform mit ebensolchen Kragen, Rabatten
und Achselklappen. Alle diese Stücke sowie die langgesetzten
Taschenpatten rot vorgestoßen; rote Aufschläge mit weißer
Patte, weiße Schöße mit roten Adlern in den Ecken, gelbe
Knöpfe, weiße Unterkleider, Czako wie Füsilier=Grenadiere,
aber mit rotem Behänge.

Rekruten=Jäger. 1809 bis 1810: Uniform wie eben beschrieben, nur roter Kragen, grüne, rot vorgestoßene Achselklappen, spitze rote Aufschläge mit weißem Vorstoß, blaue Schoßspiegel mit grünen Jagdhörnern, Czako mit weißem Behänge und grünem birnenförmigen Pompon.

National=Garde. 1810 bis 1813: Kurzschößiger blauer Rock mit weißen, rot vorgestoßenen spitzen Rabatten und Schoßspiegeln; in letzteren blaue Adler, roter Kragen und spitze Aufschläge, weiß vorgestoßen, gelbe Knöpfe, Taschen=patten in der Länge, Czako mit rotem Behänge, Kugel=pompon und Wollbüschel darüber rot, weiße Unterkleider.

Pupillen der Garde. 1811 bis 1814: Uniform wie Flanqueur=Grenadiere, und Aufschläge und Schoßspiegel grün; letztere mit gelben Adlern, Taschenpatten in der Quere, Czako mit grünem Behänge und gelbem Kugelpompon.

Veteranen der Garde. 1804 bis 1814: Uniform wie 1. und 2. Regiment der Grenadiere, nur rote Rabatten, blaue Aufschlagspatten und quergesetzte Taschen; Hut mit rotem Pompon.

Seesoldaten der Garde: Blauer Dolman mit eben=solchem Kragen; orange=gelbe Verschnürung wie bei den Husaren; rote spitze Aufschläge, gelbe Schuppen=Epauletten, blaue faltige Beinkleider mit orangefarbigem Seitenbesatz und ungarischem Knoten; Czako mit orange Borte eingefaßt und ebensolchen Behängen, roter Stutz.

Die Czakos der Garde waren durchgängig mit dem gelbmetallenen kaiserlichen Adler und Schuppenbändern geschmückt. Die Flanqueur=Grenadiere, Flanqueur=Jäger und Pupillen trugen keine Säbel, demnach auch kein Säbel=bandelier. Die Bajonettscheide war am Patrontaschen=bandelier befestigt.

Unter der Restauration und dem Juli=Königtum.

Im Jahre 1826 betrug die Anzahl der Garde=Infanterie=Regimenter acht, von denen die ersten sechs französische und Nr. 7 und 8 Schweizer=Regimenter waren.

Die Abzeichen waren folgende:

Nr.	Rock	Kragen	Aufschläge	Aufschlagspatten	Schoßumschläge	Vorstöße
1	blau	blau	karmesin	blau	karmesin	karmesin
2	"	"	rosa	"	rosa	rosa
3	"	"	gelb	"	gelb	gelb
4	"	"	blau	karmesin	karmesin	karmesin
5	"	"	"	rosa	rosa	rosa
6	"	"	"	gelb	gelb	gelb
7	rot	"	"	blau	weiß	rot
8	"	rot	"	rot	"	"

Alle diese Regimenter trugen eine Reihe von weißen Knöpfen und weißem Litzenbesatz auf der Brust, Hosen blau. Die ersten sechs Regimenter hatten rote Epauletten mit weißgemischten Fransen; die letzten beiden weiße Epauletten. Die ersten sechs Regimenter trugen ferner Pelzmützen (Taf. 48, g) ohne Beschlag mit weißem Behänge und Stutz. Nr. 7 und 8 Czakos, Behänge und Stutz wie die übrigen. Das Lederzeug war weiß.

Die Kaiser-Garde Napoleons III.

Durch einen Befehl vom 1. Mai 1854 wurde eine neue Kaiser-Garde ins Leben gerufen und zwar wurden an Infanterie-Truppen drei Grenadier-, vier Voltigeur-Regimenter und ein Zuaven-Regimeat gebildet. Die Uniform der Garde-Grenadiere (Taf. 48, h) bestand in einem blauen Frack mit rotem Kragen, Aufschlägen, Schoßumschlägen und Epauletten, weißen, die ganze Brust bedeckenden Rabatten und weißen Achselklappen. Gelbe Knöpfe. Die Hose krapprot wie bei der Linien-Infanterie*). Weißes Lederzeug gekreuzt, Pelzmütze mit gelbmetallnem Schild, weißen Behängen und rotem Stutz.

Die Garde-Voltigeure (Taf. 48, i) trugen dieselbe Uniform, nur spitze Aufschläge von der Grundfarbe des

---

*) Anfänglich blaue Beinkleider.

Frackes, gelb vorgestoßen; gelber Kragen und Halbmonde
der roten Epauletten, Czako mit gelbem Beschlage, oberem
Rande und Seitenstegen und weißen Behängen. Stutz
oben gelb, unten rot. Die Uniform der beiden erwähnten
Truppenteile änderte sich in den sechziger Jahren dergestalt,
daß der Frack durch einen einreihigen Waffenrock ersetzt
wurde und zwar erhielten die Grenadiere weiße Brustlitzen
(Taf. 48, k), die Voltigeure gelbe. Das Lederzeug wurde
nun nach demselben Modell wie bei der übrigen Infanterie
getragen.

Die Garde=Zuaven trugen blaue Zuavenjacke und Weste
mit gelbem Besatz, die spitzen Aufschläge waren rot. Rote,
weite Hosen, hellblaue Leibbinde. Fez rot mit gelber Quaste
und mit einem weißen Tuche umwunden. Die Überbleibsel
der Garde=Regimenter wurden 1871 der Linie einverleibt.

II. Linien=Infanterie.

Wie schon erwähnt, fällt die Einführung der Uniform
in das Jahr 1670. Die ersten Uniformen waren im Gegen=
satz zu denjenigen der Garde ziemlich unscheinbar. Es
walteten neutrale Töne vor wie Graubraun, Isabellenfarbe ꝛc.
Die Umschläge der Uniform dagegen waren farbiger, nämlich
gelb, rot, blau oder grün; vielfach erhielten auch Hosen und
Strümpfe diese Farben. Die Pickeniere trugen den Brust=
panzer, hatten aber die Sturmhaube abgelegt (Taf. 49, a).
1683 tritt die Kartusche an Stelle der einzelnen, am
Bandeliere befestigten Ladungen. 1703 werden die Bajo=
nette eingeführt als Ersatz für die abgeschaffte Picke. Um
1715 erscheinen einige Infanterie=Regimenter (Poitou,
Auvergne, Champagne) in weißen Röcken; letztere Farbe
wurde nach und nach die allgemeine für die national=fran=
zösische Infanterie, während die Fremd=Regimenter, wie
wir sehen werden, andersfarbige Röcke erhielten. Bis
1743 zeigte der Rock den Schnitt der bürgerlichen Kleidung.
Außer den Abzeichen bildeten die sehr verschiedenartig
geformten Taschenpatten ein weiteres Erkennungszeichen.

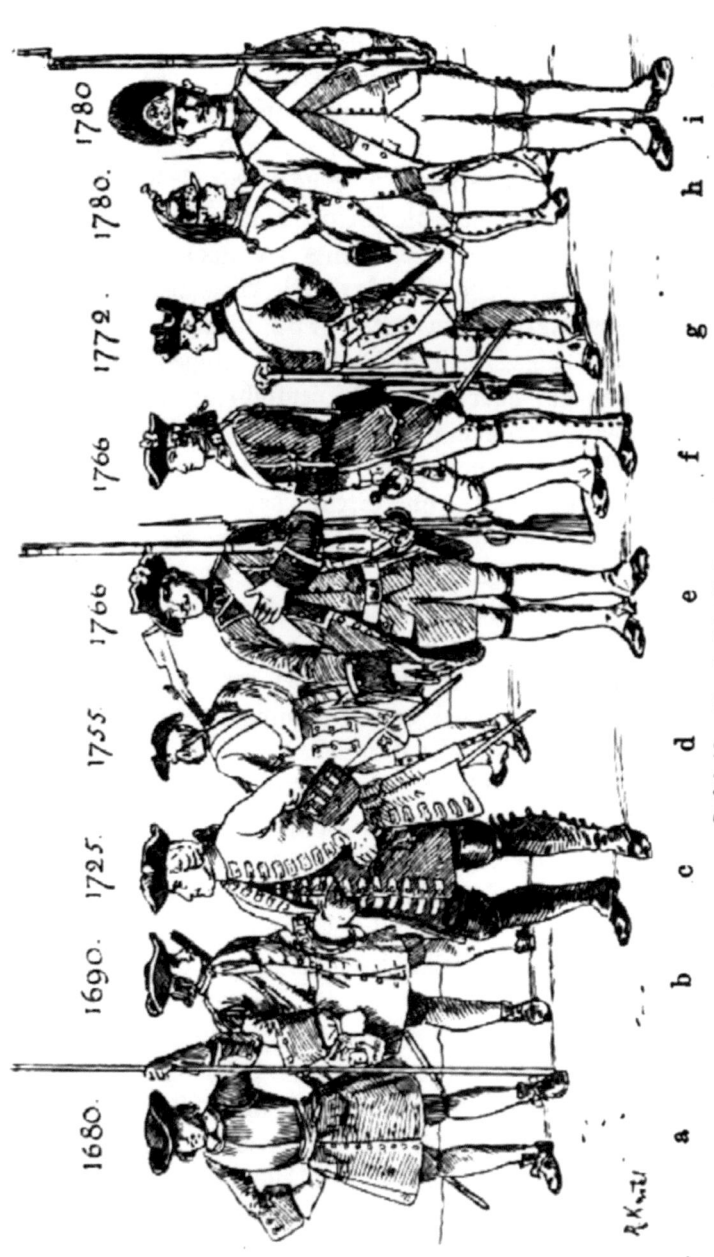

1680. 1690. 1725. 1755. 1766 1766 1772. 1780. 1780.

Tafel 49. Frankreich (Linien-Infanterie).

a Füsilier — b, i Grenadiere — d, e, g, h Füsiliere — c, f Offiziere.

a b c d e f g h i

Um 1757 hatte ein großer Teil der Infanterie die Gamaschen angenommen, gleichzeitig auch den mit Rabatten versehenen Rock und umgeschlagene Schöße. An Stelle des bis dahin üblich gewesenen Haarbeutels trat nach und nach der Zopf (Taf. 49, d). 1760 wurden die Hosen durchgängig weiß. Von den Fremd=Regimentern trugen die Schweizer und Irländer rote Uniformen, die übrigen blaue. Die sogenannten königlichen Regimenter (régiments royaux) hatten blaue Abzeichen auf den weißen Röcken. Die Abzeichen der prinz= lichen Regimenter waren rot. 1762 wurden als Rang= abzeichen für die Offiziere Epauletten eingeführt; außer diesen trugen sie, aber nur als Dienstabzeichen, den Ring= kragen. Die Subaltern=Offiziere führten eine Bajonettflinte (Taf. 49, f). 1765 werden die Tornister von Hunde= oder Ziegenfell angefertigt, an Stelle der bis dahin üblich gewesenen Zwillichranzen. 1775 erhielten die Regimenter Navarra, Flandern und das Königs=Regiment Helme, die sich indessen nicht bewährten und darum wieder abgeschafft wurden. Von 1779 an trug man das Lederzeug gekreuzt, nur die Garden behielten das Koppel um den Leib. Die Schoßspiegel wurden bei den Grenadieren mit Granaten, bei den Füsilieren mit Lilien versehen. Beim Ausbruch der großen Revolution hatte die ganze Linien=Infanterie weiße Westen, Hosen, Gamaschen und Rockfutter. Die Grundfarbe des Rockes war dieselbe wie schon beschrieben. Die farbigen Abzeichen (Kragen, Aufschläge und Rabatten) waren serien= weise verschieden. So trug eine Gruppe von Regimentern himmelblaue Abzeichen, andere schwarz=plüschene, violette, eisengraue, rosa, gelbe, karmesinrote, silbergraue, hellorange und dunkelgrüne Abzeichen. Als Kopfbedeckung diente der Hut, bei den Grenadieren die Grenadier=Pelzmütze (Taf. 49, i). Letztere war nach dem Vorbilde der französischen Garde um die Mitte des Jahrhunderts auch bei den Linien=Grenadieren eingeführt worden. Das Regiment Colonel général, welches rote Abzeichen trug, hatte als Kopfbedeckung einen eisernen Helm mit schwarzem Haarschweif (Taf. 49, h). In dem

denkwürdigen Jahre 1789 wurde die Nationalgarde
errichtet. Uniform: Blauer Rock mit weißem Futter, eben=
solchen Rabatten und Aufschlagspatten, roten Kragen und
Aufschlägen. Die Centrums=Kompagnien trugen Hüte,
auch wohl den damals bei den Jägern üblichen Helm; die
Grenadiere die Pelzmütze, die indessen als zu kostspielig
abgeschafft und durch den Hut mit rotem Busch ersetzt wurde
(Taf. 50, b S. 263). Indessen taucht die Pelzmütze immer
wieder auf. Die eben beschriebene Uniform ging im Jahre
1793 auch auf die Linien=Infanterie über, als damals
die Halbbrigaden formiert wurden*). Jede Halbbrigade
bestand aus einem Linien=Bataillon und zwei Bataillonen
von Freiwilligen oder National=Garden. 1803 wurde die
Organisation wieder aufgehoben und nun wieder Regi=
menter gebildet.

Zeit des ersten Kaiserreiches.

Farbe und Schnitt der Uniformen änderten sich bis zum
Jahre 1807 nicht; nur die Grenadiere trugen größere
Pelzmützen als während der Revolution. Als Beschlag
diente vorn ein kupfernes Schild, bei den Grenadieren
einiger Regimenter nur eine kupferne Granate. 1807 wurde
der Czako eingeführt; damit kam der Zopf in Wegfall. 1805
waren bei der Linien=Infanterie Voltigeur=Kompagnien
errichtet worden, die gleich den Grenadieren Elite=Truppen
waren. Das Bataillon bestand aus einer Grenadier=, einer
Voltigeur= und vier Centrums= oder Füsilier=Kompagnien.
Als Abzeichen der Voltigeure galten gelbe oder gelb und
grüne Franzen=Epauletten und gelb und grüner oder gelb
und roter Stutz an der Kopfbedeckung, ebenso wie die
Grenadiere durch roten Stutz und Epauletten ausgezeichnet
waren. Die Füsiliere trugen an den Czakos nach den
Kompagnien verschiedenfarbige Pompons (Taf. 50, c).
Auf der Patrontasche trugen die Grenadiere eine Granate,

---

*) Die frühere weiße Uniform wurde noch lange Zeit aufgetragen, vergl.
Taf. 50, a.

ebenso in den Schoßumschlägen, die Voltigeure ein Jagd=
horn. 1808 vertauschten die Grenadiere die Pelzmützen
mit Czakos, die mit roten Seitenstegen und Einfassungs=
borte verziert waren. Die Voltigeure trugen dieselben
Stücke am Czako in gelber Farbe; 1812 wird der Rock=
schnitt verändert, dergestalt, daß die Rabatten nun gerade
herunter gehen und die Schöße kürzer werden (sogenannte
Spenzer) (Taf. 50, d). Die Spielleute der Infanterie
trugen goldene Tressen um die Kragen, Aufschläge, Rabatten
und die glatten roten Schwalbennester. Durch Dekret vom
19. Januar 1812 wird die Spielmanns=Montur gänzlich
geändert. Sie bestand aus einem grünen Spenzer mit eben=
solchem Kragen, Rabatten und Aufschlägen; letztere Stücke
ebenso wie Taschen und Schöße mit einer dunkelgrünen
Tresse besetzt, die auf gelben Feldern grüne Adler und
Kronen zeigte. Auf dem Ärmel sieben sparrenförmige Besätze
von derselben Tresse in gleichen Abständen.

Wir müssen hier wenigstens einiger aus der großen
Anzahl der Fremd=Truppen gedenken.

Schweizer: Roter Frack, weiße Beinkleider, Kragen,
Aufschläge und Rabatten beim 1. Regiment gelb, beim 2.
dunkelblau, beim 3. von schwarzem Plüsch, beim 4. himmel=
blau. Czakos und Pelzmützen.

Irländer: Grüner Frack. Kragen, Aufschläge und
Vorstöße gelb. Czakos.

Portugiesen: Brauner Spenzer mit rotem Kragen,
Aufschlägen und Rabatten. Vorstöße weiß. Kopfbedeckung
von eigentümlicher Form.

Weichsel=Legion (Polen): Blauer Spenzer mit gelbem
Kragen, Aufschlägen und Rabatten. Czakos.

Die Anzahl der Fremd=Truppen ist zu groß, als daß
wir hier näher auf dieses Gebiet eingehen könnten. Ein=
gehend behandelt wird der Stoff in der „Geschichte der
Fremd=Truppen im Dienste Frankreichs" von E. Fieffé
(Deutsche Ausgabe: München, 1860).

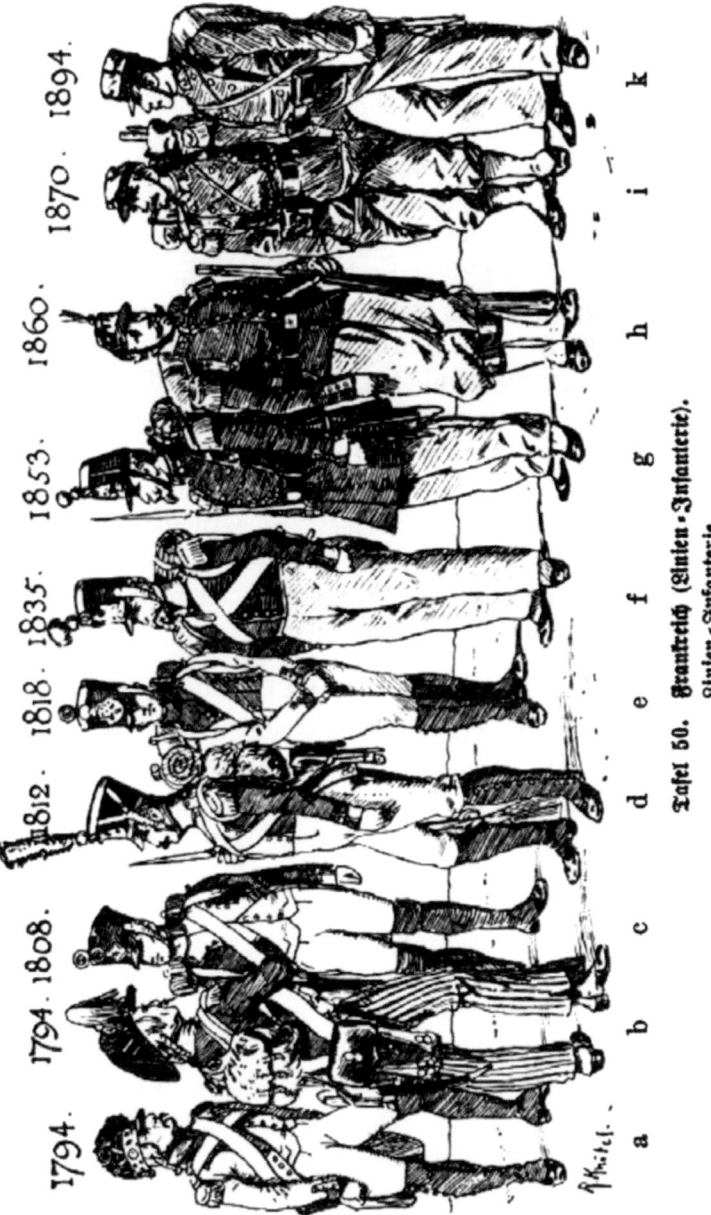

Tafel 50. Frankreich (Linien-Infanterie).
Linien-Infanterie.

Die Zeit der Restauration.

Ludwig XVIII. teilte die Armee im Jahre 1816 in 86 Departemental=Legionen ein. Die Uniform war für die Linie weiß mit sehr verschiedenfarbigen Abzeichen (Taf. 50, e). 1820 findet jedoch wieder die Einteilung in Regimenter statt. In demselben Jahre wurden blaue Spenzer mit einer Reihe von Knöpfen eingeführt. Nach und nach wandelt sich die Form in Czakos um; er wird schlanker, cylindrischer. Seit 1830 trägt die gesamte Linien=Infanterie die rote Hose (pantalon garance), die traditionell geworden ist (Taf. 50, f). Die Centrums=Kompagnien sind durch sogenannte Contre=Epauletten, blau mit roten Halbmonden, ausgezeichnet, Grenadiere und Voltigeure durch die schon lange üblichen roten oder gelben Fransen=Epauletten. Der Spenzer macht dem Waffenrock (tunique) Platz (Taf. 50, g). Im Felde wird der Czako im Überzuge, vorn mit aufgemalter Regimentsnummer, getragen. Als Felduniform dient der grau=blaue Capote=Mantel. So war die Uniform beschaffen, als sich Napoleon III. die Kaiserkrone aufs Haupt setzte.

Unter dem zweiten Kaiserreiche.

1852 wurden die Fransen=Epauletten auch für die Centrums=Kompagnien eingeführt und zwar rot mit grünen Fransen. Als 1867 der Unterschied zwischen Elite= und anderen Kompagnien aufhörte, bekam die gesamte Infanterie die roten Grenadier=Epauletten. Im Jahre 1860 wurdeu die Schöße sehr kurz, die Hosen dagegen weit; zugleich wurde ein neues Czako = Modell ausgegeben (Taf. 50, h). Diese Uniform verschwand im Jahre 1868, wo sie dem zweireihigen Waffenrock mit dem rotbezogenen Czako Platz machte. Im Felde (Taf. 50, i) wurde fast durchgängig die rote Dienstmütze mit blauem Rande, darauf die rote Regi= mentsnummer, getragen. Der zweireihige Waffenrock hatte gelben Kragen und Ärmelpatten, Vorstöße. Knöpfe gelb; das Fremden=Regiment unterschied sich durch roten Kragen und blauen Vorstoß. Grüne Epauletten mit roten Fransen.

Seit 1871

ist an der Infanterie=Uniform zwar vielerlei geändert worden, doch ist der allgemeine Charakter derselbe geblieben. Die Mütze hat jetzt nicht mehr einen wagerecht abstehenden, sondern nach unten geneigten Schirm; die Epauletten werden im Felde nicht mehr getragen. Neuerdings ist das Marsch= gepäck in ähnlicher Weise angeordnet, wie in der deutschen Armee, durch die Einführung des sogenannten Trage= gerüstes, sowie dreier Patrontaschen. Die Offiziere hatten durch mehrere Jahre hindurch eine schwarzbeschnürte Uni= form, die neuerdings wieder dem einreihigen Waffenrock mit Epauletten Platz gemacht hat. Der Infanterist hat eine dreifache Bekleidung. Erstens Waffenrock (tunique); blau mit gelbem Kragen, schwarzer Kragenpatte; darauf die gelbe Regimentsnummer, rote Epauletten. Zweitens den Exerzieranzug (veste); eine blaue Jacke mit ebensolchen schmalen Achselklappen und Kragen; auf letzteren rote Patten mit blauer Regimentsnummer. Drittens den Mantel (capote) (Taf. 50, k); graublau mit ebensolchem Kragen, roter Kragenpatte, darauf graublaue Regimentsnummer. Die Aufschläge auf allen drei genannten Uniformen haben weder Patten noch Vorstöße und stimmen mit der Grundfarbe des betreffenden Kleidungsstückes überein. Knöpfe durch= gängig gelb. Im Felde wird die rote Hose entweder umgeschlagen über den Gamaschen oder in denselben getragen. Die Territorial=Armee trägt keine Waffenröcke; dagegen Exerzieranzug mit Capote=Mantel genau wie die Linie, nur mit weißen Knöpfen und weißen Regiments= nummern in den Kragenpatten.

III. Leichte Infanterie und Jäger.

Im Jahre 1670 schuf der Marschall Broglie eine Kompagnie Jäger in jedem der ihm unterstehenden Infanterie= Regimenter. 1776 wurde diese Einrichtung auf die gesamte französische Infanterie ausgedehnt. 1789 vereinigte man die Jäger in vierzehn Bataillone, welche 1791 den Namen „Leichte Bataillone" annahmen. Die Organisation dieser Bataillone entsprach derjenigen der Linien=Infanterie, mit dem Unterschiede, daß die Grenadiere der leichten Truppe Carabiniers genannt wurden. 1838 wurde ein Jäger= Bataillon unter dem Namen Tirailleure von Vincennes ins Leben gerufen. Zwei Jahre darauf erhielt es die Bezeichnung Jäger von Orléans. Unter dem zweiten Kaiser= reiche sehen wir ein Jäger=Bataillon bei der Garde und zwanzig Linien=Bataillone entstehen. 1854 ging die leichte Infanterie, die bis dahin neben den Jägern ununterbrochen fortbestanden hatte, ganz ein.

Soviel in Kürze über die Formationsgeschichte.

Leichte Infanterie (Taf. 51, b). Während der Epoche der großen Revolution war die Grundfarbe des langschößigen Frackes, der Weste und der anliegenden Bein= kleider blau; Rabatten, Aufschläge und Schoßumschläge von der Grundfarbe, mit weißen Vorstößen besetzt. Zum Unter= schied von der Linien=Infanterie waren die Rabatten unten spitz geschnitten; die Kragen waren rot, die Epauletten grün mit roten Monden, für die Carabiniers ganz rot, Knöpfe weiß; Hut, für die Carabiniers Pelzmütze mit roten Behängen und Busch und rotem Futter mit weißem Kreuz (Taf. 51, c). Schon gegen Ende des 18. Jahrhunderts bekam die leichte Truppe den Czako (Taf. 51, d). Als 1804 die Voltigeur= Kompagnien entstanden, erhielten diese gelbe Kragen mit weißen Vorstößen und grüne Epauletten mit gelben Halb= monden. Gelber, unten grüner Stutz auf dem Czako. 1808 vertauschten die Carabiniers die Pelzmütze gegen den Czako, der wie bei den Linien=Grenadieren verziert war. Während der Restaurationszeit unterschied sich die Uniform der leich= ten Infanterie von derjenigen der Linien=Infanterie durch die gelben Kragen sowie durch die gelbvorgestoßenen spitzen Aufschläge von der Grundfarbe der Uniform (Taf. 51, f). Die Beinbekleidung machte dieselben Wandlungen wie bei der Linie durch, wurde also 1830 durch die rote Hose ersetzt.

Tafel 51. Frankreich (Leichte Infanterie und Jäger).

a, i, k Jäger (Chasseurs à pied) — b, d Jäger der leichten Infanterie — c, e, f, g Carabiniers der leichten Infanterie — h Offizier der leichten Infanterie.

Ebenso waren die Abwandlungen der Czakoformen die=
selben (Taf. 51, g, h).

Jäger (Taf. 51, a): 1781 trugen die Jäger grüne
Fracks mit verschiedenfarbigen Abzeichen, chamois Westen
und Hosen, dazu einen Raupenhelm. 1840 bestand dieselbe
aus einem blauen, einreihigen Waffenrock mit ebensolchem
Kragen und spitzen Aufschlägen. Gelbe Vorstöße, weiße
Knöpfe. Blauer käppiartiger Czako mit gelben Vorstößen,
eisengraue Beinkleider, schwarzes Lederzeug. Epauletten
grün mit gelben Halbmonden (Taf. 51, i). Genau dieselbe
Farbenzusammenstellung hat die Uniform heute noch, wenn
auch im Laufe der Zeit der Schnitt vielfache Änderungen
erfahren hat.

Die Jäger der Kaisergarde Napoleons III. waren durch einen
grünen Federbusch ausgezeichnet.

IV. Kürassiere und schwere Reiter.

Merkwürdiger Weise gab es in Frankreich unter den
Regimentern der schweren Kavallerie nur ein einziges
Kürassier=Regiment, welches im Jahre 1665 errichtet
wurde (Cuirassiers du Roi). Die Uniform dieser Truppe
(Taf. 52, a) war blau mit roten Abzeichen und Unter=
kleidern. Die Bekleidung der übrigen schweren Regi=
menter scheint bis 1690 nicht geregelt gewesen zu sein.
Von diesem Zeitpunkte ab finden wir aber verschiedene
Uniformfarben, die 1776 einem einheitlichen Blau Platz
machen. Als Kopfbedeckung diente der Hut. 1733 wurde
allerdings der Versuch gemacht, den Küraß für die gesamte
schwere Kavallerie einzuführen, ohne daß diese Einrichtung
lange Bestand gehabt hätte. Was nun das erwähnte
Kürassier=Regiment betrifft, so wird 1762 die Uniform,
wie folgt, beschrieben: Rock blau mit roten Umschlägen,
Filzhut mit weißwollener Einfassung, Lederzeug und Hosen
chamois, Knöpfe weiß. 1776 werden die Abzeichen gelb
statt rot. Bei der Umbildung der Armee 1791 nahm das
Regiment die Nummer 8 unter den schweren Regimentern ein.

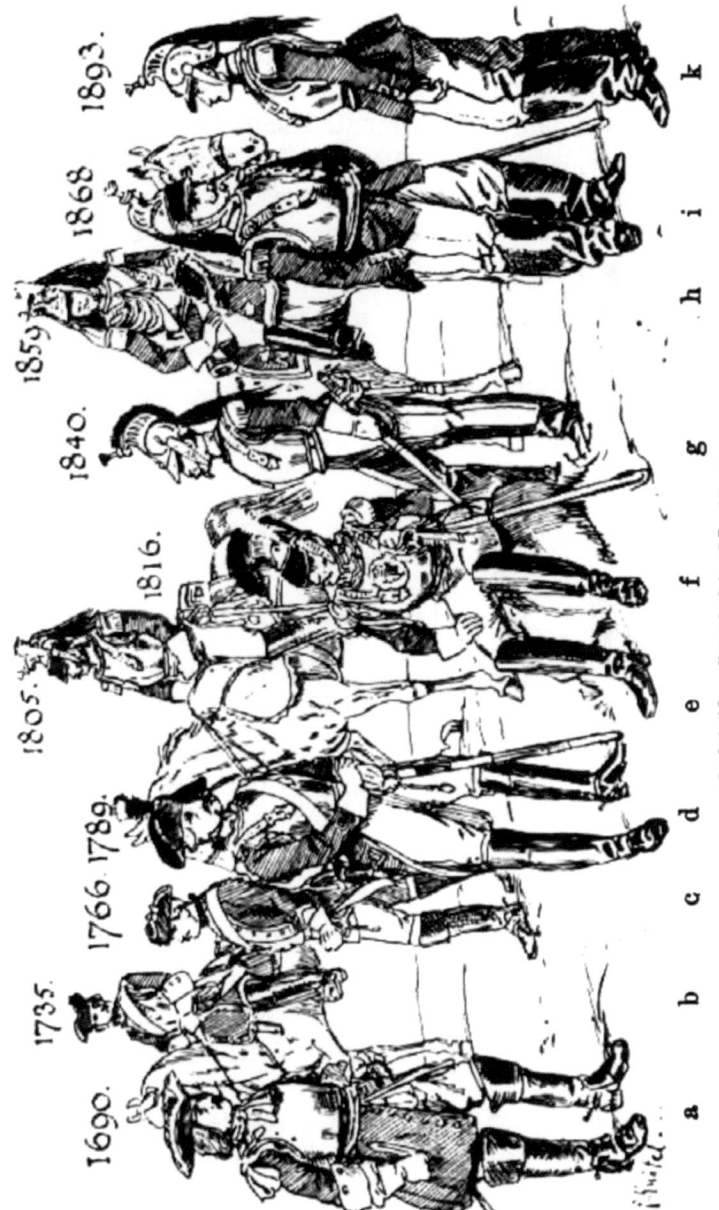

1690. 1735. 1766. 1789. 1805. 1816. 1840. 1859. 1868. 1893.

a b c d e f g h i k

Tafel 52. Frankreich (Kürassiere).

a, b, d, e, g, i, k Kürassiere — c Schwerer Kavallerist — f, h Garde-Kürassiere.

Erst 1802 erhalten mehrere jener Truppenteile den Harnisch (5., 6. und 7. Regiment). 1804 gab es schon zwölf Kürassier-Regimenter. In demselben Jahre wurde der eigenartige Helm mit dem schwarzen Roßschweif an Stelle des Hutes eingeführt und damit der bekannte Typus des französischen Kürassiers geschaffen (Taf. 52, e). Die Glocke des Helms war von Stahl; Bügel und Schuppenketten von gelbem Metall, die Verbrämung von schwarzem Fell. Der blanke Vollküraß hatte gelbmetallene Haltebänder.

Die Regimentsabzeichen waren 1812 wie folgt:

Nr.	Kragen und Schoßfutter	Aufschlag	Aufschlagspatte
1	rot	rot	rot
2	"	"	blau
3	"	blau	rot
4	chamois	chamois	chamois
5	"	"	blau
6	"	blau	chamois
7	gelb	gelb	gelb
8	"	"	blau
9	"	blau	gelb
10	rosa	rosa	rosa
11	"	"	blau
12	"	blau	rosa
13	lila=karmin	lila=karmin	lila=karmin.
14	"	"	blau

Der blaue Rock, seit 1812 mit kurzen Schößen, hatte eine Reihe von weißen Knöpfen, Taschenpatten in der Länge, weiße Granaten in den Schoßspiegeln. Rote Epauletten. Küraßmanschetten rot mit weißem Vorstoß; zur Parade schmückte den Helm auf der linken Seite ein roter Stutz. Schabrake und Mantelsack blau mit weißem Besatz. Auf ersterer in den Ecken eine weiße Granate, auf letzterem die weiße Regimentsnummer. Überdecke von weißem Schaffell mit sogenannten Wolfszähnen. Die Offiziere trugen silberne Epauletten. Die Trompeter hatten Fracks in gewechselten Farben mit Brustlitzen, da sie keine Harnische anlegten. 1812 trugen die Trompeter grüne Spenzer mit gelb und grünen Borten und weiße Schweife an den ·Helmen.

Nach der Schlacht von Waterloo errichtete Ludwig XVIII. sechs Regimenter mit folgenden Abzeichen:

1. Regiment der Königin scharlachrot
2.   „   des Dauphin karmesin
3.   „   Angoulême hellorange
4.   „   Berri dunkelrosa
5.   „   Orléans gelb
6.   „   Condé chamois.

In das Jahr 1815 fällt auch die Errichtung von zwei Garde = Küraffier = Regimentern (Taf. 52, f). Königsblauer Spenzer mit rotem Kragen, Aufschlägen und Schoßumschlägen, weißen Knöpfen und Fangschnüren, weißer Hose; eiserner Vollküraß, auf der Brust mit einem gelbmetallenen Schild, worauf das Wappen von Frankreich und Navarra. Stahl= helm mit schwarzer Raupe. Zur Parade weiße Hose in hohen Stiefeln, für gewöhnlich lange graue Beinkleider. 1834 gab es zehn Regimenter. Die Uniform blieb ähnlich wie vorher, die Abzeichen waren für das 1. Regiment scharlachrot, für das 2. karmesin, das 3. hellorange, das 4. rosa, das 5. gelb, das 6. krapprot. Die Regimenter 7 bis 10 hatten die Aufschläge in denselben Farben wie die ent= sprechenden vier ersten, dagegen blaue Kragen mit Vorstoß von der Regimentsfarbe. Durchgängig seit 1830 rote Hosen. Der Helm war seit 1825 nicht verbrämt und der Bügel trug außer dem herabwallenden Schweif noch einen schwarzen, bürstenartigen Kamm (Taf. 52, g). Gegen 1840 wurde er genau so gefertigt wie unter dem ersten Kaiserreich. Seitdem hat die Uniform einige Wandelungen durchgemacht. 1860 wurde ein Waffenrock mit einer Reihe von weißen Knöpfen und durchweg krapproten Kragen, Aufschlagspatten und Epauletten eingeführt (Taf. 52, i). Die Hosen hatten bis

zum Knie reichenden Reitbesatz. Der Mantel war weiß.
Napoleon III. hatte auch zwei Garde = Kürassier =
Regimenter geschaffen und zwar in den Jahren 1854
und 1855. Das 1. Regiment hatte dunkelblauen, das 2.
hellblauen Waffenrock. Bei beiden scharlachrotes Rockfutter,
Kragen und Aufschläge. Weiße Epauletten und Achselschnüre,
weiße Hosen in hohen Stiefeln. Der Helm war statt des
Brämes mit einer gelben Metallverzierung, worauf ein
gekröntes N, geschmückt. Das 2. Garde=Kürassier=Regiment
ging 1865 ein; das einzige noch bestehen bleibende wurde
1871 aufgelöst. Als Kürassiere waren auch die zum Wacht=
und Eskortedienst bestimmten Hundert = Garden aus=
gerüstet und zwar hatte der Helm weißen Haarschweif; der
Rock war himmelblau mit amaranthroten Abzeichen und
golden= und rotgemischten Epauletten und Achselschnüren.
Beinbekleidung wie die Garde=Kürassiere. Der Pallasch war
zum Aufpflanzen auf den Karabiner eingerichtet.

Nach dem Kriege von 1870/71 erhielt der Kürassier=
helm eine etwas andere Gestalt, besonders durch die kräftigere
Ausbildung des Nackenschirmes. Im allgemeinen ist der
alte Typus deutlich zu erkennen. Die Farben blieben wie
unter 1860 angegeben.

V. Grenadiere zu Pferde und Carabiniers.

Von den schweren Reiter=Regimentern der alten Monarchie
trug ein Regiment und zwar das Regiment Royal=Alle=
mand Pelzmützen und war damit als Grenadiertruppe
gekennzeichnet. Die Uniform bestand im Jahre 1785 aus
einem blauen Rock mit roten Umschlägen, weißen Brustlitzen
mit Puscheln, weißen Knöpfen, Epauletten und Borten.
Helle Unterkleider. Die Pelzmütze war mit weißen Behängen
geschmückt; dazu weißer, oben roter Stutz. Ferner finden
wir eine Grenadiertruppe in der Directorial=, später
Consular=Garde. Die Pelzmütze hatte gelbe Behänge
und Schuppenketten sowie roten Stutz. Der blaue Rock
itte weiße Rabatten und Schoßumschläge, beides mit roten

Vorstößen. Roter Kragen und kleeblattförmige Epauletten
weiß gerandet. Die Knöpfe waren gelb, die Weste weiß,
die Beinkleider chamois. Aus dieser Truppe entstand das
Regiment der reitenden Grenadiere der Kaiser=
Garde (Taf. 56, a S. 293). Die Pelzmütze hatte dieselben
Abzeichen wie früher. Blauer Rock mit ebensolchen Kragen,
weißen Rabatten, roten Schoßumschlägen mit gelben Granaten
in den Spiegeln. Gelbe Contre=Epauletten, Achselschnüre
und Knöpfe, weiße Weste und Beinkleider. Pallaschkorb und
Scheide von gelbem Metall.

Unter der Restauration 1814 bis 1830 bestanden zwei
reitende Garde=Grenadier=Regimenter (Taf. 56, b).
Rock, Kragen und Aufschläge blau, neun weiße Brustlitzen
mit Quasten, Knöpfe, Achselschnüre und Epauletten weiß,
drei weiße Litzen auf den langgesetzten Taschenleisten. Am
Kragen eine weiße Granate auf jeder Seite. Weiße Hosen.
Das 1. Regiment hatte den Vorstoß um die Taschenleisten
von weißer Farbe, Schoßumschläge und Aufschlagspatten
waren blau; das 2. Regiment unterschied sich durch karmesin=
roten Taschenvorstoß, durch karmesinrote Schoßumschläge und
Aufschlagspatten sowie durch ebensolchen Vorstoß um den
Kragen. Die Pelzmütze war mit einem weißen, unten roten
Stutze geschmückt. Seit 1830 giebt es eine derartige Truppen=
gattung im französischen Heere nicht mehr.

Der Ursprung der Carabiniers fällt in das Jahr 1679
und zwar wurden damals zwei Reiter in jeder Kompagnie
mit dem Karabiner ausgerüstet. 1690 gab es bei jedem
Regiment eine Kompagnie und 1693 wurde ein Regiment
Royal=Carabiniers errichtet. Die Uniform war blau
mit roten Abzeichen und ebensolchen Unterkleidern, die aber
später chamois wurden. Reicher Besatz an weißen Litzen,
weißbortierter Hut, gelbes, weiß vorgestoßenes Lederzeug.
1788 wurden zwei Regimenter errichtet. Die Uniform=
farben blieben dieselben wie früher, nur kamen noch rote
Brustklappen hinzu. Unter dem ersten Kaiserreiche bestand
die Uniform aus blauem Rock mit ebensolchem Kragen, roten

Rabatten und Schoßumschlägen, ebensolchen Epauletten, die mit zwei weißen Langstreifen besetzt waren, und weißen Knöpfen. Weiße Unterkleider, gelbes, weiß vorgestoßenes Lederzeug. Pelzmütze mit rotem Stutz und gelben Schuppen= ketten (Taf. 56, c). Diese Uniform wurde 1810 geändert und zwar wurde ein weißer Frack mit himmelblauem Kragen und Schoßumschlägen eingeführt, dazu rote Epauletten, gelber Küraß und ebensolcher Metallhelm mit weißer Garnitur und Bügel. Auf letzterem eine rote Raupe. Das Lederzeug blieb wie früher (Taf. 56, d). Diese Uniform wurde auch unter der ersten Restauration beibehalten. 1825 dagegen wurde der Rock himmelblau mit roten Abzeichen, die Carabiniers erhielten die später bei der ganzen Armee üblichen roten Hosen, der gelbe Küraß wurde mit einer weißen Sonne geschmückt. Mit Ausnahme mannigfacher Änderungen im Schnitt blieb die Uniform bis 1871 dieselbe (Taf. 56, e). Nach dem Feldzuge wurde diese Truppe nicht wieder errichtet.

VI. Dragoner.

Die Dragonerwaffe gehört zu den ältesten in Frankreich. Uniformen wurden etwa um 1690 eingeführt. Bis zum Jahre 1763 waren dieselben sehr verschiedenfarbig, vielfach rot, dann aber auch grau, blau ꝛc. Als Fuß= und Bein= bekleidung trug der Dragoner Schuhe, darüber Leder= gamaschen. Als Kopfbedeckung diente der Hut oder eine niedrige Pelzmütze mit Beutel (Taf. 53, a, b). Beide wurden nebeneinander getragen; nur das Regiment Orléans trug ausschließlich Pelzmützen. Von 1763 datiert die allgemeine Einführung der grünen Uniform, ebenso des Helmes mit Roßhaarbusch, wie ihn die Dragoner des Marschalls von Sachsen schon im Jahre 1743 erhalten hatten und den später die daraus hervorgegangenen Schomberg= Dragoner (Taf. 53, c) trugen. Letztere waren so stolz auf diese Kopfbedeckung, daß sie sich sogar weigerten, den Helm

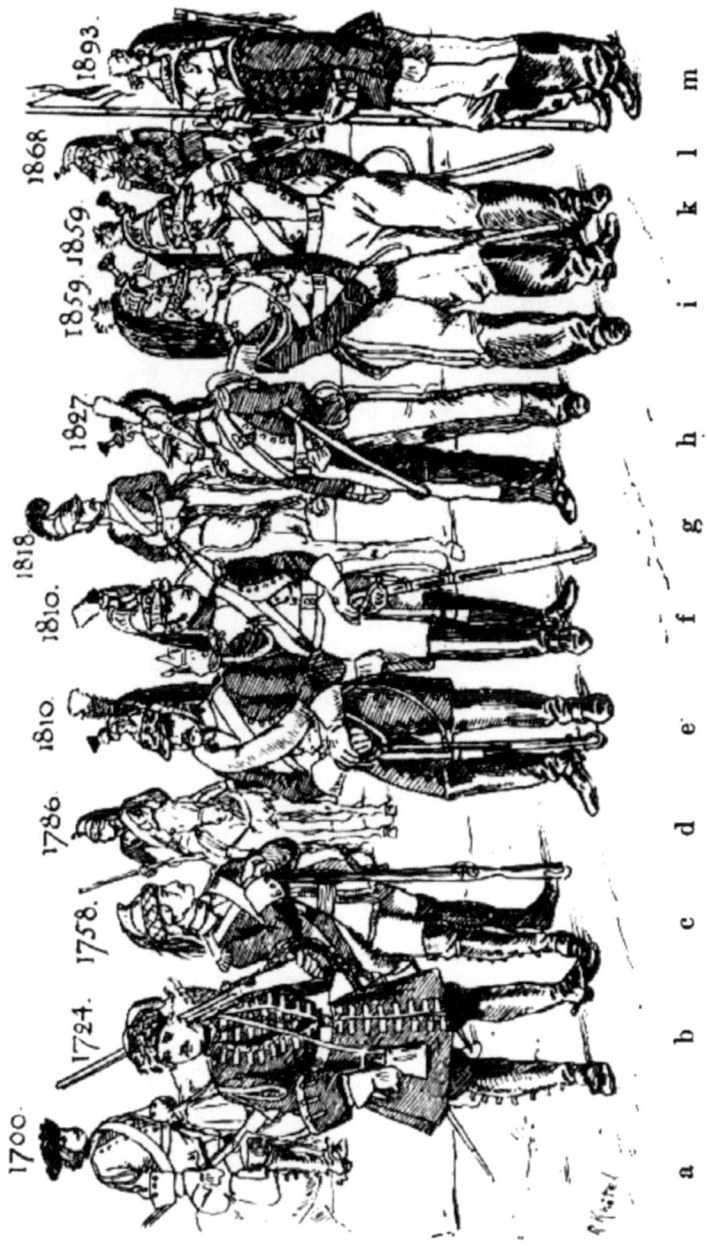

Tafel 53. Frankreich (Dragoner).

a, b, c, d, e, g, h, k, l, m Dragoner — f, i Garde-Dragoner.

in der Kirche abzunehmen. Erst ein Befehl des Königs selbst konnte diesen Unfug abstellen. Als Merkwürdigkeit sei erwähnt, daß sich im Museum von Versailles ein Helm des Dauphins befinden soll, dessen Schweif aus Frauenhaar hergestellt ist. Die Abzeichen auf dem grünen Rock waren scharlachrot, purpurrot oder gelblich; beim Regiment Artois weiß, die Unterkleider gelblich. Während der Revolutions= zeit erhielt der gelbe, mit brauner Verbrämung und schwarzem Schweif versehene Helm einen Augenschirm. Die Röcke blieben grün mit verschiedenfarbigen Abzeichen. Unter dem Kaiserreiche gab es ein Garde=Dragoner=Regiment, welches 1810 den Namen „Dragoner der Kaiserin" (Taf. 53, f) annahm. Den gelben Helm, dessen Verbrämung aus Pantherfell bestand, schmückte ein roter Stutz, der Rock war grün mit ebensolchem Kragen, weißen Rabatten und gelben Knöpfen; gelbe Contre=Epauletten und Achselschnüre, weiße Unterkleider. An Linien=Dragonern zählte man im Jahre 1812 dreißig Regimenter. Der grüne Rock, der vorn spitz ausgeschnitten war (Taf. 53, e), änderte im genannten Jahre seinen Schnitt derart, daß er zum Spenzer wurde, d. h. er erhielt gerade heruntergehende Rabatten und bedeutend verkürzte Schöße. Die Knöpfe waren durch= gehends weiß, der Helm war derselbe wie schon beschrieben. Auf der Schulter wurden Achselklappen getragen von der grünen Grundfarbe des Rockes, mit Vorstoß von der Ab= zeichenfarbe. Die Elite=Kompagnien waren durch rote Grenadier=Epauletten und Pelzmützen ausgezeichnet, welch letztere mit rotem Stutz und Behängen geschmückt waren.

Die Unterkleider waren weiß. Was nun die Regiments= abzeichen betrifft, so · trug immer eine Gruppe von sechs Regimentern die gleichen und zwar die erste Gruppe, also Regiment 1 bis 6 inkl., scharlachrot, die zweite Gruppe 7 bis 12 karmesin, die folgende, Nr. 13 bis 18, rosa, die Gruppe Nr. 19 bis 24 gelb, 25 bis 30 chamois. In jeder einzelnen Gruppe waren die Unterschiede nun wieder folgende:

Regimentsnummern	Rabatten und Schöße	Kragen	Aufschläge	Aufschlagspatte	Taschenleisten
1. 7. 13. 19. 25	Abzeichenfarbe	Abzeichenfarbe	Abzeichenfarbe	Abzeichenfarbe	quer
2. 8. 14. 20. 26	„	grün	„	grün	„
3. 9. 15. 21. 27	„	Abzeichenfarbe	grün	Abzeichenfarbe	„
4. 10. 16. 22. 28	„	„	Abzeichenfarbe	„	in der Länge
5. 11. 17. 23. 29	„	grün	„	grün	„
6. 12. 18. 24. 30	„	Abzeichenfarbe	grün	Abzeichenfarbe	„

Die Schabrake wie bei den Küraſſieren, nur von grüner Grundfarbe mit weißen Beſätzen. Die Offiziere unterſchieden ſich durch ſilberne Epauletten und dadurch, daß ſie keine Kartuſche trugen. Bis 1812 trugen die Trompeter Uniformen in den gewechſelten Farben. Die Trompeter-Montur der Dragoner der Kaiſerin war weiß mit himmelblauen Abzeichen und Goldbeſatz. Für die Linien-Dragoner, wie überhaupt für die geſamte Kavallerie, wurde der grüne, mit gelb und grünen Borten beſetzte Spenzer (vergl. Küraſſiere) vorſchriftsmäßig. Die Dragoner der Pariſer Garde hatten graue Fracks mit roten Abzeichen, im Übrigen ganz wie die Linien-Dragoner.

Ludwig XVIII. behielt zehn Dragoner-Regimenter bei.

Abzeichen:

1. Regiment du Calvados ⎫ ſcharlachrot
2. „ du Doubs ⎭

3. „ de la Garonne ⎫ gelb
4. „ de la Gironde ⎭

5. „ de l'Hérault ⎫ hellorange
6. „ de la Loire ⎭

7. „ de la Manche ⎫ dunkelroſa
8. „ du Rhône ⎭

9. „ de la Saône ⎫ karmeſin
10. „ de la Seine ⎭

Die Grundfarbe blieb grün; an Stelle des Roßschweifes trat eine schwarze Raupe. Die Beinkleider grau (Taf. 53, g).

Die Dragoner der königlichen Garde trugen grünes Kollet mit ebensolchem Kragen, amaranthroten Rabatten und Hosen, weißen Epauletten und Achselschnüren. Der Helm änderte seine Form später in gleicher Weise wie der Kürassier=Helm, von dem er sich durch die gelbe Farbe des Metalls unter= schied. Ebenso gelangten, wie in der ganzen Armee, 1830 die krapproten Beinkleider zur Einführung (Taf. 53, h). Die späteren Änderungen bis 1868 sind geringfügiger Natur. In diesem Jahre erhielten die Dragoner den dunkelblauen Waffenrock mit einer Reihe gelber Knöpfe. Der Kragen war weiß, Vorstöße und Patten ebenso. Dazu scharlachrote Epauletten und krapprote Hose. Gelbmetallener Helm (Taf. 53, l).

Auch unter dem zweiten Kaiserreiche gab es ein Regiment Garde=Dragoner (Taf. 53, i). Die Uniform bestand in hellgrünem Kollet mit rotem Kragen, weißen Rabatten, Epauletten, Fangschnüren und Lederzeug. Aufschläge von der Grundfarbe, durch roten Vorstoß markiert und zwar spitz. Schöße ebenfalls von der Grundfarbe, mit roten Vorstößen und Granaten. Taschenpatten in der Länge. Knöpfe gelb, Hosen rot mit weißen Seitenstreifen, gelb= metallener Helm ohne Verbrämung, mit schwarzem Schweif und zur Parade mit rotem Stutz. Mantel weiß mit vier roten Litzen auf jeder Seite des großen Überfallkragens. Die Offiziere hatten goldene Epauletten und Hosenstreifen. Nach dem Feldzuge von 1870/71 wurden die Garde= Dragoner nicht wieder errichtet. Der Waffenrock, wie er bei den Linien=Dragonern beschrieben wurde, blieb die nächsten Jahre hindurch vorschriftsmäßig, bis er von einem blauen, schwarzbeschnürten Dolman verdrängt wurde, welcher indessen wieder dem Waffenrocke weichen soll. Der gelbe Dragoner=Helm ist abgeschafft und durch den weißen Helm mit gelber Garnitur und Bügel sowie schwarzem Roßschweif ersetzt, in derselben Form, wie ihn die Kürassiere jetzt tragen. Augenblicklich ist das erste Glied sämtlicher Dragoner = Regimenter nach deutschem

Vorbilde mit der Lanze bewaffnet (Taf. 53, m). Die Flagge ist weiß und rot*).

VII. Husaren.

Diese Waffe besteht in Frankreich seit 1692. Damals wurde nämlich ein Regiment unter dem Namen Hussards royaux errichtet, hauptsächlich aus Kroaten, Polen und Türken. 1701 folgte die Bildung eines 2. Regiments und später noch anderer. Figur a Tafel 54 S. 281 zeigt einen Husaren vom Regiment Bercheny aus dem Jahre 1724 und zwar vergegenwärtigt die Abbildung den frühesten Typus der französischen Husaren-Uniform. Der Dolman ist himmelblau mit weißen Schnüren; die roten Hosen sind durch die himmelblauen Scharawaden fast verdeckt, die Schultern umflattert statt der Pelzjacke ein Fell, die Mütze hat einen roten Beutel. Die schwarze Säbeltasche zeigt eine weiße Lilie. Bis 1740 waren einzelne Leute außer mit den Säbeln noch mit dem „Panzerstecher" bewaffnet, einem langen, dünnen, vierkantigen Degen. 1735 trug das Regiment Rattky ganz rote Uniform mit weißen Schnüren und blauem Pelz; Esterhazy-Husaren 1740 ganz gelbe mit blauem Pelz und ebenfalls weiße Schnüre; Royal-Nassau-Husaren um 1760 (Taf. 54, b) schwarze Filzmützen mit ebensolchen orange und weiß bortierten Flügeln. Vorn an der Mütze eine weiße Lilie. Dolman und Hosen königsblau, Pelz rot, Schnüre weiß. Die rote Säbeltasche zeigte einen weißen gekrönten Löwen und war orange und weiß eingefaßt. Um 1745 finden sich auch bei den verschiedenen Freikorps Husarenabteilungen. Als solche sind unter anderen zu erwähnen die Bretonischen Frei-Husaren. Dolman, Schnüre auf dem Pelze, Hosen und Flügelmütze himmelblau, Pelz, Dolmanaufschläge und Dolmanschnüre hellbraun. Frei-Husaren des Dauphin: Dolman und Hosen hellbraun. Pelz und Dolmanaufschläge hellblau, Schnüre gelb, Filzmütze schwarz mit hellblauem Flügel. Monet-Husaren: ganz grün mit weißen Schnüren und schwarzer Filzmütze. Cantabrische

---

*) Der Säbel wird gegenwärtig bei voller Ausrüstung zu Pferde am Sattel befestigt, daher ist der Dragoner Taf. 53 m ohne Seitengewehr dargestellt, eben so wie die übrigen modernen Kavallerie-Typen.

Hufaren: ganz hellblau mit roten Aufschlägen und weißen Schnüren. Wie diese einzelnen Beispiele zeigen, war die Uniformierung sehr bunt.

Nach der Neuorganisation der Armee 1762 blieben nur drei Hufaren=Regimenter bestehen, zu denen 1764 noch ein viertes kam. Die Abzeichen wurden jetzt vereinfacht. Alle vier Regimenter erhielten grüne Pelze und Dolmans mit weißen Schnüren, die Hosen wurden durchgängig rot. Als Schabraken Schaffelle mit gezahntem Tuchvorstoße. Die Farbe dieses Vorstoßes bildete im Verein mit den gleich= farbigen Dolmanaufschlägen und dem Flügelfutter der Filz= mütze das Unterscheidungsmerkmal der Regimenter und zwar trug das Regiment Bercheny krapprot, Cham= boran schwarz, Royal=Naffau aurore (hellorange) und Efterhazy weiß. Die Säbeltaschen waren rot und mit einer Lilie geschmückt, an deren Stelle Royal=Naffau den königlichen Namenszug trug. Noch in den siebziger Jahren des vorigen Jahrhunderts wurden jedoch wieder verschiedenfarbige Uniformen eingeführt und zwar erhielt Bercheny himmelblau als Grundfarbe, Chamboran braun, Conflans (aus der Legion Conflans= und Naffau= Hufaren gebildet) grün, Efterhazy hellblau, das 1783 aus der Legion Lauzun errichtete Hufaren=Regiment gleichen Namens himmelblau.

Der Typus der Uniform änderte sich während der Revo= lution nicht wesentlich. Als 1791 die Regimenter ihre Namen verloren und dafür Nummern erhielten, war der Bestand sechs Regimenter.

Nr.	frühere Bezeichnung	Dolman	Pelz	Schnüre	Hosen	Flügelmütze
1	Bercheny	blau	blau	weiß	blau	rot u. schwarz
2	Chamboran . .	braun	braun	„	himmelblau	himmelblau u. schwarz
3	Efterhazy . . .	blaugrau	blaugrau	rot	blaugrau	weiß u. schwarz
4	Saxe	grün	grün	gelb	rot	grün
5	Colonel=Général	blau	rot	„	blau	schwarz
6	Lauzun	„	weiß	„	„	rot u. schwarz

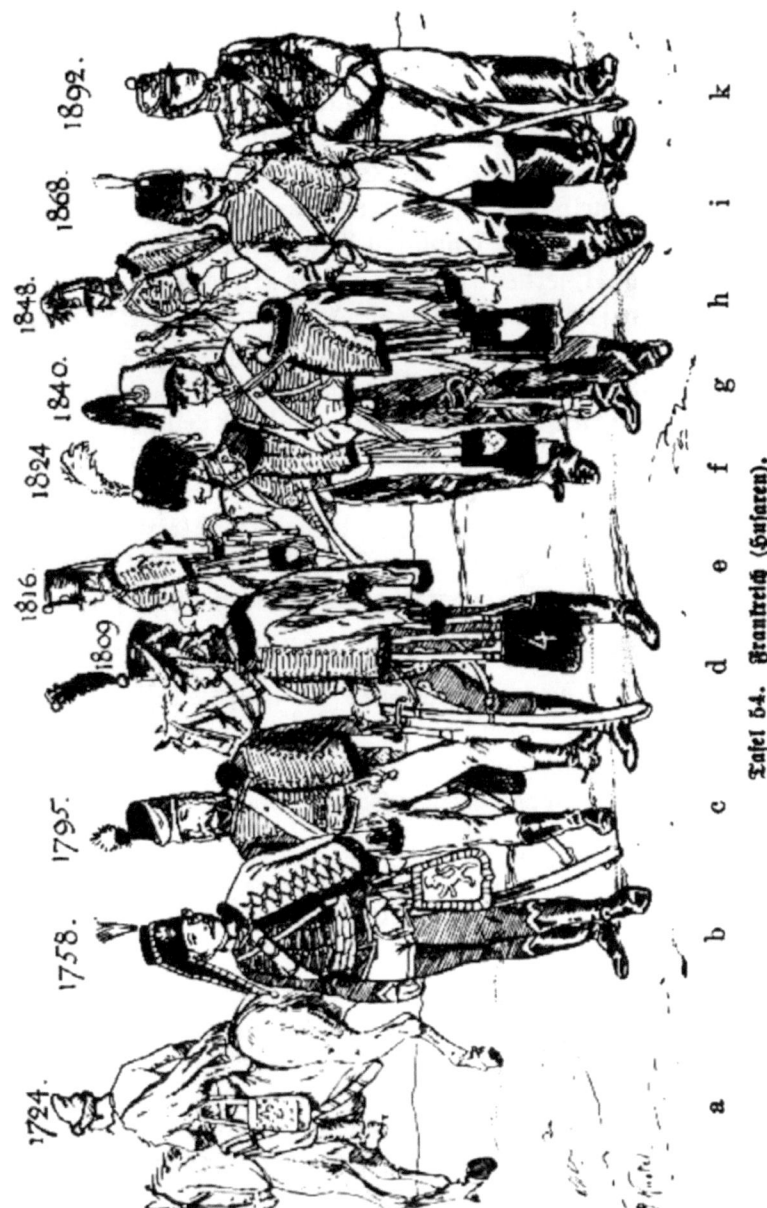

Tafel 54. Frankreich (Husaren).

a, b, c, d, e, g, h, i, k Husaren — f Garde-Husar.

Die Offiziere trugen Pantherfellschabraken und Pelz=
mützen. Der Stutz auf der Flügelmütze war schwarz mit
roter Spitze. Als das Regiment Saxe=Husaren emigrierte,
fand bei den Regimentern 5 und 6 eine Nummernver=
schiebung statt, Colonel=Général erhielt Nr. 4 und Lauzun
Nr. 5. In den folgenden Jahren geschahen viele Neu=
bildungen, meist nur von kurzer Dauer. Wir finden jetzt
außer den erwähnten regulären Regimentern zwei Korps
der Freiheit, ferner amerikanische Husaren, Husaren
zu Fuß, Husaren des Todes*), Wildschützen=Husaren,
Frei=Husaren des Nordens (auch schwarze Husaren
genannt), Husaren der Gleichheit u. a. m. Die Frei=
Husaren von Paris wurden wegen ihrer gelben Dolmans
und Pelze mit dem Spitznamen „Kanarienvögel" bezeich=
net. Anfänglich war der Stutz über der linken Seite des
Czakos angebracht, später vorn. Gegen 1812 wird die Form
des Czakos mehr cylindrisch. Derselbe erhält jetzt farbigen
Tuchbezug. Die Regimentsabzeichen waren 1812 folgende:

Nr.	Dolman	Kragen	Aufschläge	Pelz	Schnüre	Hosen
1	himmelblau	himmelblau	rot	himmelblau	weiß	himmelblau
2	braun	braun	himmelblau	braun	"	"
3	grau	grau	rot	grau	rot	grau
4	königsblau	königsblau	"	rot	gelb	königsblau
5	himmelblau	himmelblau	weiß	weiß	"	himmelblau
6	rot	rot	rot	königsblau	"	königsblau
7	grün	"	"	grün	"	rot
8	"				weiß	
9	rot	hellblau	hellblau	hellblau	gelb	hellblau
10	himmelblau	rot	rot	himmelblau	weiß	himmelblau
11	königsblau	"	"	königsblau	gelb	königsblau

Der Pelzvorstoß war durchgängig schwarz mit Ausnahme
des 11. Regiments, welches weißen trug. Die Schärpe war
karmesin mit gelben oder weißen Knoten, nach der Farbe

---

*) Hussards de la Mort, eine Nachahmung der preußischen Totenkopfhusaren.

der Schnüre und Knöpfe. Die Säbeltasche, die auf farbigem Grunde während der Revolutionszeit ein Bündel von Lictorenstäben von der Freiheitsmütze überragt neben zwei Kränzen mit den Buchstaben R. F gezeigt hatte, erhielt 1804 den kaiserlichen Adler. Später wurde sie von schwarzem Blankleder gefertigt, mit der metallnen Regimentsnummer darauf (Taf. 54, d). An Stelle der ungarischen Hosen, die nur Paradestück waren, wurden im Felde und zum gewöhn= lichen Dienste Überknöpfhosen getragen, teilweise von grauer Farbe, teilweise der Farbe der ungarischen Hosen entsprechend. Die Elite=Kompagnien der Husaren waren durch eine Pelz= mütze mit rotem Stutz ausgezeichnet.

Unter den Husarenformationen des ersten Kaiserreiches müssen wir noch die vier Regimenter Ehrengarden (1813 bis 1814) erwähnen. Roter Czako mit weißer Borte und weißem Adler, grüne, weiß= beschnürte Pelze und Dolmans; letztere mit roten Kragen und Auf= schlägen, karmesin und weißer Schärpe, rote ungarische Hosen mit weißem Besatz, grüne Überknöpfhose. Schwarze Säbeltasche mit weißem Adler. Die Regimenter unterschieden sich durch die farbige Spitze des grünen Czakostutzes und zwar waren diese Farben für das 1. Regiment rot, 2. blau, 3. gelb, 4. weiß. Weiße Schaffell= decke mit grünem Tuchrande. Ein 1813 errichtetes kroatisches Husaren=Regiment erhielt himmelblaue Dolmans und Pelze, chamois Kragen und Aufschläge, weiße Schnüre und eisengraue Hosen; im Übrigen glich die Uniform ganz denen der anderen Regimenter. Die Restauration von 1815 ließ nur sechs Regimenter bestehen.

Nr.	Namen	Dolman und Pelz	Hosen
1	du Jura	himmelblau	scharlachrot
2	de la Meurthe . .	braun	himmelblau
3	de la Moselle . . .	grau	karmesin
4	du Nord	hellgrün	scharlachrot
5	du Bas-Rhin . . .	königsblau	„
6	du Haut-Rhin . .	dunkelgrau	himmelblau

Die Farbe der Beschnürung war überall aus Dolman= und Hosenfarbe gemischt; also beim 1. Regiment himmelblau und scharlachrot gedrehte Schnüre c. Auch unter der könig= lichen Garde bestand jetzt ein Regiment, welches königsblaue

Uniform trug mit amaranthrotem Kragen, Aufschlägen und Hosen sowie Beutel der Pelzmütze. Schnüre weiß. Pelz= vorstoß schwarz, Stutz weiß mit roter Wurzel (Taf. 54, f).

Der allgemeinen Mode entsprechend stiegen in den zwanziger und dreißiger Jahren die Czakos zu einer unglaublichen Höhe auf.

Die Abzeichenfarben waren 1834:

Nr.	Dolman und Pelz	Hosen und Czako
1	himmelblau	krapprot
2	braun	"
3	silbergrau	"
4	krapprot	himmelblau
5	dunkelblau	krapprot
6	grün	"

In der kurz darauf folgenden Periode sind nachstehende Änderungen zu verzeichnen. Das 2. Regiment erhielt blaue Czakos und Hosen, zur Erinnerung an die alten Chamboran = Husaren, dazu weiße Schnüre. Das 1. und 4. ebenfalls weiße Beschnürung. Die andern Regimenter behielten die aus der Farbe des Dolmans und der Hosen gemischte Schnurfarbe. Als 1840 drei neue Regimenter errichtet wurden, erhielt das 7. eine Uniform ähnlich der der Guiden Napoleons I., das 9. eine schwarze Bekleidung zur Erinnerung an die Hussards de la Mort. Das 8. Regiment weißen Dolman und Pelz mit gelben Schnüren, himmelblauen Czako und Beinkleider, letztere mit amaranthroten Streifen zur Erinnerung an die alten Lauzun=Husaren.

Unter dem zweiten Kaiserreiche wurde als Kopfbedeckung eine schwarze Pelzmütze mit rotem Beutel eingeführt. 1862 kamen die Pelze und die Schärpen in Wegfall.

Alle acht Regimenter (das 9. wurde aufgelöst) hatten rote Hosen und Kragen. Das 1. und 8. himmelblaue Dolmans, das 2. braune, das 3. und 4. silbergraue, das 5. dunkelblaue, das 6. und 7. hell= grüne. Die Beschnürung bei den sechs ersten Regimentern weiß, den andern gelb. 1869 erhielten das 1. und 8. Regiment statt des engbeschnürten Dolmans eine Art Attila (tunique) mit nur sechs Schnurreihen. Die Säbeltaschen waren schwarz mit Kupferadler. Die Offiziere trugen gewöhnlich statt der Pelzmütze ein Lederkäppi mit Überzug.

Nach dem Feldzuge von 1870/71 wurde allgemein ein hellblauer Dolman mit weißer Beschnürung eingeführt. Der hellblaue Kragen zeigt gleichfarbige Regimentsnummer auf weißer Patte. Die Beinbekleidung ist dieselbe geblieben, die Dienstmütze von roter Grundfarbe hat einen hell= blauen Streifen. Das Paradeküppi ist hellblau mit weißer Garnitur (Taf. 54, k).

VIII. Jäger zu Pferde.

Der Ursprung der Jäger zu Pferde ist in Frankreich in den Freikorps zu suchen, die bald nach 1740 errichtet wurden und zwar wird als erstes Jägerkorps das Fischersche genannt. Die Uniform war ganz husarenmäßig und bestand aus grünem Dolman und hellrotem Pelz mit gelben Schnüren, grauem Pelzvorstoß, hellroten Hosen, gelber Schärpe und schwarzer Mütze mit weißer Feder und Kokarde (Taf. 55, a S. 287). Auf der Säbeltasche und in den Ecken der Schabrake waren je drei Fische angebracht, gewissermaßen ein redendes Wappen, welches sich der Befehlshaber Johann Christian Fischer beigelegt hatte, der seine Laufbahn als einfacher Diener begann. Auch in verschiedenen anderen Freikorps finden wir berittene Jäger; aber erst 1779 treten die ersten sechs Linien=Regimenter der reitenden Jäger in der Armee auf. Die Uniform bestand aus grünen Röcken und Hosen, chamois Westen, Hut und Husaren= stiefeln. Aufschläge und Rabatten waren bei dem 1. Regi= ment rot, beim 2. amaranthrot, beim 3. hellgelb, beim 4. hochgelb, beim 5. orange und beim 6. weiß. Während der Revolution wurde zunächst ein kurzer abgestochener Rock von grüner Grundfarbe mit weißen Husarenschnüren eingeführt, dazu Weste mit ebensolchen Schnüren, in der Grundfarbe übereinstimmend mit den Kragen und Aufschlägen, die Hose blieb grün. Als Kopfbedeckung ein Raupenhelm, wie ihn die Jäger zu Fuß trugen (Taf. 55, b). Neben dem Helm erscheint bald die Husarenflügelmütze. Die Uniform wird jetzt ganz husarisch (Taf. 55, c); nur bleibt sie stets von grüner Grundfarbe, Pelze wurden nicht getragen, wohl aber Säbeltaschen, die erst 1805 wegfielen. Um 1805 Czakos. Die beschnürte Husarenuniform weicht dem Surtout, einem Frack von grüner Grundfarbe mit gleichfarbigen Rabatten, die durch Vorstöße von der Abzeichenfarbe markiert sind (Taf. 55, d). Letztere Farbe zeigen auch Kragen, spitze Aufschläge und Schoßumschläge. 1812 tritt an Stelle des Surtout ein gleichfarbiger Spenzer. Die Elite=Kompagnien trugen Pelzmützen mit farbigem Beutel und rotem Stutz und rote Epauletten. Neben der grünen ungarischen Hose wurden auch grüne Überknöpfhosen getragen. Ein Regi=ment reitender Jäger gehörte der Kaiser=Garde an (Taf. 55, e). Die Uniform bestand aus grünem Dolman mit ebensolchem Kragen, roten Aufschlägen, gelben Schnüren, rotem Pelz, gelblichen Hosen und ungarischen Stiefeln, Pelzmütze mit rotem Beutel und grünem, oben rotem Stutz. Grüne gelbverzierte Schabrake und Säbeltasche. Als In=terimsuniform Surtout, grün mit roten Abzeichen und Vor=stößen. Die Uniform ist bekannt, weil Napoleon I. sie meistens zu tragen pflegte.

1812 waren die Abzeichen für die Linien=Regimenter folgende:

Nr.	Kragen		Aufschläge und Vorstöße	Grundfarbe und Rabatten
	Grundfarbe	Einfassung		
1	scharlachrot	grün	scharlachrot	grün
2	grün	scharlachrot	"	"
3	scharlachrot	grün	"	"
4	gelb	"	gelb	"
5	grün	gelb	"	"
6	gelb	grün	"	"
7	rosa	"	rosa	"
8	grün	rosa	"	"
9	rosa	grün	"	"
10	karmesin	"	karmesin	"
11	grün	karmesin	"	"
12	karmesin	grün	"	"
13	orange	"	orange	"

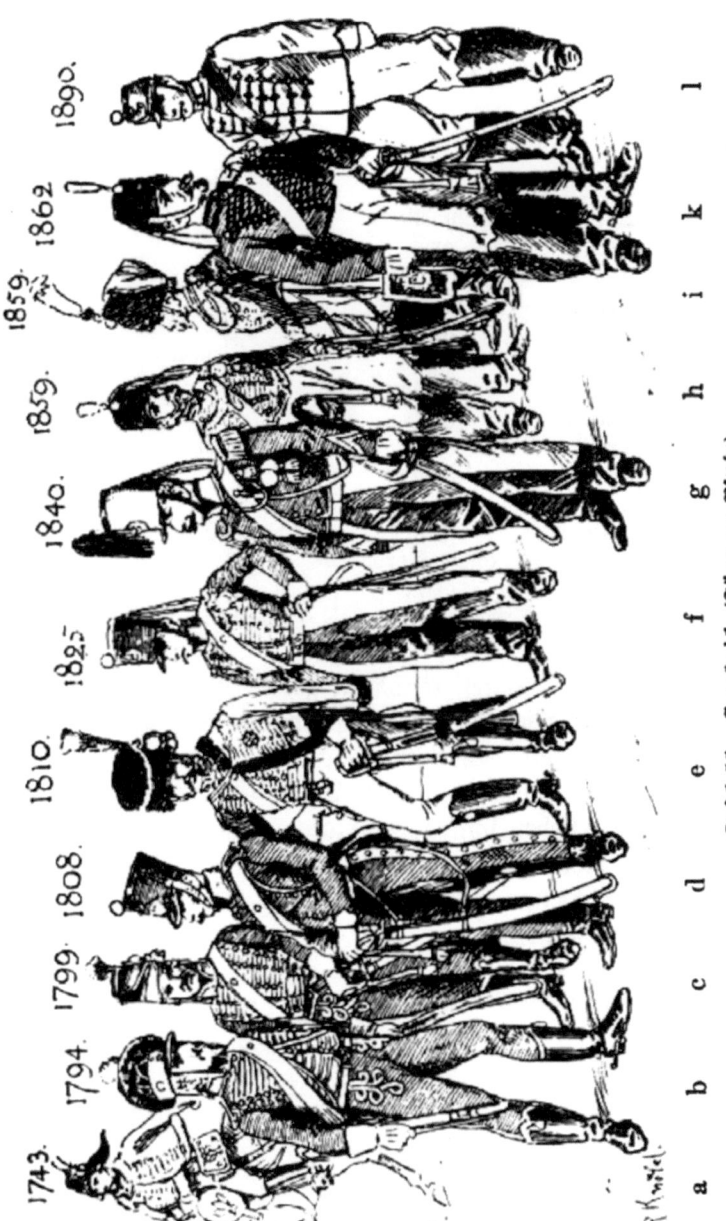

Tafel 56. Frankreich (Jäger zu Pferde).

a, b, c, d, f, g, k, l Jäger zu Pferde — e, h Jäger zu Pferde der Kaisergarde — i Garde.

Nr.	Kragen Grundfarbe	Einfassung	Aufschläge und Vorstöße	Grundfarbe und Rabatten
14	grün	orange	orange	grün
15	orange	grün	"	"
16	himmelblau	"	himmelblau	"
17	grün	himmelblau	"	"
18	himmelblau	grün	"	"
19	hellorange	"	hellorange	"
20	grün	hellorange	"	"
21	hellorange	grün	"	"
22	dunkelorange	"	dunkelorange	"
23	grün	dunkelorange	"	"
24	dunkelorange	grün	"	"
25	krapprot	"	krapprot	"
26	grün	krapprot	"	"
27	"	"	"	"
28	amaranthrot	grün	amaranthrot	"
29	grün	amaranthrot	"	"
30	amaranthrot	grün	"	"
31	chamois	"	chamois	"

Mantel und Mantelsack waren grün. Grüne Schabrake mit einem Streifen von der Abzeichenfarbe besetzt; im Felde Schaffellüberdecken. Während der Restauration und zwar 1818 bestanden vierundzwanzig Linien-Regimenter. Dieselben trugen hohen schwarzen Czako, grünen Spenzer mit ebensolchen Rabatten. Kragen, Aufschläge und Vorstöße von der Abzeichenfarbe, Knöpfe durchweg weiß. Zur Parade grüne Hosen, sonst graue.

Die Unterscheidungsfarben waren im Jahre 1818:

Nr.	Benennung	Kragen	Aufschläge
1	de l'Allier	scharlachrot	scharlachrot
2	des Alpes	grün	"
3	des Ardennes	scharlachrot	grün
4	de l'Ariège	gelb	gelb
5	du Cantal	grün	"
	de la Charente	gelb	grün

Nr.	Benennung	Kragen	Aufschläge
7	de la Corrèze	hellorange	hellorange
8	de la Côte d'Or	grün	"
9	de la Dordogne	hellorange	grün
10	du Gard	rosa	rosa
11	de l'Isère	grün	"
12	de la Marne	rosa	grün
13	de la Meuse	karmesin	karmesin
14	du Morbihan	grün	"
15	de l'Oise	karmesin	grün
16	de l'Orne	himmelblau	himmelblau
17	des Pyrénées	grün	"
18	de la Sarthe	himmelblau	grün
19	de la Somme	rotviolett	rotviolett
20	du Var	grün	"
21	du Vaucluse	rotviolett	grün
22	de la Vendée	schwarz	schwarz
23	de la Vienne	grün	"
24	des Vosges	schwarz	grün

Die 5. Eskadron eines jeden Regiments war mit der Lanze ausgerüstet. Die Jäger der Königlichen Garde trugen 1824 eine Uniform, die fast genau derjenigen der damaligen Garde=Dragoner glich, nämlich grünes Kollet, Epauletten und Fangschnüre, jedoch Pelzmütze mit amaranth= rotem Beutel und weißem, unten rotem Stutz. Die Uniform der Linien=Jäger (Taf. 55, f) war inzwischen geändert worden. Sie bestand aus schwarzem hohen Czako, oben mit Borte in der Regimentsfarbe, Fangschnüre ebenso. Schwarzer Stutz mit Spitze in der Abzeichenfarbe. Grüner Spenzer mit Husarenschnüren, die Schöße mit Vorstoß von der Regimentsfarbe. Bei den Regimentern, welche den Kragen in der Grundfarbe haben, befindet sich rechts und links eine kleine Patte in der Regimentsfarbe. Auch farbiger Vorstoß um den Kragen. Ebenso sind bei den Regimentern, welche grüne Aufschläge haben, diese durch farbigen Vorstoß markiert. Die Knöpfe überall weiß, die Hosen rot.

Unterscheidungsfarben 1826:

Nr.		Kragen	Husaren-schnüre	Aufschläge
1	und 2	karmesin	karmesin	grün
3	„ 4	grün	„	karmesin
5	„ 6	gelb	gelb	grün
7	„ 8	grün	„	gelb
9	„ 10	rot	rot	grün
11	„ 12	grün	„	rot
13	„ 14	hellorange	hellorange	grün
15	„ 16	grün	„	hellorange
17	„ 18	rosa	rosa	grün

Später, gegen 1830, werden Kollets mit einer Reihe von Knöpfen getragen, dazu rote Fransen-Epauletten mit grünen Feldern. Die Beinkleider bleiben krapprot. Hoher, tuchbezogener Czako mit schwarzem herabhängenden Busch. Kurze Zeit darauf werden Pelzmützen ohne Beutel eingeführt, die aber 1848 wieder einem roten Czako weichen. Unter dem Kaiserreiche, 1856, erhält die Uniform schwarze Schnüre und zwar achtzehn zwischen drei Reihen von weißen Knöpfen; dazu kleine Pelzmützen und Säbeltaschen mit Kupferadler. So war die Uniform im Jahre 1870 beschaffen. Nur die Regimenter 1, 6 und 9 trugen himmelblaue Jacken mit einer Reihe von weißen Knöpfen und sechs schwarzen Brustschnüren; Kragen und Aufschläge himmelblau mit roten Vorstößen. In der Kaiser-Garde Napoleons III. finden wir ein Guiden-Regiment (Taf. 55, i), dessen Uniform lebhaft an die reitenden Garde-Jäger Napoleons I. erinnert. Dunkelgrüner Dolman mit krapproten Aufschlägen, fünf Knopfreihen in gelber Beschnürung. Grüner Pelz gelb beschnürt, krapprote Hosen mit goldgelben Streifen, Pelzmütze mit schwarz und weißem Busch und dunkelgrüne Säbeltasche mit goldgelbem Besatz. Das neue Garde-Jäger-Regiment zu Pferde (Taf. 55, h) hatte dieselbe Uniform mit weißer Beschnürung. Die Mütze von etwas schmalerer Form. Diese beiden Garde-Regimenter gingen 1871 ein.

Gegenwärtig tragen die reitenden Jäger dieselbe Uniform, wie die Husaren jetzt in Frankreich tragen, nämlich hellblau, aber mit schwarzer Beschnürung und rotem Kragen. Auch ist das hellblaue Parade-Käppi vorn mit einem gelben Jäger= horn geschmückt. Die Knöpfe sind weiß. Über die Chasseurs d'Afrique vergl. unter „Afrikanische Truppen".

IX. Lanzenreiter.

Im Jahre 1734 errichtete der Marschall von Sachsen ein Ulanen=Regiment, das nach Art der polnischen Ulanen organisiert war. Im ersten Gliede standen nämlich die aus Edelleuten sich rekrutierenden Ulanen, während im zweiten die sogenannten Pacholken hielten, denen die Pferdewartung sowie die Instandhaltung der Waffen ihres Herrn oblag. Die Pacholken waren dragonermäßig aus= gerüstet. Die Ulanen trugen ganz grüne Uniform mit rotem Gürtel und Besätzen. Gelbmetallner Helm mit Pelzbesatz und rotem Roßhaarbusch. Als Schabrake ein Wolfspelz. Die Eskadrons unterschieden sich durch die Farbe der Lanzenflaggen (Taf. 56, f S. 293). Um 1750 ging die Truppe ein. Erst im Jahre 1807 wird wieder eine Ulanentruppe gebildet, allerdings vorerst unter dem Namen Chevau= legers der Garde. Erst später wird die Bezeichnung in Chevaulegers=Lanciers geändert, denn die Bewaff= nung mit der Lanze erfolgte erst 1809. Die Uniform bestand aus königsblauer Kurtka mit karmesinroten Abzeichen und silbernem Bortenbesatz sowie karmesinroten Vorstößen und weißen Epauletten, Achselschnüren und Knöpfen. Kar= mesinrotes Beinkleid mit blauen Streifen. Czapka ebenfalls karmesinrot (Taf. 56, g). Das Regiment war unter dem Namen der Polnischen Lanciers bekannt. 1810 ent= stand aus der ehemaligen holländischen Garde=Reiterei ein 2. Chevaulegers=Lanciers=Regiment der Garde. Kurtka, Hosen und Czapka scharlachrot, Abzeichen königsblau, Knöpfe, Epauletten und Achselschnüre gelb. Beide Regi= menter trugen rot und weiße Lanzenflaggen.

Sehr phantastisch war die Eslabron der „Litthauischen Tartaren" ausgestattet, nämlich mit schwarzer Mütze, gelbem Dolman ohne Ärmel, karmesinroter Ärmelweste; beide Stücke reich mit schwarzen Schnüren besetzt, himmelblaue weite Beinkleider. Die Eclaireurs der Garde waren nach dem Vorbilde der reitenden Jäger uniformiert.

An Linien = Regimentern der Lanzen = Reiter = Truppen gab es unter dem ersten Kaiserreich sechs französische und drei polnische. Die Uniform war bei beiden eine ver= schiedene; die französischen Lanciers, meistens Chevau= legers = Lanciers (Taf. 56, h) genannt, trugen einen gelben Helm mit schwarzer Raupe, grünen Spenzer und Hosen. Kragen, Klappen, Aufschläge und Schoßumschläge von der Abzeichenfarbe. Grüne Achselklappen, die Eliten rote Grenadier = Epauletten. Die Polnischen Lanciers führten als Kopfbedeckung blaue Czakos mit gelber Sonne; blaue Kurtka und Hosen, Abzeichen in der Regimentsfarbe, weiße Fransen=Epauletten und Knöpfe. Lanzenflagge weiß und karmesin.

Die Unterscheidungsfarben waren im Jahre 1812:

Nr.	Rock und Hose	Knöpfe	Kragen	Aufschläge, Schoßumschläge, Vorstöße
1	grün	gelb	scharlachrot	scharlachrot
2	„	„	hellorange	hellorange
3	„	„	rosenrot	rosenrot
4	„	„	karmesin	karmesin
5	„	„	himmelblau	himmelblau
6	„	„	krapprot	krapprot
7	blau	weiß	gelb	gelb
8	„	„	blau	„
9	„	„	chamois	chamois

1815 wurde ein einziges Regiment bestehen gelassen und zwar das Regiment der Lanciers der Königlichen Garde (Taf. 56, i). Uniform: Grüne Kurtka mit eben= solchem Kragen und Aufschlägen, karmesinrote Rabatten, Vorstöße und Hosen, weiße Epauletten und Achselschnüre,

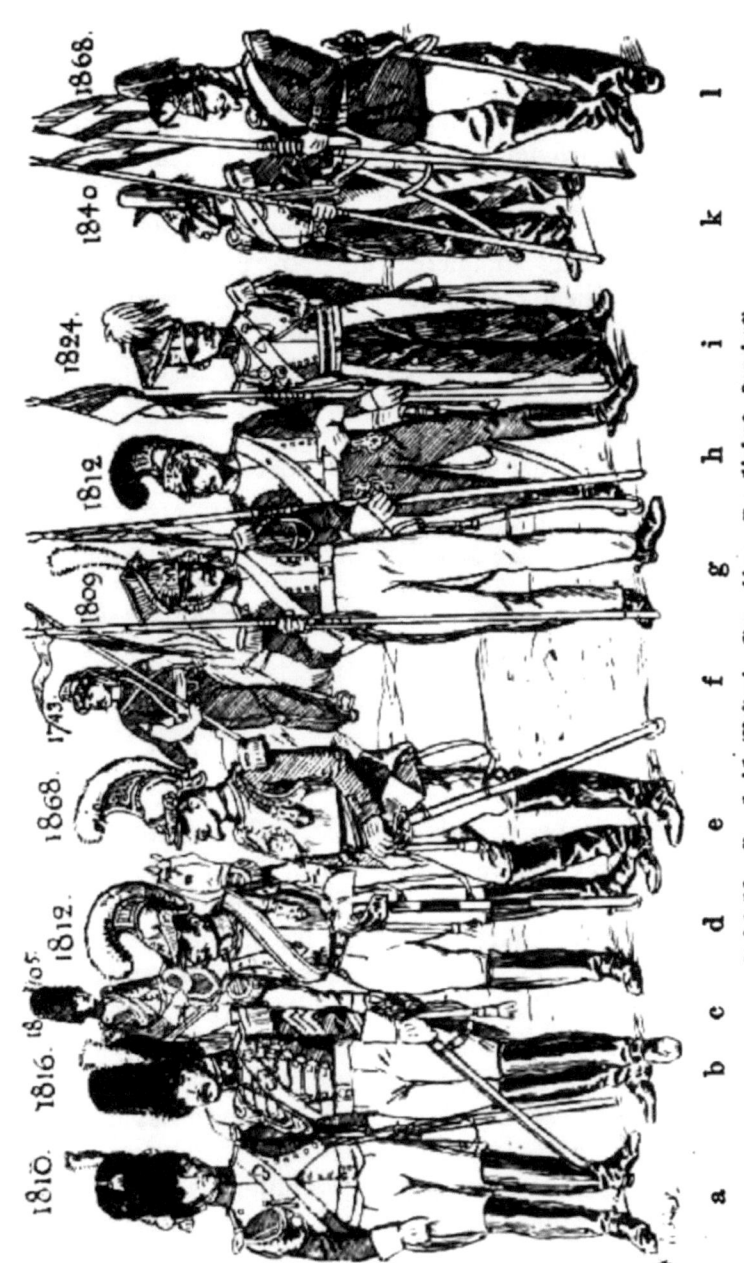

Tafel 56. **Frankreich (Reitende Grenadiere, Carabiniers, Lanciers).**

a, b Reit. Garbe-Grenadiere — c, d, e Carabiniers — f Ulan — g, i Garbe-Lanciers — h Chevauleger-Lancier — k, l Lanciers.

karmesinrote Czapka mit gelber Sonne und weißem Feder=
busch. 1830 wird dieses Regiment aufgelöst und durch die
Lanciers d'Orléans ersetzt. Uniform: Rote Czapka mit
gelben Behängen und Fangschnüren sowie herabhängendem
schwarzen Haarbusch; grüne Kurtka mit gelben Rabatten
und Vorstößen, gelbe Epauletten und Knöpfe, rote Hosen.
1831 werden fünf Lanciers=Regimenter gebildet, die
Orléans=Lanciers rangieren als Nr. 6. Die Uniform
bestand in diesem Jahre aus roter Czapka, Kurtka und
Beinkleidern, weißen Knöpfen und Epauletten und
schwarzem hängenden Haarbusch. Die Lanzenflagge war
oben rot, dann weiß, und unten blau.

Unterscheidungsfarben 1831:

Nr.	Kragen	Aufschlag und Patte	Vorstöße	Rabatten	Schoß= umschläge
1	blau	blau	rot	blau	blau
2	"	rot	"	"	"
3	"	blau	blau	"	"
4	"	"	rot	"	rot
5	"	rot	"	"	"
6	rot	blau	blau	"	"

Die Schabraken rot mit blauer Einfassung. 1836 kamen
noch zwei Lanciers=Regimenter hinzu, 1837 erfolgte eine
Neuuniformierung. Kurtka und Czapka wurden blau, Hose
rot. Die Abzeichenfarbe wurde für die Regimenter 1, 2, 3
und 4 gelb, für Nr. 5, 6, 7 und 8 rot. 1839 wurde der
Haarbusch rot. Aus folgender Übersicht der Abzeichen aus
dem Jahre 1851 ist die Verteilung der Uniformabzeichen
genauer zu ersehen. Allen Regimentern gemeinsam ist die
blaue Grundfarbe der Kurtka, die weißen Epauletten,
Fangschnüre und Knöpfe. Die Epaulettenhalter blau,
Hose rot mit blauem Besatze, Aufschläge von spitzer
Form, roter Busch.

Unterscheidungsfarben 1851:

Nr.	Rabatten	Kragen	Aufschläge	Schoß=umschläge	Vorstöße	Czapka
1	gelb	gelb	blau	gelb	gelb	blau
2	"	"	gelb	"	"	"
3	"	blau	blau	"	"	"
4	"	"	gelb	"	"	"
5	rot	rot	blau	rot	rot	gelb
6	"	"	rot	"	"	"
7	"	blau	blan	"	"	"
8	"	"	rot	"	"	"

1855 wurde auch ein Lanciers = Regiment der Kaiser = Garde gebildet. Die Uniform bestand aus himmel= blauer Czapka mit weißen Besätzen und gelben Beschlägen. Federbusch, Fangschnüre, Behänge, Epauletten und Hosen rot. Weiße Kurtka mit himmelblauem Kragen, Aufschlägen, Rabatten, Vorstößen und Schoßumschlägen. Flagge oben weiß, unten rot, Schabrake und Mantelsack hellblau, weiß besetzt, auswendig rot vorgestoßen. Die Knöpfe waren weiß.

1870 waren die französischen Lanciers in einer Uni= formänderung begriffen, die aber nur zum kleinen Teil durchgeführt war. Die neue Uniform (Taf. 56, 1) bestand in einem einreihigen Waffenrock mit gelben Abzeichen und weißen Knöpfen und ebensolchen Epauletten. Czapka schwarz. Seit 1871 hat die Lanciers=Truppe zu bestehen aufgehört.

X. Afrikanische Truppen.

Wir glauben den afrikanischen Truppen einen besonderen Abschnitt widmen zu sollen, da seit der Eroberung Algiers Frankreich verschiedene Truppenteile in seinen afrikanischen Besitzungen unterhält, die zum Teil durch ihre eigenartige Uniform sich auszeichnen.

Aber auch schon früher, wir erinnern an die Expedition Bonapartes nach Ägypten, dürfen wir von afrikanischen Truppen sprechen. An erster Stelle führen wir auf die Koptische Legion, 1799 in Ägypten gebildet. Die Uniform (Taf. 57, a S. 297) bestand aus einem hell=

grünen Spenzer mit gleichfarbigen Rabatten und Aufschlägen; letztere
spitz geschnitten. Kragen und Vorstöße gelb, Knöpfe weiß, gelbliche
enge Beinkleider, kleine Gamaschen von grauer Leinwand, Hut mit
einem Pompon als Kompagnieabzeichen; Grenabiere mit rotem herab=
hängenden Busch, dazu rote Epauletten. Nach der Räumung Ägyp=
tens kamen einige Mameluden mit nach Frankreich, die den Stamm
zu einer Eskabron abgaben, welche später der Kaiser=Garbe ein=
verleibt wurde. Sie trugen reiche orientalische Tracht, die in der
Farbe sehr oft wechselte, da die Bekleidung in das Belieben des
Kommandanten gestellt war. Der ägyptischen Expedition gehört
ferner die eigenartige Truppe der Dromebarreiter (Taf. 57, b)
an, die eine sehr merkwürdige Uniform trugen, bestehend in einem
hellblauen Dolman und ebensolchen Hosen, beides mit weißer Beschnü=
rung; darüber ein roter Pelz mit ebensolcher Beschnürung und mit
Halbärmeln versehen, Czako mit gelber Garnitur und weißen Behängen,
weißer arabischer Burnus, schwarze Säbeltasche mit gelbem Beschlag
(Bündel mit den Lictorenstäben). Als Waffe Husarensäbel und
Büchse. Die Truppen der regulären Armee waren im Laufe des
Krieges sehr abgerissen und da ein Ersatz der Uniformen aus Frank=
reich nicht stattfinden konnte, mußte man zu einheimischen Geweben
seine Zuflucht nehmen. Man sah die Truppen in Uniformen, welche
die unmöglichsten Farbenzusammenstellungen aufwiesen. So gab es
z. B. rosenrote und gelbe Dragoner.

Die Zuaven. Die Truppe besteht seit 1831 und zwar
zuerst als Bataillon formiert aus Eingeborenen und Parisern,
die sich Volontairs de la Charte nannten. Nach zehnjährigem
Bestande wurde das Bataillon zum Regiment erhoben und
1852 wurden noch zwei andere Regimenter dazu errichtet.
Die Uniform besteht in dunkelblauer Jacke mit rotem Besatz;
ebenso die Weste. Die Jacke hat auf beiden Seiten eine
falsche Tasche, die beim 1. Regiment von rotem, beim
2. von weißem, beim 3. von gelbem Tuch ist. Weite rote
Hose, hellblaue Leibbinde, roter Fez (Taf. 57, d).

Die Turcos oder eigentlich Tirailleurs indigènes
oder Algériens, 1841 errichtet, seit 1852 im Bestande
von drei Regimentern. Anfänglich grüne Jacke, Weste und
Kartusche, gelber Besatz, rote Hosen. Hellblaue Leibbinde
und Aufschläge. Später wie die Zuaven, nur Jacke, Weste
und Hose himmelblau, gleiche Regimentsabzeichen (falsche
Taschen), rote Leibbinde.

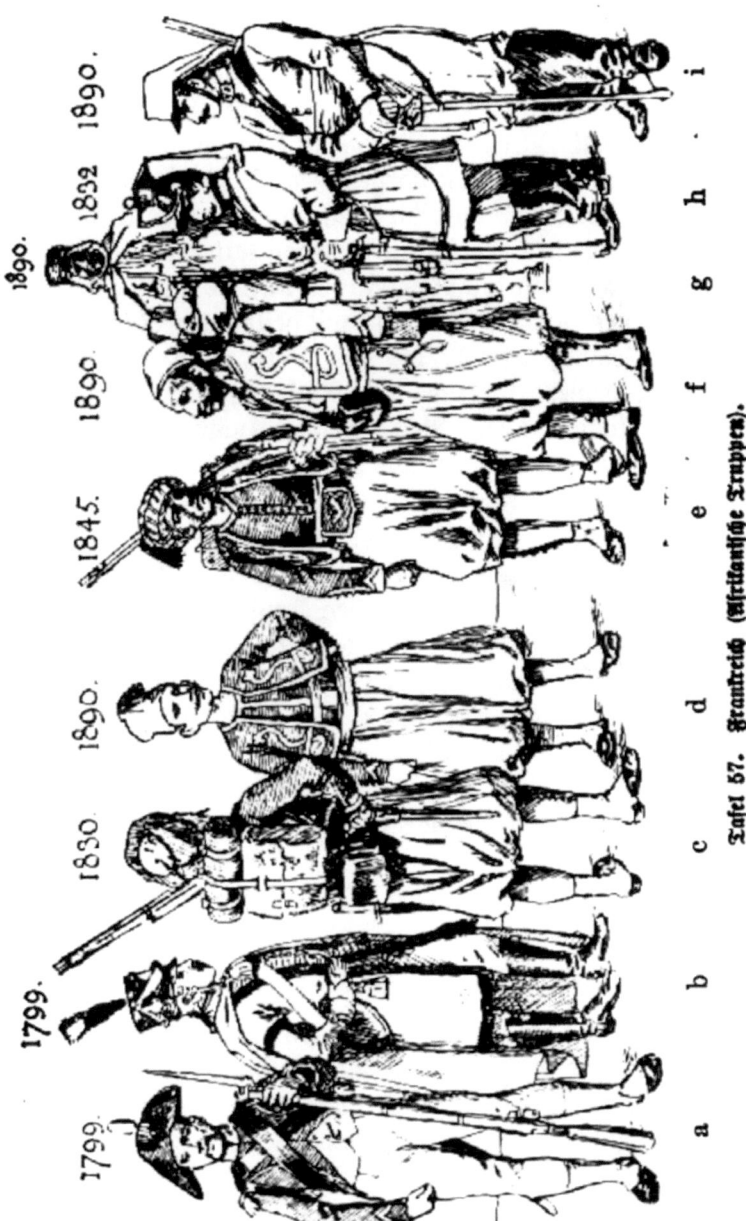

Tafel 57. Frankreich (Afrikanische Truppen).

a Koptische Legion — b Dromedarregiment — c, d Zuaven — e, f Turcos — g Spahi — h, i Chasseurs d'Afrique.

Chasseurs d'Afrique, errichtet 1831. Anfänglich trug die Truppe langschößigen himmelblauen Rock, rote Hose mit Reitbesatz, niedrige krapprote Czapka, rote Fang= schnüre, weiße Stulphandschuhe, Contre = Epauletten von gelbem Metall. Das 1. Regiment Kragen und polnische Aufschläge gelb, hellblau vorgestoßen, 2. Regiment Kragen hellblau mit gelber, dreispitziger Patte, polnische Aufschläge hellblau mit gelben Vorstößen. Lanzen mit rot=weiß=blauer Flagge. Lanzen wie Czapkas wurden nur bis 1833 getragen. Seitdem wird die rote Feldmütze mit hellblauem Rande, zeit= weilig czakoartig gesteift, bis auf die Gegenwart getragen, häufig mit weißem Überzuge und Nackenschutz versehen. Die hellblaue Jacke hat eine Reihe weißer Knöpfe, der Kragen ist gelb. Krapprote Hosen wie bei der gesamten Reiterei.

Die Spahis, 1834 errichtet. Gegenwärtig bestehen vier Regimenter. Jacke und Weste rot mit schwarzer Beschnürung, im Zuavenschnitt, rote Leibbinde, blaue Beinkleider, roter Mantel. Der große, bis über den Kopf reichende arabische Überwurf, Haik genannt, ist von Stoff aus Kamelhaaren gefertigt; die Offiziere dagegen tragen europäische Uniform und zwar hellblauen Dolman mit schwarzen Schnüren, roten Kragen und Aufschlägen, gelben Knöpfen, rote, blau besetzte Hosen, rote, blau geränderte Mütze mit Goldborten; in den Kragenecken Regimentsnummer über einem Halb= monde in Gold.

Die Tirailleure vom Senegal sind turcoartig uniformiert.

XI. Gendarmerie.

Die Gendarmerie Nationale trug während der Revolutionszeit langschößigen blauen Frack mit roten Ab= zeichen und weißen Knöpfen. Das gelbe Lederzeug war weiß vorgestoßen, ebenso der Hut mit weißer Borte ver= sehen, die Unterkleider chamois. Ausrüstung für die berittenen wie bei der Kavallerie, Fußgendarmerie wie bei der Infanterie. So blieb die Uniform auch unter dem

Kaiserreiche. Auch der Kaiser-Garde wurde eine Abteilung unter dem Namen Gendarmerie d'Elite zugewiesen (Taf. 58, b S. 301). Langschößiger Frack von blauer Grundfarbe mit ebensolchem Kragen, rote eckige Rabatten, weiße Knöpfe, kleeblattförmige Epauletten und Achselschnüre; letztere auf der linken Seite. Weste, Hosen und Stulp- handschuhe lederfarbig. Gelbes Lederzeug mit weißer Ein- fassung. Pelzmütze ohne Beschlagschild, aber mit Augenschirm versehen und mit weißem Stutz und Behänge verziert.

Um 1810 finden wir bei der Armee in Spanien eine kleine Abteilung Lancier-Gendarmen. Uniform: Schwarzer Czako mit weißer Garnitur und rotem Stutz, blauer Frack mit ebensolchen Achselklappen, ebensolche Hosen, Mantelsack und Schabrake. Roter Kragen und polnische Aufschläge. Spitze Rabatten blau; rote Schoß- umschläge und Weste; letztere mit weißen Husarenschnüren. Weißer Schabrakenbesatz, Lanzenflagge rot und weiß.

Unter der Restauration blieb die Uniform zunächst die- selbe, nur änderte sich der Frack im Schnitt. Bei den Elite- Gendarmen erhielt der blaue Kragen in den Ecken weiße Granaten. Als Kopfbedeckung diente ein gelbmetallener Helm mit schwarzer Raupe und Schweif sowie weißem Stutz. Die übrige Gendarmerie behielt den weißbortierten Hut bei. Unter der Regierung Ludwig Philipps fielen die Rabatten weg, dafür erhielt der Frack rote Vorstöße und eine Reihe von neun Knöpfen. Die Elite-Gendarmen Pelzmütze mit rotem Stutz, die übrigen Hüte. Die Auf- schläge sowie Patten waren von der Grundfarbe des Rockes, mit roten Vorstößen versehen. Später wurde der Frack durch den Rock ersetzt, die Beinkleider sind seit 1843 hell- blau. Bei der Kaiser-Garde Napoleons III. bestanden ebenfalls Abteilungen. Die Uniform war ein blauer Frack mit ebensolchen Kragen, Aufschlägen und Patten, roten Rabatten, weißen Granaten auf dem Kragen, gelbem, weiß- bortiertem Lederzeug; Pelzmütze mit gelbem Schilde und rotem Stutz. Die berittenen mit Lederhosen und weißen Epauletten, die unberittenen mit hellblauen Beinkleidern und kleeblattförmigen Achselstücken. Die französische

Gendarmerie hat heute durch den Hut, den sie noch trägt, ein etwas altertümliches Aussehen (Taf. 58, c).

XII. Artillerie, Genie und Train.

Die Uniform der französischen Artillerie war von alters her blau mit rot. Während der Revolution bestand sie in blauem Rock mit ebensolchen Kragen, Rabatten und Aufschlagspatten, roten Aufschlägen, Schoßumschlägen, Vor= stößen und Epauletten. So blieb die Uniform auch unter dem Kaiserreiche, als statt des Hutes der Czako eingeführt wurde. Die reitende Artillerie trug seit 1792 ganz blaue Husarenuniform mit roter Beschnürung, anfänglich den Raupenhelm der Chasseurs, bald darauf aber Filzmützen und Czakos; letztere mit roten Behängen und Stutz. Die bei der Kaiser=Garde errichtete reitende Artillerie hatte dieselbe Uniform, dazu noch Husarenpelze (blau mit roten Schnüren) und Husarenpelzmütze mit rotem Stutz und Beutel; die der Garde zugeteilte Fußartillerie Grena= bierpelzmütze ohne Schild, aber mit Augenschirm und mit rotem Behänge und Stutz geschmückt; im übrigen die Uni= form der Fußartillerie. Die Bekleidung änderte sich seitdem im Schnitt, nicht aber in den Farben, nur wurden die roten Aufschläge später spitz geschnitten. Die Czakos hatten rote Garnitur und Busch sowie Fangschnüre. Die Artillerie der Kaiser=Garde Napoleons III. trug blaue Dolmans und Hosen mit roter Beschnürung resp. Besatz. Gelbe Knöpfe. Pelzmütze mit rotem Beutel und Behängen sowie weißem, unten rotem Stutz. Die berittene Kavallerieaus= rüstung mit Säbeltasche (blau mit rotem Besatz und gelbem Adler), die unberittene mit Infanterieausrüstung, Tornister und Karabiner. Nach dem Feldzuge von 1870/71 wurde die Artillerieuniform unter Beibehalt der blauen Grund= farbe gleicherweise für reitende wie für Fußartillerie husarenartig beschnürt. Kragen und spitze Aufschläge rot, Knöpfe gelb, Schnüre schwarz, Hose blau mit roten Streifen. Die blaue Mütze zeigt rote Vorstöße.

Tafel 58. Frankreich (Gendarmerie, Artillerie, Genie).

a Gendarmerie Nationale — b Elite-Gendarm — c Gendarm — d, f Fuß-Artillerie — e, g Reitende Artillerie —
h, i, k Geniesoldaten.

Genie.

Im Dezember 1793 wurde ein Geniekorps von zwölf Sappeurs-Bataillonen und sechs Mineurs-Kompagnien errichtet. Die Uniform bestand aus blauem Frack, Weste und Hosen, schwarzen Kragen, Rabatten, Aufschlägen und Patten (alle diese Stücke rot vorgestoßen), rotem Schoßfutter und Epauletten, sowie gelben Knöpfen. Die Uniform blieb unter dem Kaiserreich dieselbe; nur trat an Stelle des vorher getragenen Hutes der Czako mit roter Garnitur, Behängen und Flammenpompon. Das Genie-Korps der Garde war ebenso gekleidet, nur diente als Kopfbedeckung ein Stahlhelm mit gelbmetallner Garnitur, schwarzer Raupe und rotem Stutz. Beim Schanzenbau im feindlichen Feuer wurde ein geschwärzter Vollküraß und ebensolche eiserne Sturmhauben getragen. Unter der Restauration blieb die Uniform der Linien-Genie-Truppe die gleiche, ebenso unter dem zweiten Kaiserreich. Natürlich änderte sich der Schnitt nach dem Geschmack der Zeit, ebenso die Czakoform. Die Behänge waren weggefallen. Die Genie-Soldaten der Kaiser-Garde Napoleons III. waren durch eine Pelzmütze ohne Schild, aber mit roten Behängen und Stutz ausgezeichnet, den Kragen schmückten rote Granaten. 1870 trug die Genietruppe dunkelblauen Waffenrock mit ebensolchem Kragen, und Aufschlägen von schwarzem Samt, rote Epauletten, blaue Hosen mit roten Streifen, Lederkäppi, schwarzes Lederzeug. Statt des Faschinenmessers führten die Unteroffiziere Degen. Die heutige Uniform ist ein blauer Waffenrock mit gleichfarbigen Kragen und Aufschlägen, schwarzer Kragen- und Aufschlagpatte, beide rot vorgestoßen; rote Epauletten, gelbe Knöpfe, Hosen blau mit roten Streifen, Mütze blau mit roten Vorstößen. Die rote Regimentsnummer ist auf der Kragenpatte angebracht.

Train.

Der Train wurde 1807 militärisch organisiert. Die Uniform war grau mit blauen Abzeichen und weißen Knöpfen,

gelbliche Unterkleider, Czakos mit weißer Garnitur. Beim
Garde=Train zeigten auch die Beinkleider die Grundfarbe
des Rockes; die Abzeichen waren mit roten Vorstößen
besetzt, die Schultern schmückten rote Grenadier=Epauletten.
Die graue Weste war rot beschnürt, der Czako mit rotem
Stutz und Behänge geschmückt. Wir müssen hierbei aus=
drücklich bemerken, daß die Fahrer der Artillerie Train=
uniform trugen. Die graue Grundfarbe blieb auch weiterhin
das charakteristische Merkmal, so vielen Abstufungen auch
die Uniform unterlag, die im einzelnen aufzuführen über
den Plan des Werkes hinausgeht (Train d'Artillerie, Train
des Equipages, Train du Génie, Train des Parcs d'Artillerie).
Heute besteht die Uniform aus einem graublauen, schwarz=
beschnürten Dolman mit weißen Knöpfen und Aufschlägen
von der Grundfarbe, rotem Kragen mit grauer Eskadrons=
Nummer, roten Hosen, rotem Paradeköppi mit ebensolchem
Busch und roter, blau gerandeter Feldmütze.

XIII. National= und Mobil=Garde.

Der Schöpfung der National=Garde haben wir bereits
bei der Infanterie gedacht, da die Uniform an jene überging.
1848 trug die Mobil=Garde blauen Rock und Hosen,
rote Kragen, Aufschläge und Vorstöße, weiße Knöpfe und
Granaten in den Kragenecken, rote Epauletten mit grünen
Fransen und rotes Käppi. Die Kavallerie der National=
Garde erhielt 1816 ganz blaue Uniform mit roten Kragen,
Aufschlägen und Vorstößen, weißen Knöpfen, Epauletten
und Achselschnüren, weißen rotgestreiften Bandelieren,
Koppeln und Hosenstreifen, Stahlhelm mit gelber Garnitur,
schwarzer Raupe und weißem Busch, 1830 Czako mit
dreifarbigem Busch, 1843 Ulanen=Czapka mit rotem
Busch. Die reitende Mobil=Garde 1848 blauen
Waffenrock mit ebensolchem Kragen und Aufschlägen, roten
Vorstößen, weißen Knöpfen und Epauletten, hellblauen
Hosen und Käppis, beides rot besetzt. 1870 rückte die
Mobil=Garden=Infanterie in blauen, jacketartig

geschnittenen zweireihigen Röcken mit roten Abzeichen aus. Hosen und Mütze blau mit rotem Besatz.

XIV. Generalität u. s. w. Rangabzeichen.

Die Uniform der Generale ist in Frankreich von alters her blau gewesen und zwar mit Goldbesatz. Die Unterkleider waren bis etwa 1760 rot, später lederfarben oder weiß. Die Adjutanten haben im allgemeinen blaue Uniform getragen, zur Zeit der Revolution mit chamois Abzeichen. Eine äußerst prächtige Kleidung hatten die Ordonnanzoffiziere Napoleons I., nämlich ganz hellblau mit Silber, dazu rote, silberbeschnürte Westen. Die Adjutanten der Marschälle des ersten Kaiserreichs waren nach Husarenart uniformiert, nämlich mit weißem Dolman, schwarzem Pelz, amaranthroten Hosen und Czakos; alles reich mit Gold besetzt. Die übrigen Adjutanten trugen in jener Zeit Blau mit Himmelblau. Um 1840 finden wir die rote Hose und blauen Frack. Heute tragen die Adjutanten die Uniform ihres Truppenteiles mit Achselschnüren.

Die Rangabzeichen für Offiziere bei allen Truppengattungen, welche Epauletten tragen, sind folgende:

Unterlieutenants (Sous-Lieutenants): Auf der rechten Schulter eine Epaulette mit Fransen, auf der linken Epaulette ohne Fransen.

Lieutenants: Auf der rechten Schulter Epaulette ohne Fransen, auf der linken mit Fransen.

Capitains: Zwei Epauletten mit Fransen.

Bataillons- oder Eskadron-Chefs und Majors: Eine Epaulette mit dickerer Trobbel und eine ohne Trobbel.

Lieutenant-Colonels und Colonels: Zwei Epauletten mit starken Trobbeln.

Generale: Zwei Epauletten mit steifen Trobbeln; für die Brigade-Generale zwei, Divisionsgenerale drei Sterne auf den Epaulettefeldern.

Bei den Truppenteilen, welche keine Epauletten tragen (wie z. B. die Husaren), giebt die Anzahl der Schnüre, welche in Form eines ungarischen Knotens über dem Aufschlag aufgenäht sind, den Rang an. Sous-Lieutenants eine Schnur,

Lieutenants zwei, Capitains drei, Bataillons= und Eskadrons=
Chefs vier, Lieutenant=Colonels fünf, Colonels ebenso. Die=
selbe Anzahl von Schnüren finden wir auf dem Mützenbesatz
wieder. Die niederen Chargen sind durch folgende Abzeichen
erkennbar: Caporal zwei rote Streifen auf dem Unterärmel,
Sergeant ein goldener Streifen, Sergeant=Major zwei eben=
solche. Die Trompeter tragen auf Kragen und Aufschlägen
eine bunte Borte und zwar in den Farben der Tricolore.

Italien.

Königreich Sardinien.
(Kokarde kornblumenblau.)

Wie billig, machen wir bei den Heeren der Apenninischen
Halbinsel den Anfang mit dem Staate, dem die führende
Rolle zugefallen ist und der 1860 die verschiedenen italienischen
Reiche unter seiner Krone vereinigte.

I. Haustruppen.

Die ältesten Gardetruppen sind die Garde du Corps,
deren Spuren sich unter dem Namen Compagnia Archieri
Guardia bis in das 16. Jahrhundert verfolgen lassen. 1707
wird die Truppe als Gentiluomini Archieri Savojardi (Adelige
Hatschiere von Savoyen) erwähnt. Als Guardie del Corpo
trug die (Kürassier=)Kompagnie 1685 einen silberbortierten
Hut mit roten und blauen Federn, schwarzes Halstuch,
blanken Brustharnisch mit roten, weiß vorgestoßenen Man=
schetten. Lederkoller mit rotem Futter, roten, silberbesetzten
Aufschlägen und gelben Knöpfen. Fahlledernes Bandelier.
Rote, silberbesetzte Weste, rote Hosen und Stulpstiefeln.
1745 wurde ein goldbortierter Hut, weiße Halsbinde, roter,

goldbesetzter Rock mit hellblauen Aufschlägen und Schoß=
umschlägen getragen. Weste und Beinkleider hellblau, rote
Hosen. Das Karabinerbandelier war hellblau mit Gold=
besatz. Dieselbe Farbenzusammenstellung zeigte die Schabrake.
1774 hat die Uniform den zeitgemäßen knappen Schnitt,
dunkelblau mit Goldblitzen, rote Kragen, Aufschläge und
Schoßfutter. Hut mit Goldborte, mattgelbe Unterkleider.
Die Weste mit Goldbesatz. Rotes, goldbesetztes Bandelier,
Stulpstiefeln mit Anschnallsporen, Degen, Hellebarde mit
blauem Quast und dicht mit gelben Nägelköpfen besetztem
Schaft. 1816 dieselbe Farbenzusammenstellung, nur ver=
änderter Schnitt. Dazu goldene Epauletten, Hut mit
himmelblauem Stutz. 1832 Hut mit Hahnenfederbusch,
dunkelblauer Frack und Hosen, zwei silberne Litzen auf
Kragen und Aufschlägen; Schoßumschläge und Hosenstreifen
rot, weiße Knöpfe, himmelblaue Schärpe, silbernes Bandelier.
1844 Waffenrock in derselben Farbe wie vorher der Frack.

　　Archibusieri Guardie. 1713 Hut mit Goldborte
und weißer Plümage, weißes Halstuch, roter Rock mit
weißem Futter, gelben Knöpfen und Goldbesatz; Aufschläge,
Weste, Hosen, Strümpfe und Schärpe himmelblau, letztere
mit goldenen Quasten. Bandelier himmelblau mit Gold.
In der Partisanenspitze den verschlungenen Namenszug
V. A (Vittorio Amadeo II.), Quaste gelb. 1775 bestand die
Uniform aus einem goldbortierten Hute ohne Plümage,
dunkelblauem Rock mit Goldblitzen, rotem Kragen und litzen=
besetzten Aufschlägen. Rote Weste, blaue Hosen, weiße
Strümpfe. Rotes Bandelier mit Goldbesatz. 1816 gold=
bortierter Hut, dunkelblauer Frack mit rotem Kragen und
Aufschlägen sowie Schoßumschlägen. Goldener Litzenbesatz
auf der Brust, dunkelblaue Hosen in niedrigen Stiefeln.
Kleine Kartusche am Koppel vor dem Leibe. Bandelier wie
vorher, Degen und Gewehr. 1832 als **Guardie del
Reale Palazzo:** quergesetzter Hut mit breiter Goldagraffe,
zweireihiger Frack mit roten Kragen, Aufschlägen und
Schoßfutter. Eine gelbe Litze am Kragen und auf dem

Aufschlage. Gelbe Knöpfe und Epauletten ohne Fransen. Dunkelblaue Hosen mit roten Streifen, goldenes Kartusch=bandelier mit silbernen Beschlägen, Degen und Bajonett=gewehr. 1844 Waffenrock.

Hellebardiere (Allabardieri Guardie) 1719—1744, in der Farbe ganz ähnlich wie Archibusieri Guardie, nur keine Plümage um Hut und keine Schärpe, Litzenbesatz von Silber, Hellebarde mit roter Quaste.

Die Schweizergarde (Guardia Swizzera) 1816 wie die Archibusieri Guardie, ohne Hutborte, mit weißen Bein=kleidern und silbernen Epauletten.

Das 1814 errichtete Korps der Carabinieri Reali hatte Hüte mit schwarzer Borte und Silberagraffe, dunkel=blaue einreihige Fracks mit roten Schoßumschlägen, himmel=blaue Kragenpatten und polnische Aufschläge, beides mit je einer weißen Litze. Himmelblaue Fransenepauletten mit weißen Halbmonden. Weiße Knöpfe und ebensolches gekreuztes Lederzeug, schwarze Gamaschen bis unter das Knie. Die berittenen Karabiniers zeichneten sich durch einen himmel=blauen Stutz und weiße Epauletten aus: Karabiner und Kartuschbandelier unter einander getragen, gelbe Granate auf der Kartusche, Kniestiefel. 1832 herabhängender Feder=busch, oben rot, unten himmelblau. Zwei weiße Litzen am Kragen und zwei ebensolche auf dem jetzt dunkelblauen Auf=schlage. Die himmelblauen Kragenpatten sind weggefallen. Weiße Epauletten und Achselschnüre. Lange blaue Bein=kleider mit zwei roten Streifen. Diese Uniform gilt sowohl für die berittenen wie für die unberittenen Karabiniers.

II. Infanterie.

Im allgemeinen herrscht bis etwa 1770 der weite Schnitt der Uniform, wie er in Frankreich üblich war, vor. Die Grundfarbe war bis in die fünfziger Jahre des vorigen Jahrhunderts vorherrschend weiß; in dieser Periode tritt die blaue Grundfarbe auf, die noch heute in der italienischen Armee die herrschende ist. Im besonderen folgendes:

Auf einer Abbildung von 1659 (?) trägt die Grenadier=
garbe einen blauen, rot umschlagenen Rock, rote Unter=
kleider mit gelben Knöpfen. Um die Wende des 17. zum
18. Jahrhundert trägt die Linieninfanterie einen weißen,
weiten Rock, rote Halstücher, Aufschläge, Kamisol und Hosen
in der Regimentsfarbe, weiße Strümpfe und gold= oder
silberbesetzten Hut (Taf. 59, a). Das Regiment della
Marina rote Röcke mit grünen Aufschlägen, grüne Unter=
kleider, weißes Futter und gelbe Knöpfe. Die Patron=
taschenbandeliere von Fahlleder waren vorn mit einer großen
Schnalle verziert. Abbildungen von 1744 zeigen noch die
gleichen Farbenzusammenstellungen, nur hat sich der Schnitt
der Zeit entsprechend geändert. Um 1758 ist die ganze
Infanterie dunkelblau gekleidet (Taf. 59, b).

Die Unterscheidungszeichen sind folgende:

Name des Regiments	Hutborte	Kragen, Aufschläge, Rabatten, Schoßfutter	Weste und Hosen	Knöpfe	Bemerkungen
Grenadier=Garde	weiß	rot	rot	weiß	Weiße Litzen auf Rabatten, Auf= schlägen u. Weste
Savoia	weiß	weiß	dunkelblau	gelb	—
Piemonte	weiß	rot	rot	weiß	—
Aosta	gelb	rot	rot	gelb	—
Della Marina . .	weiß	gelblichweiß	dunkelblau	gelb	—
La Regina . . .	weiß	rot	dunkelblau	gelb	Weiß ausgenähte Knopflöcher auf Rabatten und Aufschlägen
Sardegna	weiß	hellgelb	hellgelb	gelb	—

Säbel wurden nur von der Grenadiergarde geführt, im
übrigen Bajonett in Scheide. Die Patrontaschen waren rot
eingefaßt. Durchgängig weiße Gamaschen. 1775 erhält die
Grenadiergarde Bärenmützen. Die Unterkleider erscheinen
1787 durchgängig weiß oder gelblich weiß (Taf. 59, c).
Seitdem machte die Uniform die durch die Mode bedingten
Änderungen im Schnitte mit, ohne sich wesentlich zu ändern.

1859. 1848. 1843. 1839. 1821. 1814. 1789. 1758. 1700

a b c d e f g h i

Tafel 59. Sardinien (Infanterie).

a, b, c, d, e, f, g Linien-Infanterie — i Infanterie-Offizier — h Bersaglieri.

1803 wird ein einreihiger, vorn rund ausgeschnittener, frackartiger Rock eingeführt. Dazu blaue Beinkleider und Gamaschen sowie ein Helm mit gelbem Beschlagschild und himmelblauer Raupe, für welchen wohl das damalige österreichische Kasket das Vorbild abgegeben hat, wie überhaupt der Schnitt der österreichischen Uniformierung sehr ähnlich ist. 1814 erscheint die gesamte Infanterie derartig gekleidet (Taf. 59, d). Die Achselklappen waren dunkelblau, das weiße Lederzeug gekreuzt, bei den Grenadieren mit messingenem Luntenberger versehen. Die Grenadiere trugen Pelzmützen.

1814:

Name des Regiments	Kragen und Aufschläge	Schoß= umschläge	Knöpfe	Bemerkungen
Grenadier=Garde	rot	rot	weiß	Neun weiße Litzen auf der Brust und drei über jedem Aufschlage
Savoia	schwarz	rot	gelb	—
Piemonte	rot	rot	gelb	—
Aosta	dunkelrot	gelb	weiß	—
Cuneo	karmesinrot	weiß	weiß	—
La Regina	weiß	dunkelrot	weiß	—
Sardegna	rot	rot	rot	Litzen ohne Quasten wie bei der Grenadier= garde verteilt

1821 wird der Raupenhelm durch einen Czako ersetzt (Taf. 59, e). Letzterer hatte gelbe Schuppenketten und vorn ein herzförmiges gelbes Schild mit einem Adler, der auf der Brust das Hauswappen von Savoyen trug. Kurzer Stutz oben blau, unten rot. Weste, Beinkleider, graubraune Mäntel. Um 1833 wird die Form des Czakos verändert. Auch die Grenadiere erhalten solche. Dazu rote Achsel= wülste, während die Voltigeure durch grüne ausgezeichnet sind. Um diese Zeit hat die Infanterie graue Hosen mit farbiger Biese, 1839 dunkelblaue, ebenfalls mit Biese (Taf. 59, f). Eine durchgreifende Änderung vollzog sich 1843—44. Der Frack wurde durch den zweireihigen Waffen=

rock erſetzt, die Knöpfe durchgängig weiß. Die Füſilier=
Kompagnien erhielten ebenfalls Achſelwülſte und zwar von
der dunkelblauen Grundfarbe des Rockes. Die Elite=
Kompagnien behalten die roten oder grünen. Der Czako
neuen Modells hat vorn ein Schild mit der Regiments=
nummer (Taf. 59, g). Bei den Eliten Granate oder Jäger=
horn. Das gekreuzte Lederzeug iſt abgeſchafft. Faſchinen=
meſſer und Bajonettſcheide am Koppel um den Leib getragen;
das Lederzeug iſt ſchwarz, nur für die Grenadiergarde und
die Gardejäger weiß.

1844:

Bezeichnung der Truppe	Kragen und Aufſchläge	Vorſtöße	Bemerkungen
Grenadier=Garde . . . . (Granatieri Guardie)	rot	rot	Pelzmütze mit gelber Granate und rote Behänge, weiße Litzen am Kragen und auf dem Auf=ſchlage; rote Schulterwülſte
Brigata Savoia . . . . 1. und 2. Inf.=Regiment	rot, ringsum mit Vorſtoß	rot	—
Brigata Piemonte . . . . . . 3. und 4. Inf.=Regt.	rot	rot	—
Brigata Aosta . . . . 5. und 6. Inf.=Regt.	rot	dunkelrot	—
Brigata Cuneo . . . . 7. und 8. Inf.=Regt.	karmeſin	karmeſin	—
Brigata la Regina . . . . . . 9. und 10. Inf.=Regt.	weiß	weiß	—
Garde=Jäger (Cacciatori Guar- die, früher Regt. Sardegna)	rot	rot	Czako mit herab=hängendem Buſch, oben rot, unten weiß. Weiße Litzen am Kragen und Aufſchlag, grüne Schulterwülſte
Brigata Casale . . . . 11. und 12. Inf.=Regt.	hellgelb	hellgelb	—
Brigata Pinerolo . . . . 13. und 14. Inf.=Regt.	ſchwarz, Kragen vorn und unten, Aufſchlag oben mit Vorſtoß	rot	—
Brigata Savona . . . . 15. und 16. Inf.=Regt.	weiß	rot	—
Brigata Acqui . . . . 17. und 18. Inf.=Regt.	dunkelgelb	dunkelgelb	—

Die Bersaglieri, die 1836 errichtet wurden, erhielten eine Uniform im Schnitte der Linieninfanterie, dunkelblau mit karmesin und gelben Knöpfen, dazu den bekannten Hut mit Hahnenfederbusch. Anfang der fünfziger Jahre erhielt der Waffenrock eine Knopfreihe, die Schulterwülste wurden abgeschafft und ein neues Czakomodell ausgegeben.

So war die Uniform, als Sardinien 1860 die Führer=schaft über Italien übernahm.

III. Reiterei.

Gegen Ende des 17. Jahrh. erscheinen drei Dragoner=regimenter, welche nach der Farbe der Röcke als gelbe, blaue und grüne Dragoner bezeichnet werden. Alle drei trugen rote Aufschläge und Unterkleider sowie weiße Knöpfe (Taf. 60, a). Die schwere Reiterei war blau uniformiert mit roten Umschlägen und Unterkleidern. 1744 bestand die Uniform des Regiments Piemonte = Dragoner (Taf. 60, b) aus rotem Rock, Hosen und Halsbinde, weißer Hutborte, Kragen, Rabatten, Aufschlägen und Schoß=umschlägen, Weste und Knöpfen. Gelbe gekreuzte Bandeliere und Koppel. Die Uniform wurde später in einen dunkel=blauen Rock mit roten Abzeichen, gelben Knöpfen und Unter=kleidern verändert. Dazu himmelblaue Schärpe über der Weste. Die Dragoner trugen den Hut, die Dragoner=grenadiere eine Pelzmütze mit gelbem Beschlagschild. So erscheint das Regiment 1774. Die schwere Kavallerie behielt den blauen Rock bei. Die Unterkleider 1744 matt=gelb, 1789 metallene Achselschuppen; in letzterem Jahre trug das Kavallerie=Regiment Piemonte rote Kragen, Aufschläge und Futter, gelbe Knöpfe, himmelblaue Schärpe und weiße, gekreuzte Bandeliere. Gelbe Hutborte. Savoia=Kavallerie (Taf. 60, c) ebensolche Hutborte, schwarze Kragen und Aufschläge, keine Rabatten, rotes Futter, weiße Knöpfe. Weiße Schaffellschabrake, die Stützel mit dem farbigen Staatswappen auf blauem Grunde mit weißer Borte eingefaßt, letztere von einer blauen Zickzacklinie durch=

Tafel 60. Sardinien (Reiterei, Artillerie, Genie).

a, b Dragoner — c, d, f, g Schwere Reiter — e, h Leichte Reiter — i, k Artillerie — l, m Geniesoldaten.

zogen. 1816 erhielt die Reiterei Helme mit gelbem Beschlag, Bügel mit himmelblauer Raupe, teils einreihige, teils zwei= reihige Kollets mit roten Abzeichen für das Regiment Piemonte, schwarzen, rot vorgestoßenen für Savoia. Blaue Hosen, Kniestiefel, gelbe Epauletten. 1822 ist der Helm ganz aus gelbem Metall gefertigt, dazu herabhängender schwarzer Roßschweif (Taf. 60, f). Die leichte Kavallerie trug dieselbe Uniform mit roten Czakos. 1843 gelangt der Waffenrock zur Einführung (Taf. 60, g). Derselbe hat farbigen Kragen und Aufschläge, zwei Reihen weißer Knöpfe und weiße Epauletten. Graublaue Hosen mit farbigem Doppelstreif. Säbel mit weißem Korbe, Lanze mit himmel= blauer Flagge, Helm von weißem Metall mit schwarzem Bräm, vorn mit dem savoyischen weißen Kreuz geschmückt. Gelber Bügel und Schuppenketten.

Es folgen die Regimentsabzeichen der schweren Kavallerie 1844:

Name des Regiments	Kragen und Aufschläge	Hosenstreif	Bemerkungen
Nizza	karmesin	karmesin	
Savoia	schwarz	rot	rote Vorstöße um Kragen und Aufschläge
Piemonte Reale	rot	rot	Vorstoß vorn herunter
Genova	hellgelb	hellgelb	
Novara . . .	weiß	weiß	
Aosta	rot	rot	

Das Regiment der Cavallegieri (leichte Kavallerie) trug ganz dunkelblaue Uniform, hellblaue Abzeichen, Hosen= streif und Czako. Die Hosen wurden 1843 bei Einführung des Waffenrockes blaugrau; der Czako erhielt einen herab= hängenden schwarzen Roßhaarbusch (Taf. 60, h). Die Offiziere trugen eine blaue Pelzjacke über die Schulter gehängt. Unter Victor Emanuel gab es auch ein Husaren=Regiment Piacenza, welches grüne Uniformen mit roten Schnüren trug. Das Guiden=Regiment hatte ebenfalls Husaren=

Uniform, hellblau mit schwarzen Schnüren. Dazu
Pelzmütze mit Beutel.

IV. Artillerie und Genie.

Gegen Ende des 17. Jahrh. trug die Artillerie einen
Hut mit gelber Borte, rotes Halstuch, ganz blaue Montur
und rote Strümpfe. In diesen Farben, nur mit weißen
Strümpfen, erscheint sie noch 1733. Im Jahre 1758 sind
Rock, Weste und Hosen ebenfalls blau; Kragen, Rabatten
und Aufschläge schwarz, die Schöße von der Grundfarbe
des Rockes. Schwarze Gamaschen mit weißen Manschetten.
Gelbe Knöpfe, Hut mit Kokarde, gelbes Bandelier, am
Säbelkoppel eine Kartusche mit gelbmetallenem Beschlag und
roter Einfassung (Taf. 60, i). Die Offiziere hatten eine
breite, gebogene Huttresse. Rabatten, Aufschläge und Weste
mit Litzen besetzt und zwar abwechselnd mit goldenen und
silbernen. Silberne Achselstücke mit Fransen, mit Gold
untermischt. 1816 ist die Uniform ähnlich wie bei der
Infanterie, ganz blau mit schwarzen Abzeichen und gelben
Knöpfen. Czako mit gelbem Adler über gekreuzten Kanonen=
rohren, Schuppenkette und gelbem Flammenpompon. 1832
zwei Reihen gelber Knöpfe, gelbe Vorstöße und Epauletten
mit kurzen Fransen; hängender schwarzer Roßhaarbusch.
1845 Waffenrock (Taf. 60, k) mit zwei Knopfreihen. Am
Czako statt des Adlers ein weißes Kreuz, gelbes Lederzeug.
Die reitende Artillerie ähnlich uniformiert. Die Abbildung
eines Genieoffiziers vom Jahre 1752 zeigt silber=
bortierten Hut, weiße Halsbinde, dunkelblauen Rock, Weste
und Hosen, ganz mattgelbe Kragen, Rabatten, Aufschläge
und Futter. Es wechselt immer ein silberner mit einem
goldenen Knopfe. Weiße Strümpfe. 1775 karmesinrote
Abzeichen, gelbes Futter, weiße Unterkleider. An den Knöpfen
goldene bezw. silberne Litzen. Hutborte und Epauletten in
Silber mit Gold untermischt. 1816 ist die Uniform ein=
reihig mit Silber. Die Mannschaften seit 1816 Czakos,
1838 mit hängendem schwarzen Busch. Karmesinrote

Schulterwülste, darauf zwei weiße gekreuzte Äxte. Schwarzes Lederzeug. Im übrigen wie die Infanterie. So bleibt die Uniform auch nach der Einführung des Waffenrocks. Kurz vor 1848 wird der Czako durch einen Hut mit herab=hängendem Busch ersetzt (Taf. 60, m). Offiziere Dreimaster mit schwarzen Federn.

Kirchenstaat — Päpstlicher Stuhl.
(Kokarde weiß=gelb.)

Die Armee wurde im Jahre 1870 nach der Besetzung Roms aufgelöst und nur die zur Bewachung des Vatikans bestimmten Palasttruppen beibehalten.

Als älteste Truppe ist die S c h w e i z e r = G a r d e zu nennen, deren Ursprung sich aus dem Mittelalter herschreibt. Der kleine Anzug hat sich vielfach geändert. Die große Uniform ist vom Modegeschmack wenig berührt worden. Sie besteht aus sogenanntem „Altschweizer" Pluderkostüm und zeigt die Farbenzusammenstellung von Blau, Rot und Gelb. Die Hüte sind mit roten Federn geschmückt (Taf. 61, b). Zur Galauniform gehört Harnisch und Helm. Letzterer mit rotem Busch (Taf. 61, a). Trommler, Pfeifer und die Chargen sind abweichend gekleidet. Die N o b e l = G a r d e trägt rote Fracks reich mit Gold besetzt, Helme mit Roßhaarschweif und weiße Beinkleider in hohen Stiefeln (Taf. 61, k). Die P a l a s t = G a r d e hat Uniform französischen Schnittes und zwar der Waffenrock blau mit schwarzem Kragen und Aufschlägen, amaranthroten Vorstößen und Epauletten. Knöpfe gelb, Hosen amaranthrot, Czako blau mit amaranthroten Borten (Taf. 61, i). Offiziere goldene Epauletten und Borten. Die G e n d a r m e n sind grün uniformiert mit hohen Pelzmützen, weißen Beinkleidern und hohen Stiefeln. Epauletten und Knöpfe weiß. Stutz rot.

Das frühere Heer war anfänglich mehr nach österreichischer Art uniformiert, namentlich war die weiße Grundfarbe

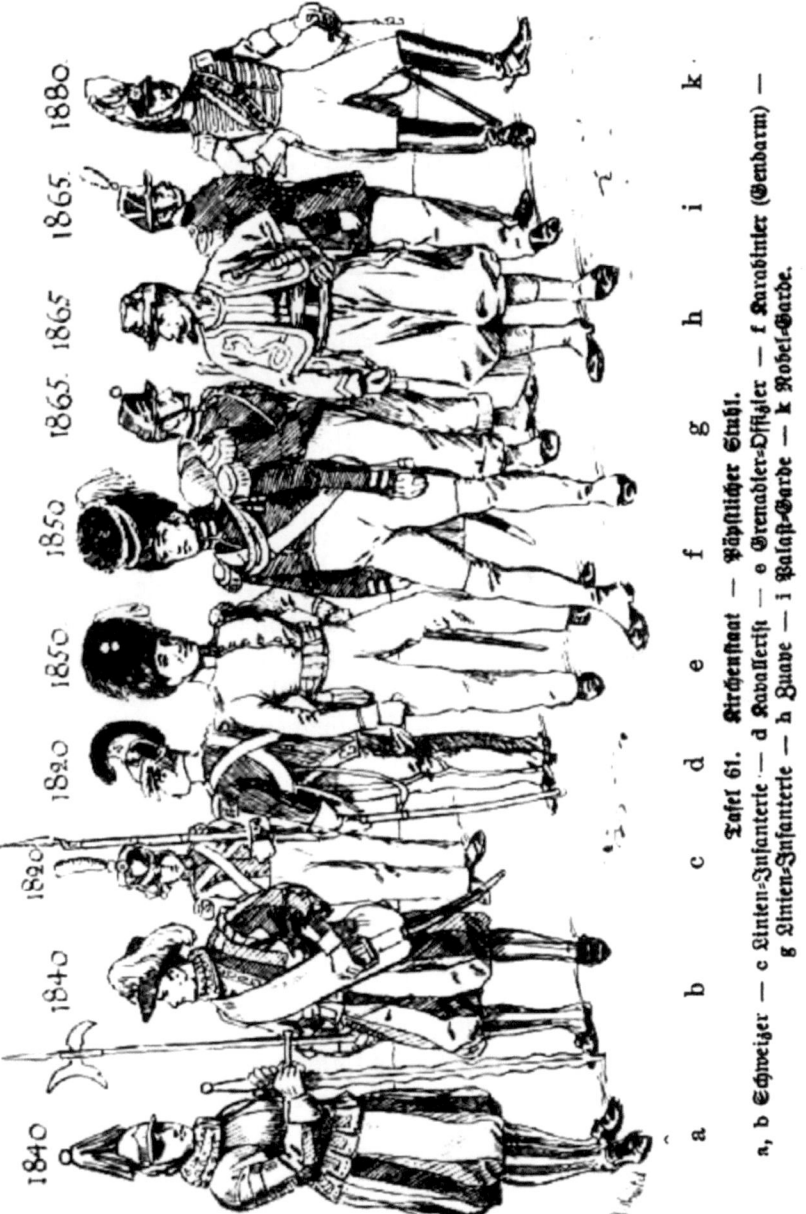

Tafel 61. **Kirchenstaat — Päpstlicher Stuhl.**

a, b Schweizer — c Linien-Infanterie — d Kavallerie — e Grenadier-Offizier — f Karabinier (Gendarm) —
g Linien-Infanterie — h Zuave — i Palast-Garde — k Nobel-Garde.

charakteristisch. Von 1850 bis 1870 folgte die Bekleidung dem französischen Vorbilde. Auf unserer Darstellung Tafel 61, c trägt der Infanterist weißes Kollet und Hosen, das 1. Reg. dunkelblaue, das 2. Reg. orange Abzeichen, Czako mit Behängen und Stutz. Letztere beiden Stücke, dazu Epauletten, für Grenadiere rot, für Voltigeure grün und gelb. Der Kavallerist Tafel 61, d hat grünes Kollet mit roten Abzeichen, graue Hosen und Helme mit gelbem Beschlage. Tafel 61, e zeigt einen Grenadieroffizier in ganz weißer Tracht mit roten Vorstößen und Kragenpatten, gelben Knöpfen, gelb und weißer Schärpe. Busch an der Pelzmütze rot. Der Karabinier Taf. 61, f hat einen grünen, karmesinrot vorgestoßenen Frack mit weißen Litzen, Knöpfen, Epauletten und Achselschnüren. Unterkleider weiß. Pelzmütze mit weißen Behängen und rotem Busch. In den sechziger Jahren war die Linieninfanterie ganz und gar in französischem Stile uniformiert (blau mit roten Hosen) (Taf. 61, g). Die Fußjäger (Carabinieri) wie die französischen Chasseurs à pied. Die Carabinieri indigeni, aus Landeskindern bestehend, hatten rote, die fremden Jäger, Carabinieri esteri, gelbe Vorstöße. Die Zuaven graue Jacken, Westen, Hosen und Schirmmützen mit rotem Besatz. Dazu rote Leibbinden.

Neapel.

(Kokarde unter König Murat grün-weiß-karmesin. Unter den Bourbonen ganz rot *).)

Die Armee des Königs Joachim Napoleon (Murat) war ganz nach französischem Vorbilde uniformiert. Im einzelnen waren die Uniformen, namentlich der reitenden Garden, fast

---

*) Vom Juni 1820 bei der Annahme der Konstitution bis zur Wiederherstellung der absoluten Monarchie im März 1821 wurden die Karbonarifarben schwarz-rosa-himmelblau getragen. Zur gleichen Zeit trug man auf Sizilien die gelbe sizilianische Kokarde.

überreich ausgestattet. Die Bekleidung der Linien=
infanterie (Taf. 62, c S. 321) entsprach im Schnitt der
gleichen französischen Waffengattung, nur war die Grund=
farbe der Uniform weiß. Die Abzeichen scheinen für die
einzelnen Regimenter folgende gewesen zu sein: 1. Regiment
rot, 2. grün, 3. gelb, 4. orange, 5. hellblau, 6. karmesinrot.

Füsiliere, Voltigeure und Grenadiere unterschieden sich
durch dieselben Abzeichen wie in Frankreich. Die Garde=
infanterie (Taf. 62, b) hatte rote Röcke mit verschieden
farbigen Abzeichen; bei den Grenadieren Pelzmützen. Jäger
zu Pferde (Taf. 62, a) grüne Kollets, ebensolche Abzeichen,
rote Vorstöße und weiße Knöpfe. Rote ungarische Bein=
kleider. Die mit Lanzen bewaffneten Chevaulegers ganz
hellblau, auch die Czakos. Abzeichen gelb, Knöpfe weiß. Die
Gardehusaren ganz gelbe Uniform mit weißen Kragen,
Aufschlägen und Schnüren. Pelzmützen mit gelbem Beutel.
Die Guiden ganz weiße Uniform mit orange Abzeichen
und Schnüren. Weiße Pelzmützen mit orange Beutel.

Nach der bourbonischen Restauration (Königreich beider
Sizilien) war bei der Uniform der Garde das englische
Vorbild deutlich zu erkennen. Die Grundfarbe war rot,
Abzeichen blau, Litzen und Knöpfe weiß (Taf. 62, f). Die
Linieninfanterie hatte blaue Uniformen mit einer
Knopfreihe und verschiedenfarbigen Abzeichen (Taf. 62, e).
Unterkleider weiß. Offiziersschärpe rot und silbern.

Die Legionäre grüne Kollets mit schwarzen Abzeichen und
einer Reihe von weißen Knöpfen. Czako mit weißem Beschlage;
grüner Stutz. Graue Hosen mit roter Biese und schwarzen Streifen.
Die Mannschaften grüne Fransenepauletten, Offiziere silberne. Leder=
zeug weiß. Die Nationalgarde von Neapel grüne Kollets mit
einer Reihe gelber Knöpfe, rote Abzeichen, Fransenepauletten und
Behänge, sowie Hosenstreifen. Weißes Lederzeug. Die Provinzial=
miliz ebenfalls grüne Fracks; dazu gelbe Kragen und Aufschläge,
grüne Achselstücke und weiße Achselwülste, eine Reihe weißer Knöpfe.
Weiße Hosen, Czako mit gelben Beschlägen, weißen Behängen und
Stutz. Die Dragoner (Taf. 62, d) grüne Kollets mit ebensolchen
Kragen und Achselklappen, gelben Kragenpatten, Vorstößen und
Achselwülsten. Knöpfe und Helmbeschlag gelb, Helmraupen schwarz,

Lederzeug und Hosen weiß. Die Ulanen der Nationalgarde
ganz ähnlich wie die polnischen Lanciers der Kaisergarde Napoleons I.,
nur grüne Grundfarbe und grüner Kragen mit weißer Stickerei.
Die Dragoner der Nationalgarde grüne Kollets mit eben=
solchen Kragen, amaranthroten Rabatten und Vorstößen. Gelbe
Knöpfe und Achselbänder. Helme wie die französischen Dragoner,
aber mit schwarzer Raupe statt des Roßhaarbusches und weißem
Stutz. Die Artillerie hatte blaue Montur mit rotem Kragen
und Aufschlägen, auf ersterem gelbe Granate. Gelbe Knöpfe und
weiße Beinkleider.

Im weiteren Verlaufe lehnte sich die Uniformierung
mehr an französische Muster an.

Die Jäger (Taf. 62, g) hatten in den vierziger Jahren Czakos
in Form eines abgestumpften Kegels, grüne schwarz beschnürte Jacken
mit drei Reihen weißer Knöpfe; gelbe Kragen und Aufschläge, weiße
Beinkleider und Lederzeug. Ausgangs der fünfziger Jahre war die
Uniformierung der Armee folgende:

Garde du Corps zu Fuß: Blaue Fracks mit roten Kragen,
   Aufschlägen und Schoßumschlägen. Weiße Ärmelpatten
   und Litzenbesatz auf der Brust. Gelbe Knöpfe; Epauletten
   rot mit weißen Fransen, Lederzeug weiß, Hosen paille,
   schwarze hohe Gamaschen. Pelzmützen mit gelbem Schild,
   roten Behängen und weißem Stutz. Der Kragen war
   vorn mit weißen Granaten geschmückt.
Garde=Grenadiere (Taf. 62, i): Fracks wie die Garde du
   Corps zu Fuß, aber Kragen ohne Granaten, Ärmelpatten
   und Schoßumschläge blau, rote Fransenepauletten, lange
   rote Hosen. Weißes gekreuztes Lederzeug.
Die Schweizer=Infanterie trug rote Fracks mit ebensolchen
   Aermelpatten, schwarze Kragen und Aufschläge, gelbe Knöpfe
   vorn in einer Reihe, eine gelbe Litze auf jeder Kragen=
   seite, himmelblaue Hosen, weiße Epauletten und gekreuztes
   Lederzeug, schwarzes Käppi mit gelbem Beschlag, roten
   Borten und Doppelpompon.
Die Jäger (Taf. 62, k) grüne Jacken mit ebensolchen spitzen Auf=
   schlägen und Kragenpatten. Vorstöße und Kragen gelb, bei
   den Epauletten Schieber und Feld gelb, Halbmonde und
   Fransen grün. Letztere Farbe hatten auch die Schützen=
   schnüre. Lederzeug (Gürtelrüstung) und Beinkleider weiß;
   grünes Käppi mit gelben Borten, Pompon und Jägerhorn.
Die reitende Garde du Corps: blaue Fracks mit weißen
   Kragen, roten Rabatten, Vorstößen und Schoßumschlägen,
   Fransenepauletten, weiße Brustlitzen und Knöpfe. Weiße
   Bandeliere, je nach den Eskadronen mit verschiedenfarbigen

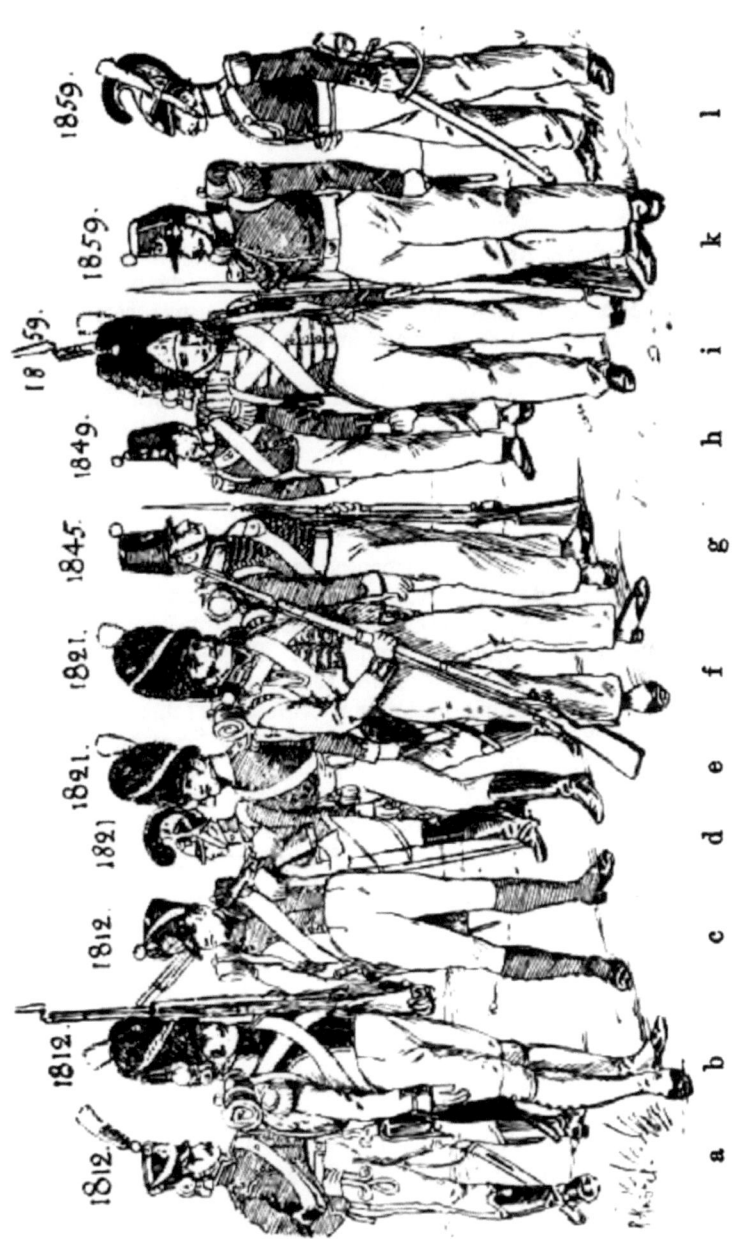

1859. 1859. 1859. 1849. 1845. 1821. 1821. 1821. 1812. 1812. 1812.

a   b   c   d   e   f   g   h   i   k   l

Tafel 62.   Neapel.

Neapel unter Joachim Murat: a Jäger zu Pferd — b Garde-Grenadier — c Linien-Infanterie.
Königreich beider Sizilien: e Infant.-Offizier — f, i Garde-Grenadiere — g, k Jäger — h Grenadier — d, l Dragoner.

Vierecken, weiße Hosen und Stulphandschuhe, hohe Stiefel, weißmetallner Helm mit Pantherfellbräm, gelbem Bügel, schwarzer Raupe und weißem Stutz.

Die Carabiniers: blaue Kollets mit einer Reihe von weißen Knöpfen, weiße Kragen, blaue Aufschläge und Ärmel= patten, alles rot vorgestoßen. Rote Fransenepauletten mit blauen Feldern. Lederzeug, Achselschnüre und Beinkleider weiß. Weißmetallner Helm mit schwarzem Bräm, gelben Beschlägen, Bügel, schwarzem Roßhaarschweif; vorn auf dem Bügel kleiner pinselartiger Stutz, links roter Stutz.

Die Dragoner (Taf. 62, 1): ganz ähnliche Kollets mit roten Kragen und Ärmelpatten, Helme ebenso, nur hatte der Bügel statt des Roßhaarschweifes und kleinen Stutzes eine schwarze Raupe.

Die Gardehusaren: hellblaue Dolmans mit ebensolchen Kragen, roten Aufschlägen und weißen Schnüren. Rote Hosen und Käppis. Letztere mit schwarzem Roßhaarbusch und weißen Borten.

Die Lanciers: blaue Kollets mit ebensolchen Kragenpatten, rote Kragen, spitze Aufschläge, Rabatten, Hosen. Knöpfe, Fransenepauletten und Lederzeug weiß. Czapka mit gelbem Beschlag, rotem Oberteil und schwarzem Haarbusch.

Die Schweizer=Artillerie: blaue Kollets, Ärmelpatten und Beinkleider. Kragen, Aufschläge, Vorstöße, Schoßum= schläge und Fransenepauletten rot, Knöpfe gelb, vorn in einer Reihe, Käppis schwarz mit roten Borten und Doppel= pompon und gelben Beschlägen. Weißes Lederzeug.

Der Train trug fast genau dieselbe Uniform wie damals die französische reitende Artillerie, nur waren die spitzen Auf= schläge nicht rot, sondern von der blauen Grundfarbe.

Mit der Übergabe des letzten Zufluchtsortes des Königs, der Festung Gaëta 1861, hörte die Armee zu bestehen auf.

Modena.

(Kokarde blau=weiß.)

Die Infanterie trug um 1854 dunkelblaue Waffen= röcke und hechtgraue, weiß vorgestoßene Beinkleider. Für die Mannschaften Czakos österreichischer Art mit Kokarde und blauer Rose. Die Offiziere goldbortierte Hüte mit blauem Federbusch. Lederzeug weiß. Jäger hechtgraue Waffenröcke und Beinkleider, grasgrüne Aufschläge, korsische Hüte mit schwarzem Federbusch und schwarzes Lederzeug. Offiziere Goldborte um den Hut. Die Dragoner hatten dunkelblaue Waffenröcke und Hosen mit gelben Abzeichen und Vorstößen, Helme mit Messingbeschlag, weißes Lederzeug. Artillerie ganz dunkelblau mit hochroten Abzeichen. Hüte wie die Jäger. Lederzeug weiß. Pioniere dunkelblaue Röcke mit kirschroten Abzeichen. Hechtgraue Hosen, Czakos mit schwarzem Federbusche, schwarzes Lederzeug. Offiziere goldbortierte. Hüte. Generale ganz dunkelblau mit Hochrot. Goldene Epauletten und Huttressen. Grüner Federbusch.

Die Vereinigung des Herzogtums mit Italien erfolgte 1860.

Parma.

In den fünfziger Jahren trug die Infanterie blaue Waffenröcke und Hosen und rote Abzeichen. Beim Garde= bataillon hatten die Offiziere goldene, die Mannschaften weiße Gardelitzen nach preußischer Art. Als Kopfbedeckung Pickelhauben mit gelbem Beschlag. Breites weißes Leder= zeug, blaue Mäntel mit stehendem roten Kragen. Jäger dunkelgrüne Waffenröcke mit schwarzen Abzeichen und roten Vorstößen, weißes Lederzeug. Pickelhauben. Die Generale hatten dunkelblaue Waffenröcke, goldgestickte Kragen und Aufschläge, eine Reihe gelber Knöpfe und goldene Achsel= bänder sowie goldene Schärpen. Pickelhauben mit gelbem Beschlag und rotem Federbusch. Die Beinkleider von etwas hellerem Blau. Mäntel weiß nach Art der österreichischen Kavallerie. Die Rangabzeichen bestanden in Streifen auf den Ärmeln in Wellenform. Auf den Epauletten Lilien an Stelle der Rangsterne; Stabsoffiziere Epauletten mit Fransen.

Am 18. März 1860 wurde Parma mit Italien vereinigt.

Toscana.

(Kokarde weiß-rot.)

In der Restaurationsperiode trug die Infanterie weiße Kollets mit gerade herabgehenden Rabatten und weiße Beinkleider. Czakos. Die Grenadiere zur Parade Pelzmützen, Behänge und Epauletten wie in Frankreich. Die Abzeichen waren regimenterweise verschieden. Die Reiterei hatte grüne Kollets mit hellblauen Abzeichen; vorn zwei Reihen gelber Knöpfe, gelbe Schuppenepauletten mit roten Franzen, graue Beinkleider mit hellblauen Streifen, weißes Lederzeug, Czako mit gelben Beschlägen und rotgelbgrünem Stutz (das Grün unten).

In den fünfziger Jahren trug die Infanterie dunkelblaue Waffenröcke mit roten Kragen und Aufschlägen und weiße Knöpfe. Die Beinkleider waren kornblumblau, beim Elitenbataillon rot. Letztere Truppe war durch rote Roßhaarbüsche auf den Czakos ausgezeichnet. Lederzeug weiß. Die Reiterei Waffenröcke wie bei der Infanterie, aber hechtgraue Hosen mit zwei roten Streifen. Helme mit Messingverzierung. Weißes Lederzeug. Bei der Artillerie waren die Abzeichen auf den dunkelblauen Waffenröcken schwarz, die Vorstöße für die Feld-Artillerie gelb, für die Festungs-Artillerie rot. Hosen lichtgrau, Lederzeug gelb. Czakos. Die Generalität hatte auf den dunkelblauen Röcken rote Abzeichen mit Goldborten und gelbe Knöpfe. Goldbortierter Hut mit grünem Busch. Rangabzeichen nach österreichischer Art.

Am 22. März 1860 wurde Toscana dem Königreiche Italien einverleibt.

Die cisalpinische Republik und das Königreich Italien unter dem Vicekönig Eugen.

(Kokarde grün-weiß-rot.)

1796 wurde eine **lombardische** und **cisalpinische Legion** errichtet. Die Uniform bestand aus dunkelgrünen Röcken im Schnitte, wie solche damals die polnische Armee trug. Vergl. Tafel 96, f; nur war der Kragen stehend und vorn befand sich statt der Rabatten nur eine Reihe weißer Knöpfe, an welcher ein weißer Vorstoß entlang lief. Achsel-klappen, vordere Umschläge der Schöße und spitze Aufschläge rot. Beinkleider grün mit roten Streifen, kurze schwarze Gamaschen, schwarze, links aufgeschlagene Hüte, vorn ein gelbes Schild mit der Inschrift: Viva la liberta. Auf der aufgeschlagenen Krempe Kokarde mit gelber Agraffe, darüber Stutz, unten grün, dann rot, oben weiß. Das weiße Leder-zeug wurde gekreuzt getragen.

Die **cisalpinischen Husaren** ganz grüne weiß beschnürte Uniform. Als Kopfbedeckung eine Art spitzen Czakos (Abart der Flügelmütze) mit weißen Borten, vorn Stutz wie auf den Hüten der Infanterie.

Die **cispadanischen Jäger zu Pferde** die gleiche Uniform. Als Kopfbedeckung schwarze Filzmützen mit gelbem Flügel und kleinem schwarzen Augenschirm. Später trug die **Linien-Infanterie** grüne Röcke, Westen und Hosen französischen Schnitts, rote Kragen, Aufschläge und Schoß-umschläge mit weißen Vorstößen, weiße Rabatten mit roten Vorstößen, weiße Knöpfe, hohe schwarze Gamaschen, weißes gekreuztes Lederzeug. Hüte wie die französische Infanterie mit Kokarde geschmückt. 1801 bestanden **zwei Husaren-regimenter.** Das erste hatte rote Dolmans und Hosen, hellgrüne Kragen, Aufschläge und Pelze. Beschnürung, Lederzeug und Czakobehänge sowie rhombischer Czako-beschlag weiß, vorn unten grüner, oben roter Stutz. Das zweite Regiment ganz grün mit roten Kragen und Aufschlägen,

Czakos wie beim ersten Regiment, nur statt des rhombischen Beschlages Kokarde mit Agraffe. Die Fuß=Artillerie wie damals die Infanterie, nur waren Kragen, Aufschläge, Ärmelpatten und Rabatten schwarz mit roten Vorstößen.

Unter dem Vicekönig Eugen Napoleon (Beauharnais) waren die Abzeichen folgendermaßen gestaltet:

Die Garde=Grenadiere dieselbe Uniform wie die Grenadiere der alten Garde Napoleons I., nur war alles, was dort blaue Farbe hatte, hier grün. Knöpfe und Beschlag an der Pelzmütze weiß. Die Uniform der Karabiniers der Garde entsprach ganz und gar derjenigen der Jäger zu Fuß der alten Garde Napoleons, ebenfalls mit dem Unter= schiede, daß die blaue Farbe an Stelle der grünen und die weißen Knöpfe an Stelle der gelben traten. Die Beliten hatten die gleiche Uniform, nur weiße Grundfarbe, grüne Abzeichen und gelbe Knöpfe. Die Linien=Infanterie denselben Schnitt wie die französische. Grundfarbe weiß.

Abzeichen:

Regiment	Kragen	Rabatten	Aufschläge	Ärmelpatten	Schoß= umschläge
Nr. 1	grün	rot	rot	grün	rot
„ 2	weiß	„	weiß	rot	weiß
„ 3	rot	„	rot	„	rot
„ 4	„	weiß	weiß	grün	weiß
„ 5	„	grün	grün	rot	„
„ 6	weiß	„	weiß	grün	„
„ 7	grün	weiß	rot	keine	„

Alle roten oder grünen Abzeichen hatten weiße Vorstöße, alle weißen grüne oder rote. Die Knöpfe waren gelb, nur beim 4., 5. und 7. Regiment weiß. Letzteres Regiment hatte keine Ärmelpatten, sondern spitze Aufschläge.

Die leichte Infanterie trug grüne Röcke mit eben= solchen spitz geschnittenen Rabatten, grüne Beinkleider und gelbe Knöpfe. Die Karabiniers, welche die Stelle der Grenadiere vertraten, waren wie in Frankreich durch Pelz= mützen und Grenadier=Epauletten ausgezeichnet.

Regiment	Kragen, Aufschläge, Vorstöße	Weste	Schoßumschläge
Nr. 1	rot	grün	weiß
„ 2	gelb	gelb	gelb
„ 3	weiß	weiß	weiß
„ 4	hellblau	hellblau	hellblau

Bei der Kavallerie sind an erster Stelle die Ehren= Garden zu nennen. Grüne Röcke im Schnitt wie bei den französischen Dragonern. Kragen, Rabatten und Aufschläge mit weißen Litzen besetzt. Knöpfe weiß, Schuppenepauletten gelb; Westen, Hosen und Lederzeug weiß, hohe Stiefel. Gelbmetallner Helm mit weißen Beschlägen, gelber Bügel in Gestalt eines Adlers, schwarze Raupe, links weißer Stutz. Kragen, Aufschläge, Rabatten, Schoßumschläge und Vorstöße um die langbesetzten Taschenpatten, je nach den Kompagnien verschieden.

Die 1. Kompagnie Mailand rosa, 2. Bologna gelb, 3. Brescia chamois, 4. Romagna scharlachrot, 5. Venedig orange.

Die Garde=Dragoner hatten ganz und gar die Uniform der entsprechenden französischen Truppe, nur waren Knöpfe und Achselschnüre weiß.

Die beiden Linien=Dragonerregimenter waren ebenfalls den französischen zum Verwechseln ähnlich. Röcke und Achselklappen grün; Unterkleider, Lederzeug und Knöpfe weiß. Das 1. Regiment (Dragoni regina) rosa Kragen, Auf= schläge, Rabatten, Schoßfutter und Vorstöße. Helm wie bei den französischen Dragonern, links grüner Stutz. Das 2. Regiment (Dragoni Napoleone) Abzeichen karmesinrot, Helm ebenfalls wie die französischen Dragoner, nur statt mit Pantherfell mit schwarzem Pelze verbrämt. Links schwarzer Stutz mit karmesinroter Spitze. Die Jäger zu Pferde trugen grüne Kollets und ungarische Hosen; vorn war das Kollet mit einer Reihe weißer Knöpfe geschlossen und mit weißen Bandlitzen verziert. Die Beinkleider weiße

ungarische Knoten und Seitenvorstöße. Ungarische Stiefel
mit weißer Einfassung um die Schäfte.

Das 1., 2. und 4. Regiment Czakos, vorn ohne Dekoration, nur
oben mit Kokarde und Agraffe geschmückt. An den Seiten weißer
Bortenbesatz, in der Form eines Sparrens mit der Spitze nach oben
gerichtet. Weiße Schuppenketten. Über der Kokarde grüner Stutz
mit Spitze in der Regimentsfarbe. Das 3. Regiment trug Pelz=
mützen, vorn oben gleichfalls mit der Kokarde geschmückt, darüber
roter Stutz. Kragen, Aufschläge und Schoßumschläge beim 1. Regi=
ment gelb, beim 2. und 3. rot, beim 4. violett=karmin.

Die Fuß = Artillerie hatte die alten Uniformfarben
und trug Czakos mit roten Behängen. Die reitende
Artillerie grüne Kollets und Hosen, ebenso Kragen und
spitze Aufschläge, rote Vorstöße, Brustlitzen, Schoßumschläge
und Fransenepauletten. Als Kopfbedeckung schwarze Czapka,
unten mit schwarzem Pelz verbrämt, roter Stutz. Die
Fuß = Artillerie der Garde wie die Linien=Artillerie,
nur rote Fransenepauletten und Pelzmützen mit rotem Stutz
und Behängen. Die reitende Garde=Artillerie dunkel=
blaue, rotbeschnürte Husarenuniform mit gelben Knöpfen,
wie die entsprechende französische Truppe, auch die gleiche
Kopfbedeckung. Infolge der Ereignisse des Jahres 1814
löste sich die Armee auf.

Das heutige Königreich Italien.

(Kokarde grün=weiß=rot.)

Das Heer des geeinigten Königreichs trug bis 1871 die
ehemalige sardinische Uniform weiter. Im genannten Jahre
wurde eine neue Bekleidung für die Armee eingeführt, die
im großen und ganzen noch heute vorschriftsmäßig ist. Als
ein für die ganze Armee gültiges Abzeichen ist der Aktivitäts=
stern zu bezeichnen — ein fünfstrahliger Stern, welcher
vorn auf jeder Seite des Kragens bezw. der Kragenpatte
angebracht ist.

1. Infanterie.

Der dunkelblaue Waffenrock zeigt bei den Mannschaften eine, bei den Offizieren zwei Reihen weißer Knöpfe (Taf. 63, c, d S. 331). Kragen und Aufschläge sind von der Grundfarbe des Rockes, mit roten Vorstößen besetzt. Schwarze Kragenpatten, Achselklappen und Schulterwülste. Alles mit rotem Vorstoß. Bei den Offizieren sind Auf=schläge und Kragen schwarz. Der Aktivitätsstern ist weiß resp. silbern. Auf den Achselwülsten ist die Kompagnie=Nummer in Weiß angebracht. Die Kopfbedeckung besteht aus einem schwarzblauen Käppi mit rotem, bei den Offizieren silbernem Pompon. Vorn befindet sich ein sternartiger Be=schlag mit der Regimentsnummer. Am oberen Rande des Käppis sind die Rangabzeichen in silberner bezw. roter Borte angebracht. Die hellgrauen Beinkleider zeigen bei den Offizieren breite rote Streifen, bei den Mannschaften rote Vorstöße. Zur Parade sind die Offiziere durch silberne Fransenepauletten ausgezeichnet, sonst tragen sie silberne Achselstücke in Form einer Schnur. Bei den beiden Grenadier=Regimentern sind die Kragenpatten der Mannschaften bezw. die Kragen und Aufschläge der Offiziere von rotem Tuch. Dazu sind die Offizierskragen noch mit einer silbernen Litze geschmückt. Die Bersaglieri (Taf. 63, a) tragen den dunkelblauen Waffenrock mit karmesinroten Vor=stößen. Die karmesinroten Kragenpatten enden nach hinten in zwei Spitzen. Der Aktivitätsstern ist weiß bezw. silbern, die Knöpfe gelb. Achselklappen, Schulterwülste und Auf=schläge der Mannschaften sind von der Grundfarbe mit karmesinroten Vorstößen. Die Offiziere tragen die Auf=schläge karmesinrot, darüber goldene Schnurverschlingung, und goldene Epauletten und Achselstücke. Besonders charak=teristisch ist die Kopfbedeckung — ein schwarzer Hut mit großem grünen Hahnenfederbusch auf der rechten Seite —. Die Mütze der Mannschaften ist rot und zwar sezartig gestaltet. Die Beinkleider von der Grundfarbe des Waffen=

rocks sind karmesinrot vorgestoßen. Die Offiziere tragen breite karmesinrote Streifen. Lederzeug und Handschuhe schwarz. Grüne Schützenschnüre und Säbelquasten. Die Alpenjäger (Alpini) (Taf. 63, b) tragen ebenfalls den dunkelblauen Rock mit roten Vorstößen wie die Infanterie. Mannschaften eine, Offiziere zwei Reihen von weißen Knöpfen. Die Kragen sind schwarz mit grüner, hinten zweimal zuge= spitzter Patte und roten Vorstößen. Die Aufschläge grün mit rotem Vorstoß und zwar gilt dies für Offiziere wie Mann= schaften. Achselklappen und Achselwülste, Epauletten und Achselstücke der Offiziere sowie Beinkleider gleichen völlig denjenigen der Linien=Infanterie. Als Kopfbedeckung dient ein schwarzer Hut mit aufrecht stehender Feder und weiß= metallenem Beschlag. Das Lederzeug ist schwarz, die Hand= schuhe weiß. Alle hier angeführten Truppenteile tragen zum Marschanzug weiße Überzüge über die Kopfbedeckung.

II. Kavallerie.

Die Kavallerie zerfällt in vier Regimenter Linien= Kavallerie 1—4; Lanzenreiter (Lancieri) 5—10; leichte Kavallerie (Cavallegieri) 11—24. Alle Regimenter tragen den kurzen dunkelblauen Waffenrock mit einer Reihe von weißen Knöpfen für die Mannschaften, mit zwei Knopfreihen für Offiziere. Die Achselklappen sind dunkelblau und haben ringsum einen Vorstoß von der Kragenfarbe resp. von der Farbe des Vorstoßes. Die Linien= Kavallerie trägt auf den Achselklappen eine weiße Granate, die Lanzenreiter zwei gekreuzte weiße Lanzen, die leichte Kavallerie ein weißes Jagdhorn. Die Beinkleider sind grau, bei den Mannschaften mit zwei schwarzen Streifen besetzt. Die Offiziere dagegen haben farbige Streifen und zwar nach den Vorstößen. Als Kopfbedeckung dient bei der Linien= Kavallerie ein weißer Metallhelm mit schwarzem Bräm, auf welchem das weiße Kreuz von Savoyen angebracht ist (Taf. 63, e). Gelber Bügel und Schuppenketten. Die übrigen Regimenter haben eine Pelzmütze mit aufrecht=

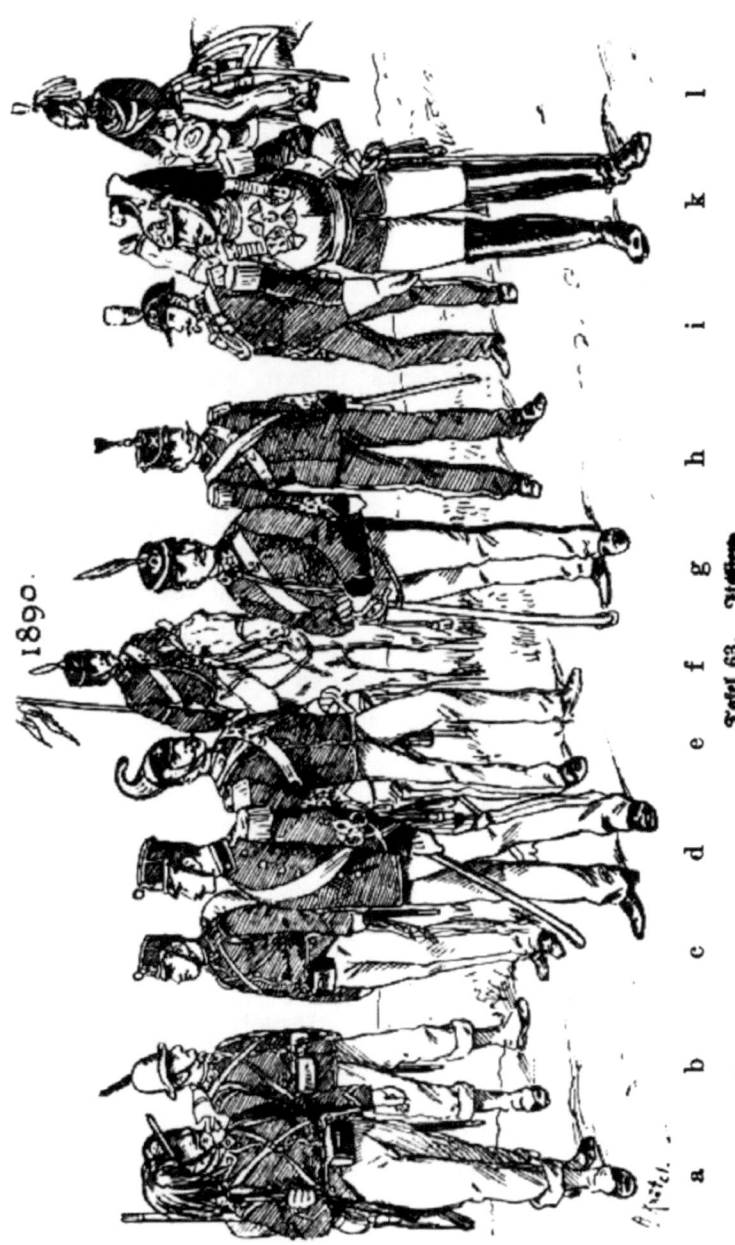

1890.

Tafel 63. Italien.

a b c d e f g h i k l

a Bersagliere — b Alpenjäger — c Infanterist — d Infanterie-Offizier — e Linien-Kavallerie-Offizier — f Lanzenreiter —
g Leichter Reiter — h Artillerie-Offizier — i Karabinier — k Kürassier-Offizier — 1 General.

stehender Feder, rotem resp. silbernem Pompon und weißem metallenen Beschlag, der entweder aus zwei gekreuzten Lanzen oder aus einem Jagdhorn besteht. Die Behänge sind bei den Offizieren silbern, bei den Mannschaften von der Farbe der Vorstöße. Die Lanzenflaggen der **Lancieri** sind himmelblau.

Name des Regiments	Kragen	Aufschläge	Rockvorstöße, Behänge ꝛc.
1. Nizza	karmesinrot mit weißem Vorstoß	karmesinrot	karmesinrot
2. Piemont . . .	rot	rot	rot
3. Savoyen . . .	schwarz mit rotem Vorstoß	schwarz mit rotem Vorstoß	rot
4. Genua	gelb	gelb	gelb
5. Novara	weiß	schwarz mit weißem Vorstoß	weiß
6. Aosta	rot	schwarz mit rotem Vorstoß	rot
7. Mailand . . .	karmesinrot	schwarz mit karmesinrotem Vorstoß	karmesinrot
8. Montebello . .	grün mit rotem Vorstoß	grün mit rotem Vorst.	rot
9. Florenz	orange	schwarz mit orange Vorstoß	orange
10. Victor Emanuel	gelb	schwarz mit gelbem Vorstoß	gelb
11. Foggia	rot mit schwarzer Patte und rotem Vorstoß	rot	rot
12. Saluzzo	schwarz mit gelber Patte und Vorstoß	schwarz mit gelbem Vorstoß	gelb
13. Monferrato . .	schwarz mit karmesinroten Patten und Vorstößen	schwarz mit karmesinrotem Vorstoß	karmesinrot
14. Alessandria . .	schwarz mit orange Patte und Vorstoß	schwarz mit orange Vorstoß	orange
15. Lodi	rot mit schwarzer Patte und weißem Vorstoß	schwarz mit rotem Vorstoß	rot
16. Lucca	weiß mit schwarzer Patte und weißem Vorstoß	schwarz mit weißem Vorstoß	weiß
17. Caserta	schwarz mit roter Patte und Vorstoß	schwarz mit rotem Vorstoß	rot
18. Piacenza . . .	schwarz mit grüner Patte und Vorstoß	schwarz mit grünem Vorstoß	grün
19. Guiden	himmelblau mit weißer Patte und Vorstoß	himmelblau mit weißem Vorstoß	weiß
20. Rom	schwarz mit weißer Patte und Vorstoß	schwarz mit weißem Vorstoß	weiß
21. Padua	karmesinrot mit schwarzer Patte und karmesin Vorst.	schwarz mit karmesinrotem Vorstoß	karmesinrot
22. Catania	rot mit schwarzer Patte und rotem Vorstoß	schwarz mit rotem Vorstoß	rot
23. Umberto I. . .	weiß mit himmelblauer Patte und Vorstoß	weiß mit himmelblauem Vorstoß	weiß
24. Vicenza . . .	weiß mit roter Patte u. Vorst.	weiß mit rotem Vorst.	rot

Die Kragenpatten enden überall hinten in zwei Spitzen.
Außer diesen Feldregimentern besteht noch eine Küraſſier=
garde (Taf. 63, k), die besonders zum Eskortedienſt bei der
Perſon des Königs beſtimmt iſt. Der Waffenrock iſt dunkel=
blau mit roten Abzeichen und weißen Knöpfen. Für gewöhn=
lich dunkelblaue Beinkleider mit roten Streifen, zur Parade
weiße Hoſen in hohen Stiefeln. Weißer Küraß und weiße
Epauletten; der mit ſchwarzem Roßhaarbuſch verſehene Helm
iſt dem franzöſiſchen Küraſſierhelm ſehr ähnlich.

**III. Artillerie, Genie, Gendarmerie. — Generalität. — Chargen=
abzeichen.**

Die Artillerie trägt einen kurzen dunkelblauen Waffen=
rock mit gelben Vorſtößen und Knöpfen. Letztere bei den
Mannſchaften vorn in einer Reihe, bei den Offizieren in
zwei Reihen geſetzt. Ärmelaufſchläge und Kragen ſind bei
den Offizieren ſchwarz, bei den Mannſchaften von der Grund=
farbe und hat der Kragen eine ſchwarze Patte. Der Aktivitäts=
ſtern iſt weiß bezw. ſilbern. Beinkleider dunkelblau mit gelben
Vorſtößen, bei den Offizieren mit breiten gelben Streifen.
Das ſchwarzblaue Käppi wie bei der Infanterie geſtaltet
hat gelbe Vorſtöße und Behänge. Über dem roten bezw.
goldenen Pompon ein kleiner ſchwarzer Stutz, bei der
reitenden Artillerie ein Roßhaarbuſch, der nach der rechten
Seite hinaufgebunden iſt. Die Genietruppe trägt die
gleiche Uniform unter Erſatz der gelben Vorſtöße, Be=
hänge u. ſ. w. durch karmeſinrote. Als Gendarmerietruppe
dienen die Karabiniers (Carabinieri Reali). Dieſelben
tragen einen dunkelblauen Frack mit ſchwarzen Aufſchlägen
und Kragen mit weißen Litzen. Die Ärmelaufſchläge haben
einen roten Vorſtoß. Dunkelblaue Beinkleider mit roten
Streifen. Weiße Knöpfe, Epauletten und Achſelſchnüre. Als
Kopfbedeckung dient ein quergeſetzter Dreimaſter mit rotem,
unten himmelblauem Stutz. Die Offiziere tragen einen
hängenden Federbuſch in denſelben Farben.

Die Generale haben einen dunkelblauen Rock mit
schwarzem Kragen und Aufschlägen und roten Vorstößen.
Der Aktivitätsstern ist ausnahmsweise golden. Auf der
Paradeuniform zeigen Kragen und Aufschläge reiche Verzierungen in silberner Stickerei. Die silbernen Achselstücke
sind auf der großen Uniform kleeblattförmig gestaltet, die
Achselschnüre silbern. Zur kleineren Uniform werden nur
schwarze silberbesetzte Epaulettenhalter getragen, die hellgrauen Beinkleider haben breite Silberborten. Die Paradekopfbedeckung bildet ein schwarzer Helm, der statt der Spitze
einen goldenen Adler trägt. Dazu weißer Federbusch und
aufrechtstehender Stutz.

Der Generalstab trägt dunkelblauen Waffenrock und
Hosen, dazu himmelblaue Kragen und Aufschläge, gelbe
Knöpfe und Hosenstreifen, Epauletten und Verzierungen
am schwarzblauen Käppi in Gold. Ebenso die Achselschnüre.
Silberner Aktivitätsstern.

Die Chargenabzeichen sind auf den Aufschlägen bezw.
über denselben und an der Kopfbedeckung angebracht. Bei
den Offizieren sind diese Abzeichen je nach der Farbe der
Knöpfe von Gold oder Silber. Der General trägt drei
gemusterte silberne Borten auf dem Aufschlage, der Generallieutenant zwei, Generalmajor eine. Diesen Borten entspricht
die gleiche Anzahl von silbernen Schnüren über dem silbernen
Rande der dunkelblauen Mütze. Der Oberst trägt über dem
Aufschlage eine glatte Gold= oder Silbertresse und darüber
drei Schnüre, von denen die oberste einen ungarischen Knoten
bildet, der Oberstlieutenant über der Tresse nur zwei solcher
Schnüre (der ungarische Knoten bleibt bei allen Chargen).
Der Major hat nur eine Tresse und eine Schnur, der
Hauptmann drei Schnüre, der Lieutenant zwei und der
Unterlieutenant eine. Die himmelblaue Schärpe wird über
die rechte Achsel getragen, nur die Adjutanten legen sie über
die linke Schulter an. Ähnlich wie die Offiziere sind die
Unteroffizierchargen durch Borten und Schnüre über den
Ärmeln ausgezeichnet. Bei den höheren Unteroffizierchargen

(Furiere maggiore, Furiere und Sergente) sind Treffen und Schnüre von Gold oder Silber, bei den niederen Chargen dagegen in der Vorstoßfarbe. Die niederen Unteroffizier= chargen (Caporale maggiore und Caporale furiere sowie die einfachen Caporale) tragen Borten und Schnüre in der Vor= stoßfarbe. Die ungarischen Knoten zeigen überall diese Farbe. Die Trompeter tragen auf den Ärmeln des Waffenrocks ein rotes Jagdhorn, die Einjährig=Freiwilligen auf dem Kragen eine schmale silberne bezw. goldene Schnur, rings mit dem Rande parallel laufend.

Spanien.
(Rokarde rot.)

I. Infanterie.

In Spanien scheint schon früh eine Art Uniformierung bestanden zu haben. Um 1668 trug der Infanterist ein Wams, justacor genannt (justaucorps), mit großen Ärmel= umschlägen. Auch die Vorderseite des Rockes war rabatten= artig umgeschlagen. Bei den Spielleuten waren der Rockrand, die Taschenpatten mit Borten in den österreichischen Haus= farben besetzt, nämlich rot und weiß schachartig gemustert. Außerdem hatten sie von der Schulter herabhängend noch falsche Ärmel, sogenannte Flügel. Das Halstuch war von weißer Leinwand, die übrige Bekleidung bildeten Knie= hosen, Strümpfe, meist von roter Farbe, und Schuhe. Als Kopfbedeckung einen Hut. Das Haar war in der Mitte gescheitelt und wurde lang getragen. Degen am Schulter= gehäng; die Pickeniere waren durch Brust= und Rücken= harnisch geschützt.

Die Armee war meist nicht in Regimenter, sondern in sogenannte Tercios eingeteilt. 1694 errichtete man zehn stehende Tercios und

zwar wurden dieselben von verschiedenen Städten und deren Gebiet
gestellt. Diese Tercios und ihre Unterscheidungsfarben waren folgende:
Burgos: türkisblau; Ballabolib: smaragdgrün; Cuenca:
flaschengrün; Leon: gelb; Murcia: himmelblau; Sevilla:
scharlachrot; Gibraltar: feuerrot; Jaen: mausgrau;
Toledo: violett; Segovia: silbergrau.

Um 1710 bestand die Uniform aus einem weißen Rock
mit verschiedenfarbigen Aufschlägen und Achselschnüren,
Kamisol von der Farbe der Aufschläge und weißen Bein=
kleidern. Weiße oder rote Strümpfe, schwarze Schuhe mit
Schnallen, weißes Halstuch, schwarzer Hut mit weißer
Tresse und roter Kokarde. Fahlledernes Riemenwerk, auf
dem Patrontaschendeckel das königliche Wappenschild mit
dem burgundischen Kreuze in gelbem Metall (Taf. 64, a).
Die Grenadiere trugen die Handgranaten in einer
ledernen Tasche; an dem Bandelier war ein messingener
Luntenberger befestigt. An Stelle des Tornisters ein Lein=
wandsack. Die Haare wurden hinten in einen ledernen
Haarbeutel gesteckt. Die Grenadiere hatten eine Pelzmütze
von Bärenfell, vorn mit einem Schild, welches mit schwarzem
Tuch bezogen und mit Schaffell besetzt war. Auf dem
Schilde ein Metallbeschlag mit dem königlichen Wappen.
Hinten Beutel von rotem Tuch mit gelbbesetzten Nähten und
gelber Puschel. Die Bewaffnung bestand aus Gewehr,
Bajonett und Degen (Taf. 64, b). Die Sergeanten führten
an Stelle des Gewehrs Hellebarden. Den Obersten stand
es frei, die Spielleute in die Livree ihrer Dienerschaft zu
kleiden. Um 1730 wurde die Uniform in einigen Stücken
geändert (Taf. 64, c, d). Die Grundfarbe blieb weiß, der
Rock wurde offen, das Kamisol zugeknöpft getragen. Die
Hutborte richtete sich in der Farbe nach dem gelben oder
weißen Metall der Knöpfe. Das Halstuch wurde durch
eine schwarze Binde ersetzt, die roten Strümpfe durch weiße
Gamaschen mit schwarzen Kniebändern. Die Offiziere trugen
als Dienstzeichen Ringkragen. Der Oberst führte einen
Stock mit goldenem Knopf, dazu ein Sponton. Später
urden die Schöße umgeschlagen; auch die Form der

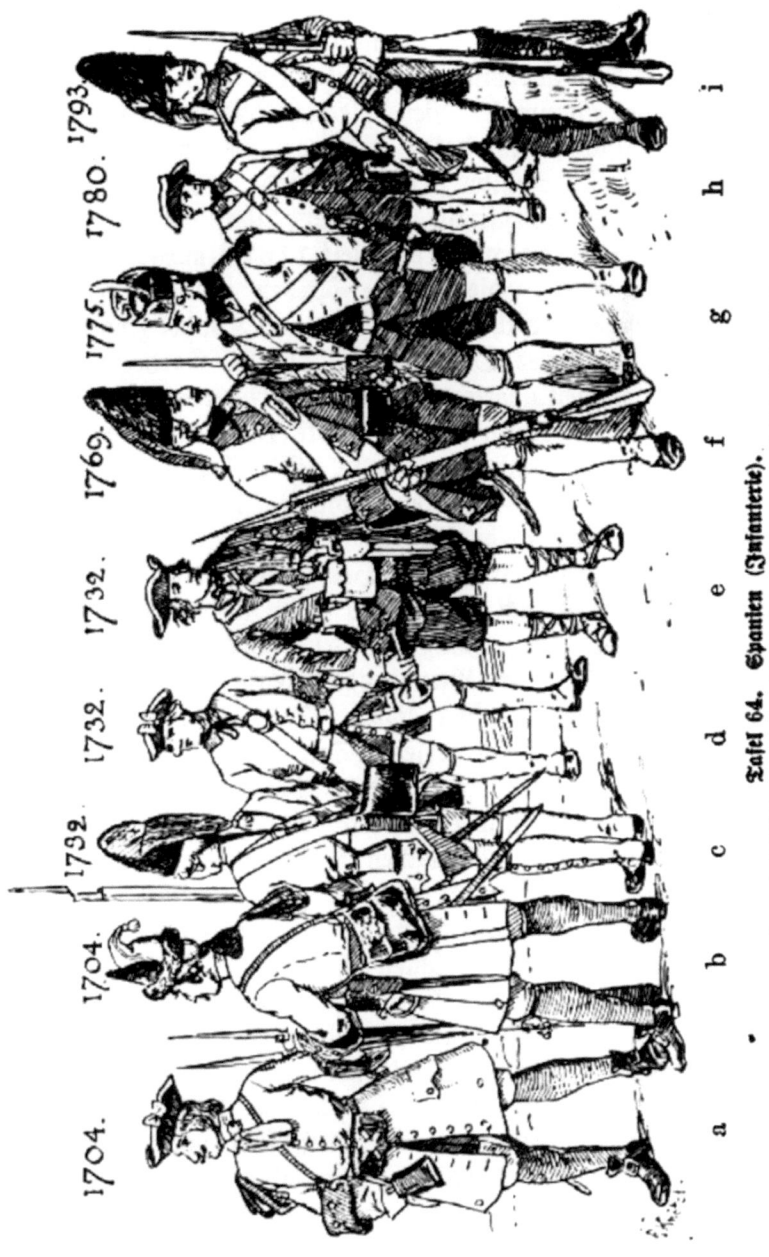

Tafel 64. Spanien (Infanterie).

a, d, g, h Füstliere — b, c, f, i Grenadiere — e Belagte Infanterie.

Grenadiermütze änderte sich. Die leichte Infanterie
(Taf. 64, e) trug eine mehr nationale Bekleidung, nämlich
ein rotes Kamisol mit aufgeschlitzten Ärmeln, blaue Hosen
und weiße Strümpfe. Bei schlechter Witterung wurde ein
blauer Mantel (Gambeto) angelegt, der für gewöhnlich
über die linke Schulter getragen wurde. Die übrige, sehr
eigentümliche Ausrüstung ist aus der Abbildung zu ersehen.
Die Linien=Infanterie erhielt 1767 Umlegekragen und
runde Rabatten; die Schöße blieben umgeschlagen, die
Patrontasche fand ihren Platz vorn am Koppel (Taf. 64, f).
Das Sponton des Obersten und die Hellebarde der Ser=
geanten wurden abgeschafft. Letztere erhielten dafür Flinten.
Als Abzeichen trugen sie Achselstücke (Dragonas) oder Epau=
letten (Charreteras) von Wolle. Die Haare trug man an
den Schläfen in zwei Locken gewickelt. Die Rabatten fielen
bald weg, das gelbe Lederzeug wurde gekreuzt getragen.
Der Hut wurde durch einen Helm von schwarzem Filz mit
messingenem Kamm ersetzt und hatte an der linken Seite
einen roten Stutz (Taf. 64, g). Die Grenadiermützen
behielt man bei, der Beutel hatte reiche Verzierung. Die
Helme wurden indessen schon 1779/80 abgeschafft und
wieder durch den Hut ersetzt (Taf. 64, h). An Stelle des
gelben Lederzeuges trat weißes. 1793 fällt die Hutborte
weg. Die Rabatten werden wieder eingeführt, die Gamaschen
sind schwarz mit ebensolchen Kniebändern (Taf. 64, i).
Die leichte Infanterie hatte grüne Röcke mit roten
Aufschlägen und Rabatten, weiße Unterkleider, braune
Ledergamaschen und blauen Mantel (Taf. 65, a). Im
Jahre 1800 war die Uniform blau mit rot, der Mantel
grün mit rot. 1802 grüne, gelbbeschnürte Jacke mit roten
Abzeichen, Raupenhelm mit grünem Stutz (Taf. 65, c).
Bei der Linien=Infanterie wurde 1800 der Schnitt
der Uniform, die immer noch weiß blieb, verändert, indem
gerade herunter gehende Rabatten eingeführt wurden. Für
kurze Zeit verdrängte den Hut eine Art Grenadiermütze,
die vorn mit einem betreßten Blech versehen war, welches

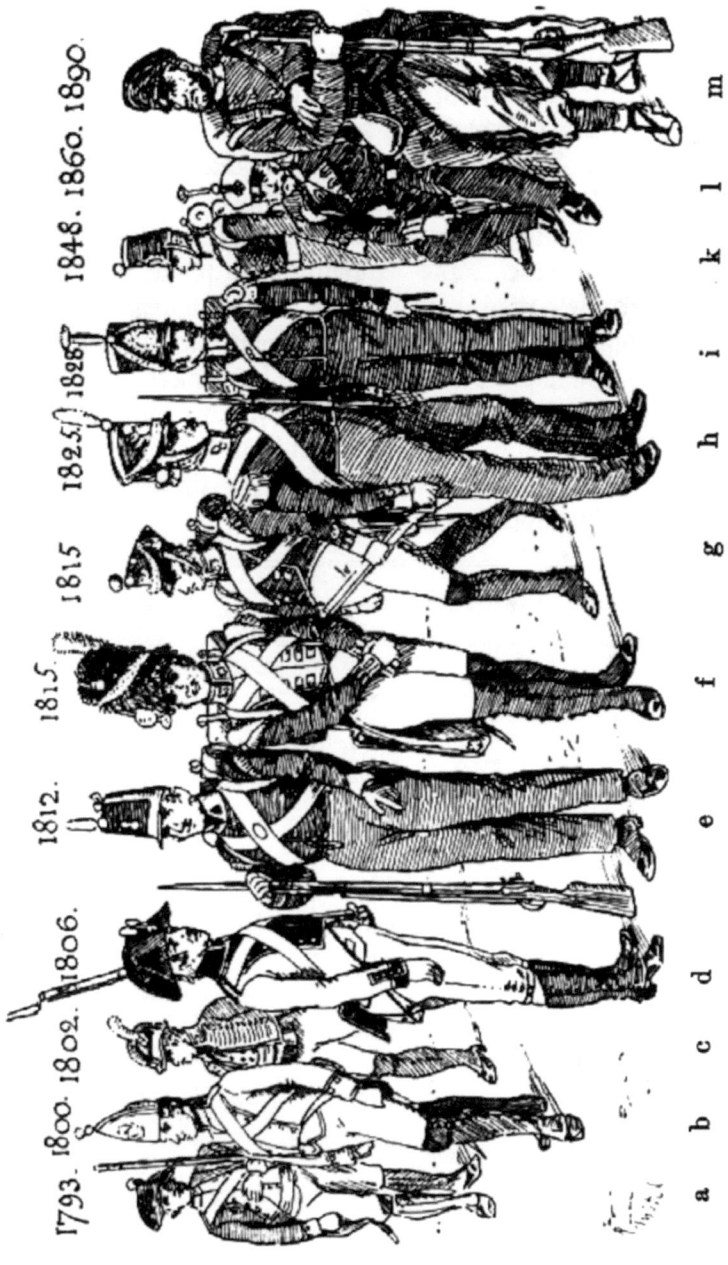

Tafel 65. Spanien (Infanterie).

b, d, k, l, m Füsiliere — e, f, h Grenadiere — g Jäger — a, c, i Leichte Infanterie.

oben rotes Flammenpompon und in der Mitte das königliche Wappen trug (Taf. 65, b). Im Jahre 1806 bestand die Uniform aus einem unbortierten Hute mit weißer oder gelber Agraffe und Knopf nebst roter Kokarde. Die Grund= farbe des Rockes war weiß mit verschiedenfarbigen Abzeichen. Die verkürzten Schöße hatten weiße Umschläge und waren mit einem Vorstoß in der Regimentsfarbe versehen. In den vier Schoßspiegeln herzförmige Tuchflecke ebenfalls in der Regimentsfarbe. Die Achselklappen sowie die quer= stehenden Achselpatten waren weiß mit farbigem Vorstoß, die Aufschlagspatten zeigten vier Knöpfe; die Unterkleider weiß, die Gamaschen schwarz, nur bis unter das Knie reichend (Taf. 65, d). Zu bemerken ist für die nun folgende schematische Übersicht, daß alle farbigen Abzeichen weiße Vorstöße hatten, dagegen weiße Abzeichen immer Vorstöße von der Regimentsfarbe.

Name des Regiments	Grundfarbe	Kragen	Aufschläge und Patten	Rabatten	Knöpfe
Rey	weiß	violett	violett	violett	gelb
Reyna	"	"	"	"	weiß
Principe	"	weiß	"	"	gelb
Soria	"	"	"	"	weiß
La Princesa	"	violett	"	weiß	"
Saboya	"	schwarz	schwarz	schwarz	gelb
La Corona	"	"	"	"	weiß
Africa	"	weiß	"	"	gelb
Zamora	"	"	"	"	weiß
Sevilla	"	schwarz	"	weiß	"
Granada	"	hellblau	hellblau	hellblau	gelb
Valencia	"	"	"	"	weiß
Toledo	"	weiß	"	"	gelb
Murcia	"	"	"	"	weiß
Cantabria	"	hellblau	"	weiß	"
Cordova	"	rot	rot	rot	gelb
Guadalaxara	"	"	"	"	weiß
Malorca	"	weiß	"	"	gelb
Leon	"	"	"	"	weiß
Aragon	"	rot	"	weiß	"
Saragoza	"	grün	grün	grün	gelb
España	"	"	"	"	weiß
Burgos	"	weiß	"	"	gelb
Asturia	"	"	"	"	weiß
Fixo de Ceuta	"	grün	"	weiß	"
?	"	dunkelblau	dunkelblau	dunkelblau	gelb
America	"	"	"	"	weiß
Malaga	"	weiß	"	"	gelb

Name des Regiments	Grundfarbe	Kragen	Aufschläge und Patten	Rabatten	Knöpfe
Jaen	weiß	weiß	dunkelblau	dunkelblau	weiß
Las Ordines Militares .	"	dunkelblau	"	weiß	"
Estremadura	"	karmesin	karmesin	karmesin	gelb
Voluntarios de Castilla .	"	"	"	"	weiß
Volunt. de Estado ..	"	weiß	"	"	gelb
Volunt. de Corona ..	"	"	"	"	weiß
Volunt. de Borbon ..	"	karmesin	"	weiß	"
Irlanda	himmelblau	gelb	gelb	gelb	gelb
Hibernia	"	himmelblau	"	"	weiß
Ultonia	"	gelb	"	himmelblau	gelb
Neapolis	"	"	"	gelb	weiß

Die Regimenter, welche Uniformen von himmelblauer Grundfarbe trugen, hatten ganz gelbe Schoßumschläge.

Die leichte Infanterie (Infanteria lisera) war im allgemeinen ebenso uniformiert wie die Linien-Infanterie, nur waren die Röcke von dunkelblauer Grundfarbe. Die Weste hatte zwei Knopfreihen, der Mantel war braun.

1805:

Name des Regiments	Grundfarbe	Kragen	Aufschläge u. Patten	Rabatten	Knöpfe
Primero de Voluntarios de Aragon	dunkelblau	rot	rot	rot	weiß
Prim. de Volunt. de Cataluña .	"	gelb	gelb	gelb	gelb
Secundo de Volunt. de Cataluña	"	dunkelblau	"	"	"
Taragona	"	gelb	"	dunkelblau	"
Voluntarios de Gerona	"	"	"	gelb	weiß
Secundo de Barcelona	"	dunkelblau	"	"	"
Sec. de Aragon	"	"	rot	rot	"
Primero de Barcelona	"	gelb	gelb	dunkelblau	weiß
Cazadores de Barbastro	"	rot	rot	"	"
Voluntarios de Valencia	"	karmesin	karmesin	karmesin	"
Volunt. de Campo Major	"	dunkelblau	"	"	"
Volunt. de Navara	"	karmesin	"	"	"

Die Provinzial-Miliz trug weiße Uniform mit roten Abzeichen und Schoßumschlägen; letztere mit weißen herzförmigen Flecken in den Spiegeln. In den Unabhängigkeitskriegen gegen Napoleon und das aufgedrungene Bonapartistische Königtum riß eine große Verwirrung in Bezug auf die Uniform ein, wie dies bei schnell zusammengerafften

Truppen nicht anders der Fall sein kann. Wir finden jetzt
graue, gelbe, blaue, grüne Uniformen, weite Pantalons, kurze
Kniehosen, runde Hüte, Czakos und Helme der verschiedensten
Art. 1812 versuchte man mit Hilfe englischer Gelder
Übereinstimmung in die Uniformierung zu bringen. Die
Infanterie erhielt einen blauen kurzschößigen Frack mit
einer Reihe von gelben Knöpfen, rotem Kragen, Aufschlägen,
Vorstößen und Schoßbesatz. An der Seite des Kragens
war der Anfangsbuchstabe des Regiments angebracht. Als
Kopfbedeckung wurde ein spitzer englischer Czako ausge=
geben (Taf. 65, e). Derselbe war vorn für die Grenadiere
mit einer Granate, für die Jäger mit Jagdhorn und für
die Füsiliere mit einem Löwen in gelbem Metall geschmückt.
Die Füsiliere trugen blaue, rot vorgestoßene Achselklappen
und schwarzen Czakobesatz, die Grenadiere blaue Achsel=
wülste, unten mit roten Fransen und rotem Czakobesatz;
ebenso die Jäger unter Ersatz der roten Farbe durch die
grüne. Beinkleider blaugrau. Die leichte Infanterie hatte
dieselbe Uniform mit blauem Kragen und Schoßbesatz und
weißem Futter. Die Tornister waren durchgängig von
Wachsleinwand, der Mantel von grauem Tuch. 1815 wurde
die Uniform der Infanterie in folgender Weise geregelt:
    Linien=Infanterie: Türkisblauer Frack mit rotem
Futter und verschiedenfarbigen Rabatten, Schoßbesatz,
Kragen und Schulterstücken, weißen oder gelblichen Vor=
stößen und weißen oder gelblichen Litzen nebst Knöpfen auf
den Rabatten; weiße Unterkleider, schwarze Gamaschen,
blaue oder weiße Hosen. Die leichte Infanterie ebenso mit
türkisblauem Futter und durchgängig blauen Rabatten.
Die Grenadiere trugen Bärenmützen mit weißen Behängen
und rotem Stutz (Taf. 65, f), die übrige Infanterie Czakos
mit messingenem Beschlag, weißen, bei den Jägern grünen
Behängen und rotem resp. grünem Pompon (Taf. 65, g).
1821 wurde eine Reihe von Veränderungen vorgenommen.
Die Rabatten fielen weg, der Frack erhielt an deren Stelle
eine Reihe von gelben Knöpfen. Der Kragen wurde karmesin=

rot, Aufschläge, Vorstöße und Futter scharlachrot. Die
Achselstücke waren von der Abzeichenfarbe, auf Kragen und
Knöpfen die Regimentsnummer. Graue Pantalons für den
Winter. Die Grenadiermützen wurden durch einen rot=
bortierten Czako mit ebensolchen Behängen und Stutz ersetzt.
Ferner waren die Grenadiere durch rote Fransenepauletten
gekennzeichnet (Taf. 65, h), ebenso wie die Jäger durch
grüne. Letztere hatten auch grüne Czakogarnitur. Die
leichte Infanterie hatte grünen kurzen Frack, karmesin=
roten Kragen und scharlachrote Aufschläge und Vorstöße,
grüne Beinkleider. Schon 1824 finden wir neue Ver=
änderungen. Der Czako erhält eine mehr cylindrische Form,
der Kragen zeigt die Grundfarbe des Frackes. Auch die
Beinkleider werden blau. Vorn am Kragen ist eine Patte
angebracht, welche, gleichwie die Aufschlagspatten und Vor=
stöße, das Regimentsabzeichen bilden. Diese Farben waren
für das 1. und 2. Regiment karmesin, beim 3. und 4. blau,
beim 5. und 6. gelb, beim 7. und 8. orange. Grenadier=
und Jägerabzeichen wie früher. Die leichte Infanterie trug
Uniform desselben Schnittes, nur dunkelgrüne Fracks und
Hosen mit weißen Knöpfen und gelben Epauletten (Taf. 65, i).
Patten und Vorstöße waren karmesin, die Kragen beim 1.,
2. und 3. Regiment mit karmesinroter Patte, beim 4. und
5. karmesin mit grüner. In den vierziger Jahren hatte die
Linien=Infanterie grüne Fracks mit ebensolchen Abzeichen,
weiße Knöpfe, gelbe Vorstöße und blaugraue Hosen. Später
wieder blaue Uniform. Im allgemeinen machen die Uni=
formen nun die Wandlungen durch wie bei der französischen
Armee, d. h. der Frack wurde durch den Waffenrock ver=
drängt, die Kopfbedeckung erreichte eine ungeheure Höhe,
das gekreuzte Lederzeug wurde abgeschafft. Eine eigenartige
Kopfbedeckung, Ros genannt, in den fünfziger Jahren ein=
geführt, charakterisiert noch heute die spanische Armee.
Dieses Stück wird meist in weißem oder schwarzem Über=
zuge getragen. Die Beinbekleidung bildet die französische
krapprote Hose. Als feldmäßige Uniform dient der grau=

blaue Kapotmantel französischen Schnitts (Taf. 65, m).
Die Jäger unterscheiden sich durch grüne Schulterwülste.

II. Kavallerie.

Am Ende des 17. Jahrhunderts war die gesamte spanische
Kavallerie, d. h. Küraffiere und Dragoner, gelb montiert
mit roten Abzeichen. Die Küraffiere trugen Bruftharnisch
und Eisenhaube, die Dragoner weiße Filzhüte. Die Spielleute hatten Monturen in gewechselter Farbe. Um die Wende
des 17. zum 18. Jahrhundert führte man verschiedene
Egalifierungsfarben für die Regimenter ein. Die Dragoner
erhielten bald nach 1700 einen grünen Rock und ebensolche Kopfbedeckung (Taf. 66, b). Unterkleider und Abzeichen waren regimenterweis verschieden. Von der rechten
Schulter hing eine gelbe Achselschnur herab. Die Schabraken
waren von der Abzeichenfarbe, mit grüner Treffe eingefaßt.
Dazu kamen noch Schaffellbecken, die für die Grenadiere
weiß, für die übrigen Dragoner schwarz waren. Die Linien-
(schwere) Kavallerie (Taf. 66, a), aus den ehemaligen
Küraffierregimentern entstanden, hatte weiße Röcke mit
verschiedenfarbigen Abzeichen. 1719 wurde die Dragoner-
uniform sowohl in Schnitt wie in Farbe umgeändert; die
nunmehr gelben Röcke erhielten breite farbige Rabatten, den
Kopf bedeckte ein weißbortierter Hut. 1748 gehörte zur
Pferdeausrüstung eine unter dem linken Ohr zu tragende
Kokarde. Um die Mitte des Jahrhunderts trugen die
Dragoner eine Zeitlang Pelzmützen mit farbigem Beutel
(Taf. 66, c) eine Kopfbedeckung, die wieder dem Hute wich.
Die Grundfarbe blieb gelb, für die schweren Reiter weiß.
1805 wurde eine neue Uniform eingeführt.

Linien-Kavallerie (1805): Hut mit weißer oder
gelber Borte und roter Kokarde. Die Grundfarbe des
Rockes war blau, die Schoßumschläge rot, Halsbinde schwarz,
Unterkleider chamois. Der Kragen war mit einem weißen
(beim 4. Regiment gelben) Löwen geschmückt. Auf dem Aufschlage drei weiße (beim 4. Regiment gelbe) Lilien (Taf. 66, h).

1702. 1702. 1744. 1780. 1780. 1806. 1806. 1806. 1806. 1806.

a   b   c   d   e   f   g   h   i

Tafel 66. Spanien (Reiterei).

a, e, h Linien= (Schwere) Ravallerie — b, c, d, f Dragoner — g Husar — i Jäger zu Pferd.

Name des Regiments	Kragen	Auf= schläge	Rabatten	Knöpfe	Bemerkungen
1. Rey . . .	rot	rot	rot	gelb	Weiße Vorstöße und gelbe Lißen auf den Rabatten
2. Reyna . .	hellblau	hellblau	hellblau	weiß	rote Vorstöße. Weiße Lißen auf den Rabatten
3. Principe .	rot	rot	rot	„	weiße Vorstöße. Weiße Lißen auf den Rabatten
4. Infante .	weiß	weiß	weiß	gelb	gelbe Vorstöße. Gelbe Lißen auf den Rabatten
5. Borbon . .	rot	rot	rot	weiß	weiße Vorstöße
6. Farnesio .	„	„	„	„	gelbe Vorstöße
7. Alcantara	„	„	hellgrün	„	um die roten Abzeichen hellgrüne Vorstöße, um die hellgrünen rote
8. España .	gelb	karmesin	karmesin	„	gelbe Vorstöße
9. Algarbe .	„	gelb	gelb	„	rote Vorstöße
10. Calatrava	rot	hellblau	hellblau	„	rote Vorstöße
11. Sanjago .	karmesin	karmesin	karmesin	„	scharlachrote Vorstöße
12. Montesa .	karmesin	karmesin	weiß	„	weiße Vorstöße

Dragoner: Hüte mit weißen Borten und roten Kokarden.
Rock, Rockfutter und Unterkleider gelb. In den Kragenecken
ein Säbel und eine Palme gekreuzt, wahrscheinlich aus weißem
Tuche geschnitten. Die Aufschläge haben Patten mit vier
Knöpfen; sämtliche Regimenter weiße Lißen (Taf. 66, f).
Beim 4., 6. und 8. Regiment ist der Kragen gelb; bei den
übrigen bildet derselbe im Verein mit Rabatten, Aufschlägen,
Aufschlagspatten und Taschenvorstoß das Regimentsabzeichen.

Diese Abzeichen haben überall weißen Vorstoß und sind für die
acht Dragonerregimenter (1806) folgende: 1. Rey: karmesinrot;
2. Reyna: hellrot; 3. Almansa: hellblau; 4. Pavia: rot; 5. Villa=
viciosa: hellgrün; 6. Sagunto: hellgrün; 7. Numantia: schwarz,
und 8. Lusitania: schwarz.

Reitende Jäger (Taf. 66, i): Die Kopfbedeckung bestand
aus einem schwarzen, weißgarnierten Czako mit rotem Stuß,
Dolman, Hosen und Schabraken von grüner Grundfarbe
mit weißen Schnüren und Knöpfen. Beim Regiment Olivencia
rote Kragen, Aufschläge und Hosenbiese, hellblau und rote
Schärpe. Beim Regiment Cazadores Voluntarios de España
hellblaue Kragen, Aufschläge und Hosenbiese, weiß und hell=
blaue Schärpe. In den Kragenecken dasselbe Abzeichen wie
die Dragoner.

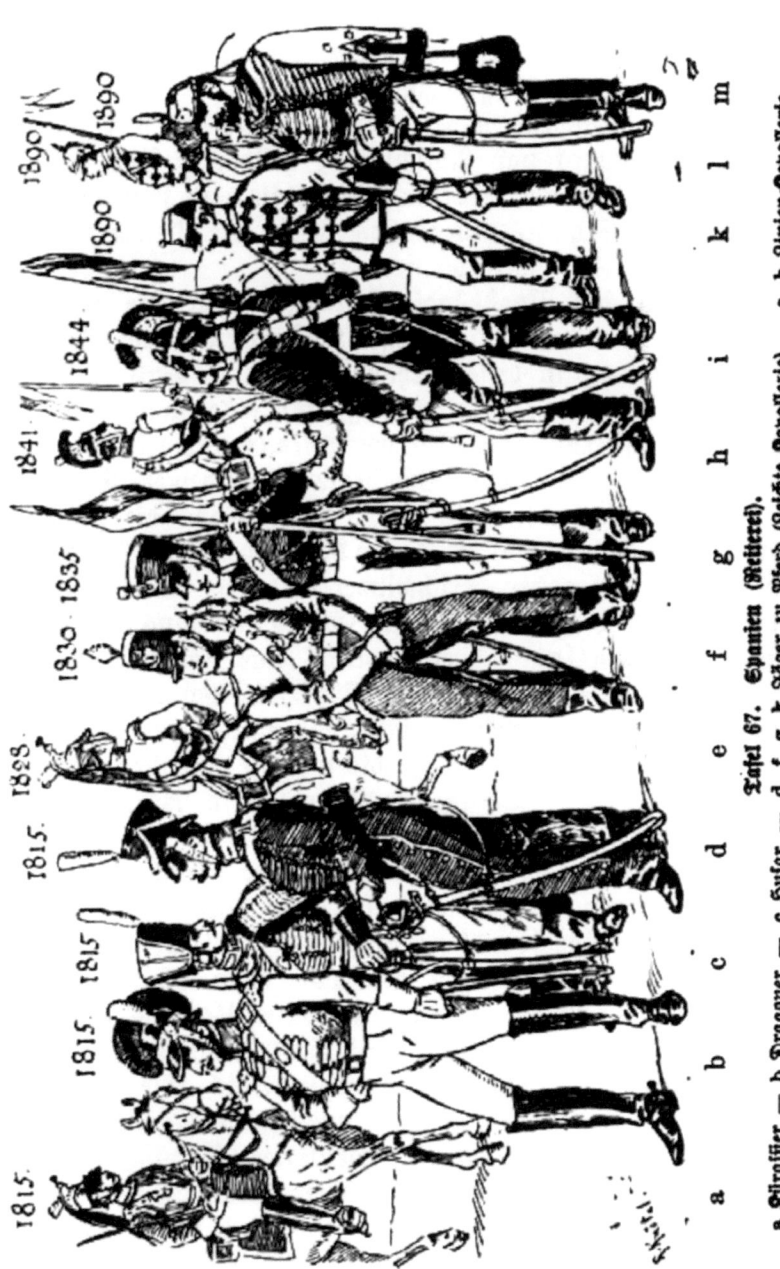

Tafel 67. Spanien (Reiterei).

a Küraffier — b Dragoner — c Hufar — d, f, g, k Jäger zu Pferd (leichte Kavallerie) — e, h Linien-Kavallerie — i, l Lanzenreiter — m Hufaren-Offizier.

Husaren (Taf. 66, g): Czako wie die Jäger; im Schnitt gleicht auch die übrige Uniform der gegebenen Beschreibung, nur kommt noch ein Pelz hinzu.

Husaren=Regiment Maria Luisa: Roter Dolman mit hellblauem Kragen und Aufschlägen, hellblauer Pelz mit rotem Kragen, ebensolcher Aufschlagspatte und schwarzem Pelzvorstoß. Schnüre und Knöpfe weiß. Beinkleider und Schabrake hellblau, weiß bortiert.

Während des Unabhängigkeitskrieges war die Uni=formierung eine äußerst bunte und willkürliche. Erst 1815 wurde Ordnung in dieses Chaos gebracht. Das erste schwere Regiment (Königskürassiere) trug ganz fran=zösische Kürassieruniform, aber von roter Grundfarbe, ohne Epauletten; dazu blaue Schabrake mit weißer Borte (Taf. 67, a S. 347). Die Dragoner hatten die gelbe Grundfarbe beibehalten, die Jäger die grüne. Die Waffen=gattung der Dragoner verschwindet bald aus den Reihen des spanischen Heeres. Die gelbe Grundfarbe ging auf die schwere Kavallerie über, welche eine Zeitlang rote, später hellblaue Beinkleider trug. Der Helm war anfänglich der Kürassierhelm, später ein Raupenhelm mit Bügel (Taf. 67, e, h). Um 1835 ist die gesamte Kavallerie mit Lanzen ausgerüstet. Die leichte Kavallerie, welche noch 1828 grüne Uniform trug, erscheint 1830 in hellblauen kurzen Kollets mit roten Abzeichen und weißen Schulterstücken. Die Hosen waren dunkelblau (Taf. 67, f). 1835 finden wir die ehemalige grüne Grundfarbe wieder, dazu rote Beinkleider. 1844 bestand die Kavallerie nur aus einem Kürassier=regiment; die übrigen Regimenter waren Lanzenreiter (Lanceros) und Jäger (Cazadores). Das Kürassierregiment hatte gelbmetallene Helme mit schwarzem Busch, rotes Kollet mit hellblauen Abzeichen, gelbe Epauletten, hellblaue Hosen, stählernen, mit gelbem Metall garnierten Harnisch. Die Lanzenreiter (Taf. 67, i) in der gleichen Periode Bügelhelm mit gelber Garnitur, schwarzer Raupe und rotem Stutz. Grünes Kollet mit roten Abzeichen, gelben Schulterstücken

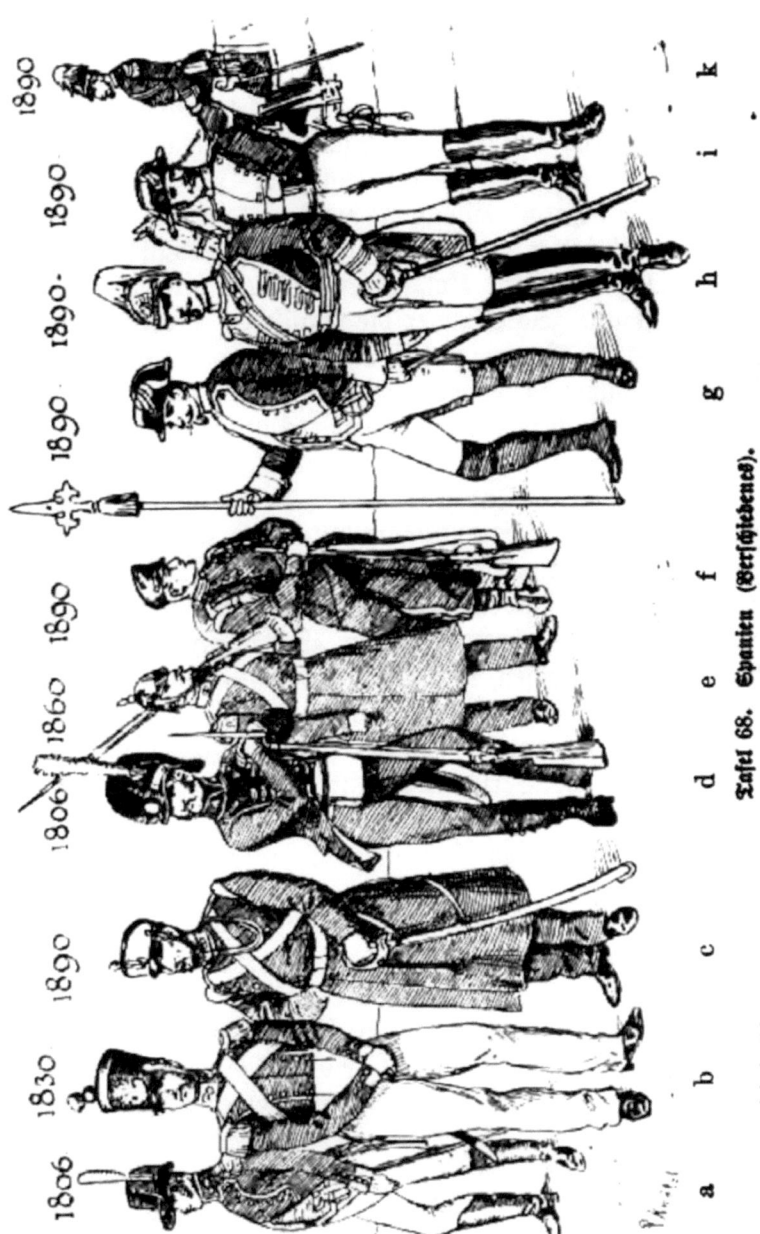

Tafel 68. Spanien (Verschiedene).

a Artillerie-Offizier — b, c Artillerie — d, e, f Genie — g Hellebardier — h Offizier der Königl. Eskorte —
i Gendarmerie-Offizier — k General.

und blaugrauen Hosen. Die reitenden Jäger hatten Czakos,
die Farbe der Uniform glich derjenigen der Lanzenreiter. Die
Husarenuniform änderte sich im ganzen wenig. 1815 trat
eine Pelzmütze an Stelle des Czakos, welche später wieder
durch einen hohen cylindrischen Czako ersetzt wurde. Die
Lanzenreiter erhielten in den fünfziger Jahren Stahl=
helme; ihre Uniform bestand damals aus einem blauen
Waffenrock mit rotem Kragen, ebensolchen Achselwülsten und
Ärmelvorstößen, weißen Knöpfen und krapproten Hosen.
Die Lanzenflagge zeigte immer die spanischen Farben (oben
rot, unten gelb). Neuerdings ist der Waffenrock durch einen
hellblauen Dolman mit schwarzen Schnüren und weißen
Knöpfen ersetzt worden. Kragen und Aufschläge sind rot.
Die roten Hosen haben hellblaue Streifen. Der Stahlhelm
zeigt gelbe Garnitur (Taf. 67, 1). Die reitenden Jäger
tragen die gleiche Uniform, nur anstatt des Helmes ein hell=
blaues Käppi, oben mit roter Borte eingefaßt (Taf. 67, k).
Die Küraſſiere bilden heute eine Palasttruppe. Die
Uniform besteht in kurzem blauen Waffenrock mit roten
Abzeichen, weißen Hosen, in hohen Stiefeln getragen, Stahl=
helm und Vollküraß. Von den Huſaren (Taf. 67, m). trägt
das Regiment „Prinzeſſin" ganz hellblaue Uniform mit
weißen Pelzen. Die Verschnürung ist gelb, das Käppi weiß.
Das Regiment „Pavia=Huſaren" ebenso, nur rote Dolmans
und hellblauen Pelz und blaues Käppi.

III. Die übrigen Waffengattungen.

Von Palasttruppen sind zu erwähnen die Hellebardiere
(Taf. 68, g S. 349). Sie haben die Uniform, die sie schon
im vorigen Jahrhundert trugen, beibehalten, nämlich einen
blauen Rock mit roten Rabatten, Aufschlägen und Schoß=
futter, silbernen Besätzen, roter, silberbortierter Weste. Die
Beinkleider sind weiß, die Gamaschen schwarz. Den mit
Silberborten eingefaßten Hut schmückt die rote Kokarde.
Als Waffen dienen Degen und Hellebarde; letztere mit roten
~--nſen verziert. Die Küraſſiere, welche die königliche

Eskorte bilden, haben wir schon unter der Kavallerie erwähnt. Zum Galadienst schmücken den blauen Frack breite rote Rabatten mit Silberborte besetzt (Taf. 68, h). Der Helm hat einen weißen Haarbusch.

Die Gendarmerie trägt einen blauen Frack mit rotem Kragen, Rabatten, Aufschlägen und Schoßumschlägen. Die Beinkleider sind weiß und werden in hohen Stiefeln getragen. Der Hut gleicht dem der Hellebardiere; die Knöpfe sind weiß (Taf. 68, i). Die Trompeter tragen roten Frack mit blauen Abzeichen. Für die Generalität ist ein blauer Waffenrock vorschriftsmäßig. Die roten Abzeichen bedeckt eine reiche Goldstickerei. Die Beinkleider sind blau mit Goldstreifen. Zur Uniform gehören ferner noch goldene Epauletten, rote Schärpe mit goldenen Quasten, schwarzer Helm mit goldener Garnitur und weißem Busch, Pallasch und Stock. Zur großen Uniform weiße Beinkleider in hohen Stiefeln (Taf. 68, k). Die Ordonnanzoffiziere und Adjutanten, welche die Uniform ihres Truppenteils tragen, sind durch goldene oder silberne Achselschnüre gekennzeichnet. Artillerie und Genie trugen von jeher blaue Uniformen mit roten Abzeichen. In den fünfziger Jahren erhielt letztere Waffe die ledernen Pickelhauben; jetzt trägt sie die die in der spanischen Armee allgemein gebräuchliche käppiartige Kopfbedeckung.

Portugal.

(Kokarde blau mit weißem, früher mit rotem Rande.)

Die Quellen über die Entwickelung der Uniformierung der portugiesischen Armee fließen sehr spärlich. Eine Sammlung von Handzeichnungen, jedenfalls in den Jahren 1790 bis 1800 entstanden, läßt erkennen, daß die Grundfarbe dunkelblau war und zwar für sämtliche Waffengattungen.

Nur zwei Infanterie=Regimenter trugen grüne Röcke und
Hosen. Kragen, Aufschläge, Rabatten und Schöße waren
nach den Regimentern verschiedenfarbig, teilweise auch mit
Einfassungsborten und Litzen geschmückt. Die Hosen teils
dunkelblau, teils weiß, gelb, auch rot. Dazu schwarze Halb=
gamaschen. Auf beiden Schultern, je nach der Farbe der
Knöpfe, weiße oder gelbe Fransenepauletten. Als Kopf=
bedeckung ein sehr kleiner Dreimaster. Ebenso wie die
Infanterie war die Artillerie gekleidet, nur walteten dunkle
Farben vor (dunkelblaue oder schwarze Abzeichen). Alle
dargestellten Reiter erscheinen in weißblankem Küraß. Ab=
zeichen verschiedenfarbig. Hosen von gelbem Leder. Als
Kopfbedeckung Hüte neben Helmen von antikisierender Form.
Die Kokarde ist auf allen Hüten und Helmen blau mit
rotem Rande.

Eine Abbildung eines Infanterieoffiziers um 1800 zeigt den=
selben in blauem Frack mit Orangekragen, Rabatten, Aufschlägen
und Schoßfutter. Alle diese Stücke gelb vorgestoßen. Silberne Epau=
letten und Ringkragen sowie Knöpfe. Blaue Beinkleider mit silbernen
ungarischen Knoten, weiße Weste, karmesinrote Schärpe mit silbernen
Fransen. Hut mit gelber Borte, silberner Agraffe und gelbem Stutz
(Taf. 69, a).

Während der Besetzung des Landes durch die Franzosen
trug die Infanterie braune Spenzer mit roten Kragen, Auf=
schlägen und halben Rabatten. Die Kopfbedeckung hatte eine
eigenartige Form. Nach der Wiederherstellung der portu=
giesischen Herrschaft wurden die Uniformen wieder blau.

Die Abbildung eines Infanterieoffiziers von 1813 zeigt einen
blauen Frack mit gelben Epauletten und Knöpfen, weißen Hosen,
karmesinroten Kragen und Aufschlägen und ebensolcher Schärpe.
Die Czakobehänge sind gelb, der Stutz weiß (Taf. 69, c).

Die Kavallerie hatte in dieser Epoche gänzlich den
englischen Uniformschnitt angenommen. So trugen die
Reiter der Legion von Alorgna (Taf. 69, d) ein englisches
Kasket mit grünem Stutz und blauer, rotgeränderter Kokarde,
hellblauen Dolman mit schwarzem Kragen und Aufschlägen
und gelbe Beschnürung, weiße, gelbbesetzte Hosen, karmesin=

Tafel 69. Portugal.

a, c Infanterie=Offiziere — b Reiter vom Regiment Alcantara — d Reiter der Legion von Algarna — e, l Infanterie — f, m Lanzenreiter — g Jäger zu Pferd — h Fußjäger — k Artillerist — l Genie=Offizier.

rote Schärpe. Schabrake hellblau mit gelb. Ähnlich war
das Regiment Alcantara (Taf. 69, b) gekleidet. Graublaues
Kollet mit weißem Kragen, Aufschlägen und Schulterstücken;
dazu Raupenhelm. Im übrigen wie vorher beschrieben.
In den dreißiger Jahren war die Uniform schon so wie sie
noch in den fünfziger Jahren getragen wurde, nur wurde
mit der Zeit der Schnitt und die Czakoform moderner.
In den fünfziger Jahren hatte die Infanterie (Taf. 69, e)
dunkelblaue Röcke mit verschiedenfarbigen Kragen und Auf=
schlägen. Hosen dunkelgrau. Czakos vorn mit Regiments=
nummer, bei den Grenadieren mit gelbmetallener Granate.
Epauletten von Wolle, für Grenadiere rot, Schützen grün,
Füsiliere weiß. Stutz von derselben Farbe. Die Jäger
hatten dunkelbraune Spenzer mit schwarzen Aufschlägen,
roten Kragen und Ärmelpatten. Czakos mit grünem Woll=
busch, schwarzwollene Epauletten. Lederzeug schwarz. Die
Lanzenreiter (Taf. 69, f) waren mit dunkelblauen Kurtkas
bekleidet, darauf karmesin Abzeichen und gelbe Vorstöße,
Knöpfe und Epauletten. Dunkelblaue Hosen, Czapkas mit
gelben Behängen und schwarzem Haarbusch. Die reitenden
Jäger (Taf. 69, g) dieselbe Uniform mit scharlachroten
Abzeichen und weißen Vorstößen. Czako mit gelber Borte
eingefaßt. Artillerie: Dunkelblau mit scharlachroten
Abzeichen und Vorstößen, rote Epauletten, dunkelgraue
Beinkleider, Czakostutz rot. 1885 wurde eine neue Uni=
form eingeführt. Das Wesentlichste dieser Neuerung war,
daß sämtliche Truppen die Pickelhaube nach preußischem
Vorbilde erhielten. Die Generale tragen einen blauen
zweireihigen Waffenrock, rote Kragen und Aufschläge mit
reicher Goldstickerei, goldene Epauletten, Helm mit ver=
silbertem Beschlage und weißem, oben hellblauem Federbusch.
Schwarzblaue Beinkleider mit roten, zur Parade goldenen
Streifen. Rote, gelbgestreifte Schärpe. Als kleine Uniform
dient eine dunkelblaue, dolmanartig geschnittene schwarz=
beschnürte Jacke. Die Infanterie (Taf. 69, i) erhielt einen
dunkelblauen einreihigen Rock mit ebensolchen Achselklappen

und Aufschlägen. Rote Kragen und Aufschlagvorstöße, gelbe Knöpfe, dunkelblaue Hosen. Helm mit gelben Beschlägen. Bei den Jägern ist der Rock von brauner Grundfarbe mit ebensolchem Kragen. Schwarzer Aufschlagsvorstoß, als Chargenabzeichen grüne Chevrons. Hosen dunkelgrau. Die Artillerie (Taf. 69, k) trägt denselben Rock wie die Infanterie, mit roten Achselklappen. Die Berittenen gelbe Schuppenepauletten, rote Haarbüsche, schwarzblaue Bein= kleider mit roten Streifen. Die Schabraken sind blau mit doppeltem roten Besatz. Der Waffenrock der Genietruppe hat einen schwarzen Kragen, Ärmelvorstöße sind rot. Die Lanzenreiter (Taf. 69, m) tragen blauen Rock mit rotem Kragen, Aufschlägen und Vorstößen, gelben Knöpfen, Kragen= litzen, Schuppenepauletten mit Helmbeschlägen. Beinkleider schwarzblau mit roten Streifen. Die Lanzenflagge ist oben hellblau, unten weiß. Die übrige Kavallerie ist ebenso uniformiert, nur hat der Kragen vorn eine schwarze Patte.

Großbritannien und die nordischen Staaten.

Großbritannien.

(Kokarde schwarz.)

I. Infanterie.

Charakteristisch für die englische Armee ist von alters her die scharlachrote Grundfarbe der Infanterieuniform. Unsere Abbildungen geben die Wandelungen im Schnitt sowie in der Bewaffnung wieder. Die Beinkleider waren teils rot, teils von der Abzeichenfarbe. In Bezug auf Schnitt der Rabatten und Aufschläge finden wir viele Eigentümlichkeiten. Auf der Abbildung, die unserer Darstellung des Infanteristen von 1742 (Taf. 70, b) zu Grunde liegt, sind Rock, Weste und Beinkleider rot, Rabatten, Aufschläge und Schoßfutter gelb, Knöpfe, Besätze und Hutborte weiß, alles Riemen= werk und die Patrontasche von Fahlleder*). Die schottische Hochländerinfanterie besteht seit 1739, in welchem Jahre das berühmte Regiment der Black Watch errichtet wurde.

---

*) Erst von 1742 an besitzen wir sichere Kenntnis der Uniformen, vergl. „The Records and Badges of every Regiment and Corps" von Chichester und Burges= Short. Dort heißt es im Vorworte: As regards the Plates of Past Uniforms the reader will perhaps be surprised to see no examples of costume before 1742, when our standing army was already eighty years old. With a very few exceptions however . . . . . nothing is to be found showing the clothing of any regiment in a complete, detailed, and authentic manner, before that date.

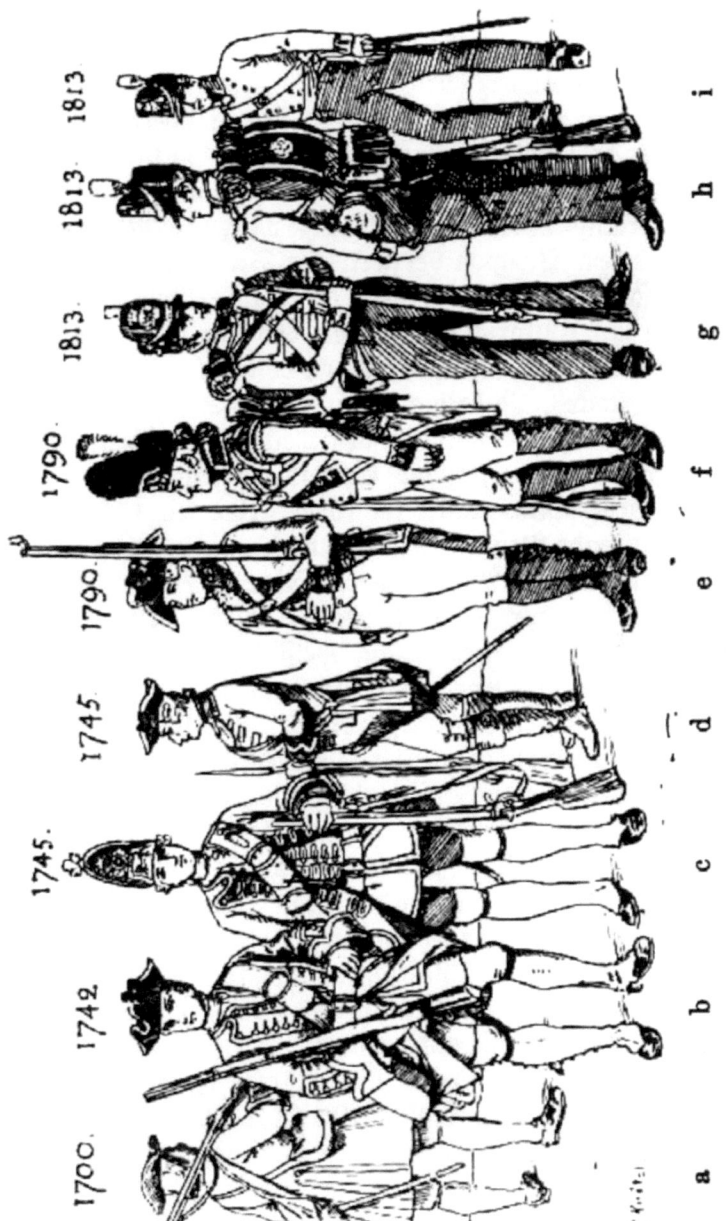

1700. 1742. 1745. 1745. 1790. 1790. 1813. 1813. 1813. 1813.

a   b   c   d   e   f   g   h   i

Tafel 70. Großbritannien (Infanterie).

a, b, e, g, h Linien-Infanterie — c, f Garde-Grenadiere — d Grenadiere-Offizier — i Infanterie-Offizier.

1742 (Taf. 72, a S. 363) war die Uniform dieses Regi=
ments von roter Grundfarbe, ebenso die Weste. Aufschläge
gelb, Knöpfe und Knopflöcher weiß. Der eigentümliche, die
Hosen ersetzende Schurz (Kilt, von den Schotten selbst fillibeg
genannt) zeigt bis heutigen Tages für die verschiedenen
Regimenter verschiedene schottische Muster. So spricht man
heute von einem Mackenzie=Tartan; Gordon=, Cameron=
und Sutherland=Tartan. Die schwarze Mütze des Regiments
war mit rotem Pompon verziert, die Strümpfe weiß und
rot gemustert. Sehr reich war die Garde=Infanterie in
Bezug auf ihre Uniform ausgestattet. So trug das 1. Garde=
regiment 1745 (Taf. 72, c) die Weste von der roten Grund=
farbe des Rockes, Rabatten, Aufschläge, Schoßfutter und
Hosen blau. Reicher Silberbesatz, weiße Gamaschen. Hut
mit weißer Borte. Für die Grenadiere rote Mütze mit
blauem Vorderschild, unten im roten Felde seit 1735 das
weiße springende Roß. Letzteres Abzeichen ging 1751 auf
alle Grenadiere der Armee über. Gegen 1768 wird die
Grenadiermütze durch die Pelzmütze ersetzt. Die Unter=
kleider werden fast durchgängig weiß (Taf. 72, e). Als
Abzeichenfarben kommen blau, grün, gelb, buff (schmutzig
gelb), rot, schwarz und karmesinrot vor. Die Miliz (1799)
trug meist einen Raupenhelm; im übrigen war ihre Uniform
sehr verschiedenartig in Schnitt wie Farbe gestaltet. Während
des Halbinselkrieges erscheint die Infanterie in rotem Rocke
mit weißen Schoßumschlägen; Kragen und Aufschläge waren
nach den Regimentern verschieden. Die sogenannten Flank=
Kompagnien (leichte und Grenadierkompagnien) trugen auf
den Schultern Achselwülste, sogenannte Wings, und zwar
bei der Linie von roter Grundfarbe, bei der Garde von
blauer, mit weißem, schwalbennestartigem Besatz und weißen
kurzen Fransen. Die übrigen Kompagnien hatten am Ende
der Achselklappen weiße Wollfransen (Taf. 70, g, h). Außer
der Abzeichenfarbe diente noch der Litzenbesatz auf der Brust
als Abzeichen, jenachdem die Litzen einzeln oder paarweise
gesetzt waren, sowie die Farbe der Streifen, mit denen die

Litzen durchzogen waren. Die Kopfbedeckung war seit 1800 eigentümlich gestaltet und bestand aus einem Kopfteil, Vorder= schild mit metallenem Beschlage und Augenschirm. Auf der linken Seite weißer, unten roter Stutz. Dazu weiße Behänge. Die Beinkleider waren im Felde grau, zur Parade weiß. Das Metallschild, mit welchem das Lederzeug vorn auf dem Kreuzungspunkt geschmückt war, hatte bei jedem Regiment ein anderes Muster. Die leichte Infanterie trug eine andere Kopfbedeckung und zwar einen annähernd cylindrisch ge= stalteten Czako mit metallenem Jägerhorn und grünem Stutz. Die Sergeanten führten Kurzgewehre (Spieße). Die Pelz= mützen der Grenadiere wurden im Felde nicht getragen. Die Uniform der Scharfschützen (Rifles) war grün und zwar bei den Scharfschützenabteilungen des 60. Regiments grün mit roten Abzeichen und weißen Knöpfen, blaue Hosen, Czako der leichten Infanterie. Das 95. Regiment (Taf. 72, f) (Scharfschützen) ganz grün mit schwarzen, weiß eingefaßten Abzeichen, weiße Knöpfe. Nach den Befreiungskriegen führte man einen Czako von oben ziemlich weit ausladender Form ein (Taf. 71, a, b S. 361), der später mehr cylindrisch wurde und einen Nackenschirm erhielt (Taf. 71, d). Nach Beendigung des Krimkrieges erhielt die Infanterie den Waffenrock, an= fänglich mit zwei Knöpfen; die Beinkleider waren blaugrau und wurden später schwarzblau. Den käppiartig gestalteten Czako ersetzte in den siebziger Jahren ein Helm, ähnlich wie die Pickelhaube gestaltet. Das Lederzeug machte mannig= fache Änderungen durch, wie die Abbildungen ergeben. Die heutige englische Armee zählt drei Fußgarderegimenter, nämlich Grenadier Guards, Goldstream und Scots Guards. Alle drei tragen den roten Waffenrock mit einer Reihe von Knöpfen, blaue Abzeichen, schwarzblaue Hosen. Die große Pelzmütze ist bei den Grenadier Guards links mit einem weißen Stutz geschmückt, bei den Goldstream Guards rechts mit einem kleinen roten Stutz. Die Linien=Infanterie trägt den scharlachroten Rock und zwar die englischen und wales= schen Regimenter mit weißen Kragen und Aufschlägen, die schottischen mit gelben und die irischen mit grünen. Alle Regimenter, welche den Titel Royal führen, haben blaue Abzeichen. Da nun alle irischen Regimenter, mit Ausnahme der „Connaught Rangers", Royals sind, trägt nur eben dieses einzige Infanteriekorps grüne Kragen und Aufschläge. Der blaugraue oder weiße Helm zeigt als Beschlag das Regiments= wappen, ebenso wie die Kragenecken ein bei allen Regimentern verschiedenes kleines Abzeichen (Badge) tragen. Gewisse Infanterieregimenter werden als leichte Infanterie und Füsiliere bezeichnet. Die leichte Infanterie hat keine Trommler. Die Füsiliere tragen Pelzmützen (Taf. 71, f). Beim Regi= ment Royal Welsh Fusiliers hat sich ein Andenken an den Zopf erhalten, nämlich die Offiziere dieser Truppe tragen hinten von der Pelzmütze herabhängend eine schwarze Schleife. Die Northumberland=Füsiliere sind durch einen rot und weißen Stutz auf den Mützen ausgezeichnet. Das Gloucestershire=Regiment führt auf den Helmen das Regimentswappen, sowohl vorn wie hinten, zur Erinnerung an einen ruhmreichen Kampf, den es 1801 in Ägypten bestand. Das Regiment mußte nämlich damals, in der Front und im Rücken angegriffen, sich nach beiden Seiten hin ver= teidigen. Von den Hochländer=Regimentern, auf die wir noch zu sprechen kommen werden, unterschieden sind die schottischen Infanterieregimenter. Sie tragen statt des Waffenrockes einen Rock, dessen Schöße in vier Teile geteilt sind („Highland doublet") und dazu Beinkleider von schottisch gemustertem Tuche (Trews) (Taf. 71, i). Die Regimenter sind folgende: Royal Scots, Royal Scots Fusiliers, The King's Own, Scottish Borderers, und ein Rifles=Regiment. Mit Ausnahme des letzteren ist der Rock rot. Die Scots Fusiliers haben als Kopfbedeckung eine Pelzmütze mit einer Granate. Eine solche ziert auch den blauen Kragen. Die Aufschläge sind rot. Von Hochländer= Regimentern existieren gegenwärtig noch sechs, nämlich: The Black Watch oder Royal Highlanders, High- land Light Infantry, Seaforth Highlanders,

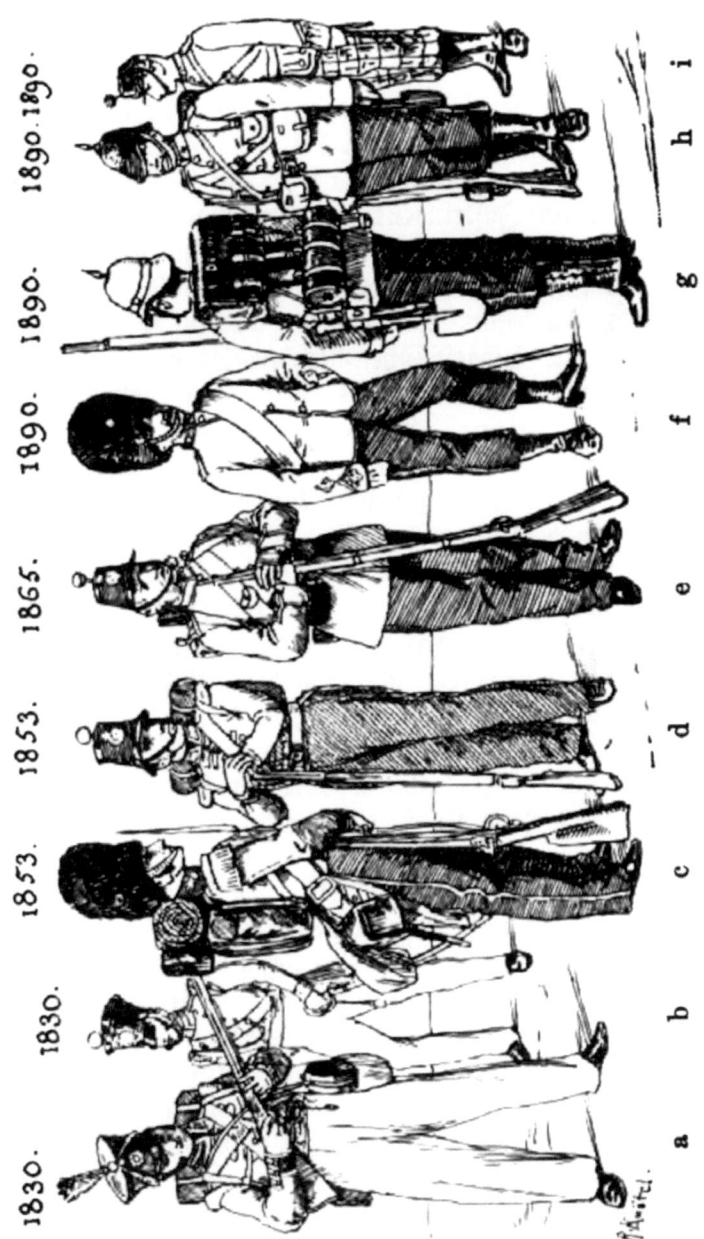

Tafel 71. Großbritannien (Infanterie).

a Leichte Infanterie des 3. Fuß-Garde-Regiments — b Infanterie-Offizier — c Garde-Grenadier — d, e, g, h Linien-Infanterie —
f Füsilier-Offizier — i Leichte Hochländer-Infanterie.

Cameron Highlanders, Gordon Highlanders und **The Argyll and Sutherland Highlanders.** Alle diese Regimenter, mit Ausnahme des an zweiter Stelle angeführten, tragen die charakteristische Tracht der Hoch=länder: Doublet und Kilt (Taf. 72, e). Dazu eine Pelz=mütze mit schwarzen Straußenfedern. Bei diesen Truppen ist das National=Instrument, der Dudelsack (Pibrock) im Gebrauch. Das Regiment Hochländer „leichte Infanterie" (**Highland Light Infantry**) trägt Doublet und Trews; dazu einen Czako von besonderer Form. Zur Linien=Infanterie werden auch die Scharfschützen=Regimenter gerechnet. Es sind dies folgende: **The Scottish Rifles**; das **King's Royal Rifle Corps,** früher unter dem Namen als 60. Regiment; **The Royal Irish Rifles** und **The Rifle Brigade.** Alle diese Regimenter tragen tief schwarzgrüne Uniform, sowohl Rock wie Hosen; nur die **Scottish Rifles** haben Trews. Als Kopfbedeckung dazu eine eigenartig gestaltete niedrige Pelzmütze. Die **King's Royal Rifles** (Taf. 72, h) schwarzgrüne Helme; rote, schwarz vorgestoßene Kragen, roten Ärmelvorstoß (bei den Offizieren rote Auf=schläge). Die **Royal Irish Rifles** (Taf. 72, i) Kragen und Ärmelvorstöße von etwas hellerem Grün. Dieselbe Kopf=bedeckung wie die **Scottish Rifles.** Die **Rifle Brigade** schwarze Abzeichen und dieselbe Kopfbedeckung.

II. Kavallerie.

Die Kavallerie zerfällt in folgende Abteilungen: 1) die Garde=Reiterei (**Household Cavalry**), bestehend aus dem 1. und 2. Regiment **Life Guards** und den **Royal Horse Guards;** 2) sieben Regimenter **Dragoon Guards,** welche zur Linien=Kavallerie gerechnet werden, und 3) ein=undzwanzig Regimenter der übrigen Linien=Kavallerie, teils als Dragoner, teils als Husaren und Ulanen formiert. Bei den zuletzt erwähnten Regimentern besteht ein eigen=tümliches Numerierungssystem. Anfänglich war nämlich die Kavallerie ziemlich schwer bewaffnet und beritten. Als

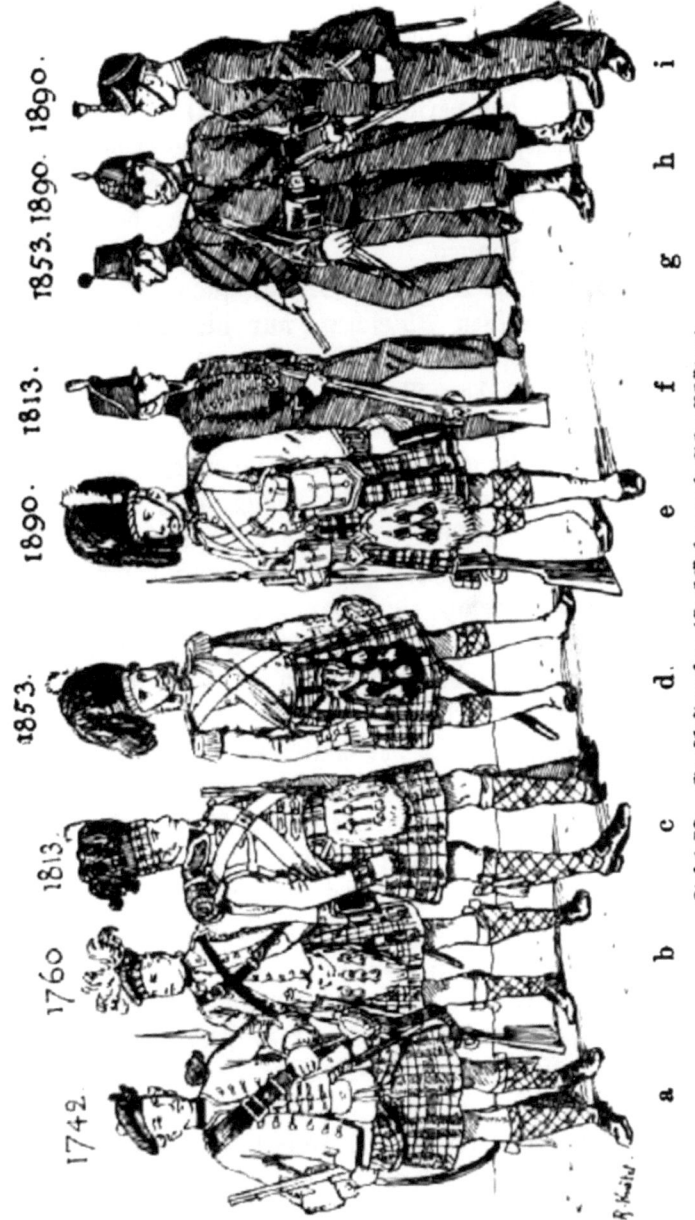

Tafel 72. Großbritannien (Hochländer und Scharfschützen).

a, b, c, e Hochländer-Infanterie — d Hochländer-Offizier — f, g, h, i Scharfschützen.

sich im Laufe der Zeit das Bedürfnis nach leichter Reiterei
herausstellte, wurden einige Regimenter in leichte Dragoner
umgewandelt, ohne daß sie ihre Nummern aufgaben. Ebenso
geschah es später, daß verschiedene Truppenteile zu Husaren
und Ulanen umgeformt wurden. So sind heute das 1., 2.
und 6. Regiment Dragoner; das 3., 4., 7., 8., 10., 11.,
13., 14., 15., 18., 19., 20. und 21. Husaren, das 5., 9.,
12., 16. und 17. Ulanen.

Die ursprüngliche Uniformfarbe der Kavallerie war rot
mit verschiedenfarbigen Abzeichen, nur die Horse Guards
haben von Anfang blaue Uniform getragen und führten
darum schon 1690 den Namen „The Oxford Blues".
Die Life Guards hatten immer blaue Abzeichen mit reicher
Goldverzierung. Eine Zeitlang war ihnen eine Abteilung
reitender Grenadiere beigegeben, welche rote Grenadier=
mützen mit blauem, reichverziertem Vorderschild trugen. Die
Trompeter hatten eine Art Heroldsrock von rotem Samt
und reichem Goldbesatz; auf der Brust den königlichen
Namenszug mit Krone. Sonst bildete die allgemeine Kopf=
bedeckung der Hut, dessen Formen je nach der Mode
wechselten. Die Kokarde ist bis heutigen Tages schwarz.
1763 wurde eine Anzahl der Reiterregimenter zu leichten
Dragonern umgeschaffen. Sie behielten die rote Uniform bei
und bekamen als Kopfbedeckung eine Art Kasket (Taf. 75, a
S. 369). 1784 führte man für die leichte Truppe blaue
Uniformen ein. Das Kasket der leichten Truppe wurde
mit einer schwarzen Raupe geschmückt (Taf. 75, b, c).
1812 (Taf. 75, d) hatte das Kollet der leichten Truppe
statt der früheren Husarenverschnürung Rabatten. Als
Kopfbedeckung diente ein Czako mit weißem, unten rotem
Stutz. Wir lassen hier eine Übersicht der Uniformen der
gesamten Kavallerie im Jahre 1812 folgen:

Die Garde=Kavallerie. Life Guards: Rotes Kollet,
vorn herunter zugehakt, mit gelben Tressen besetzt. Blaue Ab=
zeichen. Helm mit gelben Beschlägen und Bügel und schwarzem
Roßschweif, 1815 Raupe (Taf. 73, d). Weiß und roter Stutz.

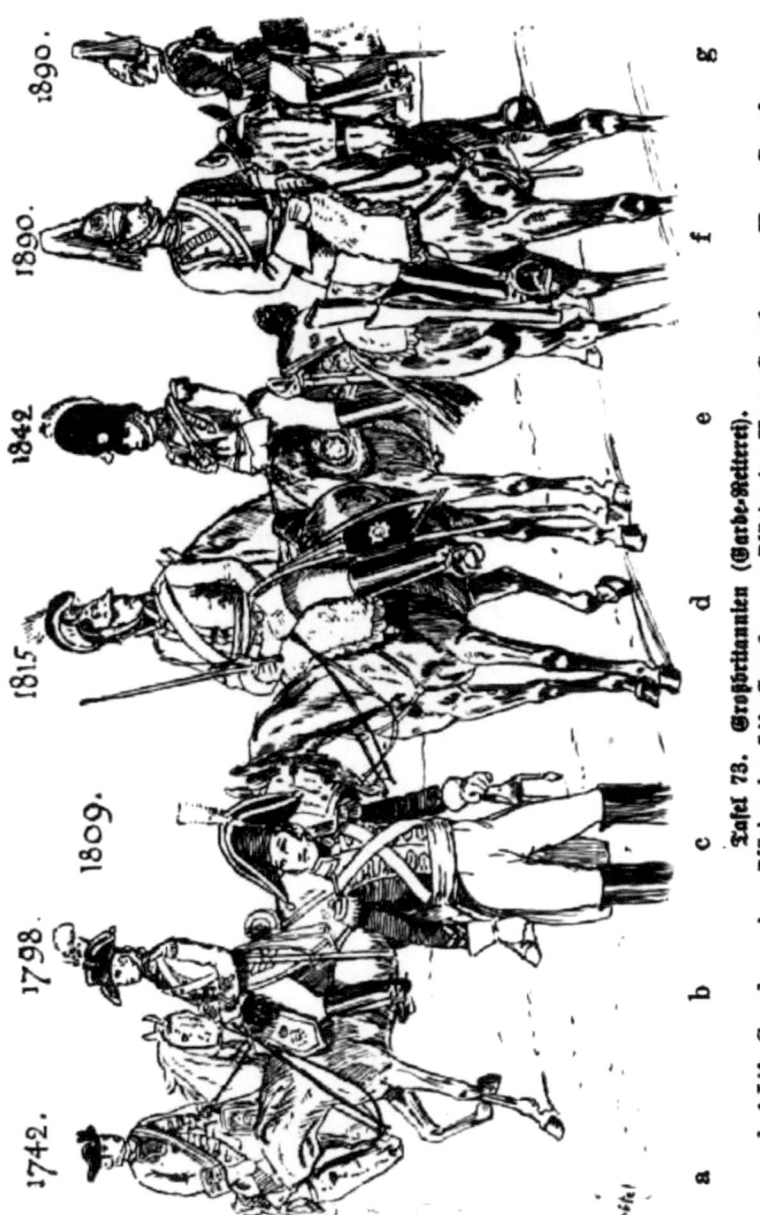

1742. 1798. 1809. 1815. 1842. 1890. 1890.

a b c d e f g

Tafel 73. Großbritannien (Garde-Reiterei).

a, d, f Life Guards — b, e Offiziere der Life Guards — c Offizier der Horse Guards — g Horse Guards.

Horse Guards: Blaue Kollets mit roten Abzeichen und gelben Borten. Helm wie Life Guards.

Dragoon Guards: Kollet im Schnitt wie bei der Garde=Kavallerie. Helm mit gelben Beschlägen und schwarzem Haarschweif. Der farbige Kragen hat bei diesen Regi= mentern eine schmale Patte von der Grundfarbe des roten Kollets.

1812:

Name des Regiments	Kollet und Kragen= patte	Kragen und Aufschläge	Borten und Schärpe	Bortenbesatz der Offiziers= uniform
1. Kings	rot	blau	gelb	Gold
2. Queens	„	schwarz	weiß	Silber
3. Prince of Wales	„	weiß	gelb	Gold
4. Royal Irish	„	blau	weiß	Silber
5. Pr. Charlotte of Wales	„	grün	gelb	Gold
6. Carabiniers	„	weiß	weiß	Silber
7. Pr. Royals	„	schwarz	gelb	Gold

Dragoons (Taf. 74, e): Die Regimenter trugen dieselbe Uniform wie die Dragoon Guards, nur hat der Kragen keine rote Patte; dagegen bedeckt die Borte auch den vorderen Kragenrand. Der Helm ist derselbe wie vorher beschrieben, nur das 2. Regiment, die Schottischen Grauen (Greys), nach der Farbe der Pferde so genannt, trägt Pelzmützen.

Die Abzeichen waren 1812 wie folgt:

Name des Regiments	Kollet	Kragen und Aufschläge	Borten und Schärpe	Bortenbesatz der Offiziers= uniform
1. Royal	rot	blau	gelb	Gold
2. Royal North British (Greys)	„	„	weiß	„
3. King's own	„	„	gelb	„
4. Queen's own	„	grün	weiß	Silber
6. Inniskillings	„	gelb	gelb	Gold

Ein 5. Regiment gab es damals nicht. Noch zu bemerken ist, daß die Borte mit einem Streifen von der Abzeichen=

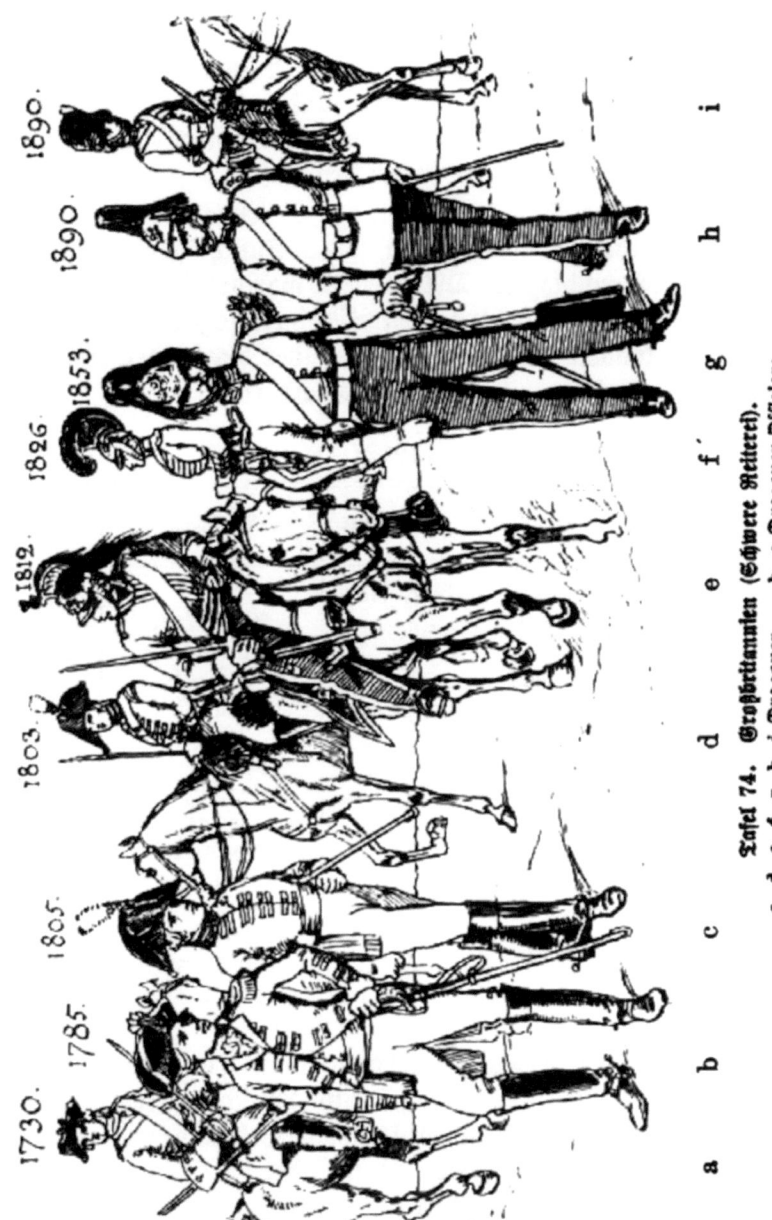

Tafel 74. Großbritannien (Schwere Reiterei).
a, d, e, f, g, h, i Dragoner — b, c Dragoner-Offiziere.

farbe durchwirkt war. Die Schärpe zeigte zwei solcher
Streifen. Die übrigen Regimenter, von 7 bis 25 zählend,
werden als leichte Dragoner (Light Dragoons) aufgeführt,
trotzdem daß vier davon husarisch uniformiert waren. Wir
scheiden darum diese letzteren bei unserer Uniformbeschreibung
aus, um sie besonders zu besprechen.

Die leichten Dragoner (Taf. 75, d) trugen blaues Kollet
mit verschiedenfarbigen Kragen, spitzen Aufschlägen, Rabatten
und Schoßumschlägen. Die Schärpe war von der Abzeichenfarbe, mit zwei dunkelblauen Streifen durchzogen. Epauletten
und Czakoborte richteten sich nach der Farbe der Knöpfe.
Die Schabrake war von blauer Grundfarbe.

1812:

Name des Regiments	Kollet	Abzeichen	Knöpfe
8. King's Royal	blau	rot	gelb
9. Light Dragoons	„	karmesinrot	
11. „ „	„	hellgelb	weiß
12. Prince of Wales	„	hochgelb	
13. Light Dragoons	„	hellgelb	gelb
14. Duchess of York's own	„	orange	weiß
16. Queen's	„	rot (weiße Rabatten)	„
17. Light Dragoons	„	weiß	
19. „ „	„	hochgelb	gelb
20. „ „	„	orange	„
21. „ „	„	rosa	
22. „ „	„	„	weiß
23. „ „	„	karmesinrot	
24. „ „	„	hellblau	gelb
25. „ „	„	„	weiß

Die Husaren (Taf. 75, f) hatten sämtlich blaue Uniformen
mit weißen Schnüren; Kragen und Aufschläge waren verschiedenfarbig. Als Kopfbedeckung eine Pelzmütze mit weißem,
unten rotem Stutz. Der Beutel der Mütze war beim
18. Regiment blau, bei den übrigen rot.

1768. 1792. 1809. 1812. 1853. 1812. 1832. 1890. 1890. 1817. 1890

a b c d e f g h i k

Tafel 76. Großbritannien (Leichte Reiterei).

a, b, c, d, e Leichte Dragoner — f, g, h Husaren — i Ulanen-Offizier — k Ulan.

R. Knötel.

1812:

Name des Regiments	Pelz und Dolman	Kragen und Auf= schläge	Schärpe	Schabrake Grund	Schabrake Zacken= rand	Vorstoß
7. Queen's own . .	blau	weiß	weiß u. blau	blau	weiß	keiner
10. Prince of Wales's own Royal . .	„	rot	rot mit gelb	rot	rot	weiß
15. King's Hussars .	„	„	„	blau	„	keiner
18. Hussars	„	weiß	weiß mit blau	„	weiß	„

Sämtliche Kavallerie=Regimenter trugen weiße Bein=
kleider in den Stiefeln, im Felde graue Überhosen mit
farbigen Streifen.

In der Folgezeit blieb die Uniform im wesentlichen
dieselbe. Bei den Dragonern wurde der mit Haarschweif
versehene Helm durch einen solchen mit Raupe ersetzt und
zwar von ungeheurer Höhe (Taf. 74, f). 1816 treten die
ersten Ulanen auf. Diese Waffe wurde nach und nach ver=
mehrt*). Die Husarenregimenter erhielten Czakos an Stelle
der Pelzmützen, die gegen 1850 wieder auftauchten und
auch heute noch die charakteristische Kopfbedeckung bilden.
Die Uniform der leichten Dragoner blieb blau, der Czako
wurde mehrfach verändert. 1861 hörte die Waffe der
leichten Dragoner gänzlich zu existieren auf. Die Dragoner
und Dragoon Guards blieben rot uniformiert und nahmen
nach dem Krimkriege den Waffenrock an. Als Kopf=
bedeckung erhielten sie einen gelben Metallhelm. Die
Garde=Kavallerie behielt die roten und blauen Uniformen
bei. 1821 erhielt sie Kürasse, die seit den Zeiten Jakobs II.
aus der englischen Armee verschwunden waren. Als Kopf=
bedeckung diente ein Metallhelm mit Raupe, später für
die Life Guards eine Pelzmütze (Taf. 73, e), darauf ein
weißer Metallhelm.

---

*) Nach 1880 trug die gesamte Kavallerie eine Zeitlang rote Uniformen.

Heute sind die Abzeichen der englischen Reiterei folgende:

Name des Regiments		Grund-farbe	Ab-zeichen	Bein-kleider	Kopfbedeckung
Household Cavalry	1. u. 2. Life Guards	rot	blau	weiß	weißer Helm mit weißem Busch
	Royal Horse Guards	blau	rot	„	weißer Helm mit rotem Busch
Dragoon Guards	King's Drag. Guards	rot	blau	blau	gelber Helm mit rotem Busch
	2. Dragoon (Queen's Bays)	„	gelblich-weiß	„	gelber Helm mit schwarzem Busch
	3. Prince of Wales's . . .	„	gelb	„	gelber Helm mit schwarz und rotem Busch
	4. Royal Irish . . .	„	blau	„	gelber Helm mit weißem Busch
	5. Princess Charlotte of Wales's	„	grün	„	gelber Helm mit weißrotem Busch
	6. Dragoon Guards Carabiniers . . .	blau	weiß	„	gelber Helm mit weißem Busch
	7. Pr. Royals Drag. Guards	rot	schwarz	„	gelber Helm mit schwarz-weißem Busch
Dragoner . .	1. Royal	„	blau	„	weißer Helm mit schwarz. Busch
Dragoner . .	2. Royal Scotts Greys	„	„	„	große Pelzmütze mit weiß. Stutz
Husaren . .	3. King's own . . .	blau	rot	„	Kalpak mit hellblauem Beutel und weißem Stutz
Husaren . .	4. Queen's own . . .	„	blau	„	Kalpak mit gelbem Beutel und rotem Stutz
Ulanen . . .	5. Royal Irish . . .	„	rot	„	Czapka mit roter Rabatte und grünem Busch
Dragoner . .	6. Inniskillings . . .	rot	gelb	„	weißer Helm mit weißem Busch
Husaren . .	7. Queen's own . .	blau	blau	„	Kalpak mit rotem Beutel und weißem Stutz
Husaren . .	8. King's Royal own	„	„	„	Kalpak mit rotem Beutel und, oben weißem Stutz
Ulanen . . .	9. Queen's Royal . .	„	rot	„	Czapka mit roter Rabatte und weiß und schwarzem Stutz
Husaren . .	10. Prince of Wales's own	„	blau	„	Kalpak mit rotem Beutel und schwarzem, oben weißem Stutz
Husaren . .	11. Pr. Albert's own	„	„	karme-sinrot	Kalpak mit karmesinrot. Beutel u. solch. Stutz mit weiß. Spitze
Ulanen . . .	12. Prince of Wales's Royal	„	rot	blau	Czapka mit roter Rabatte und rotem Stutz
Husaren . .	13.	„	gelblich-weiß	„	Kalpak mit gelblichweiß. Beutel und weißem Stutz
Husaren . .	14. King's	„	blau	„	Kalpak mit gelbem Beutel und weißem Stutz
Husaren . .	15. King's	„	„	„	Kalpak mit rotem Beutel und rotem Stutz
Ulanen . . .	16. Queen's	rot	„	„	Czapka mit blauer Rabatte und schwarzem Busch
Ulanen . . .	17. Duke of Cambridge's own . .	blau	weiß	„	Czapka mit weißer Rabatte und weißem Busch
Husaren . .	18.	„	blau	„	Kalpak mit hellblauem Beutel u. rotem, oben hellblauem Stutz
Husaren . .	19. Princess of Wales's own	„	„	„	Kalpak mit weiß. Beutel u. Stutz
Husaren . .	20.	„	„	„	Kalpak mit karmesinrot. Beutel und Stutz
Husaren . .	21.	„	„	„	Kalpak mit grauem Beutel und weißem Stutz

Zu dieser Aufstellung sind folgende Bemerkungen nötig: Die Husarenuniform ist durchgängig gelb beschnürt. Bei den Ulanen bestehen die Abzeichen aus Kragen, Aufschlägen, Rabatten und Vorstößen. Bei beiden genannten Truppengattungen sowie bei den Dragonern sind die Beinkleider mit gelben Seitenstreifen geschmückt. Nur diejenigen Regimenter, welche weiße Abzeichen führen, tragen auch die Hosenstreifen in dieser Farbe*). Die Lanzenflaggen sind oben weiß, unten rot. Bei der gesamten Kavallerie ist der Karabiner rechts hinten am Sattel in einem Futteral hängend befestigt.

III. Artillerie, Genie. — Generalität.

Die traditionelle Farbenzusammenstellung der englischen Artillerie ist blau mit rot und gelb. Der Schnitt folgte den Wandelungen der Infanterie-Uniformen. Die reitende Artillerie, 1793 errichtet, wurde im Stile der leichten Dragoner uniformiert, d. h. sie erhielt eine mit Schnüren besetzte Jacke, weiße Beinkleider in den Stiefeln getragen und einen Raupenhelm. Die Jacke war blau, Kragen und Aufschläge rot, Verschnürung gelb. Sattelunterlegedecke und Mantelsack war blau. Der Säbel wurde an einem Bandelier mit Schleppriemen getragen (Taf. 76, c S. 373). In dieser Uniform focht die reitende Artillerie bei Waterloo. Die Fußartillerie trug Rock und Kopfbedeckung wie die Linie. Der blaue Rock hatte rote Kragen, Aufschläge, Achselklappen und Schoßumschläge, gelbe Litzen und Vorstöße. Weiße Beinkleider in schwarzen Gamaschen (Taf. 76, b). Später wurden hellblaue Hosen eingeführt, dazu der Czako. Nach dem Krimkriege blaue Waffenröcke. Die reitende Artillerie (Taf. 76, i) (Royal Horse Artillery) trägt dunkelblaue Dolmans und Hosen, Aufschläge von der Grundfarbe, Kragen und Hosenstreifen rot, gelbe Verschnürung, Kalpak mit rotem Beutel, weißem Stutz und gelben Fangschnüren. Die Feld- und Festungsartillerie: kurze Waffenröcke mit einer Knopfreihe, wie die Beinkleider von dunkelblauem Tuche; Achselklappen und Aufschläge von der

*) Bei der schweren Kavallerie ein Seitenstreifen, bei der leichten zwei.

Tafel 76. Großbritannien (Artillerie, Genie, Generalität).

a, d, g Artillerie-Offiziere — b, f, h Artilleristen — c, e, i Reit. Artillerie — k Geniesoldat (Royal Engineers) — l, m Generale.

Grundfarbe, rote Kragen, dunkelblauer Helm mit gelbem Beschlag.

Die Genietruppe (Royal Engineers) ist im allgemeinen wie die Infanterie bekleidet, nämlich roter einreihiger Rock mit schwarzem Kragen und spitzen Aufschlägen, gelben Vorstößen, grauen Beinkleidern mit roten Streifen, Helm mit gelben Beschlägen (Taf. 76, k).

Die Uniform der Generale war stets von roter Grundfarbe mit blauen Abzeichen, immer im Schnitt dem Zeitgeschmack entsprechend. Die Besätze von Gold. Federbusch weiß mit rot. Die Schärpe der Generale ist von roter Seide mit Gold durchzogen (Taf. 76, m). Die übrigen Offiziere tragen eine hochrote Schärpe. Die große Uniform der Generalstabsoffiziere ist rot mit gelber Verschnürung; dazu blaue Beinkleider und Federhut. Die kleine Uniform schwarzblau mit schwarzen Schnüren. Die Rangabzeichen sind auf den Achselstücken angebracht und zwar tragen die Lieutenants einen Stern, Kapitäns zwei Sterne, Majore eine Krone, Oberstlieutenants eine Krone und einen Stern, Obersten eine Krone und zwei Sterne. Die Generale haben als Verzierung auf den Achselstücken einen Kommandostab und Degen gekreuzt und dazu Abzeichen bestehend in Kronen und Sternen. Feldmarschälle zwei gekreuzte Stäbe.

Die Rangabzeichen der Unteroffiziere bestehen in Sparren (chevrons) auf dem rechten Ärmel.

Korporal wollener Sparren.

Corporal-lance-sergeant ein goldener Sparren.

Sergeant zwei goldene Sparren.

Colour-sergeant drei goldene Sparren, darüber zwei kleine gekreuzte Fahnen.

Warrant-officer wie Colour-sergeants aber vier Sparren. Die Unteroffiziere tragen eine rotwollene Schärpe über die rechte Schulter.

Dänemark.

(Kokarde rot-weiß-rot.)

I. Infanterie.

Die dänische Armee trug seit ihren Anfängen rote Uniform. Rot war die alte nordische Lieblingsfarbe, wie Worsaae in seinem Werke „Dänen und Normannen" nachweist. Über den Schnitt der Uniform geben die Abbildungen Auskunft. Der Trommler von 1740 (Taf. 77, a S. 377) trägt roten Rock, gelbe Kragen, Aufschläge, Weste und Hutborte. Hosen und Gamaschen weiß. Der Trommelsarg ist gelb, die Ränder grün; der Grenadier (Taf. 77, b) hat roten Rock mit weißen Knopflöchern, blaue Abzeichen und Weste, weiße Beinkleider, schwarze Gamaschen. Der Hinterteil der Grenadiermütze rot, das Vorderschild blau mit weißen Besätzen. Um 1750 haben die roten Uniformen Rabatten. Die Unterkleider stimmen in der Farbe mit den Abzeichen des Rockes überein. Die Offiziere (Taf. 77, c), durch Ringkragen, Sponton und rotgelbe Schärpe ausgezeichnet, die über die Schulter getragen wird, trugen den Degen, wie die Mannschaften den Säbel, an braunledernem Leibgurt. 1770 sind die Unterkleider weiß (Taf. 77, e). Gegen das Ende des vorigen Jahrhunderts wurde als Kopfbedeckung ein cylinderartig gestalteter Hut mit Stutz eingeführt. Die Röcke, immer noch von roter Grundfarbe, erhielten die Form der russischen Kurtka, d. h. die kurzen Schöße waren nur vorn umgeschlagen. Kragen, Rabatten und Aufschläge von der Regimentsfarbe. Aufschlagspatten rot. Die Hosen, von hellgrauer Farbe, zeigten Gamaschenschnitt (Taf. 77, f). Die Garde hatte einen langschößigen Rock mit Silberbesatz. Dazu eine eigenartig gestaltete Kopfbedeckung.

1801:

Name des Regiments	Rock	Kragen, Aufschläge, Rabatten	Vorstöße um Kragen, Aufschläge und Rabatten	Schoßumschläge	Knöpfe
Garde	rot	hellblau keine Rabatten	keine	weiß	weiß
Dänisches Leibregiment	„	hellgelb		„	„
Norweg. Leibregiment	„	„	weiß	„	„
König	„	hellblau	keine	„	„
Königin	„	„	„	„	gelb
Kronprinz	„	„	weiß	„	weiß
Erbprinz Friedrich . .	„	grün	keine	„	„
Fühnensches Regiment	„	weiß	„	„	„
Seelandsches „	„	grün	weiß	„	„
1. Jütisches „	„	schwarz	„	„	gelb
2. Jütisches „	„	weiß	keine	„	„
3. Jütisches „	„	schwarz	weiß	„	weiß
Oldenburgisches „	„	grün	keine	„	„
Schleswigsches „	„	hellblau	weiß	„	gelb
Holsteinsches „	„	grün	„	„	„

Die Grenadiere waren durch eine Art Grenadiermütze von eigentümlicher Form ausgezeichnet (Taf. 77, g). Die Vorderseite der Kopfbedeckung war schwarz, unten mit gelbem Bleche. Über dem Schilde eine weiße Raupe, von einer Schläfe zur andern gehend. Der weiße Stutz hatte eine farbige Spitze. Nach hinten fiel ein farbiger Beutel herab. Am Bandelier Luntenberger. Jäger und leichte Infanterie trugen dieselbe Uniform wie die Linien= Infanterie, nur von grüner Grundfarbe mit schwarzen Rabatten, weißen Vorstößen und Schoßumschlägen und gelben Knöpfen. Die Grenadierjäger Mütze wie die Grenadiere, mit grünem, oben rotem Stutz (Taf. 79, a S. 383). Als Seitengewehr hatten die leichten Truppen Hirschfänger mit Bügel, während bei der Linien=Infanterie die Grenadiere und Scharfschützen mit Säbeln ausgerüstet waren, wogegen die übrige Mannschaft nur das Bajonett in Scheide trug. Die Leibjäger (Taf. 79, b) trugen 1807 eine schwarze Czapka, deren Deckel fünfeckig war. Das Pompon war kugelförmig von grüner Wolle. Die Land= wehr (Taf. 79, c) hatte 1807 einen roten Rock mit weißen

Tafel 77. Dänemark (Infanterie).

a Infanterie-Trommler — b, g Grenadiere — c, e, h Infanterie-Offiziere — d, f, i, k, m Infanteristen — l Garde-Grenadier.

Schoßumschlägen, Knöpfen und Vorstößen, blauen Kragen
und Aufschlägen; dazu ein buntfarbiges längeres Wams,
unter dem Rocke getragen. Kopfbedeckung und Beinkleider
wie die Linie, Stutz auf dem Hut grün. Die Garde trug
damals Pelzmützen. In der Folge blieb die Uniform rot
mit verschiedenfarbigen Regimentsabzeichen. An Stelle des
Hutes trat ein Czako mit weißen Behängen. 1813 (Taf. 77, i)
waren die Unterkleider noch hellgrau. Später kamen himmel=
blaue Pantalons auf. In den dreißiger Jahren war der
Kragen von der Grundfarbe, also rot, vorn mit einer Patte
von der Regimentsfarbe versehen, mit zwei Knöpfen besetzt.
Auf den Schultern Kontreepauletten (Taf. 77, k). Das
Lauenburgische Jägerkorps hatte grüne Uniform mit
roten Abzeichen und gelben Knöpfen. 1848 trug die Linien=
Infanterie die rote Uniform ohne Rabatten, mit zwei Knopf=
reihen. Bald darauf wurde ein dunkelblauer Waffenrock
eingeführt, mit zwei Reihen von weißen Knöpfen geschlossen.
Der blaue Kragen hatte krapprote Patten, die Ärmelauf=
schläge von der Grundfarbe waren durch roten Vorstoß
markiert. Die Hosen blieben himmelblau. Der Czako zeigte
weiße Beschläge; das Lederzeug, nicht mehr gekreuzt getragen,
wurde schwarz. Für gewöhnlich wurde eine blaue Mütze
mit weißroter Kokarde angelegt. Die leichte Infanterie trug
grüne Mützen, Rock und Hosen, rote Kragen=Patten und
Vorstöße, weiße Knöpfe. Die rote Grundfarbe verblieb nur
dem Garderegiment. Dasselbe trägt noch heute einen roten
einreihigen Rock, hellblaue Kragen, Achselklappen und polnische
Aufschläge, weiße Garderitzen, weißes Lederzeug, welches
bei diesem Regimente noch gekreuzt getragen wird, und weiße
Streifen an den himmelblauen Hosen. Pelzmütze mit weißen
Schuppenketten und Stern, welcher das vergoldete Wappen
zeigt. Links rote Kokarde mit weißem Ringe (Taf. 77, l).
Die Uniform der Linien=Infanterie ist heute dieselbe wie
vorher beschrieben; nur sind einige Wandelungen im Schnitt
eingetreten.

II. Kavallerie.

Bei der Kavallerie war anfänglich ebenfalls die rote Grundfarbe vorherrschend. Der Reiter von 1740 (Taf. 78, a S. 381) trägt roten Rock mit gelben Umschlägen, die Schabrake ist rot mit gelben Vorstößen. Hut, Borte und Knöpfe weiß. Der Harnisch ist geschwärzt, Beinkleider und Bandeliere lederfarben. Der Reiteroffizier von 1750 (Taf. 78, b) hat grüne Abzeichen. Die Harnischbeschläge sind gelb, die Weste weiß, Hutborte golden, Schärpe karmesin= rot mit Gold. Beim Husarenoffizier von 1764 (Taf. 78, c) Dolman, Säbeltasche und Stiefel gelb, Aufschläge, Pelz und Scharawaden dunkelrot, die Beschnürung weiß. Schärpe rot mit gelb; als Schabrake ein Pantherfell mit silberner Tresse. Der Mützenbeutel gelb. Der Reiter von 1772 (Taf. 78, d) trägt himmelblaue Abzeichen auf dem roten Rock; Schoß= umschläge und Unterkleider gelb. Weiße Hutborte und Knöpfe sowie Bandeliere; Schabrake rot mit himmelblauem Besatz. Im Jahre 1800 trug die Leibgarde zu Pferde gelbes Kollet mit roten Kragen und Aufschlägen und silbernen Besätzen. Schwarzes Lederzeug. Schwarzer Raupenhelm, unten mit rot und silbernem Bunde umgeben. Weißer, oben roter Stutz. Rote Säbeltasche mit Silberborte und dem königlichen Namenszuge (C. 7 = Christian VII.). Die schwere Kavallerie (Taf. 78, g): Roter Rock mit gelbem Schoßfutter, gelbe Lederhose und ungarische Stiefel; für gewöhnlich dunkelblaue Überknöpfhosen. Hut mit weißem Stutz. Offiziere: Frack mit langen Schößen. Rote Scha= braken mit weißem, bei den Offizieren silbernem Besatz.

1801:

Name des Regiments	Rock	Kragen, Aufschläge, Rabatten	Vorstöße	Schoß= aufschläge	Knöpfe
Leibreiterregiment	rot	gelb	keine	gelb	weiß
Seeländsches Regiment .	„	dunkelblau	„	„	„
Schleswigsches Regiment	„	hellblau	„	„	„
Holsteinsches Regiment . .	„	hellgrün	gelb	„	„

Leichte Dragoner (Taf. 78, f): Uniform wie die schweren Reiter. Statt des Hutes ein Raupenhelm mit Bund von der Abzeichenfarbe. Nur das Leibregiment, welches schwarzen Kragen u. s. w. trägt, hat roten Bund.

Name des Regiments	Rock	Kragen, Aufschläge, Rabatten,	Vor-stöße	Schoß-umschläge	Knöpfe
Leibregiment leichte Dragoner	rot	schwarz	gelb	gelb	weiß
Jütisches Dragonerregiment	"	grün	keine	"	"
Finnisches Dragonerregiment	"	hellblau	gelb	"	"

Husaren: Hellblauer Dolman mit karmesinroten Kragen und Aufschlägen, karmesinroter Pelz mit schwarzem Vorstoß, weiße Schnüre, weiß und karmesinrote Schärpe. Lederhosen. Darüber karmesinrote, weißbesetzte Scharawaden. Braunes Lederzeug. Schwarze Flügelmütze mit weißen Borten, weißer Stutz. Karmesinrote Schabrake und Säbeltasche (auf letzterer der weiße Namenszug C. 7). Zackenrand hellblau. Die reitenden Feldjäger waren wie die Fußjäger montiert, nur gelbe Schoßumschläge. Grüne Schabrake mit schwarzem Zackenrande. Die Bosniaken (Taf. 78, e) hatten ganz hellblaue Kleidung mit roten Abzeichen. Turban rot mit weißem Bunde. In der Folgezeit blieb die Uniform der leichten Dragoner die gleiche; nur der Helm erhielt eine etwas andere Gestalt; die Hosen wurden hellblau mit ledernem Reitbesatz. Auf den Schultern Kontreepauletten (Taf. 78, h), bei den Trompetern weiße Fransenepauletten, dazu rote Helmraupe. Der Helm wurde später zum Bügelhelm (Taf. 78, i). Die Uniform verlor in der Folge die Rabatten. Bei der Einführung der Waffenröcke bekamen die Dragoner solche von hellblauer Farbe mit zwei Reihen von weißen Knöpfen. Die Kragen, Patten und Vorstöße dunkelrot, Mäntel hellblau, Helmbeschläge weiß. Gegenwärtig tragen die Dragoner zu dieser Uniform Kniestiefel (Taf. 78, k). Die reitende Leibgarde erhielt weiße Waffenröcke mit roten Abzeichen und weißen Litzen. Gelbe Küraffe und

Tafel 78. Dänemark (Reiterei).

a, d, g Reiter — b Reiter-Offizier — c, l Husaren-Offiziere — f Leichter Dragoner — h, i, k Dragoner.

Helme mit weißen Beschlägen, schwarzen Haarbusch und schwarzes Lederzeug. Die Schabrake rot mit weiß. Zum Gala=Wachtdienst rote Superweste mit weißem Stern. Die Husarenuniform wurde ganz hellblau mit weißen Schnüren, der Pelz rot. Der schwarze Czako nahm die Form eines Käppi an und wird heute in sehr niedriger Form getragen (Taf. 78, l).

III. Artillerie und Genie. — Generalität.

Auf unserer Abbildung vom Jahre 1750 (Taf. 79, h) trägt der Genieoffizier ganz rote Uniform ohne anders= farbige Abzeichen; Knöpfe und Borten sind gelb. Der Artillerieoffizier (Taf. 79, d) hat roten Rock mit blauem Kragen und Aufschlägen sowie Schoßfutter; gelbe Knöpfe und Besätze, weiße Gamaschen, karmesinrot und gelbe Schärpe. Im Jahre 1800 war die Uniform der Artillerie durchaus dieselbe wie die der Infanterie; nur dunkel= blaue Hosen und schwarze Gamaschen. Abzeichen und Schoß= umschläge blau, Knöpfe gelb (Taf. 79, e). Die Offiziere trugen langschößige Röcke von karmesinroter Grundfarbe. Als Seitengewehr der Mannschaften diente ein kurzer Pallasch mit gelbem Bügel. An Stelle des Hutes trat später der Czako (Taf. 79, f), bei der reitenden Artillerie mit blauem Pompon geschmückt, bei den Offizieren mit blauem Busch. Nach der Einführung des Waffenrocks war die Artillerieuniform ganz dunkelblau mit karmesinroten Kragenpatten und Vorstößen und gelben Knöpfen. Schwarzer Czako mit gelben Beschlägen (heute von sehr niedriger Form) (Taf. 79, g), schwarzes Lederzeug. Die Genietruppe trägt schwarze Kragenpatte, rote Vorstöße und gelbe Knöpfe. Die Generale, die früher rote Uniform mit blauen Abzeichen trugen, haben jetzt einen dunkelblauen zweireihigen Waffen= rock mit Goldstickerei und Achselstücken und hellblaue Hosen und Schabraken mit Goldborten und einen Hut mit weißem Federbusch (Taf. 79, k).

1800 1807 1807 1750 1800 1830 1890 1750. 1890. 1890.

a b c d e f g h i k

Tafel 79. Dänemark (Verschiedene).

a Grenadier-Jäger — b Leibjäger — c Landwehr — d Artillerie-Offizier — e, f, g Artillerie — h Genie-Offizier — i Genie-Soldat — k General.

Schweden.
(Kokarde blau mit gelbem Rande.)

I. Infanterie.

Die Armee Gustav Adolfs trug keine Uniformen.
Dagegen finden wir unter Karl XII. die Uniformierung
durchgeführt. Die Infanterie trug blaue Röcke mit gelben
Umschlägen und gelben Unterkleidern. Knöpfe und Hut=
borte weiß. Die Grenadiermützen waren unter Karl XII.
sehr verschiedenartig gestaltet. Auf unserer Abbildung
(Taf. 80, a) ist das Vorderschild von gelbem Metall,
der Beutel blau mit gelbem Besatze. Die Zusammen=
stellung von blau und gelb bleibt auch nach 1765 die vor=
herrschende. In diesem Jahre scheinen nämlich erst die
Uniformunterschiede eingeführt zu sein. So gab es jetzt
Uniformen mit und ohne Rabatten, mit und ohne Kragen 2c.
Nur bei wenigen finden wir rote oder weiße Abzeichen.
Der Infanterist trug bei schlechter Witterung einen blauen
Mantel in Form einer Glocke. Ein höchst eigenartiges
Aussehen gewann das Heer unter Gustav III. (1771 bis
1792). Um 1778 gab man nämlich der Infanterie einen
kurzen Rock mit kleinem stehenden Kragen, auf die ver=
schiedenste Weise verziert. Die Beinbekleidung war schara=
wadenartig gestaltet. Den Kopf bedeckte ein Hut, an der
linken Seite mit Federn geschmückt, deren Farben je nach
den Regimentern verschiedenartige Zusammensetzungen zeigten
(Taf. 80, c). Im allgemeinen blieb blau mit gelb die am
meisten verbreitete Uniformfarbe. Die Halsbinden waren
teils rot, teils schwarz. Unter Gustav IV. (1792 bis 1809)
wurde der Schnitt etwas vereinfacht, sodaß das Äußere jetzt
ungefähr dem der dänischen Infanterie von 1800 entsprach
(Taf. 80, d). Nur war die Grundfarbe blau, die Abzeichen
meist gelb, aber auch mit verschiedenen anderen Farben

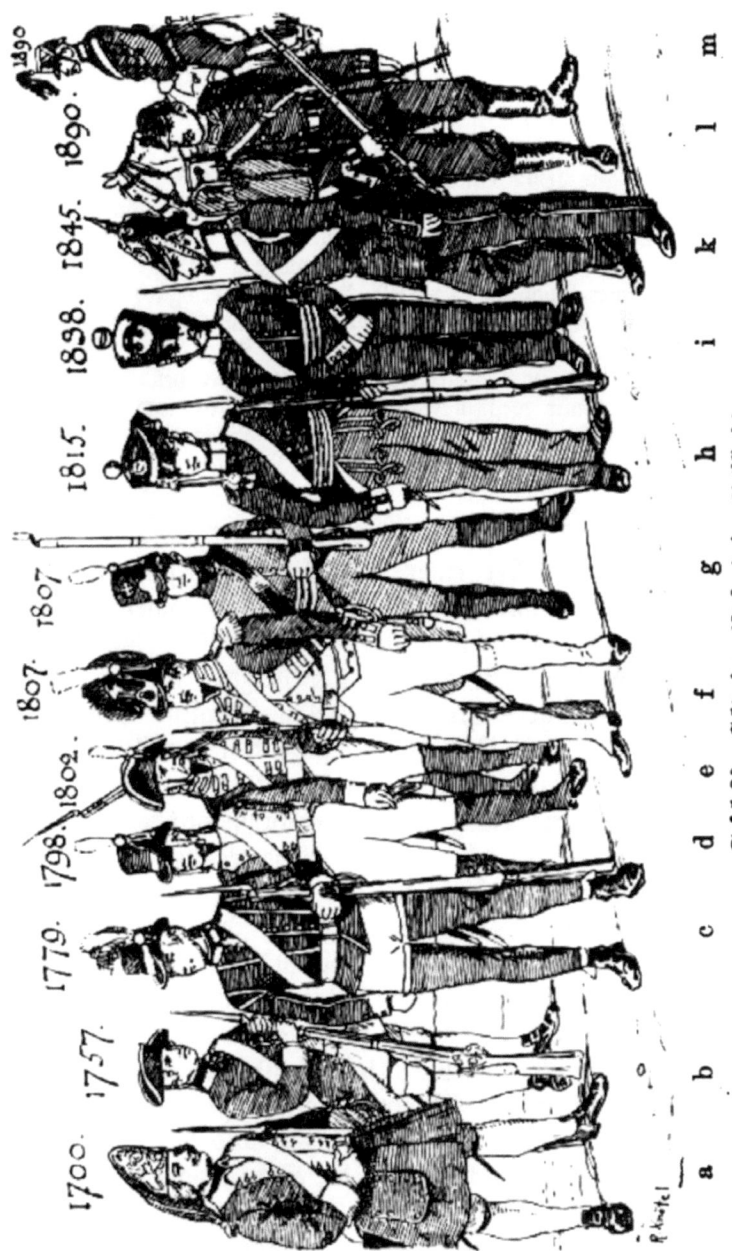

Tafel 80. Schweden (Infanterie, Artillerie).

a, b, c, d, g, h, i, k, l Linien-Infanterie (a Grenadier) — e, f Leibgarde — m Artillerist.

zusammengestellt, z. B. gelbe Rabatten, dazu rote Kragen und Aufschläge oder gelbe Rabatten und Aufschläge mit weißen Kragen 2c. Sonst kommen an Abzeichenfarben noch vor: weiß und rosenrot.

Die schwedische Leibgarde, Konungens Svea Lif Garde, hatte 1802 einen weißbortierten Hut mit weißem Stutz, blauen Rock mit gelben Abzeichen und weißen Litzen, gelbe Unterkleider (Taf. 80, e). 1807 erhielt sie weiße Unterkleider, weiße Epauletten und einen Raupenhelm mit weißem Stutz. Die Raupe lief in schräger Richtung (Taf. 80, f). Die 2. Leibgarde trug 1798 gelblich weiße Kragen, Aufschläge und Schoßumschläge, dazu ockergelbe Rabatten, alles mit rotem Vorstoß. Dazu einen Helm mit gelben Beschlägen und weißer Raupe. Unterkleider hell, 1806 weißbortierten Hut mit weißem Stutz, rote Rabatten und Schoßumschläge, gelbe Kragen und Aufschläge, weiße Litzen und Epauletten. Die Leibgrenadierregimenter (rote Rabatten und Aufschläge, weiße Kragen, Schoßumschläge und Unterkleider) führten als Kopfbedeckung eine Pelzmütze mit gelbem Beschlag und rotem Beutel.

1807 wurde bei einer Anzahl von Regimentern die Uniform bedeutend vereinfacht. Rock und Hosen wurden grau, Kragen, Aufschläge und Schoßumschläge dunkelblau, die Schärpe blau mit gelb, das Lederzeug schwarz. Der links aufgeschlagene Hut hatte gelbe Garnitur und Stutz (Taf. 80, g). Das Unterscheidungszeichen der Regimenter bildete eine Kokarde. Beim Regiment Kronoberg orange mit dunkelblauem Kreuz, Elfborg orange mit rotem Kreuz. West Götha Dahl rot mit gelbem Kreuz, Calmare orange Grund, die senkrechten Kreuzarme dunkelblau, die wagerechten rot. 1816 hatte die schwedische Leibgarde gelbe Abzeichen, dazu Pelzmütze mit weißem Stutz und roten Behängen. Die 2. Leibgarde rote Abzeichen und Hut mit schrägliegender Raupe. 1816 wurde der Rock vorn geschlossen. Die gesamte Linien-Infanterie 1815 (Taf. 80, h) blaue zweireihige Uniformen mit gelben Schoßumschlägen; Patten und Achselklappen von der Grundfarbe, Kragen und Aufschläge rot, dunkelblau, gelb oder orange, die Hosen waren grau mit Seitenbesatz und ungarischen Knoten in der Abzeichenfarbe. Der Czako hatte weiße Behänge, gelben Beschlag.

Pompon bei den Regimentern von verschiedener Farbe. 1838 (Taf. 80, i) trug die Linien=Infanterie durchweg blauen einreihigen Rock mit gelben Knöpfen, roten Kragen, Vorstößen und Ärmelpatten, gelbe Knöpfe und Schoßfutter, gelbe zweimal blau durchzogene Schärpe, blaue Hosen mit rotem Vorstoße. Die Abzeichen waren auf den Achsel= klappen und am Czakopompon angebracht.

1845 wird ein dunkelblauer einreihiger Waffenrock ein= geführt; bei der schwedischen Leibgarde mit gelben Kragen und Aufschlagspatten; Achselklappen und Aufschläge dunkel= blau, gelbe Vorstöße, weiße Gardelitzen; bei der zweiten Leibgarde roter Kragen, Aufschlagspatten, Achselklappen und Vorstöße; beide Garderegimenter auf den Achselklappen ein gekröntes gelbes O (Oskar). Alle übrigen Regimenter haben den Kragen hinten von der blauen Grundfarbe und vorn eine Kragenpatte, die bei den Grenadieren mit Litzen geschmückt ist. Die Linien=Infanterie (Taf. 80, k) gelbe Kragenpatten. Aufschläge und Aufschlagspatten dunkelblau mit gelben Vorstößen, ebenso die Beinkleider. Die Achsel= klappen verschiedenfarbig mit roter Regimentsnummer. Als Kopfbedeckung eine Pickelhaube; bei den beiden Leibgarde= regimentern mit schwarzem Busch. Weißes gekreuztes Lederzeug.

1845:

Nr.	Name des Regiments	Kragen		Achselklappen		Auf= schlag	Ärmel= patte	Bemerkungen
		Grund	Patten	Grund	Vor= stoß			
1	Konungens Svea Lif Garde	gelb	gelb	blau	gelb	blau	gelb	weiße Gardelitzen
2	Kon. Andra Lif Garde	rot	rot	rot	keiner	„	rot	weiße Gardelitzen
3	Lif Regementets Gre= nadier Corps . . .	blau	weiß	weiß	„	„	weiß	gelbe Gardelitzen, Achselklappen ohne Nummer
4	1. Lif Grenadier Reg.	„	rot	hellblau	rot	„	rot	weiße Gardelitzen, Achselklappen ohne Nummer
5	Andra Lif Gren. Reg.	„	„	„	„	„	„	weiße Gardelitzen, Achselklappen ohne Nummer

Nr.	Name des Regiments	Kragen		Achselklappen		Auf-schlag	Ärmel-patte	Bemerkungen
		Grund	Patten	Grund	Vor-stoß			
6	Westgötha Regemente	blau	gelb	gelb	blau	blau	blau	rote Nummer
7	Smålands Gren. Bat.	„	blau	hellblau	rot	„	„	gelbe Gardelitzen, keine Nummer
8	Uplands Regemente .	„	gelb	weiß	blau	„	„	rote Nummer
9	Skaraborgs Reg. ..	„	„	gelb	„	„	„	„
10	Södermanlands Reg.	„	„	hellblau	rot	„	„	„
11	Kronobergs Reg. ..	„	„	„	„	„	„	„
12	Jönköpings Reg. ..	„	„	„	„	„	„	„
13	Dahl Regemente ..	„	„	weiß	blau	„	„	„
14	Helsinge Regemente .	„	„	hellgrün	rot	„	„	„
15	Elfsborgs Regemente	„	„	gelb	blau	„	„	„
16	Westgötha Dahls Reg.	„	„	„	„	„	„	„
17	Bohus Läns Reg. .	„	„	„	„	„	„	„
18	Westmanlands Reg.	„	„	weiß	„	„	„	„
19	Norbottens Fält Jägare Corps	grün	rot	grün	rot	grün	grün	„
XIX	Westbottens Fält Jägare Corps . . .	blau	gelb	hellblau	„	blau	blau	„
20	Calmare Regemente .	blau	gelb	hellblau	„	blau	blau	„
21	Nerikes Regemente .	„	„	weiß	blau	„	„	„
22	Wermlands Reg. ..	„	„	„	„	„	„	„
23	Jemtlands Fält Jägare Regemente .	grün	hellblau	grün	rot	grün	grün	„
24	Norra Skånska Jägare Regemente .	blau	gelb	hellblau	gelb	blau	blau	„
25	Södra Skånska Jägare Regemente .	„	„	„	„	„	„	„
26	Wermlands Fält Jägare Regemente .	grün	schwarz	rot	keiner	grün	grün	weiße Nummer

In dieser Übersicht haben wir der Vollständigkeit wegen auch die Jägertruppen mit aufgenommen. Dieselben haben ebenfalls die Beinkleider von der Grundfarbe des Rockes mit Vorstößen von der Farbe der Kragenpatte, die Knöpfe sind gelb, das Lederzeug schwarz. Im allgemeinen ging die Entwickelung der Uniform der Jägertruppe parallel mit derjenigen der übrigen Infanterie. Heute trägt die schwedische Linien-Infanterie (Taf. 80, 1) einen zweireihigen dunkelblauen Waffenrock mit ebensolchen Kragen und Aufschlägen, gelbe Gardelitzen, blaue Hose und ein Käppi, zur Parade mit schwarzem herabhängenden Haarbusch verziert. Die Offiziere haben Epauletten. Die Abzeichen der Garderegimenter sind dieselben geblieben. Beim Wermländischen Feldjägerkorps, welches grün, schwarz beschnürte Uniformen mit weißen Knöpfen trägt, dient als Kopfbedeckung eine Art Versaglierihut.

II. Kavallerie.

Unter Karl XII. war die Dragoneruniform ganz blau mit weißen Knöpfen ohne farbige Abzeichen, die Unterkleider lederfarben (Taf. 81, a S. 391). Vor dem siebenjährigen Kriege hatte der Rock noch den alten Schnitt beibehalten, aber gelbe Kragen und Schoßumschläge bekommen (Taf. 81, b). Das Mörnersche Husarenregiment (Taf. 81, c) hatte ganz blaue Uniform mit gelben Schnüren; die Flügelmütze gelbes Futter und weißen Stutz. Durch Teilung ging aus diesem Regiment ein zweites hervor, welches schwarzen Dolman und Scharawaden, gelbe Pelze und weißes Schnur=werk trug. Die Pelzmütze hatte gelben Beutel und zeigte vorn einen Totenkopf über gekreuzten Knochen; der Stutz war weiß. 1779 erhielt die Kavallerieuniform denselben Schnitt wie bei der Infanterie (Taf. 81, d). Die Leib=garde zu Pferde (Konungens Lif Garde till Häst): weiße Uniform mit blauen Abzeichen und weißen Litzen, blaue Scharawaden, gelbe Schärpe, schwarze Mütze mit weißem Beschlag und gelbem Stutz. Die Dragoner (Taf. 81, e): blaue Uniform mit verschiedenfarbigen Abzeichen und Hüte. Die reitenden Jäger: grün mit gelb, gleiche Kopfbedeckung. Um 1800 tragen Dragoner und Karabiniers den Hut mit weißem Stutz, die Leibkürassiere (Taf. 81, f) ganz lederfarbenen Anzug ohne farbige Abzeichen, Helme mit gelben Beschlägen. Die gesamte Reiterei hatte Säbeltaschen von blauer Grundfarbe mit dem schwedischen Wappen, den drei gelben Kronen, geschmückt. Die Kopfbedeckungen waren, wie die Abbildungen zeigen, sehr verschiedenfarbig gestaltet. Die Husarenuniform blieb immer von dunkelblauer Grund=farbe. Kragen, Aufschläge und Verschnürung bildeten die Regimentsabzeichen. Die Leibgarde zu Pferde war sehr reich ausgestattet. Ihre Formation und Uniform wechselte sehr häufig. Die Leibdragoner trugen in den zwanziger Jahren zur Parade ein weißes Kollet mit dunkelblauen Abzeichen und gelben Litzen. Gelb und dunkelblaue Schärpe, dunkelblaue Hose, Helm mit gelben Beschlägen und schwarzer Raupe. Die kleine Uniform war dunkelblau. Bei den Husaren blieb die Flügelmütze bis Ende der vierziger Jahre im Gebrauch und wurde dann durch ein Käppi von ziemlich hoher Form verdrängt, welches mit Vorder= und Hinter= schirm versehen war (Taf. 81, m). Heute wird dieses Käppi in sehr niedriger Form getragen. Dasselbe ist mit herab= hängendem Stutz geschmückt (Taf. 81, o).

Die Abzeichen der Kavallerie sind gegenwärtig folgende:

Namen	Rock resp. Dolman, Pelz	Kragen	Auf= schläge	Besätze	Hosen	Kopfbedeckung
Nr. 1. Lifgarde till Häst	hellblau weiße Rabatten	hellblau	hellblau	weiß	hellblau	Stahlhelm mit weißem Busch
Nr. 2. Lifregemen= tets Dragon= corps	weiß blaue Rabatten	dunkel= blau	dunkel= blau	gelb	dunkel= blau	Bügelhelm mit gelbem Beschlag
Nr. 3. Lifregemen= tets Husarcorps	dunkelblau	dunkel= blau	weiß	weiß	dunkel= blau	blaues Käppi mit weißem Busch
Nr. 4. Smålands Husarregemen= te	„	gelb	gelb	gelb	dunkel= blau	gelbes Käppi mit schwarzem Busch
Nr. 5. Stånsta Hu= sarregemente	„	dunkel= blau	dunkel= blau	„	blau	blaues Käppi mit schwarzem Busch
Nr. 6. Stånsta Dra= gonregemente	„ gelbe Rabatten	dunkel= blau	dunkel= blau	„	dunkel= blau	Helm mit gelben Beschlägen und schwarzem Busch
Nr. 7. Kronprinsens Husarregemen= te	dunkelblau	dunkel= blau	gelb	„	dunkel= blau	blaues Käppi mit schwarzem Busch
Nr. 8. Jemtlands Hästjägarecorps	grün mit grünen Rabatten	hellblau	hellblau	„	grün	grünes Käppi mit schwarzem Busch

Tafel 81. Schweden (Reiterei).

a, b, d, e, h, i, k Dragoner — c, l, m, o Husaren — f Leib-Küraffier — g Leibgarde zu Pferde — n Reitender Jäger.

III. Artillerie, Genie, Train. — Generalität.

Unter Karl II. war die Artillerieuniform ganz blau
ohne farbige Abzeichen. 1779 wird ein Rock eingeführt im
Schnitte wie damals bei der Infanterie. Die Achselklappen
gelb, alles übrige, auch die Beinkleider, dunkelblau; Knöpfe
gelb. Hut mit weißem Bande und gelbem Stutz. 1794
trägt das finnische Artillerieregiment ganz blaue
Uniform mit roten Kragen, dunkelblauen Aufschlägen und
Achselklappen; letztere gelb vorgestoßen. Lederzeug gelb.
Hut mit gelbem Stutz, Agraffe und Beschlag. Gelbe Knöpfe.
Das wendische Artillerieregiment 1808: ganz blaue
Uniform mit gelben Knöpfen, weißen Kragen mit gelben
Litzen geschmückt. Gelbes Lederzeug, Czako mit gelbem
Beschlag, schwarzen Fransen an dem obern Rand und weißem
Stutz. 1816 ist die Uniform desselben Regiments in der
Art geändert, daß der Spenzer schwarze Husarenschnüre
mit gelben Knöpfen zeigt. Die Litzen am Kragen sind fort=
gefallen. Blaue Schärpe mit gelben Knöpfen, gelbe Seiten=
streifen auf den blauen Hosen. Czako mit gelbem Beschlag
und schwarzem Busch. Das gothländische Artillerie=
regiment (Götha Reg.): ganz blaue Uniform mit gelben
Kragen, Vorstößen um die Achselklappen, Hosenstreifen und
Knöpfen; hochgelbe Litzen am Kragen. Helm mit gelben
Beschlägen und schwarzer Raupe. Das schwedische Ar=
tillerieregiment (Svea Reg.) 1845 nach Einführung
der Waffenröcke ganz blau, auch Kragen und Aufschläge;
gelbe Gardelitzen und Knöpfe sowie Hosenbiese. Weiße
Achselklappen, gelbes Lederzeug, Raupenhelm mit gelben
Beschlägen. Gegenwärtig trägt die Artillerie dunkelblaue
Dolmans mit schwarzen Husarenschnüren und gelben Knöpfen,
Aufschläge von der Grundfarbe, blaue Käppis mit schwarzem
Busch und gelber Garnitur. Auf beiden Seiten des Käppis
ist ein farbiges Dreieck eingelassen, welches zugleich mit den
farbigen Kragen das Regimentsabzeichen bildet (Taf. 80, m)
und zwar Regiment Nr. 1 (Svea Reg.) hellblau; Nr. 2

(Götha Reg.) gelb; Nr. 3 (Vendes Reg.) weiß. Die Genietruppe hat himmelblaue Waffenröcke mit einer Knopfreihe, schwarze Kragenpatten mit gelben Litzen, gelbe Fransenepauletten, schwarze Aufschlagspatten, hellblaues Käppi mit gelber Garnitur und schwarzem Busch. Der Train: dunkelblau mit hellblauen Abzeichen (auch Rabatten); weiße Gardelitzen und Knöpfe, Lederhelm mit weißen Beschlägen und Busch. Die Generalsuniform: ganz dunkelblau mit Goldstickerei und goldenen Epauletten sowie breiten gelben Hosenstreifen. Hut mit gelb und blauem Federbusch. Der Generalstab ebenso; nur fehlt die Gold= stickerei, dafür gelbe Biesen.

Norwegen.
(Kokarde blau=weiß=rot.)

I. Infanterie.

Norwegen gehörte bekanntlich früher zu Dänemark. Seit 1814 ist es durch Personalunion mit der schwedischen Krone vereinigt. Die Uniformierung schließt sich von dieser Periode in Schnitt und Farbe im allgemeinen der schwedischen Armee an. So trug um 1830 die Infanterie (Taf. 82, a S. 395) einen kurzschößigen dunkelblauen Frack, rote Kragen, Vorstöße, Ärmelpatten und Schoßumschläge. Gelbe Schärpe zweimal blau durchzogen, gelbe Knöpfe. Czako mit gelber Garnitur. Beinkleider blau, im Sommer weiß. Um 1860 (Taf. 82, b) dunkelblauer Waffenrock mit ebensolchen Ab= zeichen, roten Vorstößen, gelben Knöpfen, grauen Hosen mit rotem Vorstoß und blauem Käppi mit rotem Besatz und Pompon. Vorn die rote Kokarde von weißem Rand umgeben; der weiße Rand mit einem blauen Ringe belegt. Die Jäger

(Taf. 82, c) trugen einen ganz grünen kurzschößigen Rock ohne weitere Abzeichen; weiße Knöpfe, graue Hosen. Ver= saglierihut mit der Kokarde und schwarzem Busch. Die Scharfschützen der Garde (Taf. 82, d) haben heute noch denselben Hut, dazu einen dunkelblauen kurzen Waffenrock mit ebensolchen Kragen und Aufschlägen, weißen Knöpfen und Gardelitzen, roten Vorstößen, grünen Epauletten mit weißen Halbmonden, graue Hosen mit weißen Streifen. Seit Ende der achtziger Jahre ist die Infanterie in folgender Weise bekleidet: hellblauer Waffenrock mit gleichfarbigem liegenden Kragen und Aufschlägen. Alle Abzeichen sowie der Rock vorn herunter und rings um die Schöße mit roten Vor= stößen besetzt. Ebensolche Vorstöße an den hellblauen Bein= kleidern. Die Knöpfe sind weiß. Pickelhaube mit weißen Beschlägen (Taf. 82, e).

II. Kavallerie.

Die Grundfarbe ist bis heute grün. 1830 (Taf. 82, f) hatte das Kollet grüne Kragen, Aufschläge und Rabatten mit roten Vorstößen, weiße Knöpfe, roter Besatz auf den grünen Hosen, Czako mit schwarzem Stutz, weißem Beschlag und Behängen. 1860 (Taf. 82, g) rotes Käppi mit eben= solchem Pompon und weißer Garnitur. Grüner Rock mit ebensolchen Aufschlägen und Rabatten, rote Kragen und rote Vorstöße um Achselklappen, Rabatten, Aufschläge, Schöße, Ärmel= und Rückennähte; weiße Gardelitzen und Knöpfe. Grüne Hosen mit roter Biese und schwarzem Lederbesatz. Grüne Schabrake mit rotem Zackenrand und weißer Krone in den hinteren Ecken. Heute ist die Uniform in Schnitt und Farbe ähnlich; nur ist das sehr niedrige Käppi jetzt von grüner Grundfarbe mit karmesinroten Besätzen, weißem Beschlag und schwarzem Busch. Hosen in den Stiefeln getragen. Alles Rot jetzt karmesinrot (Taf. 82, h). Schabrakenrand glatt, ebenfalls karmesinrot, auch die Krone 'n den hinteren Ecken der Schabrake.

1830. 1860. 1860. 1890. 1890. 1830. 1890. 1860. 1890. 1830 1890. 1890.

a b c d e f g h i k l

Tafel 82. Norwegen.

a Infanterie-Offizier — b, e Infanteristen — c Jäger — d Spielmann der Garde — f Kavallerie-Offizier — g, h Kavalleristen —
i Artillerie-Offizier — k Artillerist — l Genie-Offizier.

III. Artillerie, Genie. — Generalität.

Die Artillerie-Uniform war 1830 (Taf. 82, i) ganz blau
(auch die Abzeichen) mit karmesinroten Vorstößen. Gelbe
Knöpfe, Czako mit gelber Granate und Schuppenketten,
schwarzer Busch. 1860 blauer Waffenrock mit ebensolchen
Aufschlägen und Achselklappen, karmesinroter Kragen und
Vorstöße, gelbe Knöpfe und Lederzeug. Graue Hosen mit
roter Biese, blauer Czako mit karmesinroten Besätzen,
Pompon und Fangschnur. Vorn die Kokarde, darunter
gelbe Granate. Die Uniform ist heute dieselbe; nur ist die
Kopfbedeckung durch eine blaue Mütze ersetzt, die mit karmesinroten Vorstößen verziert ist (Taf. 82, k). Die Genietruppe trägt heute dieselbe Uniform wie die Infanterie;
nur sind Vorstöße schwarz (Taf. 82, l). Die Uniform der
Generalität ist fast dieselbe wie in Schweden. Vorstöße
und Hosenstreifen sind rot.

Die neutralen Staaten.

Niederlande.

(Rokarde orange.)

I. Infanterie.

Im vorigen Jahrhundert war die niederländische Armee
ähnlich wie die preußischen Truppen gekleidet und zwar die
Infanterie in Dunkelblau, schwere Reiter in Weiß und
Dragoner in Hellblau. Um die Mitte des Jahrhunderts
zeigte der Schnitt viele Anklänge an englische Vorbilder.
1752 waren die Aufschläge noch von sehr großer Form.
Die Garde trug bortierten Hut sowie reichen Besatz am
Bandelier und an Rabatten und Aufschlägen. Die Grenadier=
mütze hatte ein reich mit Silber verziertes rotes Schild
(Taf. 83, a S. 399). Die Offiziere trugen die Schöße nicht
umgeschlagen; als Dienstzeichen führten sie vergoldete Ring=
kragen, orange Schärpe über die rechte Schulter und
Spontons; die Unteroffiziere Schärpe um den Leib und
Kurzgewehr. Westen und Beinkleider waren farbig; später
wurden sie wie allenthalben weiß oder gelblich weiß. Die
Abzeichen am Rock waren sehr verschiedenartig. Die
Schweizergarde hatte die Grenadiermützen von Pelz; später
ging diese Kopfbedeckung auch auf die übrigen Grenadiere
der Armee über. Die Pelzmütze hatte 1760 vorn ein Blech,

später 1790 war sie ohne Beschlag (Taf. 83, c). Die
Offiziere wurden durch Achselbänder ausgezeichnet. In den
Kämpfen gegen die franz. Revolutionsheere trug die Infanterie
vielfach Kaskets. Ein Original im Berliner Zeughaus zeigt
eine schwarze Glocke, messingene Beschläge und roten Roßhaarkamm. Hinten hängt zum Schutze des Nackens ein
kleines Kettchen herab. Links ist eine Bandkokarde angebracht,
deren Farbe allerdings kaum noch zu erkennen ist. Sie
erscheint jetzt fast graugrün, war aber jedenfalls ursprünglich
orange. Als die Niederlande 1795 zur Batavischen Republik
umgewandelt wurden, erhielt die Uniform unter Beibehalt
der blauen Grundfarbe französischen Schnitt. Die Rock-
schöße wurden sehr lang, die Kragen höher, die Hüte größer
(Taf. 83, d). Die Infanterie erhielt die französische Einteilung in Halbbrigaden zu drei Bataillonen. Für die Offiziere
führte man Epauletten ein. Die Kokarde, bis 1795 orange,
wurde nun schwarz. Als Napoleon die Batavische Republik
zum Königtum erhob, wurde die Uniform in Schnitt und
Farbe geändert. In dieser Periode, 1806—1810, trug die
Infanterie (Taf. 83, f) weiße Röcke, Hosen und Westen.
Kragen, Rabatten, Aufschläge und Schoßumschläge waren
regimenterweis verschieden.

1. Regiment (Garde)	karmesin
2.	„	hellblau
3.	„	rot
4.	„	rosa
5.	„	dunkelgrün
6.	„	grasgrün
7.	„	gelb
8.	„	hellviolett
9.	„	schwarz.

Die Gamaschen waren schwarz, die Mäntel hellblau.
Als Kopfbedeckung schwarze Czakos. Links eine messingene
Agraffe. Darüber Pompon von der Regimentsfarbe. Vorn
am Czako metallene Regimentsnummern. Bei den Füsilierkompagnien weiße Behänge. Die Grenadiere und Voltigeure
rote bezw. grüne Epauletten wie in der französischen Armee.

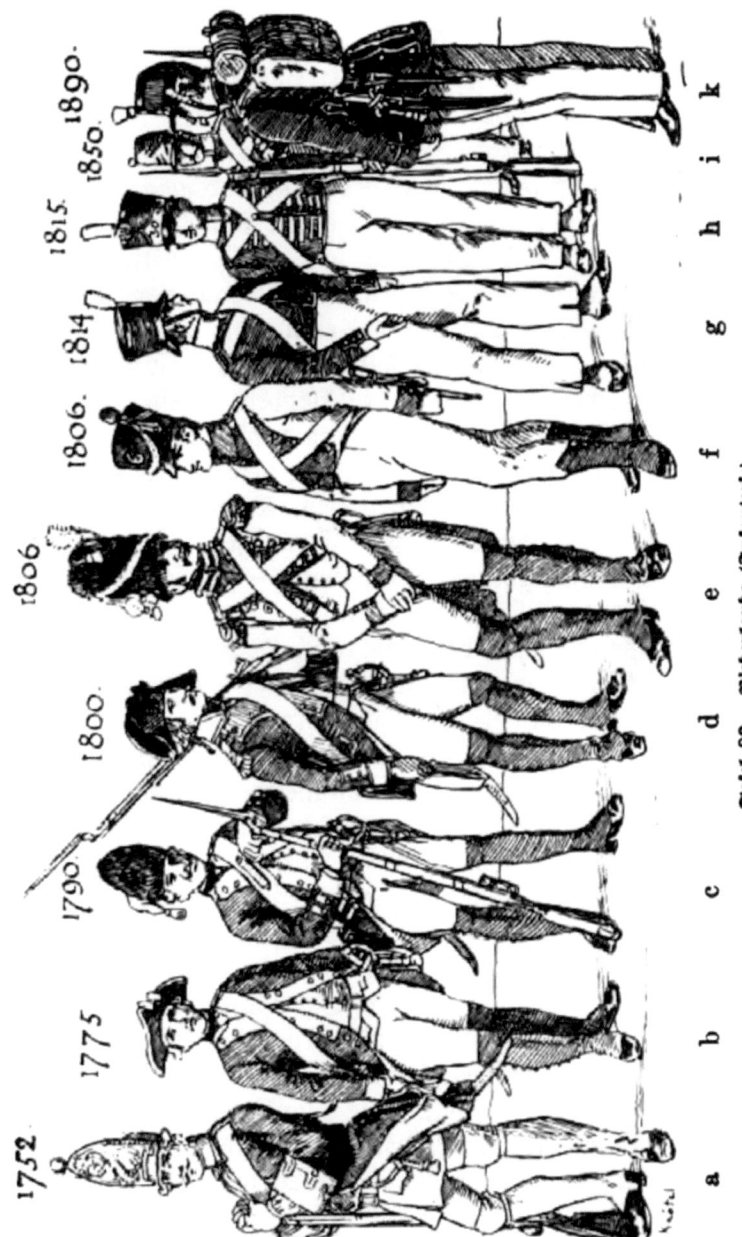

Tafel 83. Niederlande (Infanterie).

a. e Grenadiere der Garde — c Linien-Grenadier — b, d, f, g, h, i, k Linien-Infanterie (h Schweizer-Infanterie).

Die Füsiliere trugen das Bajonett in Scheide; Grenadiere, Voltigeure und Unteroffiziere Säbel. Die Garde (Taf. 83, e) hatte auf jeder Rabatte sieben gelbe Litzen mit Puscheln. Die oberste Litze war schräg gesetzt; zwei dergleichen Litzen auf dem Kragen. Dazu rote Fransenepauletten, Pelzmütze mit rotem Deckel, worauf eine weiße Granate. Roter Feder= stutz und weiße Behänge. Das Lederzeug durchgängig weiß. Die Offiziere führten als Dienstzeichen Ringkragen, aber keine Schärpe. Das Portepee von Gold. Stiefel mit umgeschlagenen gelben Stulpen. Die Epauletten glichen denen der französischen Offiziere, ebenso die Chevrons der Unteroffiziere. Die leichte Infanterie trug Uniform in demselben Schnitte. Rock, Brustklappen, Weste, Hosen, Pompon, Behänge und Achselklappen dunkelgrün. Kragen, spitze Aufschläge, Schöße und Vorstöße waren beim zweiten Regiment hellblau, beim dritten gelb, Knöpfe durchgängig gelb. Schwarzes Lederzeug und Gamaschen. (Als Nr. 1 rangierte das Jägerbataillon der Garde — uniformiert wie die Grenadiere mit Jägerabzeichen.)

Als Napoleon 1810 das Königreich Holland dem Kaiser= reiche einverleibte, wurden die Regimenter der französischen Armee zugeteilt und erhielten somit französische Uniformen. Nur das Garde=Regiment behielt seine weiße Uniform, auf welcher jetzt die gelben Litzen wegfielen. Es wurde der Kaisergarde als drittes Regiment der Grenadiere zu Fuß zugeteilt (vergl. S. 254). Als 1814/15 das Reich als Königreich der Vereinigten Niederlande seine Selbständigkeit wiedererhielt, bekam die Infanterie (Taf. 83, g) blaue einreihige Röcke mit ebensolchen Aufschlagspatten und Achselklappen; weiße Kragen, Aufschläge und Vorstöße, rote Schoßumschläge, gelbe Knöpfe und hellgraue Hosen. Czako mit Vorder= und Hinterschirm, gelbem Schildchen, orange Kokarde und weißem Stutz. Die Flankkompagnien: blaue Achselwülste mit weißen Vorstößen. 1815 (Taf. 83, h) wurde ein neues Czakomodell ausgegeben, mit diabemartigem Messingbeschlag und orange Kokarde. Der Stutz fehlte.

Die Jägeruniform in demselben Schnitte von grüner Grund=
farbe mit ebensolchen Aufschlagspatten und Achselklappen.
Gelbe Kragen, Vorstöße, Aufschläge und Knöpfe. Rote
Schoßumschläge. Czako wie die Linie; mit grünem Stutz
und gelber Bataillonsnummer über einem gelben Jägerhorn.
Das Lederzeug dieser Truppe war schwarz. Die Offiziere
erhielten die orange Schärpe wieder. Sie trugen Uniformen
mit langen Schößen. Die Nationalmiliz hatte blaue Röcke
mit ebensolchen Achselklappen und schwedischen Aufschlägen,
orange Kragen und Vorstöße. Weißes Schoßfutter und
Knöpfe. Czako englischen Modells mit weißer Sonne und
Stutz sowie orange Kokarde. Der beschriebene Typus blieb
durch die zwanziger Jahre der herrschende.

Die vier Schweizerregimenter*) (29., 30., 31. und 32. Regiment)
waren in Bezug auf die Uniform reich ausgestattet. Sie trugen
verschiedenfarbige Kragen, Aufschläge und Schoßumschläge. Auf der
Brust neun Litzen (Taf. 83, h).

Nummer des Regiments	Abzeichen	Knöpfe und Litzen u. Achselwülfte der Flankkompagnien	Schoß= umschläge
29.	rot	weiß	rot
30.	orange	"	orange
31.	hellblau	"	hellblau
32.	gelb	gelb	rot

Um 1830 trug die Infanterie einen Czako von ziemlich
niedriger Form mit verhältnismäßig großem Deckel. Später
spitzen hohen Czako. Bis 1860 wurde das Lederzeug
gekreuzt getragen. Die Kopfbedeckung wurde allmählich
niedriger. Seit den vierziger Jahren Waffenrock. Heute
trägt die Linieninfanterie (Taf. 83, k) einen zweireihigen
dunkelblauen Rock mit ebensolchen Kragen und Aufschlägen.
Vorstöße um Kragen, spitze Aufschläge und Taschenleisten
gelb; gelbe Achselstücke und Quastenschnüre, hellblaue Hosen

---

*) Die Schweizerregimenter wurden 1829 aufgelöst.

Knötel, Uniformkunde. 26

mit gelben Vorstößen. Käppiartiger Czako mit orange Kokarde, gelben Schuppenketten und Sonne. Weißer, niedriger Stutz. Die Grenadiere haben rote Kragen und Aufschläge sowie Vorstöße. Das Lederzeug ist schwarz. Die Jäger ganz dunkelgrüne Uniform in demselben Schnitte wie die Infanterie. Vorstöße gelb. Die Schutterei bildet an Stelle der ehemaligen Nationalmiliz eine Art Landwehr. Die Waffenröcke und Hosen sind dunkelblau. Kragen und Aufschläge rot, Knöpfe und Achselstücke weiß. Als Offiziersabzeichen dient bei sämtlichen Fußtruppen die orangegelbe Schärpe.

II. Kavallerie.

Wie schon im vorhergehenden Abschnitte bemerkt, war die Reiterei im 18. Jahrhundert in Schnitt und Farbe ähnlich wie die preußische uniformiert. Die Garde zu Pferde (Taf. 84, a) trug 1752 einen blauen Rock mit roten Umschlägen und weißem Silberbesatze. Die Grenadierabteilungen hatten als Kopfbedeckung Pelzmützen (Taf. 84, c). Der Hut erhielt nach preußischem Vorbild in den sechziger Jahren einen weißen Stutz. Beinkleider und Bandeliere waren lederfarben. Die Röcke der Dragoner hellblau, der schweren Reiter weiß (Taf. 84, b), beim 2. schweren Regiment, welches den Namen Karabiniers führte, gelblichweiß. Im ganzen bestanden sechs schwere Regimenter; die farbigen Abzeichen waren grün, hellblau, rot, rosa und schwarz und zwar war die rote Abzeichenfarbe zweimal vorhanden. Beide Regimenter unterschieden sich durch die Knopffarbe. Die Dragonerwaffe zählte zwei Regimenter. Die Uniform war hellblau mit rosa. Westen und Beinkleider weiß. Die Garde zu Pferde und die Garde-Dragoner dunkelblau mit rot und Silber. In der Periode der Batavischen Republik bestanden nur zwei schwere Dragoner- und ein Husarenregiment. Abbildungen der schweren Dragoner aus dem Anfange dieses Jahrhunderts zeigen weiße Uniform mit schwarzen Abzeichen, weißen Litzen.

Tafel 84. Niederlande (Reiterei).

a Garde zu Pferde — b Reiter — c Garde-Dragoner (Grenadier) — d, k Kürassiere — e, o Husaren — g, i Leichte Dragoner —
f, h Schwere Dragoner — l Lancier — m Jäger zu Pferde — n Dragoner.

Kasket mit schwarzer Raupe, weißrotem Bunde und weißem
Stutz. Die gesamte Kavallerie trug im Felde blaue Über=
knöpfhosen. Bei der Neubildung der Armee 1806 wurde
ein schweres Gardereiter=Regiment errichtet, welches
die Uniform der Garde zu Fuß erhielt, also weiß mit karmesin=
rot und gelben Litzen. Statt der Epauletten gelbe Achsel=
stücke. Pelzmütze mit weißen Behängen und rotem Stutz.
Hohe Stiefel. Die Kürassiere (Taf. 84, d) trugen einen
gelben Helm mit schwarzem Roßschweif und rotem Stutz.
Weißes Kollet mit hellblauen Kragen, Rabatten, Aufschlägen
und Schößen; rote Epauletten, gelbes Lederzeug. Die
Husaren waren ganz dunkelblau oder hellblau mit roten
Kragen und Aufschlägen sowie gelben Schnüren. Die
Garde=Husaren rot mit gelben Schnüren und weißem Pelz.
1814 wurden zwei schwere Dragoner=Regimenter (Taf. 84, f)
errichtet. Dieselben erhielten einen langschößigen blauen
Rock mit Kragen und Brustklappen, welche für das 1. Regi=
ment rosa und für das 2. gelb waren. 1815 wurden die
Uniformen geändert. Die gesamte Reiterei bestand im Jahre
1815 aus acht Regimentern.

Bezeichnung des Regiments	Rock	Kragen und Aufschläge	Schoß= futter	Hose	Knöpfe	Bemerkungen
1. Karabiniers . .	blau	rosa	rot	weiß	weiß	Stahlhelm mit schwar Raupe
2. „ . .	„	rot, blaue Kragen	„	„	„	Stahlhelm mit schwa Raupe, rote Bru klappen u. Epaulett
3. „ . .	„	gelb	„	„	„	Stahlhelm mit schwa Raupe
4. Leichte Dragoner	„	rot	„	„	„	schwarzer Czako
5. „ „	grün	gelb	gelb	grau	„	grüner Czako
6. Husaren	hellblau	rot	keines	hellblau	„	schwarzer Czako
8. „	„	hellblau	„	„	gelb	„ „

Bei der gesamten Reiterei wurden im Felde graue Über=
hosen getragen, nur bei den Husaren waren dieselben dunkel=
blau. Das Regiment Nr. 7, welches in der Aufstellung
fehlt, stand in Indien. Die Karabiniers wurden kurze Zeit

nach der Schlacht bei Waterloo in Kürassiere (Taf. 84, k)
umgewandelt. Sie behielten die blauen Kollets und farbige
Abzeichen und legten blanke Harnische an. Der Stahlhelm
mit schwarzer Raupe zeigte, wie schon früher, gelben Bügel,
Schuppenketten und vorn einen Löwenkopf. Auf den Schultern
wurden Achselwülste in der Kragenfarbe angebracht. In den
zwanziger Jahren trugen die leichten Dragoner (Taf. 84, i)
blaue Kollets mit ebensolchen Rabatten, blaue Hosen und
Schabraken. Orangefarbene Kragen und Vorstöße, weiße
Knöpfe, Hosen- und Schabrakenbesatz. Schwarzer Czako mit
weißem oberen Rande und Behängen, weißer Regimentsnummer, schwarzem Stutz und orange Kokarde. Die Husaren
hellblaue Dolmans und Pelze mit gelben Schnüren. Schwarze
Säbeltaschen mit metallener Regimentsnummer. Die neu
errichteten Lanciers (Taf. 84, l): dunkelgrüne Kurtkas mit
ebensolchen Kragen und Rabatten, Beinkleidern, Schabraken
und Mantelsäcken. Vorstöße und Besätze orange, weiße
Knöpfe und Schuppenepauletten, grüne Czapka mit weißem
Stutz; Lanzenflagge oben orange, unten weiß. Die Trompeter
trugen weiße Kollets mit grünen Abzeichen. Im weiteren
Verlaufe richtete sich der Uniformschnitt bei der Kavallerie
meist nach dem in Frankreich gebräuchlichen. In den vierziger Jahren werden auch Jäger zu Pferde (Taf. 84, m)
errichtet, welche grüne Kollets mit karmesinroten Abzeichen
und weißen Knöpfen erhielten. Die Hosen waren hellblau.
Eine durchgreifende Umwandelung erhielt die Kavallerie-
Uniform im Jahre 1867. Die nunmehr noch bestehen
bleibenden drei Kavallerie-Regimenter erhielten Husaren-
Uniform (Taf. 84, o). Die Uniform besteht seitdem aus
dunkelblauen Attilas und Hosen; beim 1. und 2. Regiment
mit hellblauer Beschnürung, beim 3. mit roter. Die mit
weißen Schuppenketten versehene Pelzmütze hat vorn ein
Pompon in der Schnurfarbe. Die Knöpfe sind weiß, ebenso
die über die Schulter getragenen Quastenschnüre. Die
schwarze Säbeltasche zeigt die weiße Regimentsnummer.

III. Artillerie, Genie. — Generalität.

Die Artillerie- und Genieuniform war im 18. Jahrhundert ähnlich wie die Infanterie-Montierung, nur zeigten
Westen und Hosen die blaue Grundfarbe des Rockes. Die
Artillerie hatte rote, die Pioniere schwarze Aufschläge. 1793
wurde die reitende Artillerie errichtet. Sie trug
Kavallerieuniform, nämlich dunkelblauen Rock mit blauen
Klappen, rote Kragen und Aufschläge, gelbe Hosen, hohe
Stiefel und Dragonerhüte. Bei der Neubildung der Armee
des nunmehrigen Königreichs Holland im Jahre 1806
erhielt die Fuß-Artillerie Uniformen im Schnitte wie
die holländische Infanterie. Die Farben waren für Rock,
Weste, Hosen, Brustklappen und Achselklappen dunkelblau;
Kragen, Aufschläge, Vorstöße und Czakobehänge rot, das
Czakopompon, auf der linken Seite befindlich, nach den
Bataillonen verschieden, rot, weiß, blau, gelb. Als Czako-
beschlag eine gelbe Krone über gekreuzten Kanonenrohren.
Knöpfe gelb, Lederzeug weiß, Gamaschen schwarz. Die
reitende Artillerie trug eine ganz blaue Husarenuniform
mit roter Beschnürung, gelben Knöpfen und schwarzem
Lederzeug. Czakorand, Behänge und Stutz rot. Die nieder-
ländische Artillerie erhielt 1815 einreihige dunkelblaue
Kollets mit ebensolchen Aufschlagspatten, schwarzen Kragen
und Aufschlägen, roten Vorstößen und gelben Knöpfen;
graue Beinkleider mit roten Streifen, rote Czakobehänge,
schwarzen Stutz. Der Train hatte eine Uniform ähnlichen
Schnittes, aber von grauer Grundfarbe, mit schwarzen
Kragen, Aufschlägen, roten Vorstößen und weißen Knöpfen.
Im weiteren geht die Entwickelung der Artillerieuniform
parallel mit derjenigen der Infanterie. Heute besteht die
Uniform für die Feld- und Festungsartillerie aus
einem blauen Rock mit zwei Knopfreihen, schwarzem Kragen
mit roten Vorstößen; Aufschläge von der Grundfarbe ebenfalls rot vorgestoßen; dunkelblaue Beinkleider mit roter
Biese. Quastenschnüre und Achselstücke rot. Czako mit

gelbem Beschlag, rotem Pompon und schwarzem Stutz. Die reitende Artillerie trägt eine ganz dunkelblaue Husarenuniform mit gelber Beschnürung. Hohe Husaren= pelzmütze mit rotem Beutel und Pompon und gelben Fang= schnüren. Die Genietruppe ist wie die Infanterie uni= formiert; nur sind die Vorstöße und Quastenschnüre rot. Am Kragen zwei gelbe Litzen. — Der General hat dunkel= blauen Attila mit goldenen Schnüren und roten Aufschlägen; letztere reich mit Gold besetzt. Dunkelblaue Hosen mit rotem Vorstoß. Pelzmütze mit rotem Beutel und goldenen Behängen und weißem Stutz. Schärpe orange. Der Generalstab ist ebenso gekleidet; nur sind die Aufschläge von der Grundfarbe und die Attilabeschnürung schwarz. Die Ordonnanzoffiziere des Königs sind mit einem dunkel= grünen, schwarz beschnürten Attila bekleidet. Dunkelgrüne Beinkleider, Pelzmütze mit rotem Stutz und Beutel.

Belgien.

(Kokarde schwarz=gelb=rot.)

I. Infanterie.

Die Armee des seit 1831 selbständigen Königreichs Belgien hat sich in der Uniformierung immer eng an das Vorbild Frankreichs angelehnt. Anfänglich hatte die blaue Infanterieuniform Rabatten. Die Füsilierkompagnien: blaue Achselklappen, Grenadiere rote und Voltigeure grüne Epauletten. Der Czako war französischen Modells. Die Beinkleider grau. Gegen 1840 waren die Rabatten weggefallen. Die Uniform bestand nunmehr aus einem einreihigen blauen Rock mit ebensolchem Kragen, roten

Vorstößen und Aufschlägen, gelben Knöpfen (Taf. 85, a).
Die Füsilierkompagnien hatten an Stelle der Achselklappen
rote Kontreepauletten erhalten. Die Fransen der Voltigeur=
epauletten waren gelb geworden. Um dieselbe Zeit trugen
die drei Fußjägerregimenter ganz grüne Uniform.
Als farbige Abzeichen dienten nur rote Vorstöße um Kragen
und Ärmelaufschlag und auf dem vorderen und unteren
Uniformrand sowie auf den Rockschößen, Taschenpatten und
Hosen. Die von der Mannschaft getragenen Fransen=
epauletten waren grün und rot, die Knöpfe gelb, Czakopompons
rot, die darauf befindlichen Puschel grün. Das Lederzeug
war schwarz. Das Scheldebataillon hatte einen grünen
langen Überrock mit gelben Knöpfen, gelben Vorstößen und
grünen Voltigeurepauletten mit gelben Halbmonden. Grüne
Beinkleider, Hut mit grünen Fangschnüren und grünem
Federbusch. Die heutige Uniform der Linieninfanterie
(Taf. 85, c) besteht aus einem königsblauen Rock mit zwei
Reihen gelber Knöpfe. Aufschläge von der Grundfarbe;
Kragen rot, graublaue Beinkleider mit roten Vorstößen.
Czako mit gelbem Beschlage, rotem Stutz und Pompon.
Weißes Lederzeug. Die Grenadiere (Taf. 85, d) tragen
denselben Rock, nur noch in den Ecken des roten Kragens
Granate. Schwarze Beinkleider mit roten Streifen. Pelz=
mützen vorn mit einer Granate geschmückt. Rote Fransen=
epauletten. Lederzeug ebenfalls weiß. Während die Linie
nur das Bajonett in der Scheide führt, tragen die
Grenadiere dazu noch Säbel. Karabiniers (Taf. 85, e):
Rock im Schnitt wie bei der Infanterie, ganz grün
mit gelben Vorstößen. Am Kragen zwei gelbe Jagd=
hörner. Beinkleider eisengrau mit gelben Streifen. Als
Kopfbedeckung ein sogenannter Tirolerhut. Lederzeug
schwarz. Die Jäger tragen die gleiche Uniform, nur
fehlen die Jagdhörner am Kragen und an die Stelle des
Hutes tritt ein Czako.

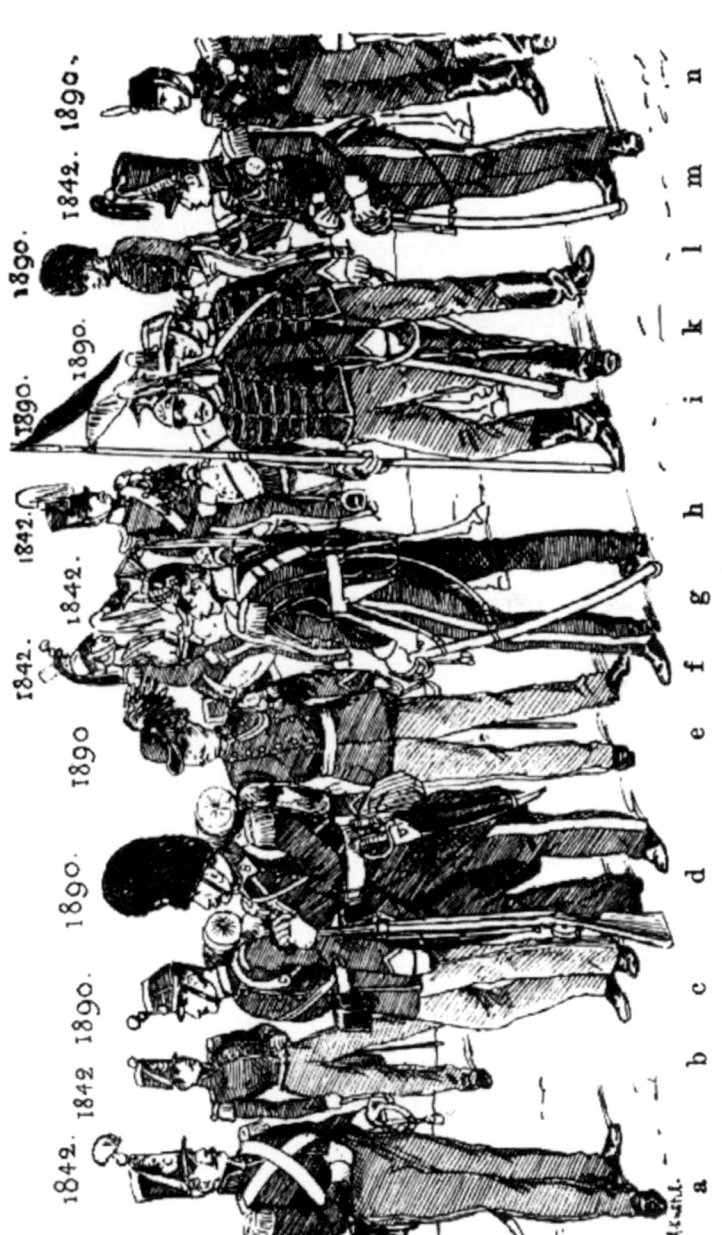

Tafel 85. Belgien.

a, c Linien=Infanterie — b Linien=Infanterie=Offizier — d Grenadier — e Karabinier=Offizier — f Kürassier — g, i Ulanen —
h, k Jäger zu Pferde — l Guide — m, n Artilleristen.

II. Kavallerie.

Wie die Infanterie, so war auch die Kavallerie ganz nach französischem Muster uniformiert. Die Kürassiere (Taf. 85, f) trugen den bekannten Stahlhelm mit schwarzem Roßschweif und rotem Stutz. Blaues Kollet mit einer Reihe von weißen Knöpfen. Kragen, Aufschläge, Schoßfutter und Vorstöße bei dem einen Regiment rot, bei dem andern gelb. Blaue Beinkleider mit Streifen in der Abzeichenfarbe. Rote Grenadierepauletten, blanke Brust= und Rückenharnische, weiße Kartuschbandeliere und Stulphandschuhe. Die Uniform der beiden reitenden Jägerregimenter (Taf. 85, h) bestand in dunkelgrünen Kollets und eben= solchen Beinkleidern mit roten Abzeichen, ferner in hohen schwarzen Czakos mit weißem hängenden Busch und weißen Fangschnüren. Weiße Fransenepauletten und Lederzeug. Schabrake grün mit rot. Darüber eine Schaffelldecke. Das Regiment der Guiden trug dunkelgrüne Kollets und Reit= hosen, karmesinrote Kragen, Aufschläge, Schoß= und Hosen= besätze. Fransenepauletten, Achselschnüre und Lederzeug weiß. Als Kopfbedeckung Kalpaks mit roten Beuteln und Federbüschen. Die beiden Ulanenregimenter (Taf. 85, g) waren ganz blau gekleidet, das eine mit karmesinroten, das andere mit gelben Abzeichen. Epauletten und Lederzeug weiß, die Lanzenflaggen schwarz=rot=gelb.

Gegenwärtig trägt das Guidenregiment (Taf. 85, l) einen grünen Dolman mit roten spitzen Aufschlägen und orangegelber Beschnürung. Amaranthrote Beinkleider mit zwei gelben Streifen. Dazu Pelzmütze. Die beiden Regimenter reitender Jäger (Taf. 85, k) haben als Hauptbekleidungsstück einen königsblauen Dolman mit weißer Beschnürung. Die Beinkleider sind grau mit weißen Streifen. Das erste Regiment trägt Czako, Kragen und Aufschläge gelb, das zweite scharlachrot. Die Czakos sind mit weißer Borte eingefaßt und mit einem kleinen weißen Busch geschmückt. Für gewöhnlich wird diese Kopfbedeckung in schwarzem Über=

zuge getragen. Augenblicklich bestehen vier Lanciers=
regimenter (Taf. 85, i). Sie tragen denselben Dolman
wie die reitenden Jäger und ebensolche Beinkleider. Czapka,
Kragen und Aufschläge sind für das erste Regiment amaranth=
rot, für das zweite gelb, dritte weiß, das vierte ultramarin=
blau. Die Lanzenflagge zeigt drei Dreiecke in schwarzer,
gelber und roter Farbe.

III. Artillerie, Genie, Train, Gendarmerie. — Generalität.

Die alte belgische Artillerieuniform glich in Schnitt
und Farbe fast ganz der französischen (Taf. 85, m).
Heute ist der Czako nur noch für die schweren Batterien in
Gebrauch. Die Feldartillerie trägt eine niedrige Pelz=
mütze mit rotem Beutel. Im übrigen ist die ganze Uniform
blau; Kragen, Vorstöße und Hosenstreifen rot, Knöpfe gelb.
Die Genietruppe trägt den königsblauen Waffenrock der
Infanterie mit schwarzem Kragen. Königsblaue Bein=
kleider mit roten Streifen; rote Fransenepauletten und
weißes Lederzeug. Der Train königsblauen Rock mit
ultramarinblauen Kragenpatten; ebensolche Streifen an den
schwarzen Beinkleidern, Czako mit Stirn= und Nackenschirm.
Die Gendarmerie erinnert durch ihre großen Pelzmützen
an die Garde-Gendarmen des zweiten Kaiserreichs. Der
königsblaue Rock zeigt eine Reihe weißer Knöpfe und rote
Kragen= wie Aufschlagspatten. Achselschnüre und Lederzeug
sind weiß; die Beinkleider schwarzgrau. Die Uniform der
Generalität unterscheidet sich auch heute noch wenig von
der französischen.

Schweiz.

(Kokarde rot und weiß.)

I. Infanterie.

Durch die eigentümlichen politischen Verhältnisse bedingt war die Uniformierung im 18. Jahrh. eine sehr mannig=faltige*). Erst nach dem Wiener Kongresse 1814/15 fing man in der Schweiz an, an eine gleichförmige Bekleidung des Milizheeres zu denken. Es wurden aber nur die Uniform=farben für die einzelnen Waffengattungen bestimmt, für die Linien=Infanterie blau mit rot, Scharfschützen grün mit schwarz. Aus diesem Grunde erhielten sich bis etwa zum Jahre 1860 in den einzelnen Kantonen sehr viele Ver=schiedenheiten in Bezug auf Bekleidung und Ausrüstung. Auch in der erwähnten Periode war der Frack in ver=schiedenen Schnitten teils mit einer, teils mit zwei Knopf=reihen noch neben dem Waffenrocke in Gebrauch. Im all=gemeinen hat sich die Uniform eng an die französische angeschlossen, namentlich in Bezug auf die Form des Czakos, der 1869 (Taf. 86, n) dem noch heute in Gebrauch befindlichen Käppi von eigenartiger Form weich. Die Linien=Infanterie trug, wie schon erwähnt, blau mit rot und zwar

---

*) Sehr interessant für die Geschichte der älteren Schweizeruniformen sind die Kupferstichblätter, welche als „Neujahrsgeschenke der Züricher Konstabler=Gesellschaft" und der „Militairischen Gesellschaft zu Zürich" von etwa 1689 durch ein ganzes Jahrhundert erschienen. Diesen Blättern haben wir einige Abbildungen entnommen (Taf. 86, a, b, c, d). Leider sind die Originale unkoloriert. Auf dem Neujahrsblatte für 1763 ist bei der Darstellung des „Finalexercitii" von 1700 in dem kurzen begleitenden Text die Rede von blauen und roten Grena=dieren. Die Uniform der Helvetischen Legion wird im Revolutions=Almanach von 1800, Göttingen bey Johann Christian Dieterich, wie folgt beschrieben. „Die Uniform ist dunkelgrüne Kollets, schwarze Krägen und Aufschläge, eine Reihe gelber Knöpfe, lange grüne Hosen, kurze Stiefel, runde Hüte auf der linken Seite aufgeschlagen à la Henri IV., mit einer scharlachroten Kokarde und einer gleich=farbigen Binde um den linken Oberarm. Die Grenadiere haben zur Unter=scheidung zitronengelbe Epauletten, die Offiziere goldene (Taf. 86, e).

Tafel 86. Schweiz.

a Zürcher Artillerist — b, c, d Zürcher Infanterie — e Infanterie der Helvetischen Republik — g Waadtländische Infanterie — h Basler Infanterie — i, l, n Infanterie — f, k, o Kavallerie — m Artillerie-Offizier — p Artillerist.

blaue Röcke, ebensolche Beinkleider, rote Kragen und Vorstöße, weiße Knöpfe.   Die Scharfschützen ganz grüne Montur mit schwarzen Kragen und gelben Knöpfen.   1869 wurde die Uniform eingeführt, welche mit geringen Änderungen auch heute noch vorschriftsmäßig ist.   Der blaue Waffenrock hat zwei Reihen gelber Knöpfe und rote Vorstöße.   Die Bein= kleider sind blaugrau.   Das niedrige Käppi hat ein Pompon, je nach den einzelnen Kompagnien verschiedenfarbig; für die 1. grün, 2. grün und weiß, 3. gelb, 4. gelb und weiß.   Der Capotmantel ist blaugrau.   Die Scharfschützen unterscheiden sich nur durch die grüne Grundfarbe des Rockes und die schwarze des Kragens.   Bei größeren Truppenzusammen= ziehungen wird um den linken Oberarm eine rote Binde mit weißem Kreuz angelegt*).

II. Kavallerie, Artillerie 2c.

Nach dem Wiener Kongreß war bestimmt worden, daß die Reiterei grüne Uniformen mit roten Abzeichen tragen sollte.   Die Verschiedenheit der Uniformierung in den einzelnen Kantonen war hier womöglich noch größer als bei der Infanterie.   Neben Uniformen mit Brustklappen erscheinen einreihige Kollets, neben hohen chlindrischen Czakos niedrige, oben breit ausladende, neben hohen aufrechtstehenden schwarzen Stutzen weiße hängende Büsche 2c.   In den fünfziger Jahren war die Uniform ziemlich einheitlich grün und zwar Kollet, Hosen, Schabrake und Mantelsack.   Abzeichen rot.   Als Kopfbedeckung ein Helm (Taf. 86, k) mit gelbem Beschlage und schwarzer Raupe für die Dragoner, gelber für die Guiden.   Auf den Achseln weiße Metallschuppen.   Schwarze Handschuhe ohne Stulpen.   In den sechziger Jahren wurde der Raupenhelm durch ein Käppi ersetzt, welches seinerseits 1869 dem neuen Käppimodell wich.   Der zweireihige Rock ist seit 1869 dunkelgrün, die Hosen grau, der Stutz am

---

*) Zum ersten Male wurde die Eidgenossenbinde im Sonderbundskriege getragen.

Käppi für die Dragoner schwarz, für die Guiden weiß. Bis 1869 entsprach die Uniform der Artillerie sowohl in Schnitt wie Farbe fast genau der französischen (blau mit rot und gelben Knöpfen. Rote Fransenepauletten). 1869 wurde der dunkelblaue Waffenrock mit zwei Reihen gelber Knöpfe eingeführt. Die Beinkleider sind blaugrau. — Die Uniform der Generale war grün mit rot, später grün mit schwarz und roten Vorstößen; dazu gelbe Knöpfe. Heute gelten ebenfalls letztgenannte Farben.

Die Grabadzeichen sind auf den Epaulettenhaltern angebracht (Epauletten werden jedoch nicht getragen) und zwar haben die Sub=alternoffiziere je nach ihrem Grade 1—3 Sterne darauf; die Stabs=offiziere haben breitere Epaulettenhalter mit 1 bis 3 Sternen. Der obere Rand des Käppis zeigt ebensoviele Streifen, als sich Sterne auf den Epaulettenhaltern befinden. Obersten, welche mit dem Kommando eines größeren Verbandes beauftragt sind, tragen Feder=büsche und zwar weiß, die Divisionäre weiße, Brigadiers grüne. Die Unteroffizierchargen haben Chevrons auf beiden Armeln, mit der Spitze nach oben gerichtet.

Ost-Europa.

- - - -

Rußland.
(Kokarde schwarz=orange=weiß.)

I. Infanterie.

Die ersten uniformierten Truppen waren die Strelitzen. Die Bezeichnung taucht um die Mitte des 16. Jahrh. auf. Waffen und Kleidung wurden ihnen vom Staate geliefert. Als Hauptbekleidungsstück diente ein Kaftan mit farbigem Litzenbesatz, den Kopf bedeckte eine pelzverbrämte Samt= mütze, auch wohl eine Eisenhaube. Als Waffen dienten Luntengewehre, Säbel und langgeschäftete Streitäxte (Taf. 87, b). Die Offiziere hatten goldene oder silberne Litzen auf dem Kaftan und eine kronenartige Ver= zierung um die Mütze (Taf. 87, a). Sie trugen einen Stock als Zeichen ihres Ranges; hoch heraufgehende Handschuhe wurden sowohl von den Offizieren wie von den Fahnen= trägern angelegt.

Ein Bericht aus dem Jahre 1674 giebt die Farbenabzeichen der einzelnen Pulks wieder:

Name des Pulks	Mütze	Kaftan	Litzenbesatz	Stiefel
1. Jegor Lutochin	eisengrau	rot	rot	gelb
2. Jwan Poltew	rot	hellgrau	„	„
3. Wassili Buchwostoff . .	„	hellgrün	„	„
4. Fedor Golowlinski . . .	dunkelgrau	kirschrot	schwarz	„

1670. 1700. 1700. 1700. 1700. 1700. 1700. 1700.

a   b   c   d   e   f   g   h

Tafel 87. Rußland (Infanterie).

a Strelitzen-Offizier — b Strelitze — c, d Linien-Infanterie — e Linien-Grenadier — f, g, h Offizier, Musketier und
Grenadier der Garde.

Name des Pults	Mütze	Kaftan	Litzenbesatz	Stiefel
5. Fedor Alexandroff . . .	dunkelgrau	aloefarben	kirschrot	gelb
6. Nikifor Koloboff	„	gelb	„	rot
7. Stephan Janoff	rot	himmelblau	schwarz	gelb
8. Timophei Poltew . . .	kirschrot	orange	„	grün
9. Peter Lupochin	„	kirschrot	„	gelb
10. Fedor Lupochin	rot	dunkelgelb	rot	„
11. David Woronzoff . . .	zimtfarben	rot	schwarz	„
12. Jwan Naramanski . .	rot	kirschrot	„	„
13. Lagoßkin	grün	dunkelrot	„	„
14. Afanaß Lewschin . . .	rot	hellgrün	„	„

Das Übergewicht der Strelitzen über die schlechter be=
waffneten und ausgerüsteten anderen Truppen, das Gefühl
ihrer Unentbehrlichkeit, ließ einen Geist aufkommen, der an
die Prätorianer und Janitscharen erinnert. Die Strelitzen=
Empörung von 1698/99 unterdrückte der vom Auslande
schnell herbeigeeilte Zar Peter mit blutiger Strenge. Die
Truppe wurde nicht wieder errichtet. Unmittelbar nach der
Vernichtung der Strelitzen begann Peter der Große mit der
Neubildung des Heeres. Schon nach Ablauf eines Viertel=
jahres waren 29 Regimenter errichtet, darunter zwei Dra=
gonerregimenter. Die Bekleidung der Infanterie bestand
aus Röcken, Kamisol, Kniehosen, Strümpfen und Schuhen.
Eigenartig war nur die Mütze mit herunterklappbaren Um=
schlägen (Taf. 87, c, d). Die Wahl der Farben war den
Regimentskommandeuren überlassen, das Äußere des Heeres
infolgedessen sehr bunt. Das Preobraschenskische
Regiment trug dunkelgrüne, das Ssemenowsche hellblaue
Röcke (Taf. 87, g); beide hatten dunkelgrüne, zuweilen auch
rote Beinkleider und Kamisöler, rotes Rockfutter und Auf=
schläge, sowie rot ausgenähte Knopflöcher. Bortierte Hüte.
Die Grenadiere dieser Regimenter (Taf. 87, h) hatten eine
Granattasche am Bandelier und eine Kartusche am Koppel.
Als Kopfbedeckung diente eine schwarzlederne, mit Nacken=
schirm und Vorderschild versehene Mütze, an welcher vorn
der Doppeladler angebracht war. Die Mütze zierte eine
'ße, nach dem Rande zu rotgefärbte Feder. Die Offiziere

(Taf. 87, f) beider genannten Regimenter trugen die gleiche
Uniform wie die Mannschaften, mit folgenden Auszeichnungen:
Der Rock zeigte auf allen Nähten Goldtreſſen; ebenſo war
der Hut geſchmückt, deſſen Krempen mit weiß und roter
Plümage verſehen waren. Als Dienſtzeichen rot-grün-weiße
Schärpe über die rechte Schulter, Ringkragen und Sponton.
Die Grenadiermützen der übrigen Regimenter waren von
Tuch in der bekannten Zuckerhutform (Taf. 87, e). 1720
wurde eine Uniformänderung beliebt. Die farbigen Tuch-
mützen der Infanterie kamen ab und wurden durch Hüte
erſetzt. Die Linien-Infanterie erhielt dunkelgrüne Röcke.
Kragen, Aufſchläge, Einfaſſung der Knopflöcher, Kamiſöler
und Beinkleider waren rot. Schwarze Halstücher, weiße
Strümpfe. Eckig geſchnittene Schuhe, im Kriege Stiefel.
Die Garde-Regimenter wurden mit dunkelgrünen Röcken,
Kamiſölern und Beinkleidern verſehen. Aufſchläge, Futter
und Einfaſſung der Knopflöcher rot; die beiden Regimenter
unterſchieden ſich durch die Farbe der Kragen; beim Preo-
braſchenskiſchen Regiment rote, beim Sſemenowſchen blaue
Kragen. Die Kragenfarbe bildet noch heute das charakteriſtiſche
Abzeichen. Strümpfe und Halstücher weiß. Nach 1730
führte man verſchiedene Neuerungen ein und zwar nach
preußiſchem Vorbilde, nämlich Puder, Haarlocken, Zöpfe und
Handmanſchetten ſowie weiße Gamaſchen. Die Halstücher
wurden durchgängig weiß; die Grenadiere trugen die früheren
ſpitzen Mützen, nur erhielten dieſe vorn ein Metallſchild mit
dem Regimentswappen (Wappen der Stadt, nach welcher
das Regiment den Namen führte). Die Offiziere trugen die
gleiche Uniform wie die Mannſchaften, jedoch grüne ſtatt der
roten Beinkleider. Hut mit goldener Einfaſſung. Ringkragen und Schärpe; letztere von gelb und ſchwarzer Seide.
Spontons und Degen. 1743 erhielten Rock und Kamiſol
einen engeren Schnitt, die Schöße waren ſtets umgeſchlagen.
Seit 1756 legten die Offiziere die Schärpe nicht mehr
über die Schulter, ſondern um den Leib an. In der Front
waren ſie mit einem Gewehr bewaffnet; dazu eine vor dem

Leibe getragene Patrontasche von rotem Leder, mit dem
Regimentswappen geschmückt (Taf. 88, c). Die Grenadiere
erhielten eine eigenartig gestaltete Mütze mit Vorderschild
und Nackenschirm mit Messingbeschlägen und Steifen
(Taf. 88, e). Die Grenadiere der Garde hatten dazu noch
einen großen Busch von Straußenfedern. Unter Peter III.
blieb der Rock grün, das Futter rot. Es wurden 1760
Rabatten eingeführt, welche zugleich mit den Kragen und
Aufschlägen regimenterweis von verschiedener Farbe waren
(Taf. 88, f). Nach dem Werke von F. von Stein, „Geschichte
des Russischen Heeres" waren diese Abzeichenfarben sehr
mannigfaltig, da die Wahl den Chefs überlassen war. „Neben
Weiß und Schwarz waren Rot, Grün, Blau und Grau in
allen Schattierungen anzutreffen und zur Bezeichnung des
dem Auge kaum merklichen Unterschiedes tauchten Namen
wie feuer=, eisen=, sand=, ziegel=, kirsch=, aprikosen=, seladon=,
floh=, kamelfarben 2c. auf. Bei den Kamisölern und Bein=
kleidern war innerhalb der gelben, weißen, Pomeranzen= und
Strohfarbe gleichfalls die Wahl frei; ebenso konnten die
Knöpfe nach Belieben der Chefs gelb oder weiß sein. Die
Knöpfe wurden in der Art zu sechs auf jede Rabatte und
zwei unter diese gesetzt, daß je zwei immer dichter neben=
einander standen. Den Knöpfen entsprachen Knopflöcher,
welche mit weißem oder blauem Bande, mit oder ohne
Quästchen eingefaßt waren und Schleifen genannt wurden.
Auf der rechten Schulter wurde ein herabhängendes Achsel=
band aus Schnur von der Farbe der Schleifen getragen.
Die Hüte wurden etwas länger und die Säbel erhielten
Troddeln. Das Lederzeug, das bisher seine Naturfarbe
behalten hatte, wurde jetzt weiß angestrichen und die
Patrontasche, welche man früher auf der rechten Seite
getragen, mehr auf dem Rücken angebracht. Die Offiziere
erhielten goldene oder silberne Achselschnüre und Schleifen;
letztere oft sehr zierlich gestickt; statt der Gewehre führten
sie Spontons, welche denen der preußischen Offiziere sehr
ähnlich waren. Die Garde bekam hellgrüne Röcke ohne

Tafel 88. Rußland (Infanterie).

a Garde-Grenadier — b Garde-Grenadier-Offizier — c, d, e Offizier, Musketier und Grenadier der Unie — f Linien-Grenadier —
g, h Musketiere — i Grenadier.

Rabatten und mit vielen Schleifen geschmückt. Die Auf=
schläge blieben rot und die Kragen regimenterweis ver=
schieden. Kamisöler und Beinkleider wurden rot, die Hals=
tücher weiß. Bei den Offizieren waren die Röcke ganz grün,
aber reich mit Gold verziert."

Am 24. April 1763. erließ Katharina II. eine neue
Bekleidungsordnung. Die Röcke der Infanterie bekamen
ein helleres Grün, die Aufschläge waren rund. Durchgängig
wurden rote Kragen, Rabatten und Aufschläge eingeführt.
Als Regimentsabzeichen diente unter Fortfall der Achsel=
schnüre ein auf der linken Schulter angebrachtes Achselstück
mit Fransen. Form und Farbe desselben bestimmten die
Regimentschefs. Das Kamisol erhielt einen kleinen liegenden
Kragen sowie Aufschläge von grünem Tuch. Zur Parade
war das Halstuch rot, sonst schwarz. Beinkleider rot, im
Sommer von weißer Leinwand. Schwarze Gamaschen. Der
Hut war mit zackiger, weißer Borte eingefaßt. Die Grenadier=
mütze glich der damals in Preußen üblichen. Damals wurden
Rangabzeichen für die Offiziere eingeführt und zwar in Form
von Sternchen auf den Achselstücken, welche von Gold oder
Silber mit einer Beimischung der Regimentsfarben getragen
wurden. Sehr merkwürdig erscheint die Neuuniformierung
der Armee vom Jahre 1786 besonders durch den Umstand,
daß fast das ganze Heer eine Einheitsuniform erhielt,
wenigstens dem Schnitte nach sowie hinsichtlich der Kopf=
bedeckung. Uns mutet diese Uniformierung fast modern an;
sie scheint ganz aus dem Charakter der damaligen Zeit
herauszufallen (Taf. 88, g, h). Die Infanterie erhielt einen
kurzschößigen, grünen Rock; die Schöße waren nur vorn
umgeschlagen und mit rotem Vorstoß versehen; Kragen,
Rabatten und Aufschläge ebenfalls rot. Auf der linken
Schulter das frühere Achselstück. Die Beinkleider waren von
roter Farbe, mit wellenförmigen gelben Streifen versehen
und unten mit Leder besetzt. Die Kopfbedeckung bestand
aus einem runden Kopfteil von Filz und einem kleinen
Schirm, dessen Rand mit Leder eingefaßt war. Vorn ein

Messingreifen. Von einer Schläfe zur andern ging eine breite Raupe von gelber Wolle. Der hintere Rand des Kopfteils war mit einem roten Tuchstreifen versehen, der mit gelber Schnur eingefaßt war. Gegen den Rücken herab hingen zwei schwarze Tuchstreifen, an welche unten gelbe Quasten genäht waren. Diese Tuchstreifen sollten den Nacken schützen und konnten bei kaltem Wetter um die Ohren gebunden werden. An der linken Seite eine weiße Band= schleife und kleiner schwarzer Stutz. Die schwarzen Hals= binden erhielten einen weißen Vorstoß. Die ungepuderten Haare wurden unten gerade abgeschnitten. Statt des Säbels Bajonettscheide. Die Unteroffiziere erhielten Tressen um Kragen und Aufschläge. Bei den Grenadieren, welche die= selbe Kopfbedeckung trugen, war das reifartige Schild größer, auch trugen sie einen Säbel und zwar an Schleppriemen. Die Offiziere behielten vorläufig noch die frühere Uniform. Die erwähnten Uniformänderungen erstreckten sich jedoch nicht auf die Garde. 1788 legten auch die Offiziere die neue Uniform an, jedoch fehlten an der Kopfbedeckung die herabfallenden Tuchstreifen. Als Kaiser Paul Petrowitsch 1796 zur Regierung kam, wurde das alte Kostüm mit Puder, Zopf, Gamaschen u. s. w. wieder eingeführt. Die Röcke erhielten der Mode gemäß vorn einen Ausschnitt (Taf. 88, i). Die Regimentsabzeichen wurden, wie früher, wieder sehr verschiedenfarbig. Statt des Achselstückes wurde auf der linken Schulter eine Achselklappe getragen. Die Füsiliere bekamen eine Kopfbedeckung, welche derjenigen der preußischen Füsiliere unter Friedrich dem Großen sehr ähnlich war. Alexander I. führte 1802 bei den Garderegimentern eine Kopfbedeckung ein, welche der bis 1796 getragenen sehr ähnelte und nur von weit höherer Form war (Taf. 89, a, b S. 425). Der hintere Tuchrand und der herabfallende Streifen waren beim Preobraschenskischen Regiment rot, beim Sseme= nowschen hellblau und beim Jsmailowschen weiß. Die Offiziere trugen Federhüte und auf der rechten Schulter goldene Achselschnüre (Taf. 89, c).

In das Jahr 1803 fällt die Einführung des Czakos. Der Czako war vorn mit Kokarde und Puschel verziert. Zunächst war diese Kopfbedeckung nur den Musketieren ver= liehen worden, 1805 wurde sie auch für Grenadiere und Füsiliere vorschriftsmäßig. Die Offiziere behielten vorläufig noch die Hüte, zu denen jetzt sehr hohe Federbüsche angelegt wurden. 1806 fiel der Zopf weg. 1807 wurden die Offiziersepauletten eingeführt (vorläufig nur an Stelle der Achselstücke auf der linken Schulter), dagegen die Spontons abgeschafft. Alle Grenadier= und Musketierregimenter erhielten gleichmäßig rote Kragen, Aufschläge und Schoß= besätze. Die Achselklappen waren in der Art verschieden, daß in jeder Division das erste Regiment dieselben rot, das zweite weiß, das dritte gelb, das vierte dunkelgrün mit rotem Vorstoß, das fünfte hellblau trug. Am 15. Dezember 1807 wurden die Achselklappen bezw. Epauletten der Offiziere noch mit der Divisionsnummer versehen. Das Lederzeug wurde jetzt gekreuzt getragen. Im Winter trug man weiße Tuchbeinkleider unten mit Lederbesatz (Taf. 89, e), im Sommer leinene im Gamaschenschnitt (Taf. 89, f), 1809 legten die Offiziere ein zweites Epaulette auch auf der rechten Schulter an. Dafür fielen die Achselbänder fort. Der gerollte Mantel wurde unter dem Tornisterriemen getragen (Taf. 89, g). In demselben Jahre erhielten die Czakos Behänge von weißer Farbe, 1812 wurde die Form des Czakos (Kiwer) gänzlich verändert. Der vergrößerte Deckel war nach vorn und hinten in die Höhe gebogen (Taf. 89, h). Das Pawlowsche Regiment trug seit 1796 blanke Grenadiermützen; 1802 wurde das Muster des Mützenblechs verändert. Das Mützenfutter war rot, der hintere Rand weiß. Nach den Befreiungskriegen wurden Schuppenketten angebracht. Die Grenadiermütze bildet für das erwähnte Regiment auch heute noch die Paradekopfbedeckung. Wenn auch die Mützen selbst erneuert werden, vererben sich die Bleche im Regimente und zeigen daher vielfach Kugelspuren. 1813 bekommen die Garderegimenter Rabatten. 1816 tritt

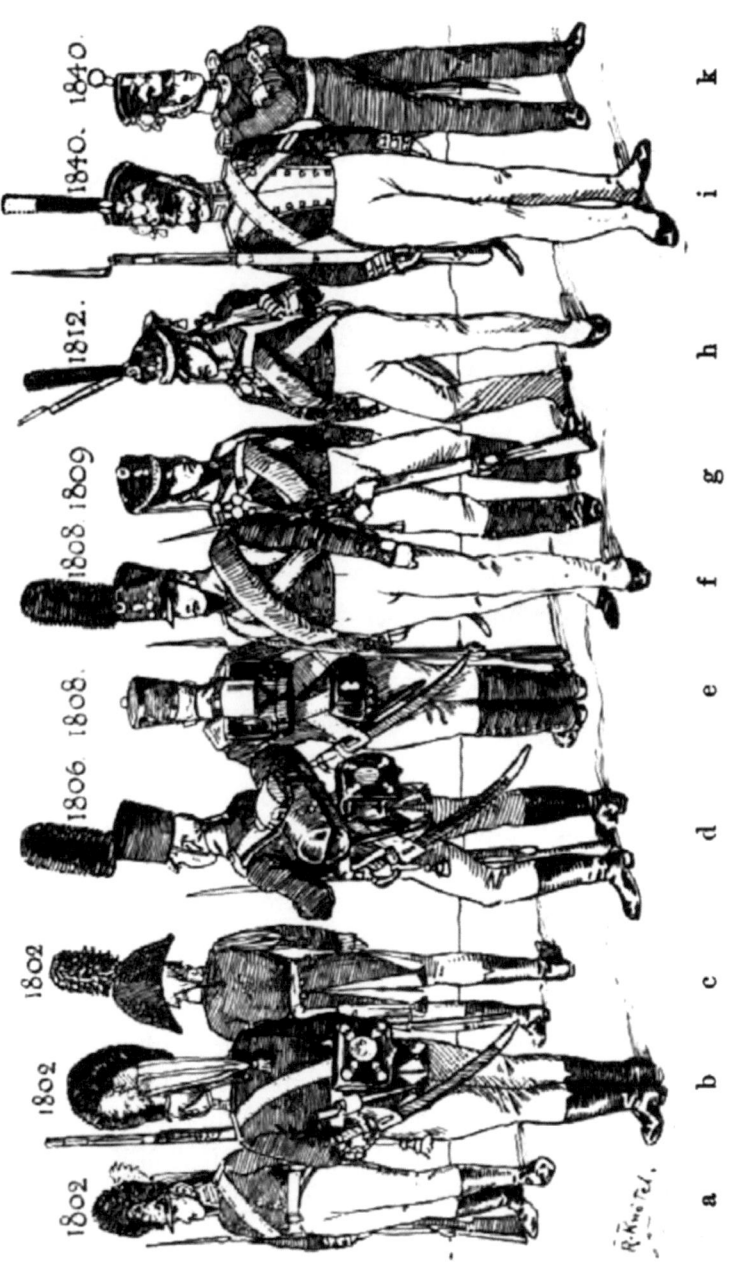

Tafel 89. Rußland (Infanterie).

a, b, c Garde-Grenadiere und Garde-Offizier — d, f, h Grenadiere der Linie — e, g, k Musketiere der Linie und Offizier —
i Garde-Unteroffizier.

wieder ein neues Czakomodell auf. Das Pompon zeigt die Bataillons- und Kompagniefarben. Die Tornister, bisher von schwarzem Leder, wurden jetzt aus rauhem Kalbfell hergestellt. Die Beinkleider der Infanterie sind für die Folgezeit im Sommer weiß, im Winter dunkelgrün, die Linie erhält einreihige Kollets. 1846 wird die Pickelhaube (Taf. 90, a, b, c) eingeführt, bei der Garde mit schwarzen Büschen. Der Waffenrock tritt erst nach dem Krimkriege auf (Taf. 90, d). Ende der fünfziger Jahre erscheint neben dem Helm eine käppiartige Mütze. Von 1868—82 bildet dieses Modell die ausschließliche Kopfbedeckung (Taf. 90, f, g). Zur Parade gehörte ein schwarzer Stutz. Die Grundfarbe war dunkelgrün, der Besatz nach der Abzeichenfarbe. 1882 wurde die gegenwärtig gebräuchliche nationale Uniformierung eingeführt (Taf. 90, h, i). Der dunkelgrüne Rock zeigt mit Ausnahme der Achselklappen keine Knöpfe und ist auf der Brust zum Übereinanderhaken eingerichtet. Die dunkelgrünen Beinkleider werden in hohen Stiefeln getragen. Als Kopfbedeckung dient eine niedrige schwarze Lammfellmütze. Diese wird jedoch nur zur Parade getragen; für gewöhnlich dunkelgrüne Tellermützen. Bei der Linien-Infanterie sind nur folgende Stücke von abstechender Farbe: Kragenpatte und Vorstöße, Achselklappen, Mützenrand und Mützenvorstoß. Die beiden Brigaden in jeder Division unterscheiden sich durch die Achselklappenfarbe und zwar die erste Brigade durch rote, die zweite Brigade durch blaue Achselklappen. Die vier Regimenter der Divisionen sind durch die Farben der Kragenpatten und des Mützenrandes kenntlich — erstes Regiment rot, zweites blau, drittes weiß, viertes dunkelgrün —. Die Vorstöße durchgängig rot. Einzelne Regimenter sind durch Gardelitzen ausgezeichnet. Die Grenadierregimenter haben dieselbe Uniform, nur tragen sie durchgängig gelbe Achselklappen mit farbigem Vorstoß und zwar erste Grenadierdivision roten Vorstoß, zweite blauen, dritte weißen, vierte gelben. Der Leibgurt durchgängig schwarz.

Tafel 90. Rußland (Infanterie).

a Tambourmajor der Garde — b, d, f Garde-Infanterie — e, g Garde-Offiziere — c, h, i Linien-Infanterie.

Die Garde-Regimenter sind in folgender Weise unterschieden:

Name des Regiments	Kragen	Aufschläge	Aufschlags-patten	Litzen	Brust-vorstoß	Leibgurt
Leib-Garde-Regiment Preobraschensky	rot	rot mit weißem Vorstoß	rot m. weiß. Vorstoß	gelb	weiß	rot
Leib-Garde-Regiment Ssemenow	hellblau mit rot. Vorstoß	rot mit weißem Vorstoß	rot m. weiß. Vorstoß	"	"	hellblau
Leib-Garde-Regiment Jsmailow	dunkelgrün mit rotem Vorstoß	rot mit weißem Vorstoß	rot m. weiß. Vorstoß	"	"	weiß
Leib-Garde-Jäg.-Regt.	dunkelgrün mit rotem Vorstoß	dunkelgrün mit rotem Vorstoß	rot m. weiß. Vorstoß	"	"	dunkelgrün
Leib-Garde-Regiment Moskau	rot	rot	rot	"	rot	rot
Leib-Garde-Grenadier-Regiment	hellblau mit rot. Vorstoß	"	"	"	"	hellblau
Leib-Garde-Regt. Paul	dunkelgrün mit rotem Vorstoß	"	"	"	"	weiß
Leib-Garde-Regiment Finnland	dunkelgrün mit rotem Vorstoß	dunkelgrün mit rotem Vorstoß	"	"	"	dunkelgrün
Leib-Garde-Regiment Litthauen	gelb mit dunkel-grünem Vorst.	gelb	gelb	weiß	gelb	gelb
Kexholm Grenad.-Regt.	hellblau mit gelbem Vorstoß	"	"	"	"	hellblau
St. Petersburger Grenadier-Regiment	dunkelgrün mit gelbem Vorstoß	"	"	"	"	weiß
Leib-Garde-Regiment Wolhynien	dunkelgrün mit gelbem Vorstoß	dunkelgrün mit gelbem Vorstoß	"	"	"	dunkelgrün

Bei der Garde sind auch die Aufschlagspatten mit je drei Knöpfen besetzt und zwar von der Farbe der Litzen. Die Hosen sind dunkel-grün mit einer roten, bei den letzten vier Regimentern gelben Biese. Der Rand der dunkelgrünen Mütze entspricht der Farbe des Leib-gurtes. Die Vorstöße sind rot, bei den letzten vier Regimentern gelb. Die schwarze Lammfellmütze zeigt vorn einen gelben Stern. Wie schon erwähnt, trägt das Pawlowsche Infanterieregiment (Leib-Garderegiment Paul) die hohen Grenadiermützen zur Parade.

Der Mantel ist in der ganzen Armee erdgrau. 1882 wurde auch neues Marschgepäck eingeführt, dessen Anordnung aus der Abbildung ersichtlich ist. Die Mannschaft trägt keine Seitengewehre.

II. Jäger und Schützen.

Im Jahre 1769 erhielten die Infanterie=Regimenter Jägerabteilungen. Die Uniform bestand aus einem grünen Kamisol mit gleichfarbigem Kragen und spitzen Aufschlägen sowie engen grünen Beinkleidern. Schwarze Verschnürung wie bei den Husaren. Auf der linken Schulter das Achsel= stück des entsprechenden Infanterie=Regimentes. Grüne Mäntel, kurze Stiefel. Die Kopfbedeckung bestand aus einer grünen Mütze, vorn und hinten mit einer schwarzen, auf= rechtstehenden Klappe versehen, welche mit grünem, zackigem Bande eingefaßt war. Links eine weiße Wollpuschel. Am schwarzen Koppel vorn eine Patrontasche, links die Bajonett= scheide. Bei der Neuuniformierung von 1786 wurde die Uniform im Schnitte derjenigen der Infanterie gleich. Die Farbe war ganz grün, nur die Beinkleider hatten schwarzen Besatz. Die Knöpfe gelb. Das Kasket hatte eine schwarze Raupe, der reifartige Beschlag war grün gestrichen. Die herabhängenden Tuchstücke ebenfalls grün. Eigenartig waren die Jägerabteilungen der drei Garde=Regimenter gekleidet. Beim Preobraschenskischen Regiment bestand die Uniform in einer schwarzen Filzmütze mit grünen Behängen. Der grüne Rock zeigte rote Vorstöße um die dunkelgrünen Rabatten und Aufschläge. Links ein grünes Epaulette. Die dunkelgrünen Hosen hatten rote Biesen. Auch die schwarzen Gamaschen waren rot vorgestoßen. Beim Ssemenowschen Regiment trugen die Jäger eine grüne Mütze mit schwarzem Pelzvorstoß in der Form der polnischen Konföderatka. Links weiße Kokarde und schwarzer niedriger Stutz. Die dunkelgrüne Uniform hatte keine farbigen Vorstöße. Beim Jsmailowschen Regiment glich die Kopfbedeckung so ziemlich dem damals üblichen Kasket. Der vordere Beschlag, die Einfassung des Augenschirms, der hintere Rand und die Raupe waren grün. Weiße Kokarde und schwarzer Stutz. Der kurzschößige Rock war ringsum rot vorgestoßen, auch die dunkelgrünen sogenannten „halben“ Rabatten; die Auf=

schläge, ebenfalls mit Vorstoß versehen, waren von der Grundfarbe, die Form war die polnische. Die grünen Bein= kleider und die schwarzen Gamaschen zeigten rote Biesen. 1796 wurde, wie in der ganzen Armee, wieder auf den älteren Typus zurückgegriffen. Die Beinkleider wurden weiß. 1801 wieder grün und zwar wurde das Grün jetzt in Hellgrün umgewandelt. Kragen und Aufschläge waren in jedem Regiment verschieden. Die Patrontaschen, die jetzt am Leibgurt getragen wurden, umschlossen fast den ganzen Leib. 1802 wurde statt des dreieckigen, von Kaiser Paul eingeführten Hutes ein neues Modell ausgegeben. Im allgemeinen glich die Form dem heutigen Cylinderhut. Vorn in der Mitte schwarze Kokarde mit orange Rand und gelbem Knopf. Agraffe und Pompon in den Farben der Kragen und Achselklappe. Darüber eine Puschel, welche Bataillons= und Kompagniefarbe zeigte. 1807 wurde der Czako eingeführt. Die Patrontasche war 1806 verkleinert worden. Während der Befreiungskriege als Kopfbedeckung eine Pelzmütze. Der Schnitt der Uniform glich völlig demjenigen der Infanteriemontur. Wir können deshalb auf den vorhergehenden Abschnitt verweisen. Als charakteristisches Merkmal diente das schwarze Lederzeug und der dunkel= grüne Kragen mit rotem Vorstoß sowie die gleichfarbigen Aufschläge. Die Achselklappen bildeten das Unterscheidungs= zeichen. Es erscheint bemerkenswert, daß die nationale Uniformierung, welche seit 1882 die gesamte Infanterie trägt, ihr Vorbild in der Uniform fand, welche die Jäger der kaiserlichen Familie schon in den fünfziger Jahren trugen. Die Armeeschützen=Regimenter haben ganz grüne Uniform mit roten Achselklappen, karmesinrote Kragen= und Ärmelvorstöße. Die Tellermütze ist ebenfalls ganz dunkel= grün mit roten Vorstößen. Die Lammfellmütze wie bei der Linien=Infanterie. Die finnischen Schützenbataillone haben eine etwas anders geformte Pelzmütze. Sonst gleicht die Uniform derjenigen der übrigen Schützen. Die Achselklappen sind hellblau. Von Gardeschützen bestehen vier Bataillone.

Sie tragen Garbelitzen auf den Kragen und den schwedisch geformten Aufschlägen. Die Lammfellmütze ist mit einem gelben Stern versehen.

Name des Bataillons	Litzen	Knöpfe	Achselklappe
1. Leib-Garde-Schützen-Bataillon . . .	gelb	gelb	karmesinrot
2. „ „ „ „ . . .	weiß	weiß	„
3. finnisches Leib-Garde-Schützen-Bat.	gelb	gelb	hellblau
4. Leib-Garde-Schützen-Bataillon . . .	weiß	„	karmesinrot

Der Leibgurt ist bei den Gardeschützen dunkelgrün, bei den übrigen schwarz.

III. Küraffiere.

Die Kürassierwaffe besteht in der russischen Armee seit dem Jahre 1731. Die Uniform des Kürassiers bestand aus einem ledernen Kollet, ebensolchem (liegenden) Kragen und Schößen sowie Westen und Beinkleidern. Kollet, Weste sowie Kragen und Aufschläge und Schöße waren mit rotem Tuch eingefaßt. Schwarzlackierter Küraß, vorn mit Krone und Namenszug versehen. Die beschriebene Uniform wurde nur zur Parade angelegt, sonst trugen die Kürassiere rote Kamisöler. Der Hut war mit Goldborte eingefaßt und mit eisernem Kopfgestell versehen. Die Garde zu Pferde, das erste Regiment der später so zahlreichen Gardekavallerie trug ebenfalls Kürassieruniform; nur waren die Beinkleider beim gewöhnlichen Anzuge rot. Westen und Kollete waren statt des roten Tuches mit Goldtressen besetzt. Der Küraß von blankem Stahl, das Lederzeug mit rotem Tuche benäht und bei den Gemeinen mit gelben, bei den Offizieren mit goldenen Tressen besetzt. 1763 erhielten die Kürassiere grüne Kamisöler und lederfarbene Kollets mit grünen Kragen und Aufschlägen. Borten von grüner und weißer Wolle. Hut mit Goldtresse besetzt, Pallaschtaschen in Form der Husarensäbeltaschen, grün mit weißer Borte und gelbem

Namenszug. Die Chevalier = Garde (Taf. 91, c)
hatte eine äußerst reiche Uniform, nämlich rote Röcke und
Beinkleider, dunkelblaue Samtbesätze und Überweste. Alles
reich mit Gold und Silber verziert. Versilberte Helme mit
schwarzen Straußenfedern. Bei der Einführung der Ein=
heitsuniform (Taf. 91, d) im Jahre 1786 gab man den
Kürassieren hellgelbe Röcke. Die Besätze und Beinkleider
waren regimenterweise verschieden. Das Kasket hatte eine
weiße Raupe und ein breites Messingschild. Der hintere
Rand entsprach der Abzeichenfarbe. Die herabhängenden
Tuchstücke waren gelb. Die Offiziere behielten vorläufig
die alte Uniform.

Leibküraffiere: grüne Abzeichen (Kragen, Aufschläge, Vor=
stöße) und Hosen.
Ordensregiment: schwarze Abzeichen und gelbe Hosen.
Novostroitsk: hellblaue Abzeichen und hellblaue Hosen.
Kasan: dunkelblaue Abzeichen und dunkelblaue Hosen.

Alle Regimenter hatten gekreuzte Bandeliere. Das
Regiment Großfürst Thronfolger, welches die alte, der
Uniform der Friedericianischen Kürassiere ähnliche Bekleidung
beibehalten hatte, trug rote Abzeichen und Hut mit weißem
Stutz. Küraffe wurden nicht mehr angelegt. Die Garde zu
Pferde (Taf. 91, b) trug goldbortierte Hüte mit weißem
Stutz, einen blauen Rock alten Schnittes, rote Kragen, Auf=
schläge und Westen. Epauletten mit goldenen Fransen, rote
gekreuzte Bandeliere mit gelber Einfassung und Lederhosen.
1796 wurde, wie in der ganzen Armee, auch für die
Kürassiere die Bekleidung alten Schnittes wieder eingeführt,
der Küraß wieder angelegt (Taf. 91, e). 1801 wurde die
Grundfarbe des Kollets weiß. Zum gewöhnlichen Dienst
und auf Märschen wurden graue Überknöpfhosen getragen.
1803 erscheint eine neue Kopfbedeckung, nämlich ein Leder=
helm mit Messingbeschlag, Lederkamm und dicker Raupe
(Taf. 91, f). Letztere machte bald einem bürstenartigen
Roßhaarbesatz Platz. Bald wurde auch der Küraß wieder
eingeführt. So erscheinen die Kürassiere während der

1756. 1786. 1786. 1803 1812. 1786. 1796. 1840. 1846. 1882.

Tafel 91. Rußland (Kürassiere).

a, d, f, g, h Kürassiere — b Garde zu Pferde — c Chevalier-Garde — e Kürassier-Offizier — i, k Garde-Kürassiere.

Befreiungskriege (Taf. 91, g). Diese Uniform erhielt sich bis 1846 ziemlich unverändert. Um 1840 trugen Garde= wie Linien=Küraffiere weiße Kollets; Kragen, Aufschläge, Achsel=klappen und Schoßbesatz von der Regimentsfarbe. Die Garde hatte weiße Beinkleider in hohen Stiefeln, die Linie lange graue Beinkleider mit Vorstößen in der Regiments=farbe. Die Schabraken und Stützel zeigten bei den Garde=regimentern spitzen Schnitt und Gardestern, bei den Linien=regimentern abgerundete Ecken und den kaiserlichen Namens=zug. Der Helm war bei der Garde mit dem Stern, bei den Linienregimentern mit dem Doppeladler verziert.

Im Einzelnen gestalteten sich die Unterschiede in folgender Weise:

1840:

Name des Regiments	Kragen, Aufschläge u. s. w.	Knöpfe	Küraß	Schabrake	Pferde	Bemerkungen
. Chevalier=Garde der Kaiserin . .	rot	gelb	gelb	rot	Braune	gelbe Gardelitz
. Garde zu Pferd	„	„	„	weiß	Rappen	„
. Garde=Küraffier= Regt. des Kaisers	hellblau	„	schwarz	hellblau	Füchse	weiße Gardelitz
. Gard.=Kür.=Regt. des Großf. Thron= folgers	„	weiß	„	„	Braune	
. Katherinoßloff . .	orange	„	„	orange	„	—
. Großf. Michael Pawlowitsch . . .	dunkelblau	„	„	dunkelblau	Füchse	—
. Prinz Wilhelm von Preußen . .	gelb	„	„	gelb	Dunkelbraune	—
. Pßkoff	rosa	„	weiß	rosa	Rappen	—
. Regiment des Or= dens	schwarz	gelb	gelb	schwarz	Braune	—
. Stawropol . . .	himmelblau	„	„	himmelblau	Füchse	—
. Prinz Albrecht von Preußen . .	grün	„	schwarz	grün	Dunkelbraune	—
. Großfürstin He= lena Paulowna .	dunkelblau	„	„	dunkelblau	Rappen	—

1846 wurde der Küraffierhelm preußischen Modells ein=geführt. Nach dem Krimkriege weißer Koller. Das erste Glied war mit Lanzen bewaffnet (Taf. 91, i). 1882 wurde die gesamte Kavallerie zu Dragonern umgeformt, nur die

Garde=Reiterei blieb bestehen. Daher besitzt Rußland heute nur vier Gardeküraffier=Regimenter. Der Rock ist dunkel= grün, ebenso Kragen, Aufschläge und Achselklappen, die Hosen grau mit farbiger Biese. Bei der Chevaliergarde der Kaiserin sind die Vorstöße um Kragen, Aufschläge und Achselklappen sowie die Hosenbiese rot, die Knöpfe weiß. Bei der Leibgarde zu Pferde die Vorstöße ebenfalls rot, die Knöpfe gelb; beim Leibgarde=Küraffier=Regiment des Kaisers Vorstöße gelb, Knöpfe weiß; beim Leibgarde = Küraffier= Regiment der Kaiserin Vorstöße hellblau, Knöpfe gelb. Die weiße Tellermütze zeigt Rand und Besatz von der Vorstoß= farbe. Der Metallhelm ist gelb mit weißen Beschlägen und mit einer Spitze geschmückt, beim Chevalier = Regiment der Kaiserin zur Parade mit einem Doppelabler. Dieses Regi= ment trägt zum Gala=Wacht=Dienst rote, reichverzierte Super= westen und weiße Koller und Beinkleider in hohen Stiefeln.

V. Dragoner, Grenadiere zu Pferde, Karabiniers, Chevaulegers, Jäger zu Pferde.

Unter Peter dem Großen war die Uniformfarbe der Dragoner anfänglich, wie bei der Infanterie, dem Belieben des Chefs überlaffen. Im Schnitt war die Bekleidung eben derjenigen der Fußtruppe gleich. Als Kopfbedeckung diente der Hut, zu Pferde wurden schwere Reiterstiefel angelegt (Taf. 92, a, S. 437). 1720 wurde die Farbe des Rockes einheitlich dunkelblau, das Futter und die Besätze weiß. Lederne Kamisöler und Beinkleider, schwarze Halstücher. 1730 gab man dem Futter und den Besätzen rote Farbe. Die reitenden Grenadiere waren wie die Dragoner gekleidet, also blau, nunmehr mit roten Umschlägen. Dazu spitze Tuchmützen wie bei den Grenadieren der Infanterie; aber nicht von grüner, sondern von kornblumenblauer Grund= farbe. Diese Grenadiermütze bekam später eine andere Form mit aufgerichtetem Stirnschild und Nackenschirm (Taf. 92, b). Als die Infanterie Rabatten auf den Röcken erhielt, wurde diese Änderung nicht auf die Dragoner übertragen, dagegen führte man die Infanterie-Achselstücke ein. Die Kamisöler erhielten die kornblumenblaue Grundfarbe des Rockes, ebenso die Schabraken. Der Hut war mit einer weißen Borte eingefaßt. Die Karabinier-Regimenter trugen 1763 die gleiche Uniform; nur hatten sie Rabatten und schmale Goldtressen um den Hut und statt der von den Dragonern geführten Bajonettgewehre Karabiner. 1775 erhielten die Dragoner grüne Röcke mit roten Kragen und Aufschlägen, gelbliche Kamisöler und Beinkleider, kurze Stiefel und weiße Mäntel. Statt der Pallasche nunmehr Säbel und statt der deutschen Sättel ungarische Böcke mit roter Schabrake. Bei der Einführung der Einheitsuniform 1786 wurde die Dragoneruniform die gleiche wie bei der Infanterie; nur kamen noch gelbe Achselbänder und Stulphandschuhe hinzu, sowie die Kavallerie-Ausrüstung (Taf. 92, d). Die Karabiniers ebenso, nur statt der grünen dunkelblaue Röcke mit roten Abzeichen und Hosen. Gelbe Knöpfe, weiße Hosenstreifen. Keine Achselschnüre. Die Chevaulegers ebenfalls blaue Röcke mit roten Abzeichen und Hosen, weiße Knöpfe und Hosenbesatz sowie weiße Achselschnüre. Die Raupe auf dem Kasket war bei den Dragonern gelb, bei den Karabiniers und Chevaulegers weiß, die herabhängenden Tuchstücke schwarz. Als Ende der achtziger Jahre des vorigen Jahrh. die Truppe der reitenden Jäger errichtet wurde, erhielt diese ganz grüne Uniform mit weißen Achselschnüren und Knöpfen, schwarzer Filzmütze mit weißem Stutz; schwarze Bandeliere und Schärpe. 1796 wurde die alte Uniform mit dem Hute wieder eingeführt, 1801 hatten die Dragoner hellgrüne Uniformen mit ziemlich kurzen Schößen; Kragen, Aufschläge sowie die links befindlichen Achselklappen waren regimenterweis verschieden. Als Waffen dienten Bajonettgewehre und Pallasch. Wie die Küraffiere erhielten die Dragoner ebenfalls graue Unterknöpfhosen. 1803 wird der Küraffierhelm eingeführt. Nach den Befreiungskriegen Czakos mit roten Pompons, weißen Büschen und Beschlag von der Knopffarbe (Taf. 92, f). Die Uniform wurde mit neun Knöpfen und

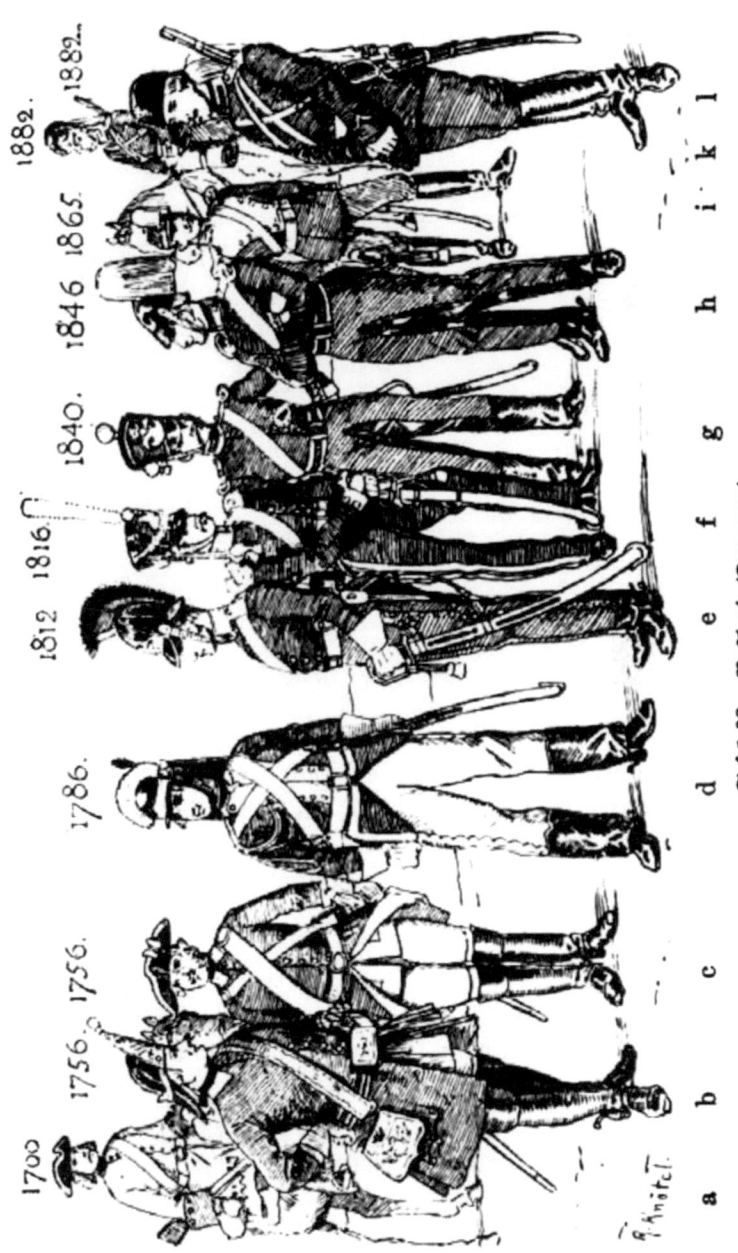

Tafel 92. Rußland (Dragoner).

a, c, d, e, f, g, h, l Dragoner — b Offizier der rettenden Grenadiere — i Dragoner-Offizier — k Reitender Garde-Grenadier,

einer Reihe geschlossen. Die Beinkleider wurden dunkelgrün mit breiten farbigen Streifen. An Stelle der Achselklappen Wollepauletten mit kurzen Fransen von weißer oder gelber Farbe, je nach den Knöpfen.

1816:

Name des Regiments	Abzeichen	Knöpfe
Moskau	rosa	weiß
Kargopol	rot	"
Neurußland	hellblau	"
Mitau	weiß	"
Kasan	karmesin	"
Riga	rot	gelb
Finnland	weiß	"
St. Petersburg	rosa	"
Smolensk	gelb	"
Kinburn	"	weiß
Kurland	himmelblau	gelb
Twer	mittelblau	"
Narwa	orange	weiß
Kiew	karmesin	"
Charkow	orange	gelb
Ingermanland	mittelblau	weiß

1840 hatte sich die Uniform etwas geändert. Der Kragen war mit Vorstoß und Patte versehen; letztere mit Knopf. Die Epauletten waren von Metall; die Aufschläge, die früher schwedische Form hatten, zeigten jetzt die brandenburgische Form. Um den Leib ein grüner Paßgürtel mit Besatz in der Regimentsfarbe.

1840:

Name des Regiments	Abzeichen=farbe	Kragen	Kragenpatte	Pferde
Moskau	karmesin	grün	karmesin	Füchse
Kargopol	weiß	"	weiß	Schimmel
Kinburn	gelb	"	gelb	Braune
Neurußland	himmelblau	"	himmelblau	Rappen
Kasan	dunkelrot	dunkelrot	grün	Braune
Riga	weiß	weiß	"	Schimmel
Finnland	gelb	gelb	"	Rappen
Twer	himmelblau	himmelblau	"	"

Das Regiment Nowgorod hatte eine Uniform anderen
Schnittes mit rotem Kragen; dazu Patrontaschenbehälter
auf der Brust und eine Pelzmütze mit Augenschirm an Stelle
des Czakos, welcher bei sämtlichen Regimentern nunmehr
ohne Stutz getragen wurde und dafür ein kugelförmiges
Pompon erhalten hatte. Während des Krimkrieges dieselbe
Uniform wie hier beschrieben, nur mit dem Infanteriehelm
(Taf. 92, h). Das erste Glied war mit Lanzen ausgerüstet.
Nach dem Krimkriege Waffenröcke und später das Käppi
der Infanterie (Taf. 92, i). 1882 erhielt die Dragoner=
waffe eine bedeutende Verstärkung, indem sämtliche Linien=
Kavallerieregimenter zu Dragonern umgewandelt wurden,
mit Ausschluß der Kosaken. Die Kopfbedeckung bildet für
gewöhnlich die grüne Tellermütze; zur Parade eine Lamm=
fellmütze mit farbigem Deckel. Der Pelzbräm hat vorn und
hinten einen spitzen Ausschnitt, auf welchem vorn der Doppel=
adler in weißem oder gelbem Metall angebracht ist. Der
Kragen ist entweder von der grünen Grundfarbe und hat
in diesem Falle eine andersfarbige Patte, oder farbig mit
grüner Patte. Die Aufschläge sind durch einen spitzen
Vorstoß von der Abzeichenfarbe markiert. Leibgurt und
Achselklappen in gleicher Farbe wie der Vorstoß. Die Bein=
kleider sind grau; der Säbel hat eine andere Befestigungs=
weise, als sonst üblich. Die Ringe sind nämlich nicht über
dem Rücken, sondern über der Schneide angebracht, eine
alt=slawische Befestigungsweise. Bei der Garde besteht
ein Leibgarde=Dragonerregiment (Taf. 92, k). Die Kopf=
bedeckung hat den gleichen Schnitt wie bei der Linie. Das
Futter ist rot, als Beschlag dient ein gelbmetallner Stern.
Der grüne Waffenrock hat roten Kragen und ebensolche
Achselklappen, Brustvorstöße und polnische Aufschläge. An
Kragen und Aufschlägen weiße Gardelitzen. Gelbe Knöpfe.
Die Beinkleider sind grau mit roten Vorstößen. Der Leib=
gurt rot. Die gleiche Uniform trägt das Leibgarde=Grenadier=
regiment zu Pferde; nur sind die Gardelitzen gelb. Als
Parade=Kopfbedeckung hat sich das Kasket von 1786

erhalten. Der hinten herabhängende Beutel ist rot mit gelbem Besatze.

V. Husaren.

Schon unter Peter dem Großen hatte eine Husarentruppe bestanden, über die aber nähere Nachrichten fehlen. 1740/41 wurden fünf Regimenter dieser Truppe errichtet. Unter der Regierung der Kaiserin Elisabeth 1741—61 bestand die Uniform aus Dolman, Pelz, anliegenden Beinkleidern, Schärpe, Säbeltasche und Filz= oder Pelzmütze. Patron= tasche und Karabinerbandelier wurden gekreuzt getragen und waren von schwarzem Blankleder. Vorn an den Schläfen fiel das Haar in zwei Strähnen herab (Taf. 93, a, b). Der Hinterkopf wurde teilweise geschoren.

Die Abzeichen waren in dieser Periode folgende:

Name des Regiments	Kopfbedeckung	Dolman und Hosen	Schnüre auf Dol= man u. Hosen	Pelz	Schnüre auf dem Pelze
Slobodisches Huf.=Regt.	weiße Flügelmütze	dunkelblau	weiß	weiß	dunkelblau
Serbisches　" 　"	Pelzmütze mit himmelblauem Beutel	himmelblau	schwarz	himmelblau	schwarz
Ungarisches　" 　"	Pelzmütze mit rotem Beutel	rot	"	rot	"
Grusinisches　" 　"	Pelzmütze mit rotem Beutel	"	blau	blau	rot
Gelbes　" 　"	gelbe Flügelmütze	gelb	schwarz	gelb	schwarz

Die Säbeltasche zeigte den gekrönten Namenszug E. P. Die Grundfarbe der Tasche entsprach derjenigen des Pelzes, der Besatz der Pelzbeschnürung. Die Schärpe war aus den Farben des Dolmans und der Dolmanverschnürung gemischt. Knöpfe durchgängig gelb.

Unter der Kaiserin Katharina II. trugen die L e i b = h u s a r e n (Taf. 93, c) eine Pelzmütze mit rotem Beutel, rot und silbernen Behängen und weißem Stutz. Letzterer wurde von einer als Doppeladler gestalteten silbernen Agraffe gehalten. Grüner Dolman und Pelz mit silberner Ver= schnürung, weißer Pelzvorstoß und Bandelier. Rote Auf= schläge, rotsilberne Schärpe, rote Hosen mit Silberbesatz,

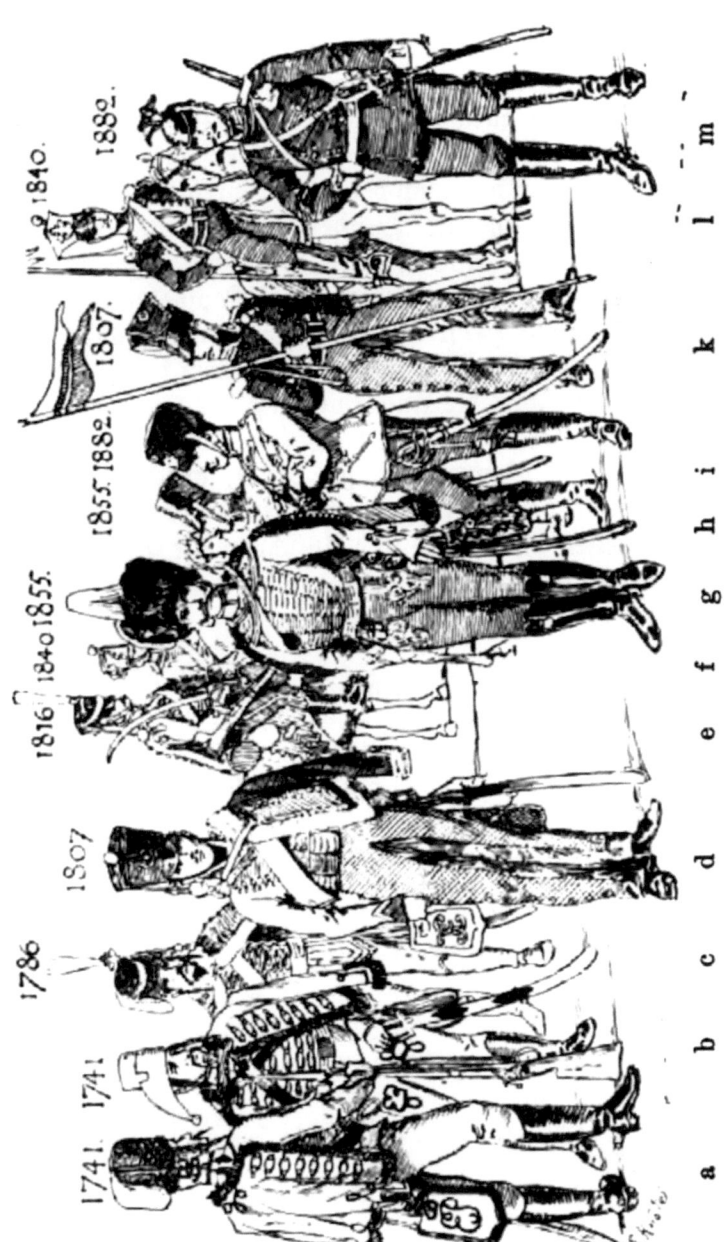

Tafel 93. Rußland (Husaren, Ulanen).

a, b, d, e, f, h Husaren — c Leib-Husar — g, i Garde-Husaren — k, l Ulanen — m Garde-Ulan.

gelbe Stiefel. Die rote Säbeltasche war mit Silber besetzt und zeigte den verschlungenen gekrönten Namenszug E. J. Gegen 1802 wurden graue Reitbeinkleider eingeführt. Die Kopfbedeckung war durchgängig eine schwarze Filzmütze mit ebensolchem Flügel; dazu Kokarde und weißer Stutz. Der Schnitt der Uniform hatte sich der Zeit entsprechend geändert; namentlich kamen um die Wende des Jahrhunderts die hohen Kragen auf. 1806 wurden die Zöpfe abgeschnitten und ebenso die langen Haarsträhne. Als Kopfbedeckung trat jetzt der Czako auf (Taf. 93, d). Die Kartuschbandeliere waren von Juchtenleder, die Karabinerriemen von weißem. In der Folgezeit wich die Uniformierung der Husaren nicht wesentlich von derjenigen der westlichen Mächte ab. Der Czako machte die Umwandelungen durch, welche dasselbe Bekleidungsstück bei der Infanterie erlitt. In den zwanziger Jahren erhielten die Kragen und Aufschläge die Grundfarbe des Dolmans; dafür wurde der Czako mit farbigem Tuch überzogen. Die Haarbüsche fielen weg.

1840:

Name des Regiments	Dolman	Pelz	Schnüre, Besatz der Schabrak- u. Säbeltasche	Czako und Säbeltasche	Schabrake	Pferde
1. Sumsk	grau	grau	weiß	rot	grau	Braune
2. Klästicz	dunkelblau	dunkelblau	"	hellblau	dunkelblau	Schimmel
3. Elisabethgrad . .	grau	grau	orangegelb	grau	grau	Füchse
4. Luben	dunkelblau	dunkelblau	weiß	gelb	dunkelblau	Rappen
5. Fürst Wittgenstein	"	"	orangegelb	"	"	Braune
6. Prinz von Oranien	hellblau	rot	weiß	hellblau	hellblau	Schimmel
7. Pawlograd	grün	hellblau	orangegelb	"	grün	Braune
8. Erzherzog Ferdinand	rot	dunkelblau	weiß	rot	dunkelblau	Schimmel
9. Achtirsk	braun	braun	orangegelb	gelb	braun	Füchse
10. Alexandrien . . .	dunkelblau	dunkelblau	weiß	rot	dunkelblau	Rappen
11. Kiew	grün	grün	orangegelb	"	grün	Füchse
12. Ingermanland .	hellblau	hellblau	"	hellblau	hellblau	Rappen
13. Großfürst Michael Pawlowitsch . . .	"	"	weiß	"	"	Braune
14. König von Württemberg	grün	grün	"	gelb	grün	Schimmel

Die Schabrake zeigte nicht mehr einen Zackenrand, sondern war mit einer glatten Einfassung von der Farbe der Verschnürung versehen, ebenso die Säbeltasche. Auf letzterer sowie in den hinteren Ecken der Schabrake der kaiserliche Namenszug. Die Farben der Schärpe waren zusammengesetzt aus denjenigen des Czakos und der Verschnürung. Der Pelzvorstoß grau, das Bandelier weiß. Die grauen Beinkleider hatten einen Vorstoß von der Farbe des Czakos.

Das **Garde=Husaren=Regiment**, welches Schimmel ritt, trug rote Czakos, Dolman und Säbeltasche, dunkelblaue Pelze und Schabraken. Die Verschnürung war orangegelb. Das ebenfalls zur Garde gehörige **Grodno=Husaren= Regiment** hatte die gleiche Uniform, nur mit weißer Verschnürung und hellblauem Czako. Es ritt braune Pferde. Später erhielten die beiden Garderegimenter Pelzmützen. Während das Grodnosche Regiment grüne Attilas und Pelze mit weißer Beschnürung anlegte nebst karmesinroten Beinkleidern, erhielt das Leib=Garde=Husaren=Regiment unter Beibehalt der übrigen Uniformfarben weiße Pelze mit gelber Verschnürung. Die beiden genannten Regimenter sind heute die einzigen der Husarenwaffe im russischen Heere.

VI. Ulanen.

Die Ulanentruppe besteht in Rußland seit 1803. Die Uniform bestand aus einer dunkelblauen Kurtka mit über= zuknöpfenden Brustklappen, langen blauen Beinkleidern und Czapka mit blauem Oberteil. Für gewöhnlich wurden graue Überknöpfhosen getragen (Taf. 93, k). Die Waffen= gattung wurde bald vermehrt. 1812 erhielten alle Ulanen weiße Knöpfe. Die erste Division hatte rote Abzeichen, die zweite Division ebenfalls, aber dunkelblaue Patten am Kragen. Die einzelnen Regimenter unterschieden sich durch die Farbe des Oberteils der Czapka, welche beim ersten Regi= ment rot, beim zweiten weiß, beim dritten gelb, beim vierten hellblau war. Die drei anderen Divisionen hatten Abzeichen und Czapkas von gleicher Farbe und zwar die dritte und

Bugſche Diviſion regimenterweiſe orange, weiß, gelb und hellblau. Die Litthauiſche karmeſin, weiß, gelb und hellblau. Um 1840 trug der Ulan eine blaue Kurtka (Taf. 93, 1). Die farbigen Kragen hatten teilweiſe eine dunkelblaue Patte mit Knopf oder, wenn das Regiment dunkelblaue Kragen trug, eine Patte von der Regimentsfarbe. Von letzterer Farbe waren auch die Rabatten, polniſchen Aufſchläge, der Beſatz des Paßgürtels und der Schabrake. Knöpfe und Schuppenepauletten durchgängig weiß.

1840:

Name des Regiments	Kragen	Patte	Aufſchläge, Rabatten u. ſ. w.	Czapka	Pferde
1. St. Petersburg . .	gelb	blau	gelb	gelb	Füchſe
2. Kurland	hellblau	„	hellblau	hellblau	Rappen
3. Smolensk	orange	„	orange	orange	Hellbraune
4. Charkow	weiß	„	weiß	weiß	Schimmel
5. Herzog von Naſſau	blau	gelb	gelb	gelb	Füchſe
6. Wolhynien	„	hellblau	hellblau	hellblau	Rappen
7. Olwiopol	„	keine	„	„	Schimmel
8. Woßneſſensk . . .	„	„	gelb	gelb	Hellbraune
9. Bug	„	„	orange	orange	Füchſe
10. Odeſſa	„	„	weiß	weiß	Rappen
11. Orenburg	„	orange	orange	orange	Hellbraune
12. Sibirien	„	weiß	weiß	weiß	Schimmel
13. Großfürſt Michael	gelb	keine	gelb	gelb	Füchſe
14. Jamburg	hellblau	„	hellblau	hellblau	Rappen
15. Belgorod	rot	„	rot	rot	Hellbraune
16. Tſchugujeff	„	„	„	weiß	Schimmel
17. Boriſoglebsk . . .	„	„	„	gelb	Füchſe
18. Serpukoff	„	„	„	„	Rappen
19. Ukraine	blau	„	„	rot	Hellbraune
20. Nowoarchangel . .	„	„	„	weiß	Schimmel
21. Nowomirgorod . .	„	„	„	gelb	Füchſe
22. Eliſabethgrad . . .	„	„	„	hellblau	Rappen

Die Garde-Ulanen hatten rote Abzeichen und ausnahmsweiſe gelbe Knöpfe und Schuppenepauletten. Rote Czapkas. Das Regiment war mit Füchſen beritten. Das Garde-Ulanen-Regiment des Großfürſten Thronfolgers: rote Abzeichen mit weißen Litzen; gelbe Czapkas. Es ritt Braune.

Während des Krimkrieges war die Uniform noch ebenſo beſchaffen. Die Czapka erhielt ſpäter eine andere Form und an Stelle der Kurtka trat die Ulanka. Heute beſtehen nur

noch die beiden Regimenter der Garde. Das Leibgarde=
Ulanen=Regiment trägt eine blaue Ulanka mit roten
Kragen, Achselklappen, Vorstößen, polnischen Aufschlägen
und ebensolchem Leibgurt. Mützenrand und Vorstöße rot,
ebenso die Czapkarabatten. Knöpfe und Gardelitzen gelb.
Graue Hosen mit roten Vorstößen. Das Leibgarde=
Ulanen=Regiment des Kaisers (2. Garde=Ulanen=Reg.)
hat dieselbe Uniform; nur sind die Litzen weiß, die Czako=
rabatten gelb. Die Mütze hat rote Vorstöße und gelben
Rand.

VII. Kosaken.

Die Uniform der Kosaken hat sich aus der Nationaltracht
herausgebildet. Im vorigen Jahrhundert trugen die Kosaken
lange Röcke von beliebiger Farbe, lange Kamisöler, weite
Beinkleider in kurzen Stiefeln, farbige Gürtel und hohe
cylindrische Mützen von grauem Lämmerfell mit farbigem
Tuchbeutel. Als Waffen führten sie Lanzen, Säbel, Gewehre
ohne Bajonett oder Karabiner und Pistolen. Noch im
Verlaufe des Jahrhunderts wurden hie und da gleichfarbige
Röcke eingeführt. Trotzdem war noch während der Befreiungs=
kriege von einer wirklich durchgeführten Uniformierung nur
bei wenigen Regimentern die Rede. Im allgemeinen waren
blaue und dunkelgrüne Röcke bevorzugt. Über den Schnitt
der Bekleidung geben unsere Abbildungen Auskunft.

Um 1840 trugen die Garde=Don=Kosaken ganz blaue
Uniform mit gelben Litzen und Epauletten, roten Beuteln an der
Mütze und rote Schabraken mit weißen Borten. Der Paßgürtel
war weiß. Die Garde=Kosaken vom Schwarzen Meere:
dieselbe Uniform mit roten Aufschlägen und blaue Schabraken mit
weißer Borte. Das Garde=Kosaken=Regiment Großfürst
Thronfolger (Taf. 94, f S. 447): ganz hellblaue Jacken mit
weißen Mützen und Epauletten; dunkelblaue Hosen, weißer Paßgürtel.
Garde=Ural=Kosaken: ganz dunkelblau mit weißen Litzen und
Epauletten; hellblauer Paßgürtel. Beide zuletzt erwähnten Regi=
menter hellblaue Mützenbeutel.

1840:

Name des Regiments	Jacke u. Hosen	Kragen	Vorstöße	Achsel= klappen	Paßgürtel	Mützen= beutel
Don	blau	blau	rot	blau	schwarz	rot
Vom Schwarzen Meere	„	„	„	„	weiß	„
Astrachan	„	„	gelb	gelb	gelb	gelb
Klein=Rußland	grün	grün	rot	rot	schwarz	rot
Asow	blau	blau	weiß	blau	weiß	„
Donau	„	„	dunkelrot	„	dunkelrot	dunkelrot
Ural	„	„	hellblau	hellblau	hellblau	hellblau
Stawropol	„	rot	blau	rot	rot	rot
Mescherja	„	blau	„	blau	schwarz	hellblau
Orenburg	grün	grün	hellblau	hellblau	hellblau	rot
Sibirien	blau	blau	blau	rot	rot	„
Tobolsk	„	rot	„	„	schwarz	blau
Tomsk	„	„	„	„	„	„
Jenisseisk	„	„	„	„	„	„
Irkutsk	„	„	„	„	„	„
Sabaikal	„	„	„	„	„	„
Jakutsk	„	„	„	„	„	„
Tartarisches	„	„	„	„	„	„

Die kaukasischen Regimenter hatten eine abweichende Uniform. Das Hauptbekleidungsstück war die Tscherkeßka, eine Art Kaftan, ohne Kragen, vorn auf der Brust mit Ausschnitt versehen. Darunter das Unterkleid, Beschmet. Letzterer hat einen Stehkragen. Auf der Brust der Tscherkeßka sind Patronenbehälter angebracht. Die runde Tuchmütze ist mit einem Pelzbräm umgeben. Die Achselklappen auf der Tscherkeßka haben die Farben des Beschmet.

1840:

Name des Regiments	Tscherkeßka	Beschmet, Achsel= klappe u. Mütze
Kaukasus	blau	rot
Kuban	„	weiß
Coper	„	gelb
Wolga	„	hellblau
Stawropol	„	graugrün
Gor	braun	rot
Greben	„	gelb
Mosdak	„	weiß
Kislar	„	hellblau

Die Kopfbedeckung machte mit der Zeit mannigfache Wandelungen durch. Heute besteht dieselbe in einer Pelz= mütze, nach oben etwas spitz zulaufend, mit farbigem

Tafel 94. Rußland (Kosaken).

a, b, c, d, e, i, k Kosaten — f Garde-Kosaten — g Garde-Kosat — h Kosaten-Offizier.

Deckel (Taf. 94, h) (für gewöhnlich Tellermütze). Der Rock hat keine Knöpfe, sondern wird vorn zugehakt. Die Bein=kleider von der Grundfarbe des Rockes.

1890:

Name des Regiments	Rock, Hosen, Kragen, Aufschläge	Vorstöße, Hosen=streifen, Leibgurt, Mützendeckel	Achselklappen
Don	blau	rot	blau
Orenburg	grün	hellblau	hellblau
Ural	blau	karmesin	karmesin
Astrachan	"	gelb	gelb
Transbaikal	grün	"	"
Ussuri	"	"	"
Sibirien	"	rot	rot
Ssemirretschensk	"	karmesin	karmesin
Amur	"	gelb	grün

Das letztaufgeführte Regiment trägt eine Mütze in der Form, wie oben bei den kaukasischen Kosaken beschrieben. Letztere tragen auch gegenwärtig Tscherkeßka und Beschmet. Die kegelförmige Pelz=mütze ist ziemlich hoch.

1890:

Name des Regiments	Tscherkeßka	Achsel=klappen	Grund=farbe des Beschmet	Vorstöße des Beschmet	Deckel der Pelzmütze
Kuban	graubraun	rot	rot	rot	rot
Kuban=Fuß=Kosaken	"	karmesin	grau	karmesin	karmesin
Terek=Kosaken	"	hellblau	hellblau	hellblau	hellblau

Die Beinkleider sind grau. Bei der Garde besteht ein Leib=Garde=Kosaken=Regiment des Kaisers. Rock und Bein=kleider sind blau mit roten Vorstößen, Achselklappe und Leibgurt rot. Gelbe Gardelitzen. Pelzmützendeckel rot. Die Tellermütze von roter Grundfarbe mit blauem Rand und Vorstößen. Das Leib=Garde=Ataman=Kosaken=Regiment des Großfürsten Thron=folgers hat die gleiche Uniform; nur hellblaue Achselklappen. Die Tellermütze ist hellblau mit dunkelblauem Rand und Vorstoße. Die Leib=Garde=Ural=Kosaken=Eskadron trägt die Uniform des Leib=Garde=Kosaken=Regiments des Kaisers, nur sind alle roten Abzeichen karmesinrot. Die Kosaken der kaiserlichen Eskorte tragen eine rote Tscherkeßka, gelben Beschmet mit rotem Kragen; gelbe

Achfelklappen und gelbe Streifen an den Hofen. Der Deckel der hohen Pelzmütze ist rot. Die Leib=Garde=Kuban= und Terek=Kofaken=Eskabronen tragen dieselbe Uniform wie unter Kuban und Terek oben beschrieben. — Im Gefolge der russischen Heere betraten auch vielfach Baschkiren, Kalmücken, Kirgisen, Tartaren und andere Reitervölker die Kriegsschauplätze. Von einer Uniform war nicht die Rede. Sie erschienen in ihren National=Kostümen.

VIII. Artillerie, Genie, Train, Gendarmerie. — Generalität.

Unter Peter dem Großen hatte die Artillerie rote Uni=formen und zwar Röcke, Kamisöler und Beinkleider. Auf=schläge und Futter kornblumblau. Halstücher schwarz. Die Bombardiere trugen ähnliche Mützen wie die Grenadiere der Garde. Später wurden die Abzeichen schwarz. Unter Elisabeth 1741—61 war die Bombardiermütze etwas anders gestaltet als früher. Sie war mit einem Messingkamm in Form einer Guirlande geschmückt (Taf. 95, c S. 451). Peter III., 1761—62, gab der Artillerie grüne Uniform mit gelben Knöpfen, rotem Futter und grünen Kragen. Rabatten und Aufschläge, bei den Gemeinen von Wollstoff, waren bei den Offizieren von Samt. Die Ingenieure erhielten dieselbe Uniform, nur mit weißen Knöpfen. Unter der Kaiserin Katharina II. erhielt die Regiments=Artillerie der Infanterie die Uniform der betreffenden Truppe, jedoch mit schwarzen Kragen, Rabatten und Aufschlägen. Bei der Einführung der Einheitsuniform 1786 rote Kurtkas und Hosen, schwarze Aufschläge, Rabatten und Vorstöße, gelbe Knöpfe und Hosenstreifen. Kasket mit gelbem Schild und weißer Raupe (Taf. 95, d). Die Genietruppe: die gleiche Uniform mit weißen Knöpfen und Hosenstreifen. Die neu=gebildete reitende Artillerie trug die beschriebene Uniform, aber Hüte in der Form der heutigen runden Civilhüte, deren Rand an der linken Seite aufgeschlagen und mit einer weißen Bandkokarde und weißem Federstutz verziert war. Oberhalb der Krempe ein schmaler Messing=reif; nach hinten hingen zwei Tuchstücke herab. 1796 wurde,

wie in der ganzen Armee, die alte Uniform wieder ein=
geführt. Seit dem Regierungsantritt Alexanders I. 1801
macht die Uniform alle Wandlungen durch wie. die
Infanterie=Montierung. Die Grundfarbe war grün
mit schwarzen Abzeichen und roten Vorstößen und gelben
Knöpfen. Gegen 1807 tritt der Czako auf (Taf. 95, e),
dem 1846 der Helm (Taf. 95, h), später Mütze und neuer=
dings die Lammfellmütze gefolgt ist. Nur die reitende
Artillerie erhielt gleichzeitig mit den Dragonern den Kürassier=
helm, legte denselben aber 1815 wieder ab. Heute besteht
die Uniform der Artillerie aus dem dunkelgrünen zuzuhakenden
Rocke mit schwarzen Kragen und Aufschlägen, roten Vor=
stößen und Achselklappen, dunkelgrünen Hosen, schwarzem
Leibgurt, schwarzer Lammfellmütze mit gelbem Beschlag.
Die Garde=Feld=Artillerie hat rote Aufschlagspatten
und gelbe Gardelitzen. Bei der reitenden Artillerie sind
Aufschläge und Kragen grün, die Hosen grau. Schnitt und
Kopfbedeckung wie bei den Dragonern. Die Genietruppe
hat immer dieselbe Uniform getragen wie die Artillerie, nur
mit weißen Knöpfen und Beschlägen an der Kopfbedeckung.
Eine Zeitlang gab es auch reitende Pioniere. Die
Uniformfarben waren dieselben. Die Trainbataillone
der Friedensformation haben graue Röcke und Bein=
kleider, hellblaue Kragen, Aufschläge und Achselklappen.
Die Bataillone der Kriegsformation: ganz grün mit
hellblauen Achselklappen und Kragenvorstoß. Die Gen=
darmerie: hellblau mit roten Achselklappen und roten
Vorstößen. Graue Beinkleider. — Die Uniform der
Generalität richtete sich im allgemeinen nach dem
Schnitt der Offiziersuniform der Infanterie. Die Farben
waren und sind noch heute dunkelgrün mit Rot und Gold,
beim Generalstab dunkelgrün mit Schwarz und Silber.
Rote Vorstöße. Die Paradekopfbedeckung der Generale,
früher der Hut, später Helm, ist jetzt die Pelzmütze. Die=
selbe ist schwarz, bei den Generalen und Flügeladjutanten
des Kaisers weiß.

Tafel 95. Rußland (Artillerie).

a Artillerie-Füsilier — b Kanonier — c Bombardier-Trommler — d, e, f, k Artilleristen — g Reitender Garde-Artillerist — h Offizier der reitenden Garde-Artillerie — i Artillerie-Offizier — l General.

Die Generalabzeichen sind folgende:

Feldmarschall: goldenes Achselstück mit gekreuzten Stäben.
General der Kavallerie: goldenes Achselstück ohne Ver=
zierung.

Generallieutenant: drei Sterne.

Generalmajor: zwei Sterne.

Oberst: Achselstück von der Achselklappenfarbe mit drei goldenen
oder silbernen Streifen.

Oberstlieutenant: ebenso. Dazu drei Sterne.

Hauptmann: Achselstück von der Achselklappenfarbe mit zwei
goldenen oder silbernen Streifen.

Stabshauptmann: ebenso mit vier Sternen.

Premierlieutenant: ebenso mit drei Sternen.

Sekondlieutenant: ebenso mit zwei Sternen.

Vicefeldwebel der Reserve: ebenso mit einem Stern.

Die Unteroffiziere haben goldene oder silberne Tressen um
Kragen und Aufschläge. Die Feldwebel dazu eine Gold= oder
Silbertresse quer über die Achselklappe gesetzt. Unteroffiziere nach
ihrem Grade drei oder zwei weiße oder gelbe Bandtressen. Gefreite:
eine dergleichen. Die Freiwilligen tragen um die Achselklappen
eine schwarz=orange=weiße Schnur.

Das ehemalige Königreich Polen.

(Kokarde weiß.)

Das polnische Heer unter Johann Sobieski bestand zur
Zeit des Entsatzes von Wien 1683 aus der Militia
domestica (polskie), die wieder eingeteilt wurde in
Towarzysz, welche in Uszarzy und Pancernen sich
gliederten, und Kwarciany und ferner aus der Militia
extranea, bestehend aus der Krongarde, Dragonern,
regulärer und irregulärer Infanterie. Die To=
warzysz (Kameraden) bestanden aus Edelleuten in Offiziers=
rang. Sie fochten nur in rangierter Schlacht, waren
aber nicht zum Feld= und Sicherheitsdienst bestimmt. Die
Uszarzy (Taf. 96, a), auch Kopyiniki, Hastati genannt,
waren die vornehmste Elitetruppe. Sie trugen einen Koller,

Tafel 96. Polen.

a Adliger Husar — b Flügel-Adjutant — c, g, k Ulanen — d Offizier der Kronengarde zu Warschau — e Leibgarde-Dragoner —
f, h Linien-Infant. — i Garde-Grenad. — l Sensenträger — n Jäger zu Pferde — m Sandomirscher Freischütz — o Masowischer Freischütz.

darüber Plattenharnisch und Eisenhaube mit beweglichem
Nasenschutz. Häufig war der Helm auch mit Metallflügeln
auf beiden Seiten versehen. Auf dem Rücken waren zwei
große Flügel befestigt, welche aus Holzstäben bestanden und
mit Federn besteckt waren. Über die linke Schulter auf der
Brust durch eine metallene Schließe gehalten hing ein Tiger=
oder Leopardenfell. Viele Reiter trugen auch nur einen
Flügel auf dem Rücken. Die Halsberge war mit einem
vergoldeten Kreuz geschmückt. Diese Tracht war nicht eine
eigentliche Uniform, es kommen daher sehr viele Willkürlich=
keiten vor. So wurden auch vielfach statt des Platten=
harnisches sogenannte Brigantinen getragen. Häufig bedeckte
die Lenden ein aus Kettenpanzer bestehender Schurz. Als
Waffe diente ein gekrümmter Säbel, an der linken Seite
getragen, während rechts am Sattel unter dem Knie ein
sogenannter Panzerstecher befestigt war, das heißt ein langer,
gerader Degen. Die Hauptwaffe bildete ein 15 bis 18 Fuß
langer Speer mit schwarz und gelber Flagge, welche mit
einem Kreuz geschmückt war. Bei den Königsschwadronen
war die Flagge blau und karmesin. Die Offiziere trugen
auch vielfach Pfeil und Bogen in einem auf der rechten
Seite befestigten Köcher. Die Pancernen oder Loricati
trugen ähnliche Schutzrüstung. Die Sturmhaube war häufig
mit einem auf die Schulter herabhängenden Drahtnetz ver=
sehen. Als Waffen dienten Schwerter, Pistolen, mitunter
ein kurzes Feuergewehr, selten ein kurzer Speer. Häufig
waren sie auch mit einem stählernen oder aus Rohr geflochtenen
Schilde ausgerüstet. Die Kwarciany oder Lekkie cho-
ragwie, Legiones levioris armaturae trugen keine
Schutzrüstung und waren sehr buntscheckig gekleidet. Auf
ihnen lag die ganze Last des Aufklärungs= und Sicherheits=
dienstes. Bei der Militia extranea war von Uniform
kaum die Rede. „Feuergewehr und selbst Picken gehörten
zu den Seltenheiten; wir finden meist nur Beile (Bardysz)
oder Sensen, ja selbst nur Stöcke, große Prügel in der Hand
des polnischen Infanteristen, Seitengewehre kamen nicht vor.

Die Bekleidung und übrige Ausrüstung entsprach vollkommen der jämmerlichen Bewaffnung. Die unglückliche Truppe, welche von den höchsten bis zu den untersten Chargen einer systematischen Beraubung ihrer Gebührnisse ausgesetzt war, mußte sich ihren Unterhalt durch Stehlen und Plündern verschaffen. Ähnlich lagen die Verhältnisse bei den auf elenden Kleppern reitenden Dragonern"*).

Im Verlaufe des 18. Jahrhunderts sind bei der Uniformierung der polnischen Armee zwei verschiedene Elemente zu erkennen, nämlich das national=polnische und das sächsische. Eine Waffengattung namentlich bestand in Polen fort, welche im westlichen Europa fast gänzlich verschwunden war, näm= lich die der Lanzenreiter. Diese hatten eine eigentümliche Organisation. Im ersten Gliede standen die Towarzysz, die sich aus Edelleuten rekrutierten; nur sie waren mit der Lanze bewaffnet; im zweiten rangierten die Pacholken, die Diener der Towarzysz. Den Pacholken lag vor allem die Pferdewartung und die Instandhaltung der Waffen ob. Auf einer Abbildung aus der zweiten Hälfte des 18. Jahr= hunderts tragen bei den Ulanen Towarzysz und Pacholken weiße Kurtkas mit gelbem liegenden Kragen und Rabatten. Die Ärmel sind kurz und lassen die Unterärmel frei. Diese sowie die Unterkleider sind gelb. Die weißen Auf= schläge haben die sogenannte polnische Form. Als Kopf= bedeckung dient eine gelbe Tuchmütze mit Pelzbesatz, weißer Kokarde und gelben Federn. Die Towarzysz führen eine Lanze, deren Schaft gelb und blau gestrichen ist. Die Flagge ist in Gelb und Blau einfach geteilt. Das Lederzeug ist weiß, die Schärpe gelb (Taf. 96, c). Die Pacholken haben Karabiner und weiße gekreuzte Karabiner= und Patrontaschenbandeliere. Bei den Ulanen der königlichen Haustruppen tragen die Towarzysz eine kirschrote Kurtka mit ganz kurzen Ärmeln, mattgelben Kragen, Rabatten und Futter. Das Mützenfutter, die Unterärmel, Beinkleider und

---

*) „Der Entsatz von Wien am 12. Sept. 1683." Rathenow, Babenzien.

Schabraken sind mattgelb. Die Besätze auf beiden letzteren
Stücken kirschrot. Knöpfe und Bandelier weiß, gelbe Stulp=
handschuhe. Der Lanzenschaft sowie die zweigeteilte Flagge
sind kirschrot und mattgelb. Die Pacholken waren ebenso
gekleidet, nur statt der kirschroten Stücke in Blau, ebenfalls
Karabiner statt der Lanzen. Auch für die höheren Chargen
gab es neben Uniformen westeuropäischen Schnittes nach
sächsischem Muster nationale Montierung. So erscheint auf
einem kolorierten Stiche ein königlicher Generaladjutant
(Taf. 96, b) in einem weißen kaftanartigen Oberkleide mit
geschlitzten Hängeärmeln; Kragen und Rabatten dunkelblau,
Knöpfe und Achselschnüre sind golden. Die Unterärmel sind
dunkelblau, Pelzmütze mit weißem Futter, Kokarde und Feder.
Gelbe Saffianstiefel, silberne und karmesinrote Schärpe, deren
Quasten an der rechten Seite herabhängen. Um einige Bei=
spiele für die Uniformen sächsischen Schnittes zu geben, führen
wir an, daß die Krongarde (Taf. 96, d) in Warschau um 1790
folgende Uniform trug: Hut mit weißer Kokarde, bei den
Offizieren mit breiter gebogener Silbertresse besetzt. Roter
Rock mit dunkelblauem Kragen, Rabatten, Aufschlägen und
Schoßfutter; Knöpfe weiß, Offiziere silberne Epauletten und
Vorstöße. Vergoldeter Ringkragen mit dem silbernen Adler,
Unterkleider mattgelblich. Das Leibgarde=Dragoner=
regiment (Taf. 96, e) trug Hüte mit gebogener Silber=
tresse, weißer Kokarde und weißem, unten rotem Stutz.
Mattgelbliche Kollets und Beinkleider, rote Kragen, Schoß=
umschläge und Schabraken. Alles mit Silber besetzt.
Silberne epauletteartig gestaltete Achselstücke mit rotem
Grunde; ferner ein karmesinrotes, mit Silberborten besetztes
Bandelier. Zur Zeit der polnischen Erhebung, welche der
dritten Teilung Polens vorausging, um 1793, trug fast die
ganze Armee eine Bekleidung, zu welcher ersichtlich die von
der Kaiserin Katharina II. 1786 eingeführte russische Uniform
das Vorbild lieferte. Namentlich hatte die Kurtka fast genau
den russischen Schnitt. Die Infanterie (Taf. 96, f) trug
Kurtka und Beinkleider von dunkelblauer Farbe. Kragen,

Aufschläge, Rabatten sowie die vorn umgeklappten Schöße zeigten regimenterweise verschiedene Farben. So beim Regiment Stanislaus Potocki hellblaue Abzeichen mit gelben Knöpfen, beim Regiment Wodzicki rosa mit weißen Knöpfen, beim Regiment Königin Hedwig hochgelb mit weißen Knöpfen. Eigenartig war die Kopfbedeckung. Sie bestand aus einem schwarzen cylinderartig gestalteten Kopfteil mit Augenschirm. Ueber letzterem erhob sich ein weißes Metallschild, mit dem polnischen Adler geschmückt; darunter ein schwarzledernes zugespitztes Schild, welches mit einem Kranze von Borsten umgeben war. Von hinten nach vorn übergebogen ein feder= artig gestalteter Stuß aus schwarzen oder weißen Roßhaaren. Das Lederzeug war teils weiß, teils schwarz. Die Kavallerie trug Uniform desselben Schnittes wie die Infanterie; dazu als Kopfbedeckung die polnische Mütze (Konföderatka). Um einige Beispiele anzuführen: Das Ulanenregiment König (Taf. 96, g) ganz blau mit gelben Abzeichen und Mützen. Lanzenflagge oben blau, unten gelb. Blaue Schabraken mit gelbem Besatz. Schwarzes Säbelkoppel, weißes Bandelier. Die reitende Nationalgarde ebenso, nur alle karmesinroten Stücke hier hochrot und die Knöpfe gelb. Sehr viele in der Eile zusammengeraffte Truppenteile hatten nationale Bekleidung, namentlich die beliebten und auch bei den späteren Revolutionen immer wieder auftauchenden Sensen= männer (Koßiniere). Die Artillerie trug grüne Kurtkas mit schwarzen Abzeichen und Beinkleidern sowie gelben Knöpfen. Als Kopfbedeckung ein runder breitkrempiger Hut mit weißer Feder, bei den Offizieren schwarze Kon= föderatka. Die Pontoniere grüne Kurtka und Beinkleider, weiße Abzeichen, gelbe Knöpfe, braunes Lederzeug. Als nach der Beendigung des Feldzuges von 1807 die nunmehr herzoglich warschauische Armee neu organisiert wurde, war im allgemeinen das französische Vorbild maßgebend, wenn= schon eine Menge nationaler Eigentümlichkeiten zu beobachten sind. Die Infanterie erhielt blaue Röcke im Schnitte des Spenzers mit kurzen Rabatten. Die Abzeichen waren sehr

verschiedenfarbig, z. B. Kragen gelb, Rabatten weiß u. s. w.
Als Kopfbedeckung diente für die Füsilier= und Voltigeur=
kompagnien ein czapkaartig gestalteter Czako (Taf. 96, h).
Die Grenadiere trugen Pelzmützen. Grenadier= und
Voltigeurepauletten wie in der französischen Armee. Das
Lederzeug war weiß, ebenso die Unterkleider. Die National=
garde hatte Czakos mit rundem Deckel, mit hellblauem
Pompon und rotem Stutz sowie roten Behängen. Schuppen=
ketten und Beschläge gelb. Blauer Spenzer mit hellblauem
Kragen, der vorn eine schmale weiße Patte zeigte. Weiße
kurze Rabatten und Schoßumschläge und hellblauer Vor=
stoß, hellblaue Aufschläge und weiße, rot vorgestoßene
Ärmelpatten. Rote Epauletten, gelbe Knöpfe, weiße Unter=
kleider und Bandeliere. Die Kürassiere waren ganz nach
französischem Vorbild uniformiert. Die Ulanen trugen
dunkelblaue Kurtkas und Hosen mit verschiedenfarbigen
Abzeichen und Lanzenflaggen. Die nach französischem Vor=
bild auch bei den Ulanen errichteten Elitekompagnien Pelz=
mützen mit roten Behängen und Stutz, die übrigen Ulanen
Czapkas. Die Artillerie war ganz in Grün gekleidet;
Kragen, Rabatten und Aufschläge schwarz mit roten
Vorstößen. Knöpfe gelb. Die Fußartillerie hatte Czakos,
die reitende Czapkas, die Offiziere Pelzmützen. Als nach
dem zweiten Pariser Frieden Polen als Königreich, wenn
auch unter russischer Oberhoheit, immerhin eine gewisse Selb=
ständigkeit wiedererlangte, wurde für die Uniformierung
der damalige russische Schnitt maßgebend. Die Grundfarbe
war bei der Infanterie blau, die Abzeichen gelb, Knöpfe
weiß. Die Garde (Taf. 96, i) war durch weiße Gardelitzen
ausgezeichnet. Der Czako von der Form des russischen zeigte
vorn den weißen polnischen Adler. Die Uniform der
Ulanen (Taf. 96, k), ebenfalls ganz russischen Schnittes,
hatte für Kurtka und Beinkleider dunkelblaue Grundfarbe:
Czako und Abzeichen nach den Regimentern verschieden.
Die Lanzenflaggen waren oben dunkelblau, unten in der
Abzeichenfarbe. Die von schwarzem Schaffell gefertigten

Schabraken hatten einen Besatz in der Abzeichenfarbe und
waren bei den Offizieren in den hinteren Ecken mit dem
weißen Adler geschmückt. Die reitenden Jäger (Taf. 96, n)
trugen grüne Kollets und Beinkleider. Der grüne Kragen
hatte vorn eine farbige Patte. Letztere, sowie die polnischen
Aufschläge, Vorstöße und Hosenbesatz waren beim ersten
Regiment karmesinrot, beim zweiten weiß, dritten gelb,
vierten himmelblau. Der Czako zeigte weißen Adlerbeschlag,
Pompon und Schuppenketten; Knöpfe, Lederzeug und
Epauletten weiß. Schabrake wie bei den Ulanen. Die
Artillerie=Uniform, deren Schnitt ebenfalls der
russischen entsprach, hatte die früheren Farben behalten.
Bei dem Aufstande von 1831 wurde eine große Anzahl von
Freikorps ins Leben gerufen, die zumteil recht phantastische
Uniform trugen. So waren z. B. die Sandomirschen
Freischützen (Taf. 96, m) folgendermaßen uniformiert:
Pelzmütze mit weißem Adlerbeschlag und gelben Schuppen=
ketten, langer grüner bis auf die Kniee reichender Rock mit
schwarzem Kragen und Aufschlägen und roten Vorstößen,
gelbe Knöpfe, grüne Epauletten, grüne Hosen mit rotem
Vorstoß, naturfarbener Gürtel, vorn mit einer kleinen
Kartusche und ringsum mit Futteralen für die Patronen
besetzt. Vorn stecken im Gürtel zwei Pistolen und ein Dolch.
Auf der Brust nach tscherkessischer Art Patronenbehälter.
Schwarze Tornisterriemen und Säbel am Schleppkoppel.
Die Masowischen Freischützen (Taf. 96, o) grüne Kon=
föderatkas, vorn mit einem ovalen weißen Schild, darauf
ein Kreuz, darunter ein Totenkopf und gekreuzte Knochen.
Grüner, unten roter Federbusch. Langer grauer Rock mit
grünen Kragen, Aufschlägen und Epauletten. Schwarze
Handschuhe. Gürtel, Pistolen, Dolch und Patronenbehälter
auf der Brust, wie vorher beschrieben. Graue Hosen mit
grünem Vorstoß. Die Krakauer Sensenmänner rote
Konföderatkas, blaue lange Röcke mit karmesinroten Kragen,
Aufschlägen und Vorstößen. Auf jeder Brustseite schräg=
stehende karmesinrote Taschenpatten. Knöpfe weiß. Blaue

Beinkleider, schwarzes Lederzeug. Die Kalischer Frei=
ulanen lange einreihige schwarze Röcke mit hellblauen
Kragen, Vorstößen und polnischen Aufschlägen. Karmesin=
roter Gürtel, weiße Knöpfe und Lederzeug. Beinkleider
schwarz mit hellblau. Czapka mit hellblauem Oberteil,
Lanzenflagge oben karmesinrot, unten hellblau. Die
Nationalgarde trug einen langen einreihigen dunkel=
blauen Rock mit roten Kragen und Aufschlägen, dunkelblaue
Hosen und Konföderatka, weiße Knöpfe und schwarzes
Lederzeug. Bei dem Aufstande von 1863 wurden ebenfalls
vielfache Versuche gemacht, einzelne Korps zu uniformieren,
ohne daß indessen von einer Uniformierung im allgemeinen
die Rede sein konnte.

Die Balkanstaaten.

Türkei.
(Kokarde existiert nicht.)

Gegen Ende des 17. Jahrhunderts bildeten die **Jani t ſcharen** (Jegni-Zeri, d. i. neue Krieger) noch den Kern des türkiſchen Fußvolkes. „Längſt beſtanden ſie nicht mehr bloß aus Chriſtenkindern oder Kriegsgefangenen, obwohl immer noch eine Anzahl ſolcher dem Korps einverleibt wurde. Die Mehrzahl waren türkiſche Berufsſoldaten, hauptſächlich wohl aus den europäiſchen Provinzen des Reichs. Sie bildeten ein geſchloſſenes Korps, das, in Ortas eingeteilt', in ſeinen Kaſernen (Odas) abgeſchloſſen lebte, unter unbeſchränktem Befehl des Janitſcharen-Agaſi. Alljährlich am Ramazan erhielten ſie einen neuen Doliman oder langen Rock mit kurzen Ärmeln, um den Leib durch einen buntgeſtreiften Gürtel mit Gold= oder Silberfranſen am Ende (Coussac) feſtgehalten, darüber zogen ſie einen Spahi oder Oberrock von blauem Tuch. Zur Kopfbedeckung diente eine hohe Mütze von weißem Filz (Zarcola), deren Oberteil in Geſtalt eines langen Sackes oder Ärmels hinten herabfiel (angeblich zur Erinnerung an den Ärmel des heiligen Derwiſchs Hadſchi Bektaſch, der das Korps eingeſegnet hatte), zur Parade mit einem langen Federbuſch geziert, der aus einer Tülle vorn aufſtieg (Taf. 97, a S. 463). Ihre Waffen waren Muskete

und Säbel, dazu ein Handschar oder Dolchmesser im
Gürtel, das Pulverhorn an einem Riemen am Gürtel
herabhängend, die Lunte um die linke Hand gewickelt.
Ähnlich war die Kleidung der Solaks oder Gardeschützen des Großherrn, 400 Mann, die seidene Spahis
und goldverbrämte Mützen trugen. Von ihnen ist berichtet,
daß sie die Schöße des Oberrocks in den Gürtel aufsteckten,
um sich freier bewegen zu können. Darunter trugen sie
enge Hosen (caleçons) von Drillich oder Wildleder. Ebenso
die Ichoglans oder Offiziere, die aus Sklaven hervorgegangen waren. Die Spahis oder regulären Reiter
wurden bereits unterschieden von den Zaims und Timar-
ioten, die mit Lehns- oder Ritterpferden dienten. Sie führten
Säbel, Lanze (Dscherid), Feuerwaffen. Die erste Truppe
führte eine gelbe Standarte, die zweite eine rote; dann gab
es noch eine rotweiße, weißgelbe, grüne, weiße Standarte.
Die Dellis oder Tollköpfe hatten Pantherfelle, Adler-
schwänze auf den Mützen, Adlerflügel am Schilde, gelbe
spitze Stiefel mit fußlangen Sporen. Sie waren Freiwillige und bildeten oft die Leibwache der Begler-Begs
(Gouverneure). Die Segbans, „eine Art Dragoner", deckten
die Bagage. Die Acanzi oder Azapes waren Freiwillige,
führten Pfeil und Bogen. Die Petits Tartares trugen
lange Hosen nach Matrosenart (à la matelotte), einen falten-
losen Überwurf, lange spitze wollene Mütze, Säbel, Bogen,
Pfeil und Wurfspieß (Dard). Es fiel auf, daß bei den
Türken die Vorhut kein Ehrenposten war, sondern aus Irre-
gulären, Kurden, Tataren und dergl. gebildet wurde, deren
Hauptthätigkeit im Plündern und Verwüsten bestand. Die
Guastadours oder Pioniere waren größtenteils
Armenier oder Griechen. Die Artillerie war eine sehr
geachtete Waffe, während sie im Abendland noch lange mit
der Nichtachtung zu kämpfen hatte, die man ihr als einer
Art Handwerker bewies. Die Topdschi (Topgi, Topchis)
oder Kanoniere bildeten bis in die neueste Zeit eine der
zuverlässigsten Truppen des Sultans. An ihrer Spitze stand

1680. 1800. 1828. 1840. 1850. 1877. 1890. 1890. 1890. 1890. 1890.

a   b   c   d   e   f   g   h   i   k   l

Tafel 97. Türkei.

a, b Janitscharen — d, e, g, h Infanterie — c, f, i Reiterei — k Artillerie-Offizier — l Pajcha (General).

der Topdschi=Baschi, Grand-maître d'artillerie. An der Spitze des Heeres stand der Großvesier (Vizier-Azem). Sein Vertreter war der Kaimakan. Diese, wie die Paschas von Bagdad, Kairo und Buda führten drei, die andern Paschas zwei Tugs oder Roßschweife, die Begs einen*)."

Von eigentlichen Uniformen war auch während des 18. Jahrhunderts nicht die Rede. Erst nach 1820 organisierte Sultan Mahmud die Armee nach westeuropäischem System. Es war der Befehl ausgegeben worden, daß die Janitscharen 150 Mann von jedem Bataillon zur Bildung neuer Truppen= körper abgeben sollten. Diese Maßregel empörte die mit vielen Privilegien ausgestattete Elitetruppe. Es kam zum offenen Aufruhr. Der Sultan ließ die Fahne des Propheten entfalten und warf in blutigem Kampf den Aufstand nieder. Es folgte nun ein erbarmungsloses Hinwürgen. 20 000 Janitscharen sollen hingerichtet oder auf andere gewaltsame Weise ums Leben gekommen sein. In Konstantinopel brauchte man zwei Tage, um die Leichen in den Bosporus zu werfen. Kaum war der Aufstand unterdrückt, als die Übungen der neuorganisierten Armeen begannen. Der Sultan erschien dabei nicht mehr im Turban und in den weiten Gewändern seiner Vorfahren, sondern in westeuropäischer Tracht, engen Beinkleidern, Überrock und Stiefeln, das Haupt mit dem Fez bedeckt. Auf Abbildungen türkischen Militärs aus jener Zeit erscheint die Infanterie (Taf. 97, d) ganz in Blau gekleidet. Den Kopf bedeckt eine anliegende Kappe. Der Kanonier trägt eine hellblaue Jacke und dunkelblaue Hosen. Kavalleristen erscheinen in hohen, rot und gelb gestreiften Mützen, grünen Jacken mit rot und weißen Schnüren. Roter Paßgürtel, blaue Hosen. Einem Zeitungsberichte von 1832**) entnehmen wir folgende Schilderung: „Im allge= meinen ist der Schnitt bei allen Korps derselbe. Die Uniform der Generale und Offiziere überhaupt ist rot mit Gold

---

*) Dr. Brock, „Die Brandenburger bei Szlankamen und im Türkenkriege 1691—1697". Rathenow 1891, Babenzien.
**) Berliner Stadt= und Landbote.

gestickt, je nach dem Grade ist die Stickerei reicher oder einfacher. Die Unterscheidungszeichen sind folgende: Der Generallieutenant trägt zwei mit Diamanten besetzte Halb= monde, in deren Mitte sich drei Sterne, gleichfalls aus Diamanten, befinden; der Brigadegeneral trägt dieselben Halbmonde, aber nur mit zwei Sternen. Der Oberstlieutenant einfache goldene Halbmonde, bloß der Stern ist von Diamanten. Der Schwadronschef zwei Halbmonde mit goldenen Sternen, der Kapitän mit silbernen Sternen, die Lieutenants und Unterlieutenants bloß silberne Monde. Diese Abzeichen werden auf jeder Seite an der Brust getragen.

Die Chirurgen tragen ein hellblaues Kleid, einen niedrigen Kragen und karmesinrote Aufschläge, die Feld= apotheker bescheidene aschfarbige Röcke. Die Schüler des Generalstabes tragen die Uniform von Infanterie= Offizieren ohne Halbmonde und mit etwas anderer Stickerei. Die Zöglinge der Reitschule tragen gleichfalls die scharlachrote Offiziersuniform. Die Kleidung des Fuß= volkes ist in Absicht auf Schnitt ganz gleichförmig, die Farbe des Rockes ist nach dem Regimente verschieden und zwar sieht man dunkelblaue, hellblaue, rote und kastanien= braune. Die Kopfbedeckung besteht aus dem Tarbuche oder der griechischen Mütze und dem Tequi, einer fest anliegenden Kappe, die darunter getragen wird und von der ringsherum ein Stück vorsteht. Die Schuhe sind von rotem Maroquin, der Gürtel ist weiß. Die Artillerie und das Geniekorps tragen rote Uniformen mit ledernem Gürtel, das übrige ist wie beim Fußvolk. Das Garde=Infanterie=Regiment trägt kastanienbraune Uniform mit mehr Seidenstickerei, als die Linie hat. Die Musikbande hat bei allen Korps blaue Röcke, scharlachrote Kragen und Borten von derselben Farbe, die Stickerei von gelber Seide. Bei der Garde ist die Stickerei von Gold. Pfeifer, Trommler und Trompeter sind bis jetzt bekleidet wie die übrige Truppe. Die Reiterei trägt einen Dolman mit bunten Borten, fünf Reihen weißer Knöpfe, rote Aufschläge, Mamelucken=Beinkleider von derselben Farbe

wie der Dolman, rote Gürtel. Die Kopfbedeckung ist, wie
bei dem Fußvolke, der Tarbuche und der Tequi. Die
Stiefel sind von schwarzem Leder, die Sporen von schwarz
gefärbtem Eisen nach französischer Art. Die vier Reiterei=
Brigaden tragen grüne, kastanienbraune, dunkelblaue und
hellblaue Uniform, die Garde scharlach. Für sämtliche
Truppengattungen giebt es eine kleine Uniform von weißer
Leinewand mit Verzierungen von blauen Borten. Die Ar=
matur des gesamten Fußvolkes besteht aus der Muskete samt
Bajonett, Säbel, Patrontasche von gefirnistem Leder, weißem
Lederwerk. Die Artillerie trägt auch die Muskete, aber
statt des Säbels das Faschinenmesser nach französischem
Muster. Die Armatur der Reiterei besteht in Karabiner,
Patrontasche, Karabinerriemen, Säbel nach französischer Art,
weißem Riemenwerk".

Später wurde die Uniformfarbe für die Infanterie
durchgängig dunkelblau mit rotem stehenden Kragen. Das
Hauptmontierungsstück war eine Jacke ohne Schöße mit
einer Reihe von Knöpfen geschlossen, die kreuzweise getragenen
Bandeliere für Patrontasche und Bajonett waren weiß,
bei den Jägern schwarz. In dieser Uniform erschien die
Infanterie im Krimkriege. Die Kavallerie trug damals
einen dunkelblauen Waffenrock, mit Husarenschnüren zwischen
drei Knopfreihen geschmückt. Als Beinbekleidung wollene
Hosen, dazu Gamaschen oder bis unters Knie reichende
Stiefel. Die Offiziere trugen blaue Röcke mit Pelzwerk an
Kragen und Aufschlägen. Der Mantel, den übrigens auch
die Infanterie trug, war von graubrauner Farbe und hinten
mit einer Kapuze versehen (Taf. 97, f). Über das Hinterteil
waren weiße gestreifte Wolldecken gebreitet. Teils war die
Kavallerie mit dem Karabiner, teils mit der Lanze aus=
gerüstet. Mit Ausnahme des Fez war also die Uniformierung
durchaus nach westeuropäischem Vorbilde, später nahm man
eine mehr nationale Bekleidung an. Während des russisch=
türkischen Krieges 1877/78 erschien die ganze reguläre
Armee in Zuavenjacken und Westen und faltigen, bis übers

Knie reichenden Beinkleidern und Strümpfen (Taf. 97, g).
Die Grundfarbe war durchgängig dunkelblau. Der Besatz
auf der Jacke und Weste für Infanterie, Artillerie und
Reiterei rot, für die Jäger grün und für die Gendarmen
karmesinrot. Als Kopfbedeckung nach wie vor der rote Fez.
In neuerer Zeit sind verschiedene Änderungen eingetreten.
Die Infanterie trägt nunmehr (Taf. 97, h) einen an=
liegenden Rock von dunkelblauer Farbe und Beinkleider von
demselben Stoffe. Die Artillerie dunkelblaue Dolmans
mit schwarzen Schnüren und als Kopfbedeckung eine leichte
Mütze von schwarzer Wolle (Taf. 97, k). Die Reiterei
trug bis kurz vor Einführung des jetzt üblichen dunkelblauen
einreihigen Rockes einen hellblauen Dolman mit schwarzen
Schnüren. Das Beinkleid ist von grauer Farbe, die Stiefel
nach preußischem Muster. Die Kopfbedeckung ist dieselbe
wie bei der Artillerie (Taf. 97, i). Die Lanze ist gänzlich
abgeschafft. Der kleinkalibrige Karabiner wird auf dem
Rücken getragen. In Kriegszeiten wurde immer eine große
Menge irregulärer Truppen aufgeboten wie Baschi=Bozuks,
Tscherkessen, Kosaken ꝛc. Dieselben trugen Nationaltracht.

Rumänien.
(Kokarde blau=gelb=rot.)

Für die nachfolgende Beschreibung der Uniformen ist
ein für allemal zu bemerken, daß, wenn für einen Truppen=
teil dunkelblaue Röcke vorgeschrieben sind, die Offiziere solche
von schwarzem Tuche tragen.

I. Infanterie, Jäger, Dorobanzen.

Der dunkelblaue Waffenrock der Infanterie (Taf. 98, a
S. 469) hat einen niedrigen roten Kragen, rote spitze

Aufschläge und rote Achselklappen mit dunkelblauer Regiments=
nummer. Vorn herunter eine Reihe gelber Knöpfe und
roter Vorstoß. Die Beinkleider sind grau mit roter Biese.
Als Kopfbedeckung ein blaues Käppi mit rotem Rand und
gerade abstehendem Schirm. Die Dekoration besteht aus
einem kleinen gekrönten königlichen Namenszug von gelbem
Metall, darüber die Kokarde mit Agraffe und rotem Doppel=
pompon. Die Mäntel sind hellgrau für die Mannschaften
und dunkelblau für die Offiziere. Die Jäger (Taf. 98, b)
haben einen kurzen braunen Waffenrock, welcher ringsum
grün vorgestoßen ist. Die Knöpfe, in zwei Reihen gesetzt,
sind gelb. Der liegende braune Kragen ist grün vorgestoßen
und in den vorderen Ecken mit einem grünen Jagdhorn
geschmückt. Die grünen Achselklappen zeigen ein braunes
Jagdhorn, darunter in gleicher Farbe die Bataillonsnummer.
Die grünen Aufschläge sind spitz geschnitten; Beinkleider wie
bei der Infanterie, aber mit grüner Biese. Als Kopfbedeckung
dient ein runder Hut, vorn mit dem gelben königlichen
Namenszuge und links mit einem kleinen grünen Stutz
geschmückt. Das Käppi der Offiziere ist schwarz mit grünem
Rande und Goldbesatz sowie grünem Doppelpompon. Zur
Parade Hut mit grünem Federbusch nach Art der Bersaglieri.
Die Dorobanzen (Territorialtruppen) (Taf. 98, c) tragen
einen einreihigen kurzen Waffenrock mit gelben Knöpfen;
Klapp=Kragen, Aufschläge und Achselklappen von der
Grundfarbe mit hellblauen Vorstößen. Auf dem Kragen
vorn eine hellblaue, spitz geschnittene schmale Patte. Weiße
Beinkleider, als Kopfbedeckung Pelzmütze, vorn mit dem
gelben königlichen Namenszuge, links mit Kokarde und
aufrecht stehender Feder geschmückt. Auf dem schwarzen
Waffenrock der Offiziere ist der Kragen hinten schwarz, vorn
hellblau (Stehkragen). Ferner hellblaue Aufschläge und Vor=
stöße. Hellblaue Biese an den schwarzen Beinkleidern.
Die Paradekopfbedeckung bildet die Pelzmütze, wie bei den
Mannschaften geformt. Sonst schwarze Mütze mit hellblauem
Rand und goldenem Besatze.

1890

a b c d e f g h i

Tafel 98. Rumänien.

a Infanterie — b Jäger — c Dorobanze — d Roßiori — e Calaraßi — f Artillerie — g Gens-Soldat — h Reit. Gendarm — i General.

II. Kavallerie.

Sie besteht aus drei Regimentern roter Husaren
(Rosiori) (Taf. 98, d). Als Hauptbekleidungsstück dient
ein roter Attila mit schwarzen Schnüren und gelben Knöpfen.
Die Beinkleider sind weiß mit schwarzem Schnurbesatz. Die
Pelzmützen haben je nach den Regimentern verschieden
gefärbte Beutel und zwar beim ersten Regiment gelb, beim
zweiten weiß, beim dritten grün. Die Lanzenflaggen sind
oben rot, unten in der Farbe des Mützenbeutels. Die
Schabraken rot mit blauem Zackenrand und gelbem, bei den
Offizieren goldenem Vorstoß. Zur Territorialarmee
gehören zwölf Regimenter schwarzer Husaren
(Taf. 98, e), sogenannte Calarasi. Der Attila ist für
die Offiziere schwarz, für die Mannschaften schwarzblau, die
Beschnürung rot, die Knöpfe gelb. Die weißen Beinkleider
haben rote Beschnürung, die Mützenbeutel sind rot. Die
Offiziere tragen blaue Schabraken mit rotem goldbesetzten
Zackenrande, die Reserve-Kavallerie-Offiziere haben schwarze
Attilas mit schwarzen Schnüren und goldenen Knöpfen.
Beinkleider wie die Rosiori und Pelzmützen ohne Beutel.
Schabraken wie die Offiziere der Calarasi.

III. Artillerie, Genie, Gendarmerie. — Generalität. — Chargen- abzeichen.

Die Artillerie (Taf. 98, f) trägt braune zweireihige
Röcke, ringsum mit rotem Vorstoß versehen. Die Knöpfe
sind gelb. Der niedrige, stehende Kragen, die Aufschläge
und die Achselklappen sind schwarz, rot vorgestoßen. Der
Kragen ist mit einer roten, bei den Offizieren goldenen
Granate geschmückt. Das blaue Käppi hat einen schwarzen
Rand, rote Vorstöße, Doppelpompon, bei den Offizieren
noch Goldbesatz. Beinkleider wie bei der Infanterie, bei
den Offizieren mit roten Doppelstreifen geschmückt. Die
Genietruppe (Taf. 98, g) trägt Waffenröcke von dunkelblauer Farbe, im Schnitt wie bei der Infanterie. Der
schwarze Kragen ist rot vorgestoßen und mit einer roten,

bei den Offizieren goldenen Granate geschmückt. Achsel=
klappen und spitze Aufschläge schwarz mit rotem Vorstoß,
Knöpfe gelb. Beinkleider dunkelblau mit roten Vorstößen,
bei den Offizieren schwarz mit roten Doppelstreifen. Mütze
wie bei der Artillerie. Der Train trägt die gleiche
Uniform, nur ist die Grundfarbe des Rockes braun, die Farbe
der Knöpfe weiß, die Beinkleider grau, bei den Offizieren
schwarz mit einfacher roter Biese. Die reitende
Gendarmerie (Taf. 98, h) trägt Stahlhelme, zur Parade
mit weißem Haarbusch geschmückt. Der Waffenrock ist dunkel=
blau und zeigt eine Reihe gelber Knöpfe. Rote Kragen und
spitze Aufschläge, gelbe Achselschnüre und kleeblattförmige
Achselstücke, weiße Stulphandschuhe und Beinkleider, hohe
Stiefel. Die Gendarmerie zu Fuß trägt denselben
Waffenrock, aber mit weißen Knöpfen, Achselstücken und
Achselschnüren. Die Beinkleider sind hellblau mit rotem
Vorstoß. Blaues Käppi mit rotem Rande und weißem
sparrenförmigen Besatz an den Seiten. Weißes Doppel=
pompon, zur Parade weißer Haarbusch. — Die Generalität
(Taf. 98, i) trägt schwarzen Waffenrock und Beinkleider
sowie Käppi. Kragen, Aufschläge und Hosenstreifen rot.
Reicher Goldbesatz auf dem Rock und dem Käppi. Die
Flügeladjutanten haben einen hellblauen Waffenrock
mit karmesinroten Kragen und Aufschlägen und Goldbesatz.
Die Beinkleider sind schwarz mit karmesinroten Streifen.
Das Käppi weiß mit karmesinrotem Rande und Goldborten.
Der Generalstab schwarze Röcke und Beinkleider mit
schwarzsamtnen Kragen und Aufschlägen, Goldbesatz und
karmesinroten Hosenstreifen. Weiße goldbesetzte Mütze mit
schwarzsamtnem Rande.

Die Chargenabzeichen bestehen in Gold= oder Silber=
schnüren und Borten (je nach der Farbe der Knöpfe) und
zwar über den Ärmeln und auf der Mütze. Der Lieutenant
eine Schnur, Oberlieutenant zwei, Hauptmann drei, Major
eine Borte, darüber eine Schnur, Oberstlieutenant ebenso
mit zwei Schnüren, Oberst mit dreien. Brigadegeneral eine

breite Borte, darüber eine schmale und eine Schnur; die folgende Charge des Divisionsgenerals dazu zwei Schnüre, der König als oberster Kriegsherr drei. Auf den Achseln tragen die Offiziere in der ganzen Armee zur kleinen Uniform Achselstücke, die an den äußeren Enden kleeblattförmig gestaltet sind und zwar bei den Subalternoffizieren aus einer einfachen Gold= oder Silberschnur bestehend, bei den Stabsoffizieren aus doppelter, den Generalen aus dreifacher. Zur Parade werden Epauletten angelegt, für die Subaltern= offiziere mit langen Fransen, für die Stabsoffiziere und Generale mit kurzen und dicken. Die Epauletten sind entweder aus Gold= oder aus Silberstoff und je nach den Chargen mit einem bis drei Sternen geschmückt. Bei den niederen Chargen sind die Abzeichen folgendermaßen gestaltet: Der Gefreite trägt den Aufschlag mit einer gelben oder weißen Borte eingefaßt, der Korporal mit zweien, der Sergeant mit einer goldenen oder silbernen, der Feldwebel mit zwei dergleichen. Die Offiziersschärpe ist von Gold mit blau und rot durchzogen. Die Husarenoffiziere haben goldene Husaren= schärpen mit blaurotgoldenen Knoten. Das Portepee ent= spricht den Farben der Schärpe. Alle unberittenen Truppen= teile tragen schwarzes Lederzeug, alle berittenen weißes. Ferner haben die Offiziere der berittenen Truppenteile silberne Kartuschen mit goldenen Bandelieren. Die Musiker der Infanterie tragen um Kragen und Aufschläge eine wollene Borte, blau, gelb und rot gemischt, auf der Brust fünf Litzen von derselben Borte, dagegen keine Schwalben= nester. Die Musiker der Kavallerie haben weiße Schwalben= nester, unten mit der eben beschriebenen Borte besetzt.

Serbien.
(Kokarde rot - blau - weiß.)

In den fünfziger Jahren trug die Armee Uniformen russischen Schnittes, dunkelblau mit rot; dazu Pickelhauben. Gegenwärtig hat die Infanterie (Taf. 99, a S. 475) dunkelblaue Waffenröcke mit grünen Abzeichen und blaugraue Hosen. Als Kopfbedeckung eine dunkelblaue käppiartige Mütze. Die Reiterei (Taf. 99, b) kornblumblauen Waffenrock mit dunkelblauen Aufschlägen, weißen Knöpfen; rote Hosen, Stiefel und kornblumblaues Käppi. Die Artillerie (Taf. 99, c, d) ist wie die Infanterie uniformiert, nur mit schwarzen Abzeichen. Ebenso die Genietruppe mit weichselfarbigen Abzeichen. Die Federbüsche auf den Käppis haben verschiedene Farben, für die Infanterie grün, Kavallerie rot, Artillerie schwarz, Genie weichselfarbig. Die Regimentsabzeichen werden auf den Achselklappen getragen.

Bulgarien.
(Kokarde rot = grün = weiß.)

Die Anfänge des heutigen bulgarischen Heerwesens entstanden kurz vor Ausbruch des letzten russisch=türkischen Krieges in Bukarest. Dort und später in Plojesti bildete sich aus Freiwilligen, vornehmlich bulgarischer Abstammung, die Bulgarenlegion (Taf. 99, e). Die Offiziere waren ausschließlich Russen. Die Bekleidung und Ausrüstung war ganz nach russischem Muster und auch heute noch ist die Uniformierung der Armee der russischen fast gleich. Die Infanterie (Taf. 99, f) trägt dunkelgrüne Röcke und Beinkleider; der Rock ist eigentümlich geschnitten. Er wird von oben durch eine Reihe schrägstehender Knöpfe geschlossen und dann vorn herunter zugehakt. Kragen und Aufschläge

sind von der Grundfarbe. Die Kanten des Rockes mit roten
Biesen besetzt. Nur beim **Alexander=Regiment** sind
Kragen, Achselklappen und Ärmelpatten rot mit goldener
Stickerei, beim **Ferdinand=Regiment** weiß, beim **Cle=
mentina=Regiment** hellblau. Die Mütze gleicht in der
Form der russischen und ist vorn mit dem Bulgarenkreuz
geschmückt. Die erdgrauen Mäntel, aus einem Gewebe von
Wolle und Ziegenhaaren hergestellt, haben sich im letzten
Feldzuge sehr bewährt. Die **Reiterei** (Taf. 99, h) trägt
dunkelblaue kurze Röcke mit roten silbergestickten Kragen
und Aufschlägen; beim 1. Regiment sind die Nähte und
Kanten mit weißen Vorstößen besetzt, beim 2. mit roten,
beim 3. gelben, beim 4. blauen. Die schwarze Lammfell=
mütze hat einen weißen aufrecht stehenden Busch. Die
Artillerie hat den Uniformsrock der Kavallerie mit Auf=
schlägen und Kragen von schwarzem Samt und rotem Kalpak=
deckel. Die **Pioniere** sind wie die Infanterie montiert,
haben jedoch Kragen und Aufschläge von schwarzem Samt
und weiße Knöpfe. Die **fürstliche Leibgarde** trägt rote
Attilas mit weißen Schnüren und graue Pelzmützen mit
rotem Deckel. Der **Generalstab** ist wie der russische uni=
formiert. Die Brigadekommandeure haben auf Kragen und
Aufschlägen eine breite goldene Borte, und eine weiße Lamm=
fellmütze. Im Sommer werden allgemein weißleinene Uni=
formen getragen, dazu ebensolche Schirmmützen (Taf. 99, g).
Die **Offiziere** unterscheiden sich in ihren Graden durch die
Zahl der Sterne im Epaulett oder Achselstück. Die silberne,
grünrot durchzogene Schärpe wird von den Regimentskom=
mandeuren und den höheren Offizieren mit Quaste getragen,
bei den anderen ohne solche. Der Säbel in Lederscheide
wird an einem silbernen bezw. goldenen Gehänge über die
Schulter getragen. Die Infanterie trägt zwei Patrontaschen
an ledernen Riemen. Offiziere, Feldwebel und Spielleute
tragen Revolver. Die Mannschaften der Infanterie haben
keine Seitengewehre.

Tafel 99. Serbien. Bulgarien.

Serbien: a Infanterist — b Kavallerist — c Artillerie-Offizier (kleine Uniform) — d Genie-Offizier. Bulgarien: e Bulgarenlegion — f, g Infanterist — h Kavallerist.

Griechenland.

(Kokarde weiß-hellblau; zur Zeit der griechischen Erhebung und zwar Neujahr 1822 wurden schwarz, himmelblau und weiß als Nationalfarben festgesetzt.)

Während des griechischen Freiheitskrieges wurden schon vereinzelte Versuche gemacht, verschiedene Freischaren gleich= mäßig zu bekleiden. So trugen die sogenannten Hiero= lochiten schwarze Röcke und Filzmützen mit einem Toten= kopf und gekreuzten Knochen. Derartige Anläufe blieben aber vereinzelt. Erst als der Prinz Otto von Bayern 1833 den Königsthron bestieg, wurde die bewaffnete Macht einheitlich uniformiert und zwar zumteil nach bayrischem Muster. Die Infanterie (Taf. 100, a) erhielt hell= blaue Jacken mit kurzen Schößen, mit einer Knopfreihe geschlossen. Kragen, Aufschläge, Vorstöße und Schoßumschläge rot. Die Beinkleider hellblau mit roter Biese. Als Kopf= bedeckung diente ein Czako. Die Füsiliere hatten weiße Achselwülste und Czakobehänge, die Grenadiere rote, die Jäger grüne. Die Artillerie (Taf. 100, c) war nur durch die Farbe von der Infanterie unterschieden und zwar war die Grundfarbe für Rock und Beinkleider blauschwarz, Abzeichen und Czakobehänge dunkelrot, die Knöpfe gelb. Die Kavallerie (Taf. 100, b) wurde als Ulanen aus= gerüstet. Die Uniform bestand in grünen Kollets mit karmesinroten Kragen, Rabatten und polnischen Aufschlägen. Der Paßgürtel war weiß, zweimal hellblau durchzogen. Weiße Schuppenepauletten, grüne Hosen mit karmesinroten Streifen. Die Czapka karmesinrot überzogen mit silberner Sonne und hängendem weißen Haarbusch. Die grünen Schabraken hatten karmesinroten Rand, in den hinteren spitzen Ecken ein weißes O mit einer Krone. Weiße Schaf= fellüberdecken mit karmesinrotem gezahnten Tuchvorstoß. Lanzenflaggen oben weiß, unten hellblau. Das Lederzeug war weiß. Die Uniform der Generalität (Taf. 100, d)

1832. 1832. 1832. 1832. 1890. 1890. 1890. 1890. 1890. 1890.

a b c d e f g h

Tafel 100. Griechenland.

a, e Infanterie — b Kavallerist — h Kavallerie-Offizier — c, g Artillerie — d General — f Jäger.

entsprach ganz und gar der der damaligen bayrischen. In
der hinteren Ecke der roten silberbesetzten Schabrake ein
gekröntes silbernes O. Einer Reisebeschreibung aus dem
Jahre 1840 entnehmen wir folgende Einzelheiten. „Die
äußere Militärwache der Quarantaine (im Piraeus) trug
ein am Knie aufgebundenes weißes Beinkleid von zwanzig
Ellen Weite, weiße Hemdsärmel, eine blaue mit mehreren
Streifen weißer Knöpfe besetzte Jacke, einen roten Fez und
mit vielen Borten besetzte Gamaschen und hoch in der Linken
eine Büchse." Im weiteren Verlaufe des Berichtes schildert
der Reisende eine große Parade. „Auf dem Keramikus, dem
Beerdigungsplatze der alten Helden, standen in einer Linie
zwei Kompagnien Gendarmen zu Pferde, in dunkelblauen
Kollets mit großen weißen Epauletten und Helmen nach
antiker Form, zwei Züge Ulanen nach polnischer Art und
zweihundert Mann deutscher Infanterie in bayrischer Uni=
form und ein Bataillon leichter Nationaltruppen, Palikaren
genannt. Den linken Flügel bildeten vier Fußgeschütze.
Das war die ganze Garnison von Athen! — Die Suite
des Königs, der sich die fremden Offiziere anschlossen, machte
diese Truppen beinahe unsichtbar. Der Paradmarsch,
zunächst in langsamem Schritt, fiel den Palikaren sehr schwer,
sie konnten nicht Takt halten. Mit den rasch erhobenen
Beinen in der Luft ängstlich wartend strebten sie das
Tempo zu erhaschen und brachten doch stets zur unrechten
Zeit, höchst verdrießlich aufstampfend, den Fuß zur Erde.
So schwer ihnen indes die Haltung fiel, so geeignet sollen
sie bei ihrer leichten Tracht und Bewaffnung zu weiten
Märschen und zum kleinen Kriege sein. Sie trugen eine
blaue Jacke ohne Kragen, mit Schnüren und drei Reihen
weißer Knöpfe, weiße Hemdsärmel und einen leichten roten
Fez mit einer weißen Krone und die bis zum Knie gehende
weiße weite Fustanella, Gamaschen mit Borten besetzt und
Schuhe. Ein weißer lederner Paßgürtel trägt das kurze
altgriechische Schwert sowie die Patrontasche; das Gewehr
führen sie hoch im linken Arm." Nachdem 1863 Griechen=

land einen Herrscher aus dem dänischen Königshause erhalten
hatte, erhielt die Uniform Anklänge an das dänische Vorbild.
Die Infanterie (Taf. 100, e) trägt nunmehr dunkelblaue
einreihige Röcke mit ebensolchen rot vorgestoßenen Abzeichen.
Gelbe Knöpfe, dunkelblaue rot vorgestoßene käppiartige
Mütze, vorn mit Kokarde und Krone. Die Beinkleider sind
hellblau mit roten Vorstößen. Ähnlich gekleidet ist die
Artillerie (Taf. 100, g), deren Käppi einen roten Haar=
busch trägt. Die Kavallerie (Taf. 100, h) ist husarisch
uniformiert und zwar ganz dunkelgrün mit roten Abzeichen
und weißen Schnüren. Die Jäger (Taf. 100, f) haben
die Nationaltracht behalten. Der Fez ist rot mit schwarzen
Quasten, die weiße Jacke reich mit schwarzen Schnüren
benäht, alles übrige ist weiß. Die lederfarbenen Schuhe
haben vorn auf der Spitze eine schwarze Puschel, ebensolche
Puscheln an den schwarzen Kniebändern. Das Lederzeug
ist schwarz.

Quellen.

Nachstehendes Verzeichnis der benutzten Werke ist besonders in der Absicht beigefügt worden, die Mittel in die Hand zu geben, um erforderlichen Falles eingehendere Belehrung zu finden. Aus nahe= liegenden Gründen mußte von der Anführung von Einzelblättern, Manuskripten, Handzeichnungen und Artikeln in Zeitschriften Abstand genommen werden. Ebenso wurde, um das Verzeichnis nicht zu umfangreich zu gestalten, die reiche Litteratur der Regimentsgeschichten gänzlich ausgeschieden.

Deutscher Bund. Friberici, Friedr. v. Übersicht der deutschen Truppen hinsichtlich ihrer Einteilung, Formation, Uniform, Bewaffnung, ihrer Orden und Feldzeichen. Berlin, Mittler u. Sohn 1833.

Eckert, Monten, Weiß. Das deutsche Bundesheer in charakteristischen Gruppen. Würzburg, Weiß (etwa 1833 bis 1840). NB. Die Anzahl der Blätter ist bei den einzelnen Staaten aufgeführt.

Deutsches Reich. Lange u. Krickel. Das deutsche Reichsheer in seiner neuesten Bekleidung und Ausrüstung. Berlin, Toussaint & Co. 1888—1890. Nachtrag dazu 1892 bei Hochsprung erschienen.

(Mila.) Uniformierungsliste des deutschen Reichsheeres und der kaiserlichen Marine. Berlin, Mittler u. S. 1876 u. 1881.

Haber, v. Die Kavallerie des Deutschen Reiches. Rathenow, Babenzien 1886.

Die Uniformen und Fahnen der deutschen Armee. Leipzig, Moritz Ruhl.

Preußen. Die gedruckten Stammlisten.

Mülverstedt. Die brandenburgische Kriegsmacht unter dem Großen Kurfürsten. Magdeburg 1888.

Eickstedt, C. v. Reglements und Instruktionen für die Churfürstl. Brandenburgischen Truppen 2c. 4⁰. Berlin, 1837.

Lange u. Menzel. Heerschau Friedr. des Großen. Leipzig, 1856.
" " " Die Soldaten Friedrichs des Großen. Leipzig, ohne Jahr.

Menzel, A. Die Armee Friedrichs des Großen in ihrer Uniformierung gezeichnet und erläutert. 3 Bände fol.

(Schmalen, v.) Accurate Vorstellung der sämmtlichen Königl. Preuß. Armee, Worinnen zur eigentlichen der Uniform von jedem Regiment ein Offizier und ein Gemeiner in völliger Montirung und ganzer Statur nach dem Leben abgebildet sind nebst beigefügter Nachricht 2c. Herausgegeben und gezeichnet von J. C. H. v. S. Königl. Preuß. Lieutenant. 121 Bl. 8⁰. Nürnberg, Raspe 1759. (Ausgaben desselben Werkes auch aus späteren Jahren.)

Preußische Armeeuniformen unter Friedrich Wilhelm II. 256 Bl. 8⁰. Potsdam, Horvath 1788—89.

Ramm, Aug. Leop. Abbildungen von allen Uniformen der Königl. Preuß. Armee. 142 Bl. 8⁰. Berlin, 1800.

Henschel, A. u. W. Kostüme der ganzen preuß. Armee 1806. 24 Bl. fol. Berlin, Schiavonetti.

Wolf u. Jügel. Abbildungen der neuen Königl. Preuß. Armeeuniformen. 49 Bl. fol. Berlin 1813—15.

Krüger u. Lieber. Darstellungen der Kgl. Preuß. Kavallerie. 37 Bl. fol. Berlin, Wittich 1821.

Lieber u. Jügel. Darstellung der Königl. Preuß. Infanterie. 14 Bl. fol. Berlin 1827.

Eckert, Monten, Weiß. 50 Blatt.

Sachse. Das Kgl. Preuß. Heer. 72 Blatt. Berlin 1830—40.

Rechlin u. Schulz. Das Preuß. Heer unter Friedr. Wilhelm IV. 36 Bl. fol. Berlin, 1845.

Hammer u. A. v. Werner. Das Kgl. Preuß. Heer in seiner gegenwärtigen Uniformirung. Gr. qu. fol. 30 Bl. 1864.

Hiltl u. Schindler. Preußens Heer. 50 Bl. 4⁰. Berlin 1882.

(Thümen, v.) Die Uniformen der Preuß. Garden von ihrem Entstehen bis auf die neuste Zeit 1704—1836. (106 Bl. Abbildungen.) Berlin, Gropius 1836.

Rabe u. Burger. Die brandenburgisch-preußische Armee in historischer Darstellung. 20 Bl. qu. fol. Berlin, 1885.

Ciriacy, v. Chronologische Uebersicht der Geschichte des Preuß. Heeres. 8⁰. Berlin, 1820.

Alt. Das Kgl. Preuß. stehende Heer. Berlin, 1869—70.

Die Reorganisation der Preuß. Armee nach dem Tilsiter Frieden. 2 Bände. Berlin, 1862—66.

(Mila.) Geschichte der Bekleidung und Ausrüstung der Preuß. Armee in den Jahren 1808—1878. Berlin, Mittler u. Sohn 1878.

Bayern. Münnich. Geschichte der Entwickelung der bayerischen Armee seit zwei Jahrhunderten. München 1864.

Die Ranglisten.

Bolz, J. Bayrische Armee. Bolz del., Nilson sc. Augsburg bei Herzberg, 1816.

Militär=Almanach, Allgemeiner. 1. Jahrgang. Darm= stadt, 1828. (Enthält ausführliche Beschreibungen der neuen Uniformen, sowie 8 kolorirte Kupfertafeln nach Monten'schen Originalen.)

Eckert, Monten, Weiß. 39 Blatt.

L'armée bavaroise. fol. Leipzig, Schraber 1859.

Behringer. Die bayerische Armee unter König Ludwig II. 18 Bl. gr. qu. fol. München, Mey u. Widmayer 1854.

Sachsen. Pragmatische Geschichte der sächsischen Truppen. 12°. Mit 32 Kupfertafeln. Leipzig, 1792.

Hauthal. Geschichte der sächsischen Armee in Wort und Bild. fol. Mit 62 Tafeln. Leipzig, 1859.

Schuster u. Francke. Geschichte der sächsischen Armee von der Errichtung bis auf die neueste Zeit. 3 Bände. Leipzig, 1885.

Sauerweid, H. Kgl. Sächsische Armee nach der Organisation von 1810. 4°. Dresden.

Eckert, Monten, Weiß. 23 Blatt.

Beck, A. Die Kgl. Sächsische Armee in ihrer neusten Uni= formirung. 24 Blatt. Dresden, 1867.

Württemberg. Stablinger, v. Geschichte des Württembergischen Kriegswesens. Mit 36 Tafeln qu. 8°. Stuttgart, 1856.

Eckert, Monten, Weiß. 30 Blatt.

Baden. Babischer Militär=Almanach.

Böllinger, J. Großherzogl. Babisches Militär. Karlsruhe, 1824.

Eckert, Monten, Weiß. 21 Blatt.

Schreiber, G. Bilder des deutschen Wehrstandes. Baden und der schwäbische Kreis. 1500—1800. Mit Illustr. Lex. 8°. Karlsruhe, 1851.

Hessen=Darmstadt. Eckert, Monten, Weiß. 21 Blatt.

Mecklenburg. „ „ „ 20 Blatt.

Oldenburg. „ „ „ 8 Blatt.

Hanseaten. „ „ „ 12 Blatt.

Roßmäßler jun. Hamburgs Bürgerbewaffnung. 35 Bl. 4º. Hamburg, 1816.

Gäbechens, C. F. Hamburgs Bürgerbewaffnung. Mit 4 Tafeln Abbildungen. Hamburg, 1872.

Braunschweig. Eckert, Monten, Weiß. 15 Blatt.

Walter, P. Braunschweig in den Jahren 1806—1815. Braunschweig, 1890. (Katalog der Ausstellung vaterländ. Erinnerungen. Enthält sehr schätzenswerte Angaben.)

Waldeck. Eckert, Monten, Weiß. 2 Blatt.

Lippe. „ „ „ 6 „

Anhalt. „ „ „ 5 „

Weimar. Geschichtliche Uebersicht der Schicksale und Ver- änderungen des Großherzogl. Sächs. Militärs. Weimar, 1825.

Eckert, Monten, Weiß. 4 Blatt.

Koburg-Gotha. Eckert, Monten, Weiß. 4 Blatt.

Meiningen. „ „ „ 4 „

Altenburg. „ „ „ 3 „

Reuß. „ „ „ 4 „

Schwarzburg. „ „ „ 6 „

Hannover. Geschichte, kurz gefaßte, aller Chur-Braunschweig- Lüneburgischen Regimenter z. F. u. z. Pf., welche bis auf das Jahr 1760 fortgesetzt 2c. Frankfurt u. Leipzig, 1760.

Accurate Vorstellung der sämmtl. Churfürstl. Hannöverschen Armee, zur eigentlichen Kenntniß der Uniform von jedem Regimente. Nebst beygefügter Geschichte etc. Nürnberg, Raspe 1770.

Ludlow Beamish. Geschichte der Kgl. Deutschen Legion. Hannover, 1832.

Leopold, F. Abbildungen der Kgl. Hannoverschen Armee fol. Hannover, J. G. Schrader (um 1830).

Eckert, Monten, Weiß. 26 Blatt.

(Brandis, v.) Einige Nachrichten über Alt- und Neu- Hannoversche Truppen . . . nebst 16 kolorierten Abbildungen. Hannover, 1878.

Reitzenstein. Die Kgl. Hannoversche Cavallerie und ihre Stammkörper von 1631—1866. Baden-Baden, 1892.

Hessen-Kassel. Eckert, Monten, Weiß. 20 Blatt.

Nassau. „ „ „ 11 „

Frankfurt a/M. „ „ „ 4 „

Hessen-Homburg. „ „ „ 3 „

Westfalen. Sauerweid. Abbildungen des Westfäl. Militärs (um 1810).

Recueil de planches représentant les troupes des différents armes et grades de l'armée Royale Westphalienne. Cassel chez Pintras, peintre (um 1810).

Hohenzollern. Edert, Monten, Weiß. 4 Blatt.

Schleswig-Holstein.   „   „   „   13 „

Österreich-Ungarn. L'Allemand, F. Die k. k. österreich. Armee im Laufe zweyer Jahrhunderte. 40 Tafeln qu. fol. Wien, 1840.

Gerasch, F. Das österreich. Heer von Ferdinand II., Römisch-Deutschem Kaiser, bis Franz Joseph I., Kaiser von Oesterreich. 4⁰. 152 Blatt. Wien (um 1855).

Anger. Illustrirte Geschichte der k. k. österreich. Armee ꝛc. 3 Bände mit 62 Uniformtafeln und vielen Textbildern. Wien, 1886/87.

Accurate Vorstellung der sämmtl. Kayserl. Kgl. Armeen. Nürnberg, Raspe 1762.

Edert, Monten, Weiß. 49 Blatt.

Jubex. Uniformen, Distinctions- und sonstige Abzeichen der gesammten k. k. österr. ung. Wehrmacht. Troppau 1884.

Cahiers d'enseignement illustrés. Heft 41 bis 44. L'armée Autrichienne.

Frankreich. Daniel, Le père. Histoire de la milice française. Paris chez Jean-Baptiste Coignard. MDCCXXI (1721).

Eisen, C. Nouveau recueil des Troupes qui forment la Garde et Maison du Roy. 1756.

Recueil de toutes les troupes qui forment les armées françaises. Nürnberg, Raspe 1761.

Montigny, de. Uniformes militaires où se trouvent gravées en Taille-Douce les Uniformes de la Maison du Roy et de tous les régiments de France, les Drapeaux, Etendarts, Guidons etc. Paris MDCCLXXIII (1773).

Ganier, H. Costumes des régiments et des milices dans les anciennes provinces d'Alsace et de la Sarre, les républiques de Strasbourg et de Mulhouse, la principauté de Montbéliard et le Duché de Lorraine pendant le 17me et 18me siècle. Mit 20 Tafeln. Epinal, 1882.

De Marbot et Noirmont. Costumes militaires français. Paris, Clement.

Vernier, Ch. Costumes de l'armée française depuis Louis XIV jusqu'à nos jours. 66 Bl. qu. fol. Paris, 1846—50.

Pascal, Brahaut, Sicard. Histoire de l'armée et de tous les régiments depuis les premiers Temps de la monarchie française jusqu'à nos jours. 5 Bände mit 177 bunten und 22 schwarzen Abbild. Paris, 1853—58.

Hugo, A. France militaire: histoire des armées françaises de terre et de mer de 1792 à 1833. 5 Bände mit vielen Abbildungen. Paris, 1835—38.

Martinet. Troupes françaises. Paris (etwa 1805—1816).

Weiland. Die Kaiserl. Kgl. Französ. Armee und ihre Alliirten. Weimar. Ausgaben von 1807 und 1812. (Wichtiges Werk, welches nicht nur die französischen Truppen, sondern auch alle Rheinbundskontingente, ferner Italiener und Polen darstellt. Einzelne Darstellungen sind aber mit Vorsicht zu benutzen.)

Bellangé, H. Die Soldaten der Republik und des Kaiserreiches. (50 Tafeln gr. 8°.) Leipzig, I. I. Weber 1843.

St. Hilaire. Geschichte der Kaisergarde. 39 bunte und 5 schwarze Tafeln, sowie zahlreiche Textbilder. gr. 8°. Leipzig, I. I. Weber 1848.

Fieffé, E. Geschichte der Fremdtruppen im Dienste Frankreichs. 2 Bände mit 30 Tafeln. München, 1860.

Lami, Eug., et Vernet, Hor. Collection raisonnée des uniformes des armées françaises 1791 à 1814 (1. Band). 1814 á 1824 (2. Band). Mit 148 Tafeln. Paris, 1822—25.

Eckert, Monten, Weiß. 12 Blatt.

Ambert, J. Esquisses historiques des différents corps qui composent l'armée française. Mit 16 Tafeln. Lex. 8°. Bruxelles, 1840.

Lalaisse. Costumes militaires sous l'Empire français. 28 Tafeln. gr. 4°. Paris, 1853—55.

Lalaisse. Costumes sous Napoléon III. 68 Bl. fol. Paris (um 1857).

Dumaresq, A. Uniformes de la Garde Impériale en 1857. Paris, Imprimerie Impériale.

Dumaresq, A. Uniformes de l'armée française. Paris, Lemercier (etwa 1860).

Dally, A. La France militaire illustrée. Paris, 1893.

France, la, sous les armes. Paris, 1889.

Detaille, E. L'armée française. Texte par Jules Richard. Paris, Boussod, Valadon et C. 1886.

Choppin, H. La cavalerie française. Paris, Garnier frères 1893.

Beauvoir, R. Almanach illustré de l'armée française, 1889. Die folgenden Jahrgänge unter dem Titel Annuaire illustré etc.

Cahiers d'enseignement illustr. Paris 1884 ff. Heft 1 und 2 Uniformes de l'armée franç. en 1884. Heft 11 und 12 La marine française.

Titeux, E. Historiques et uniformes de l'armee française. Paris, Librairie centrale des beaux-arts. 99 Tafeln fol.

Italien. Galateri da Genola. Armata Sarda. Uniformi antichi e moderni. 33 Tafeln gr. qu. fol. Torino, 1844.

Cenni, Q. I granatieri. Numero unico illustrato. In occasione del 140 anniversario della difesa dell' Assietta. Milano 1887.

Cenni, Q. I bersaglieri. Numero unico illustrato. In occasione del primo cinquantenario dei bersaglieri. Milano, 1886.

Cenni, Q. L'esercito italiano. Schizzi militari. 12 Blatt qu. fol. Milano 1880.

Cahiers d'enseignements ill. Heft 45—48. L'armée italienne.

Die italienische Armee in ihrer gegenwärtigen Uniformierung. Leipzig, Moritz Ruhl.

Zanoli, A. Sulla milizia Cisalpina-Italiana 1796—1814. Milano, Boroni e Scotti Successori A. V. Ferrario.

L'Armée napolitaine. 25 Bl. 8°. Paris, Sinnet (1859).

Spanien. Clonard, Conde de. Historia orgánica de las armas de infanteria y caballeria Españolas desde la creacion del ejército permanente hasta el dia. 16 Bände mit vielen Abbildungen. Madrid, 1851—1862.

Brix. Geschichte der Organisation der Infanterie und Kavallerie der Kgl. Span. Armee. Berlin 1861.

Stuhr, Ch. Sammlung verschiedener Spanischer National=Trachten und Uniformen der Division des Marquis de la Romana, 1807 u. 1808 in Hamburg in Garnison. (Ham=burg um 1808.)

Portugal. Portugal militar. Album de uniformes etc. 1890.

England. Luard, J. History of the dress of the British soldier. London, 1852.

Hamilton Smith. Costume of the Army of the British Empire according to the last regulations 1814. London 1815.

The military costume of Europe. Sold by J. Booth. (Um 1816.) Hauptsächlich für englische Uniformen maßgebend. Die übrigen Darstellungen sind vielfach unzuverlässig.

Ackermann. Costume of the British Army. London, Ackermann, 1844—47.

Lawrence-Archer. The British Army: Its regimental Records, Badges, Devices. London 1888.

Chichester and Burges-Short. The Records and Badges of every Regiment and Corps in the British Army. Illustrated. London, William Clowes and Sons, Limited, 1895.

Simkin, R. Our Armies. Illustrated and described by
Richard Simkin. London (1891).
Cahiers d'enseigement illustr. Heft 19, 20, 21, 22.
L'armée anglaise.
Payne, H. Military Panorama. 10 Blatt. London,
Dean & Son.
Die Englische Armee in ihrer gegenwärtigen Uniformierung.
Leipzig, Moritz Ruhl (1894).

Dänemark. Vaupell, O. Den danske Haers Historie til
Nutiden og den Norske Haers Historie until 1814.
2 Bände mit 34 Tafeln. Kopenhagen, 1870—76.
Köller, F. L. v. Uniformzeichnung der Kgl. Dänischen Armee.
Kiel, C. F. Mohr 1801.
Danske Uniformer. Fr. Woldikes Forlags-Expedition.
15 kolorierte Blätter 12°. Kopenhagen, 1864.
Cahiers d'enseignement ill. Heft 61 u. 62. L'armée
danoise.

Schweden. Svenska Krigsmachtens fordna och när-
varande Munderingar. (1851.)
Eckert. Monten, Weiß. L'Armée Suédoise. 34 Blatt.
Engelhart, G. Svenska arméens och flottans officers-
och civil militära uniformer jemte grad beteckningar.
Stockholm (um 1880).

Norwegen. Cahiers d'enseignement ill. Heft 35, 36, 37.
L'armée suédoise.
Cahiers d'enseignement ill. Heft 63 u. 64. L'armée
norvégienne.

Niederlande. Teupken, J. F. Kleeding en Wapenrusting
van de Koninklyke Nederlandsche Troepen. In 's
Gravenhage en te Amsterdam, 1823.
Brunings, F. Onze Krijgsmacht. Mit 26 Tafeln.
's Gravenhage (1887).

Schweiz. Neujahrsgeschenke der Gesellschaft der Constabler und
der militärischen Gesellschaft in Zürich. (Das benutzte Exemplar
enthält die Blätter von 1689—1779.)
Eckert, Monten, Weiß. 7 Blatt.
Beck, A. Schweizer Militär-Album. 12 Blatt. Düsseldorf
(etwa 1859).
Perron, Ch. Armée Suisse. Types militaires. fol.
Chameaux (um 1863).

Rußland. Stein, F. v. Geschichte des Russischen Heeres vom
Ursprunge desselben bis zur Thronbesteigung Nikolai I.
Pawlowitsch. Hannover, 1885.

Geisler. Représentation des uniformes de l'armée impériale de toutes les Russies. (Um 1790.)

Kiel, L. Uniformen des Russischen Heeres. 73 Taf. gr. 4⁰. 1816.

Eckert, Monten. Armée de l'Empire de Russie. 148 Tafeln (um 1840).

Cahiers d'enseignement ill. Heft 72—77. L'armée russe.

Die Russische Armee in ihrer gegenwärtigen Uniformierung. Leipzig, Moritz Ruhl.

Die Hauptquelle für die Uniformengeschichte des Russischen Heeres bildet das große, vielbändige, auf Staatskosten gedruckte Armeewerk, von welchem dem Verfasser einige Bände in der Bibliothek des Zeughauses zugänglich waren.

Polen. Kalender, histor.-genealogischer, für das Jahr 1797. Berlin, Unger. (Enthält die Geschichte Polens, dazu bunte Uniformbilder und Porträts.)

Heibeloff. Polnisches Militär. 9 Bl. Nürnberg, 1832.

Lewicki. Ubiory polski. 30 Bl. Uniformen und Volkstrachten (um 1830).

Türkei. Motte. Uniformes de l'armée turque en 1828. 22 Bl. Paris, Gihaut.

Rumänien. Socecu. Die Rumänische Armee in ihrer gegenwärtigen Uniformierung dargestellt. Leipzig, Moritz Ruhl.

Druck von J. J. Weber in Leipzig.